Gerd Langguth

Angela Merkel

Deutscher Taschenbuch Verlag

Originalausgabe
August 2005
Deutscher Taschenbuch Verlag GmbH & Co. KG,
München
www.dtv.de
© 2005 Deutscher Taschenbuch Verlag GmbH & Co. KG,
München
Dieses Werk wurde vermittelt durch die Literarische Agentur
Thomas Schlück GmbH, 30827 Garbsen
Das Werk ist urheberrechtlich geschützt.
Sämtliche, auch auszugsweise Verwertungen bleiben vorbehalten.
Umschlagkonzept: Balk & Brumshagen
Umschlagfoto: © Dieter Bauer/FOCUS-Magazin
Satz: Greiner & Reichel, Köln
Gesetzt aus der Minion 10/13˙ und der Syntax
Druck und Bindung: Kösel, Krugzell
Gedruckt auf säurefreiem, chlorfrei gebleichtem Papier
Printed in Germany · ISBN 3-423-24485-2

Inhalt

I. Die bekannte Unbekannte 7

II. Die Westdeutsche, die »aus Liebe« der Eltern Ostdeutsche wurde – Die Jugend Angela Merkels in der DDR und ihr Elternhaus 10

III. Studium in Leipzig: eine Aussicht auf das Völkerschlacht-Denkmal 72

IV. Akademie der Wissenschaften: eine »illusionslose Jungwissenschaftlerin« 94

V. Zusammenbruch der DDR und Aufbruch Angela Merkels 112

VI. Jugend, Frauen, Umwelt – eine schnelle Karriere als Bundesministerin 151

VII. Schäubles General, Schäubles Fall 193

VIII. Das »System Merkel« 270

IX. Wer ist Angela Merkel? Eine Deutung 298

X. Interview mit Angela Merkel 329

Anmerkungen 351

Danksagung 393

Personenregister 394

I. Einleitung:
Die bekannte Unbekannte

Angela Merkel ist eine ungewöhnliche Frau. Niemand ist in der bundesdeutschen Politik aus dem »politischen Nichts« so schnell und so hoch aufgestiegen wie sie: Nur ein Jahr nach ihrem ersten echten politischen Engagement, während der Wendezeit, war sie bereits Bundestagsabgeordnete und Bundesministerin, später wurde sie Generalsekretärin der CDU und – als erste Frau in der Geschichte einer deutschen Volkspartei – gar Bundesvorsitzende der CDU. Sie steht als Parteivorsitzende in der Nachfolge von historischen Persönlichkeiten und politischen Schwergewichten, von Konrad Adenauer zu Ludwig Erhard, Kurt Georg Kiesinger, Rainer Barzel und Helmut Kohl.

»Wie viel DDR steckt in Angela Merkel?« Trotz aller Publizität und medialer Argusaugen sind sich viele, im Osten wie im Westen Deutschlands, in der Beantwortung dieser Frage nicht sicher.[1] Sie selbst weiß um dieses Defizit: »Man weiß in den alten Bundesländern über 35 Jahre meines Lebens kaum etwas. Dieses Leben war ein Leben außerhalb des Berufspolitischen, so dass ich eigentlich eine verschärfte Seiteneinsteigerin bin. Das macht neugierig. Und das verstehe ich.«[2] Die in Hamburg geborene, aber in der DDR aufgewachsene Angela Merkel hat – auch für die Bürgerinnen und Bürger in den neuen Bundesländern – etwas Sphinxhaftes an sich. Zu ihrer Biographie gibt sie zwar Wortreiches zu Protokoll, aber stets hat sie, bisher mit großem Erfolg, versucht, die Deutungsmacht über ihr Leben zu behalten. Keiner soll hinter den selbstgewählten Schutzschirm schauen können. Nur so viel soll von ihr bekannt werden, wie in einer Zeit der Transparenz, in der bisweilen Privates Politik ersetzt, unvermeidlich ist. Manche Lebensphase Angela Merkels aus der einstigen DDR blieb indes bislang weitgehend unbekannt.

Mit dieser Biographie einer sehr bekannten und zugleich weitgehend unbekannten Frau soll ein Beitrag zum »Kennenlernen« ihrer ungewöhnlichen Persönlichkeit geleistet werden. »Warum kennen wir Angela Merkel nicht?«[3], fragte schon 1991 die ›Süddeutsche Zeitung‹. So fanden manche publizistischen Analytiker erhellende Wortschöpfungen zur Deutung der Politikerin: Als »Wert-Konservative« (Die Welt)[4] wurde sie in dem ersten Portrait einer überregionalen Zeitung bezeichnet, oder als »Die junge Frau von Helmut Kohl« (Die Zeit)[5] gesehen. Als sie Kohl als Ehrenvorsitzenden und Schäuble als Parteivorsitzenden stürzte, galt Angela Merkel als »Lady Eisenherz« (Rheinische Post)[6] oder als »Die Ikone der Aufklärung« (Welt am Sonntag)[7]; sie wurde als »Die nicht dressierte Frau« (Frankfurter Allgemeine Zeitung)[8], als »Die Langstreckenläuferin« (Die Woche)[9] und schließlich als »Eine heißkalte Frau« (Capital)[10] bezeichnet. Erst galt sie als »Die Frau mit der Maske« (Süddeutsche Zeitung)[11], später als »Die Unterschätzte« (Rheinischer Merkur)[12], als »Das einsame Mädchen« (Frankfurter Allgemeine Zeitung)[13] oder als »Dr. Angela Seltsam« (Die Woche)[14].

Auch 2002 wurden die Etiketten keinesfalls schmeichelhafter, etwa: »Die Misstrauische« (Der Stern)[15], »Die Mathematikerin der Macht« (Die Bunte)[16]. 2003 charakterisierte man sie als »Managerin der Macht« (Focus)[17], »Die neue Maggie« (Stern)[18] oder als »Das eiserne Mädchen« (Der Spiegel)[19]. 2004 wird sie im ›Focus‹ auf der Titelseite als »Die Raffinierte« und im Innenteil als »Königin der Macht«[20], im ›Stern‹ als »Die Physikerin der Macht«[21] gedeutet. So unterschiedlich die Überschriften und der Inhalt der Artikel sein mögen, sie haben doch häufig eines gemeinsam: Viele der publizistischen Analytiker werden aus der einflussreichsten Frau der deutschen Politik nicht wirklich schlau.

Biographien über Persönlichkeiten, bei denen noch nicht das milde Abendlicht historisierender Verklärung wirkt, sondern die – bedingt auch durch den politischen Tageskampf – umstritten sind, sind für jeden Autor wie für den Leser eine besondere Herausforderung. Es ist eine in der Geschichts- und Politikwissenschaft altbekannte Tatsache, dass die eigenen Erinnerungen vieles schönfärben, ganz zwangsläufig subjektiv, auch unscharf sind. Dies trifft nicht nur für die Hauptakteure zu, sondern zugleich für die Statisten – und für den normalen Bürger. Da bei den Recherchen für dieses Buch kaum der Sperrfrist unterliegendes Archivmaterial ausgewertet werden konnte, standen Interviews mit zahlreichen Persönlichkeiten bei dem Bemühen im Vordergrund, die »ganze Merkel« zu erfassen: Kreisschulräte, Lehrer, Bürgermeister, Klassenkameraden, Schulfreundinnen, Kommilitonen, akademische Lehrer, Persönlichkeiten aus der Wendezeit, zahlreiche Mitarbeiter aus Bundesministerien, viele Politikerinnen und Politiker, Parteifreunde und »Parteifreunde« waren zu teilweise stundenlangen Erörterungen bereit. Manche Auskünfte wurden unter der Vereinbarung des Quellenschutzes gegeben. Fast 140 Personen, die das Leben unserer »Heldin« begleiteten, waren zu intensiven Interviews bereit. Apropos Heldin: Wie schrieb Brecht im ›Leben des Galilei‹? »Unglücklich das Land, das keine Helden hat ... Nein. Unglücklich das Land, das Helden nötig hat.«

Wir wollen die Motivlage einer Frau erkunden: warum und mit welcher Methode will sie das einflussreichste politische Amt in der Bundesrepublik Deutschland, das des Bundeskanzlers, erkämpfen. Auf ihre Selbstaussagen allein darf man sich dabei nicht beziehen. Aus allgemein menschlichen, aber auch aus rational-politischen Gründen ist es verständlich, wenn sich Politiker ihre Vergangenheit so zurechtlegen, wie es dem eigenem Ansehen und damit dem Fortkommen dient. Angela Merkel, die der Verfasser seit ihrer Tätigkeit als Stellvertretende Regierungssprecherin der DDR kennt, war zur begrenzten Mitwirkung an diesem Buch bereit, stellte einige Informationen zur Verfügung, gab dem Autor ein umfängliches Interview. Die mächtigste Frau in der deutschen Politik versteht es sehr gut, ihr Privatleben und das Leben ihrer Familie vor der Öffentlichkeit abzuschirmen. Doch die Leser werden sehen, was trotzdem herausgefunden werden konnte: Wie in einem Puzzle kommt in diesem Buch eine Angela Merkel, geborene Kasner zum Vorschein, die viele – vielleicht die meisten – so noch nicht kennen.

II. Die Westdeutsche, die »aus Liebe«[22] der Eltern Ostdeutsche wurde – Die Jugend Angela Merkels in der DDR und ihr Elternhaus

Ein deutsch-deutsches Leben von Anfang an: Wenige Wochen nach ihrer Geburt am 17. Juli 1954 »schwimmt« Angela Dorothea Kasner mit den Eltern »gegen den Strom«: Zum Zeitpunkt der Geburt leben ihre Eltern in Hamburg, woher die Mutter stammt. Viele Menschen verließen in den fünfziger Jahren die Deutsche Demokratische Republik (DDR). Doch der aus Berlin-Pankow stammende Vater Horst Kasner entschied sich dafür, in die DDR zurückzugehen. Gerade hatte er in Hamburg sein Theologiestudium beendet. Der damalige Hamburger Bischof Hans Otto Wölber eröffnete ihm, dass er gebraucht werde – als evangelischer Pfarrer in der Berlin-Brandenburgischen Landeskirche. Pfarrermangel machte sich in der DDR bemerkbar. Dem wollten die westdeutschen Landeskirchen entgegenwirken. Angela Merkels Vater sagt heute, er wäre überall hingegangen, wohin ihn die Kirche geschickt hätte, selbst nach Afrika. So sieht sich der Vater Angela Merkels gerne: Als Mann der Kirche, dessen aufopferungsvollem Dienst für die Gemeinde Jesu Christi er sein ganzes Leben lang vieles, sehr vieles unterordnete.

Dass die Pfarrerstochter zur mächtigsten Frau eines wiedervereinigten Deutschland aufsteigen würde, das konnte an jenem 17. Juli 1954 – dem Tag, an dem in West-Berlin die Bundesversammlung den FDP-Politiker Theodor Heuss zum zweiten Mal zum Bundespräsidenten wählte und Angela Merkel geboren wurde, niemand ahnen. Angela wird alsbald[23] in die DDR »verlagert« – von ihrer damals 26jährigen Mutter, der Lehrerin Herlind Kasner, geborene Jentzsch, in einem Tragekörbchen in das Dreihundert-Seelen-Dorf Quitzow in der brandenburgischen Prignitz gebracht. Einen Kinderwagen gab es nicht, die Verhältnisse waren recht bescheiden. Die Kirchengemeinde freute sich auf den neuen Pfarrer und seine Familie, die in das alte Pfarrhaus einzog.

In den ersten fünf Monaten des Jahres 1954 verließen gut 180 000 Deutsche den sozialistischen »Arbeiter- und Bauernstaat«, um sich in der Bundesrepublik niederzulassen[24]. Zwischen 1949 und dem Bau der Mauer im August 1961 waren es gar rund 2,7 Millionen.[25] Während andere die Diktatur der DDR verlassen, entscheidet sich Horst Kasner für den umgekehrten Weg.

Entscheidung für ein Leben in der Diktatur

Horst Kasner und seine Frau entscheiden sich für ein Leben in der Diktatur in einer Zeit, als der Kalte Krieg bedrohliche Formen angenommen hatte. Vieles vom deutsch-deutschen Leben Angela Merkels und ihrer Familie können wir nur verstehen, wenn wir uns die politischen Rahmenbedingungen in der einstigen DDR vergegenwärtigen. Zum Zeitpunkt der Geburt von Angela Merkel war das Ende des Zweiten Weltkriegs noch keine zehn Jahre vorbei, der Kalte Krieg trennte die Welt in zwei Lager und Deutschland in zwei Staaten. Formal hielten die vier Hauptsiegermächte (USA, Großbritannien, Frankreich, Sowjetunion) die Regierungsgewalt über Deutschland als Ganzes. Doch war mit dem Auszug des sowjetischen Vertreters aus dem Alliierten Kontrollrat am 20. März 1948 das Ende der Tätigkeit dieser Vier-Mächte-Einrichtung gekommen. Sichtbar wurde der Ost-West-Konflikt insbesondere durch die Spannungen um Berlin[26]: Der sowjetische Stadtkommandant stellte am 16. Juni 1948 ebenfalls seine Mitarbeit in der Berlin-Kommandantur als gemeinsamer Regierung der vier Alliierten für die in vier Sektoren aufgeteilte Stadt ein. Die erste Berlin-Krise 1948/1949 ließ die militärische Situation eskalieren: Infolge der Blockade der Zufahrtswege für West-Berlin durch die Sowjetische Militärverwaltung mussten die West-Berliner monatelang aus der Luft versorgt werden. Marshall-Plan, Truman-Doktrin, Berlin-Blockade und Grundgesetz[27]: All das waren in Angela Merkels Geburtsjahr bereits historische Fakten und Resultate – geschaffen durch einen stets am Rande der militärischen Kollision stehenden Konflikt zweier unversöhnlicher Ideologien, der marktwirtschaftlich-liberalen Demokratie auf der einen und dem planwirtschaftlich-totalitären Kommunismus sowjetischer Prägung auf der anderen Seite. Die beiden 1949 gegründeten Teilstaaten auf deutschem Boden repräsentierten jeweils die Interessensphären der beiden Blöcke. Adenauer, der nichts von einer »Schaukelpolitik« zwischen Ost und West hielt, trieb seine Politik der Westintegration voran, so durch den Beitritt der Bundesrepublik zur Europäischen Gemeinschaft für Kohle und Stahl (EGKS) im Jahre 1951, den ersten Schritt auf dem Weg zur heutigen Europäischen Union[28]. Nicht zuletzt durch den Ausbruch des Korea-Kriegs[29] im Juni 1950 wurde immer stärker ein militärischer Beitrag der noch jungen Bundesrepublik gefordert. Deshalb kam es zu den Plänen für eine Europäische Verteidigungsgemeinschaft (EVG), die schließlich am 30. August 1954 am Einspruch der Französischen Nationalversammlung scheiterten. Um diese EVG zu verhindern, machte die Sowjetunion mit der sogenannten »Stalin-Note«[30] im März 1952 den Vorschlag für den Abschluss eines Friedensvertrages in Bezug auf ganz Deutschland.[31] Dieser wurde jedoch von allen westlichen Regierungschefs, von Adenauer am vehementesten, abgelehnt. Zwar starb am 5. März 1953 der sowjetische Diktator Josef Stalin, dennoch nahm der Ost-West-Konflikt mit dem Zünden der Wasserstoffbombe durch die Sowjetunion am 20. August 1953 weiterhin sich verhärtende Züge an, was letztlich zu einem atomaren Patt mit den USA führte.[32]

Die Familie Kasner zog von West nach Ost zu einem Zeitpunkt, als nach historischen Analysen der »Höhepunkt der Stalinisierung der DDR«[33] überschritten gewesen sein soll. Doch wütete weiterhin in vielen Kirchengemeinden ein atheistischer Hass insbesondere gegen standhafte, unbeugsame Pfarrer und viele Kirchenmitglieder. Immer mehr Menschen beugten sich dem Druck und traten aus der Kirche aus. Nach marxistisch-leninistischer Ideologie der SED war nur durch die Überwindung des Bürgertums und der Kirche die Schaffung eines »neuen Menschen« möglich. Die Umgestaltung der DDR im Sinne des »Marxismus-Leninismus« wurde immer unverhüllter, die Ziele der von Moskau kontrollierten ostdeutschen Kommunisten wurden immer offensichtlicher, die Einzelheiten des »Aufbaus des Sozialismus« in der DDR immer konkreter: eine Veränderung der Verwaltungs- und Justizstrukturen nach sowjetischem Vorbild, eine Stärkung der SED-Führungsrolle, die Beseitigung des Privateigentums an den Produktionsmitteln wie auch die Kollektivierung der Landwirtschaft, ein vorrangiger Ausbau der militärwirtschaftlich wichtigen Schwerindustrie, Vorkehrungen für eine künftig unverhüllte Wiederbewaffnung und schließlich die Aufbürdung von Reparationsleistungen und Besatzungskosten an die Sowjetunion.[34] Letzteres führte zu einer verschärften ökonomischen Krise. Um die Abkoppelung von einer gesamtdeutschen föderalen Tradition zu dokumentieren, wurden am 23. Juli 1952 die bis dahin bestehenden Länder in der DDR aufgelöst. An ihre Stelle traten 14 Bezirke. Die SED forcierte die Übertragung des sowjetischen Modells auf die DDR. Die am 7. Oktober 1949 in Kraft getretene Verfassung hatte noch weitgehend bürgerlich-demokratischen Charakter. In der Praxis jedoch wurde sie immer mehr ausgehöhlt. So war die Abschaffung der Länder ohne eine eigentlich notwendige Verfassungsänderung beschlossen worden.[35] Am 29. Mai 1952 wurden auf Beschluss des DDR-Ministerrates die 1383 Kilometer lange »Demarkationslinie«, wie die Grenze auf westdeutscher Seite bezeichnet wurde, und der Außenring um West-Berlin geschlossen. Bis zum Bau der Berliner Mauer 1961 konnten sich jedoch Deutsche aus Ost und West wegen des völkerrechtlich besonderen Status von Groß-Berlin über die innerstädtisch noch offenen Sektorengrenzen begegnen. West-Berlin war eine »kapitalistische« Insel inmitten der »sozialistischen« DDR, die deren Staats- und Parteiführung täglich ihre begrenzte Souveränität vor Augen führte.[36]

Ein wichtiges Ziel der SED-Politik bestand darin, repressive Schritte gegen das »Bürgertum« und vor allem die Kirchen einzuleiten. Die schwierige ökonomische Situation, aber auch die Verschärfung der Unfreiheit führte zu einer immer explosiver werdenden innenpolitischen Situation – nicht zuletzt zu dem Arbeiteraufstand des 17. Juni[37], der sich von Berlin rasch auf die ganze DDR ausbreitete. Durch sogar von der neuen sowjetischen Führung geforderte Erleichterungen für Bürgertum, Kirche und Kleingewerbe war zuvor der Versuch unternommen worden, einer im Land verbreiteten und auch für die SED-Führung sichtbaren Missstimmung entgegenzuwirken. Es sollten zudem unnötige Hindernisse für die Entfaltung der Produktivität abgebaut werden. Die von der DDR-Führung verfügte Erhöhung der Plannormen (also eine faktische Lohnsenkung für die Arbeiterschaft) blieb bei der Korrektur unberücksichtigt – einer der Gründe, die zum 17. Juni 1953 führten. Der Welt wurde eindringlich vor Augen gehalten, was die Machthaber im Kreml und in Ost-Berlin von dem Recht auf Streikausübung und dem in der »Stalin-Note« noch ein Jahr zuvor offiziell enthaltenen Postulat nach freien Wahlen hielten: Der Aufstand wurde von sowjetischen Panzern brutal niedergeschlagen. Der »Aufbau des Sozialismus« sollte mit Waffengewalt durchgesetzt werden.

1954, im Geburtsjahr Angela Kasners, wurde der deutsche Status quo noch weiter vertieft. Nachdem die Konferenz der Außenminister der Vier Mächte in Berlin gescheitert war, übertrug die Sowjetunion am 25. März 1954 der DDR zumindest offiziell das Recht, nach eigenem Ermessen über die »inneren und äußeren Angelegenheiten einschließlich der Frage der Beziehungen zu Westdeutschland zu entscheiden«.[38] Am 5. Mai 1955 wurde die Bundesrepublik Deutschland weitgehend souverän.[39] 1955 wurden die beiden Staaten in Deutschland auch »offiziell« Mitglieder gegnerischer sicherheitspolitischer Lager: Am 6. Mai 1955 trat der Nordatlantikvertrag (NATO-Vertrag) für die Bundesrepublik Deutschland in Kraft.[40] Die Bundesrepublik trat zudem dem Beistandspakt der Westeuropäischen Union (WEU) bei.[41] Im Osten fand ein paralleler Prozess statt: Hier gründete sich am 14. Mai 1955 der Warschauer Pakt. Die »Warschauer Vertragsorganisation« war das sicherheitspolitische Bündnis zwischen der UdSSR und Bulgarien, Ungarn, der DDR, Polen, Rumänien, der Tschechoslowakei und Albanien.[42] Bis 1990 blieb die DDR im Warschauer Pakt. Mit dem Ende der Sowjetunion löste er sich auf. Daraufhin wurde die NATO auf frühere Mitglieder des Warschauer Paktes ausgedehnt.

Ein Pfarrhaus in Quitzow

In jenen deutschland- wie weltpolitisch dramatischen Zeiten hatte Angela Merkels Vater andere Pläne als die meisten seiner in Westdeutschland studierenden Kollegen: Der am 6. August 1926 geborene Horst Kasner hatte sich nach seinem Theologiestudium in Heidelberg und Hamburg entschlossen, in die Berlin-Brandenburgische Landeskirche zurückzukehren. Horst Kasner erhielt im Geburtsjahr seiner Tochter Angela, 1954, seine erste Pfarrstelle in dem kleinen Dorf Quitzow bei Perleberg, das heute 356 Einwohner hat[43], in der brandenburgischen Prignitz.»Quitzow« gehört zu jenen Adelshäusern, die Fontane in seinen ›Wanderungen durch die Mark Brandenburg‹ beschrieben hatte. Die innerdeutsche Grenze war nur dreißig Kilometer von diesem Dörfchen entfernt. Die Gegend um Quitzow war sehr dünn besiedelt, sie ist bis heute von der Landwirtschaft geprägt. Gerade hier war in diesen Jahren ein Pfarrer gefordert, wurden doch auch die Privatbauern, deren Familien teilweise seit Jahrhunderten ihren Acker bestellten, besonders unter Druck gesetzt.[44] So wurde in diesem Dorf ein Großbauer namens Otto, der über etwa vierhundert Hektar verfügte, enteignet. Der Lebensstandard der Bevölkerung war sehr gering.

Für gewöhnlich spielten in einem solchen Dorf, das unmittelbar nach dem Krieg viele Neubürger zu verkraften hatte, der Lehrer und der Pfarrer eine bedeutende Rolle. In den ersten Jahren gab es noch eine einzügige Grundschule, in der alle vier Klassenstufen auf einmal unterrichtet wurden. Als Kasner nach Quitzow kam, war die Schule wohl bereits aufgelöst; die Schüler mussten ins benachbarte Perleberg gehen.[45] Der neue Pfarrer war für die Bevölkerung eine wichtige Bezugsperson, an den sich die Älteren noch gerne erinnern. Das kleine und unscheinbare Pfarrhaus, in das die Familie Kasner zog, ein Fachwerkbau, war nicht sonderlich geräumig. Unmittelbar am Eingang war das Dienstzimmer des Pfarrers; im Erdgeschoss gab es für den Privatbereich noch drei weitere Räume, später kamen kleinere Räume unter dem Dach dazu. In dem Haus war auch das kleine Dienstzimmer der Gemeindeschwester, das von der kleinen Gemeinde heute als

Gottesdienstraum benutzt wird. Die wunderschöne alte Dorfkirche unweit des Pfarrhauses wird heute nur noch an Weihnachten benutzt. Zur Pfarrei gehörte auch sogenanntes »Pfarrland«, das verpachtet wurde und der Unterhaltung der Pfarrei diente. Selbst in dem Pastorat wurde Vieh aufgezogen oder Gemüse angebaut, damit die Familien nicht nur von der staatlichen Lebensmittelversorgung abhängig waren.[46] Zu Kasners Zeiten gab es einen Kirchendiener namens Bohlmann, der zwei Ziegen im Pfarrgarten hatte. Der Pastor selbst hat nach Erinnerung älterer Einwohner keine landwirtschaftlichen Aktivitäten entfaltet. Angela Merkel berichtet, wie hart das Leben einer evangelischen Pfarrerfamilie wenige Jahre nach dem Zweiten Weltkrieg in der DDR war: »Mein Vater musste Ziegen melken lernen, und meiner Mutter wurde von einer alten Frau beigebracht, wie man Brennnesselspinat macht. Die Beförderungsmittel waren ein seltsames Moped und ein Fahrrad.«[47]

Als Kasner seinen Dienst als Pfarrer in Quitzow antrat, wusste er um die Kirchenverfolgung in der DDR. Die Hauptstoßrichtung des mit brutaler Härte geführten Kirchenkampfes 1952/1953 hatte sich gegen die Jugendarbeit der beiden christlichen Kirchen gerichtet.[48] Das muss Horst Kasner auch von Anfang an verspürt haben, war er doch auf seiner ersten Pfarrstelle in Quitzow gleichzeitig mit der Jugendarbeit betraut. Insbesondere gegenüber der evangelischen Jungen Gemeinde häuften sich die staatlichen Übergriffe. Christen, nicht nur Pfarrer, wurden zu mehrjährigen Zuchthausstrafen verurteilt. Kasner musste gewusst haben, dass beispielsweise der Kirchentag der Jungen Gemeinde in Lübbenau am 14./15. Juni 1952 trotz zuvor erteilter Genehmigung mit der Begründung verboten wurde, die Junge Gemeinde sei eine »illegale Organisation«.[49] Die damals formal noch einheitliche Evangelische Kirche in Deutschland (EKD) protestierte gegen die Unterdrückung kirchlicher Jugendarbeit.[50] Dennoch wurden bis Pfingsten 1953 etwa 3000 christlich orientierte Schüler von den Schulen verwiesen.

Das Leben einer Pfarrerfamilie in der DDR war durch manche staatlichen Repressionen beeinflusst. Man musste etliche Nachteile und Entbehrungen in Kauf nehmen. Unter anderem fiel das Einkommen im Osten wesentlich geringer aus als bei den Geistlichen im Westen[51]. Angesichts der atheistisch ausgerichteten Staatsräson im Sozialismus, die in der Religion ein unerwünschtes »Opium für das Volk« sah, war die von Kasner getroffene Entscheidung einer Rückkehr in seine Landeskirche sicherlich wohlüberlegt. Manche in Westdeutschland ausgebildete Theologen wurden damals Pfarrer in der DDR – auch solche, die in Westdeutschland geboren waren und keine heimatliche Bindung an die DDR hatten. Sie folgten dem Ruf der unter Pfarrermangel leidenden ostdeutschen Kirchen. Sie wussten um das schwierige Verhältnis zwischen Staat und Kirche[52] und wollten dem von Walter Ulbricht und seinen Genossen geführten Kampf gegen die Kirche entgegentreten[53]. Sicherlich gingen einige Theologen auch deshalb in die DDR, weil sie grundsätzlich Christentum und Sozialismus miteinander für vereinbar hielten, vielleicht sogar im »Sozialismus« die prinzipiell »gerechtere« Gesellschaftsordnung sahen. Bei manchen war es eine Mischung aus beiden Gründen. Welche Motive Kasner zum Zeitpunkt der Übersiedlung wirklich hatte, ist bislang nicht belegt. Sein Hinweis, er sei von Bischof Wölber dazu ermutigt worden, soll sicherlich so verstanden werden, dass Kasner nicht aus Gründen politischer Sympathie in die DDR ging. Doch sollte im Laufe der Zeit sichtbar werden, dass er innerhalb der evangelischen Kirche eher dem die DDR-Staatlichkeit bejahenden Flügel angehörte. Dies trifft spätestens seit den sechziger Jahren zu. Angela Merkel sagt heute über ihren Vater: »Er wollte, dass die Kirche sich an der Realität orientiert, um gleichsam nicht immer in der Fremde zu leben.«[54] Damit spricht Angela Merkel vorsichtig die Tatsache an, dass ihr Vater manchen, nicht nur inneren Kompromiss mit dem DDR-Staat machte. Doch darüber wird noch zu sprechen sein.

Der Waldhof in Templin

In Quitzow, wo die Kirche immer noch ein Dreh- und Angelpunkt des gesellschaftlichen und kulturellen Lebens war, hielt es Horst Kasner nur drei Jahre lang. Er wurde nach Templin in die Uckermark versetzt. Dort erfuhr Angela die wichtigste Prägung ihrer Jugend – wie auch ihre beiden jüngeren Geschwister Marcus und Irene. Kasners nächster Posten in der Kirche hatte weniger mit klassischer Seelsorge als mit der Ausbildung anderer kirchlicher Mitarbeiter zu tun. Er übernahm 1957 mit dem Umzug nach Templin den Aufbau eines Seminars für kirchliche Dienste, des späteren »Pastoralkollegs«. Albrecht Schönherr – seinerzeit Generalsuperintendent und zuständig für den Bereich Templin; von 1972 bis 1981 war er Bischof von Berlin-Brandenburg (Bereich Ost) – hatte Kasner »aufgrund seiner guten Voraussetzungen für das Amt und seiner Fähigkeit, auch pädagogisch zu wirken«[55], nach Templin geholt. Die kirchliche Weiterbildungsstätte war im »Waldhof«, einer evangelischen karitativen Einrichtung, untergebracht. Diese stand nicht unter Kasners Leitung, was manche Probleme mit sich bringen sollte. Der Waldhof liegt außerhalb der Mauern Templins, in einer Umgebung von weiten Feldern, Wiesen, Wäldern und Seen – eine weitläufige Ansammlung lang gestreckter Steinbauten, wo Angela Kasner einen Großteil ihrer Kindheit verbringen sollte. Templin selbst wird als die »Perle der Uckermark«[56] bezeichnet. Die Stadt in Brandenburg liegt zirka achtzig Kilometer von Berlin entfernt und hat ungefähr 14 000 Einwohner.[57] Sie ist umgeben von einer mittelalterlichen Stadtmauer – die Angela Merkel neben Rothenburg ob der Tauber als »die besterhaltene«[58] bezeichnet. Daneben prägen heute renovierte Fachwerkhäuser sowie die gotische St.-Georgen-Kapelle und die barocke Maria-Magdalenen-Kirche, in der Pfarrer Horst Kasner gelegentlich Gottesdienste hielt, das Stadtbild, so dass man sich bisweilen in vergangene Zeiten zurückversetzt fühlt. Der heutige Bürgermeister Ulrich Schoeneich freut sich über das starke Interesse an seiner Stadt; viele wollen wissen, wo Angela Merkel aufgewachsen ist.[59] In Templin wohnt Horst Kasner mit seiner zwei Jahre jüngeren, am 8. Juli 1928 in Danzig geborenen Frau heute noch.

Der Waldhof hat eine gut 150 Jahre alte Historie, die 1852 mit der Gründung des »Vereins zur Erziehung sittlich verwahrloster Knaben« in Templin beginnt. Im 19. Jahrhundert gründeten etliche kirchliche Gruppierungen und Einzelpersonen sogenannte »Rettungshäuser«, die den Zweck hatten, Kindern und Jugendlichen zu helfen, die unter den schwierigen sozialen Verhältnissen der Industrialisierung litten. Hier sollte den Zöglingen gegeben werden, was sie in ihrem bisherigen Leben entbehren mussten: Zuwendung, Erziehung und Bildung. So zogen am 25. Januar 1854 in Templin die ersten zwei Jungen in eine solche Einrichtung, das spätere Kirsteinhaus. 1888 erwarb der »Verein zur Erziehung sittlich verwahrloster Knaben« das heutige Waldhof-Gelände, wo in der Folgezeit neben Wohnhäusern eine Landwirtschaft, eine Gärtnerei und eine Heimschule entstanden. Als Horst Kasner seine Aufgabe im Waldhof übernahm, stand dieser vor gravierenden Umwälzungen. Die Leitung wurde 1958 durch staatliche Stellen gezwungen, die Schule zu schließen und die Kinder und Jugendlichen in die von den Staatsautoritäten geschaffenen Jugendwerkhöfe zu überführen. An ihrer Stelle zogen noch im selben Jahr geistig Behinderte in den Waldhof ein. Die DDR hatte für Behinderte wenig übrig, weshalb die Kirche hier einen Freiraum nutzen konnte. Die Behinderten sollten nicht nur »verwahrt« werden, vielmehr sollte ihnen das Umfeld für ein menschenwürdiges Leben geboten werden. Viele konnten in der Landwirtschaft, der Gärtnerei, der Schmiede oder der Schusterwerkstatt arbeiten, womit sie in einem – wenn auch spartanischen[60] – Rahmen die Möglichkeit für eine sinnvolle Beschäftigung erhielten. Darüber hinaus wurden die Behinderten nicht vom Rest der Gesellschaft isoliert: Sie halfen beispielsweise im Haushalt und im Garten der Kasners, feierten bei Familienfesten mit und konnten sich zum Teil in Templin frei bewegen. Angela Merkel beschreibt heute, dass der Umgang mit den Behinderten für sie ganz normal gewesen sei; sie habe gelernt, dass Gesundheit kein Maßstab für Fröhlichkeit ist.[61] Aber irgendwann wurde ihr klar, dass sich andere beim direkten Kontakt mit den Waldhofbewohnern schwerer taten als sie: So reagierten Schulkameraden ängstlich, wenn sie zu Besuch waren.[62] Ihre ehemalige Nachbarin Rita Kosan, eine ausgebildete Krankenpflegerin, formulierte das noch deutlicher: Die Eltern aus dem Ort hätten ihre Kinder nur ungern auf den Waldhof, zu den »Bekloppten«[63], gelassen.

Eine glückliche Jugend auf dem Waldhof

Die meisten Kinder, die laufen können, tun dies oft ausgiebig, denn es gibt für ihre kleinen Augen schließlich eine ganze Menge in dieser großen Welt zu entdecken. Haben sie erst einmal gelernt, die Umgebung auf zwei Beinen zu erkunden, können meist nur die Eltern sie davon abhalten, allzu forsche Ausflüge zu unternehmen. Nicht so das Kind Angela. Zwar entwickelten sich ihre sprachlichen Fähigkeiten sehr gut – was unter anderem dazu führte, dass sie mit drei Jahren nach einem zehnwöchigen Aufenthalt bei ihrer Großmutter in Hamburg gleich den entsprechenden Dialekt mit zurück brachte. In nahezu perfektem Hamburger Akzent bat sie die Mutter, ihr doch zu helfen, die Treppe herunterzukommen. Doch im motorischen Bereich gab es gewisse Entwicklungsverzögerungen: Angela Merkel wollte einfach nicht so recht laufen. Selbst als sie schließlich anfing, aufrecht zu gehen, dauerte es noch Jahre, bis sie einen »Berg« oder eine Treppe hinuntergehen konnte[64], was sie rückblickend zu der Aussage bewegte, sie sei ein »kleiner Bewegungsidiot«[65] gewesen. Anders als der größte Teil der Menschheit musste sie sich eigenen Angaben zufolge erst gedanklich damit befassen, wie der technische Ablauf eines Bergabstiegs auszusehen hat, um dies dann praktisch zu erproben und zu lernen. Diese Mühen mit dem Gehen führten dazu, dass sie später nicht selten den drei Jahre jüngeren Bruder losschickte, wenn sie etwas haben wollte, während sie hinter den Gittern des Laufstalls der Dinge harrte[66], die da kommen sollten, oder dass sie noch im Alter von zwölf Jahren jeden selbst zu machenden Gang penibel im Voraus plante, damit sie ja nicht ein- oder zweimal zu viel eine Treppe oder einen sonstigen Höhenunterschied »bezwingen« musste.

Was das persönliche Verhältnis zwischen Vater und Tochter anbelangt, erinnert sich die Politikerin heute, habe es ihr missfallen, wenn ihr Vater aufgrund seines kirchlichen Engagements nicht zu Hause war.[67] Aufgrund seiner leitenden Tätigkeit in der Berlin-Brandenburgischen Kirche musste und durfte Kasner häufig außerhalb des Waldhofs agieren. Und so passierte es, dass Angela, wenn sie glaubte, ihr Vater würde nach Hause kommen, versuchte, ihm entgegenzugehen. Sie traute sich aber nicht, allzu weit von dem ihr vertrauten Gelände, das in unmittelbarer Nähe zu einem Waldstück und einem Friedhof liegt, wegzugehen – für ein Kind, das sowohl seinen Vater liebt als auch die unbekannte Umgebung fürchtet, ein offensichtlich unlösbares Dilemma. Wenn aber Vater Kasner zum Abendessen wieder zugegen war, war für sie die Welt in Ordnung. Sie berichtet der Fotografin Herlinde Koelbl, wie sehr sie auf den von ihr so häufig vermissten Vater fixiert gewesen war und wie sie ihn einschätzt: »Er hat immer viel gearbeitet. Arbeit und Freizeit flossen bei ihm zusammen, und manchmal hat er sich mit der Arbeit vielleicht auch von den Familienpflichten fern gehalten. Er ist emsig und sehr gründlich. Leider. Als Kind war es nicht einfach, wenn alles immer ordentlich und perfekt sein musste. Er kann auf Menschen zugehen und mit ihnen gut ins Gespräch kommen. Was mich als Kind manchmal fuchsig gemacht hat, war seine Art, verständnisvoll gegenüber jedermann zu sein. Aber wenn wir selbst etwas verbockt hatten, reagierte er völlig anders.«[68] Hier handelt es sich um einen Schlüsselsatz zum Verständnis von Angela Merkel heute: Sie verlangt für die Politik ordentliche und perfekte Lösungen – dies aber häufig auf eine als sehr kalt erscheinende Weise.

Kirche im, mit dem oder gegen den Sozialismus?

Die junge Angela sollte frühzeitig merken, dass der Beruf ihres Vaters stark von den politischen Rahmenumständen geprägt war: Nachdem Nikita Chruschtschow 1958 mit dem Berlin-Ultimatum die Umwandlung des West-Teils der Stadt in eine selbstständige, politisch-neutrale Einheit gefordert hatte, erreichte der Ost-West-Konflikt in seiner deutschen Dimension am 13. August 1961 mit dem Bau der Mauer seinen vorläufigen Höhepunkt – ein für Angela Merkel wie für alle Deutschen einschneidender Tag. Die heutige CDU-Vorsitzende weist heute gelegentlich in Reden darauf hin, welchen Einschnitt der Mauerbau in das familiäre Leben brachte.[69] Die Teilung der Nation war in diesen Augusttagen im wahrsten Sinne des Wortes betoniert worden. Erste grundlegende Verbesserungen der Beziehungen zwischen den beiden deutschen Staaten sollten erst einige Jahre später mit der sozial-liberalen Koalition unter Willy Brandt eintreten, die einen »Wandel durch Annäherung«[70] suchte. Im Leben der Familie Kasner sollte nicht nur die staatliche, sondern auch die kirchliche Teilung eine Rolle spielen. Und Kasner war nicht nur »Opfer« der kirchlichen Teilung, sondern auch ein Akteur in dieser Frage.

Viele Pfarrerskinder in der DDR hatten Nachteile zu erleiden. Manchen von ihnen war es – insbesondere in den frühen DDR-Jahren – verwehrt, zu studieren oder einen Beruf ihrer Wahl auszuüben. Der von der SED verkündete »Aufbau des Sozialismus« sollte eine Zurückdrängung der Kirche auf den Status reiner »Kultkirchen« herbeizwingen. Weitere Maßnahmen der SED waren die Kürzung der Staatsleistungen an die Kirchen um fast die Hälfte, das Verbot der von ihnen betriebenen Bahnhofsmissionen, eine Eskalation der Konflikte um die kirchliche Jugendarbeit, schwerwiegende Eingriffe in die Arbeit von Diakonie und Caritas und die Inhaftierung zahlreicher kirchlicher Mitarbeiter und Amtsträger.[71] Aus Sicht der ostdeutschen Machthaber war insbesondere die evangelische Kirche ein Hort bürgerlicher Lebensweisen.

Die DDR-Bevölkerung war überwiegend protestantisch geprägt. Die katholische Kirche – sieht man von einigen wenigen Landstrichen wie dem thüringischem Eichsfeld ab – spielte nur eine relativ geringe Rolle. Gerade die evangelische Kirche und ihre Repräsentanten wurden deshalb zu einem Symbol für den »Klassenfeind«, der sich einer Diktatur des Proletariats im »Arbeiter- und Bauernstaat« widersetzen wollte und den es – getreu der marxistischen Geschichtsbetrachtung – zu bezwingen galt. Das verkündete langfristige Ziel der SED war eine klassenlose Gesellschaft. Die Mitglieder einer sozialistischen Gesellschaft sollten verpflichtet sein, alle sozialen Erscheinungen aus der Perspektive der Ausbeutung als Folge von Klassensituationen zu deuten und auf deren Abschaffung hinzuarbeiten.

Die Situation für die Geistlichen und ihre Familien schien sich zwar nach dem Tod Stalins 1953 etwas zum Positiven zu ändern, nichtsdestotrotz kam es aber in den sechziger und siebziger Jahren immer wieder zu Auseinandersetzungen zwischen geistlicher und weltlicher

Autorität. Wer als Pfarrer in sehr sichtbarer Form das SED-Regime ablehnte, musste mit heftigsten Schikanen gegen sich und seine Familie rechnen. Der Militärseelsorgevertrag, den die Evangelische Kirche in Deutschland (EKD) 1957 mit der Bundesregierung in Bonn abschloss, wurde von der DDR-Führung zum Anlass besonders heftiger Kritik genommen.[72] Seit jenem Vertrag »gab es keine offiziellen Beziehungen mehr zwischen der Regierung der DDR und den evangelischen Landeskirchen«, wie sich Altbischof Schönherr erinnert, weshalb sich der Staat »die ihm genehmen Gesprächspartner«[73] aussuchte. Der Bau der Mauer erschwerte zusätzlich den Zusammenhalt der Evangelischen Kirche in ganz Deutschland.[74] Auf kirchlicher wie staatlicher Seite wurde versucht, eine Art symbiotische Beziehung zwischen Kirche und Sozialismus zu konstruieren, was sich unter anderem darin äußerte, dass der 1969 gegründete Bund der Evangelischen Kirchen in der DDR (BEK) das Diktum aufstellte: »Wir wollen Kirche nicht neben, nicht gegen, sondern Kirche im Sozialismus sein.«[75] Schönherr sagt heute: »Wir wollten einen wirklichen Sozialismus, einen gerechten Sozialismus. Wir wussten nichts Besseres.«[76]

Die evangelische Sozialethik bot jedenfalls manchem Theologen eine Brücke zur sozialistischen Idee, die DDR wurde von einigen als eine sozialistische Alternative zum »Kapitalismus« Westdeutschlands angesehen. Während der 1. BEK-Synode in Eisenach im September 1969 kam es zu heftigen Auseinandersetzungen um den Artikel 4, Absatz 4 der Bundesordnung, der als letzte Klammer zur (westdeutschen) EKD die Formulierung enthielt: »Der Bund bekennt sich zu der besonderen Gemeinschaft der ganzen evangelischen Christenheit in Deutschland.«[77] Manche innerkirchliche Opportunisten wollten diesen Passus streichen, obwohl das SED-Regime gegen die massiven finanziellen Hilfeleistungen der westdeutschen Landeskirchen und der EKD für den ostdeutschen Kirchenbund wenig einzuwenden hatte. Darüber hinaus hatten sich die durch kirchliche Vermittlung zustande gekommenen Häftlingsfreikäufe politischer Gefangener durch die Bundesrepublik Deutschland zu einem einträglichen Geschäft für die DDR-Regierung entwickelt.

Bis es 1969 zur BEK-Gründung kam, sollte es innerhalb der evangelischen Kirche in der DDR zu enormen Spannungen kommen. Wobei die zentrale Frage die der Einheit der evangelischen Christen in der DDR mit der Gemeinschaft der EKD war. Noch 1967 hielten die in Fürstenwalde an der Spree versammelten Synodalen der EKD an der Einheit fest. Es gab aber immer mehr Kirchenleute, die auch im Bereich der Berlin-Brandenburgischen Kirche, zu der Templin gehört, nicht nur die Einheit im Rahmen der EKD sprengen wollten, sondern auch die kirchliche Einheit der eigenen Landeskirche, da der Bischofssitz in West-Berlin lag. Die Konferenz der Kirchenleitungen in der DDR (KKL) hatte im Herbst 1961 durch einen Sonderausschuss eine Stellungnahme zur Standortbestimmung der Kirchen in der DDR ausarbeiten lassen. Der sich an der Barmer Erklärung der Bekennenden Kirche von 1934 orientierende Text ›Zehn Artikel über Freiheit und Dienst der Kirche‹ der KKL vom 8. März 1963 nahm eine theologische Positionierung vor, die der SED-Führung ein Dorn im Auge sein musste. Kirche dürfe sich nicht »hinter Kirchenmauern zurückziehen«, hieß es, Kirche dürfe nicht »zum Missbrauch der Macht« schweigen, Christen sollten sich nicht »dem Absolutheitsanspruch einer Ideologie unterwerfen«, die »Weltrevolution« könne nicht »die letzte Entscheidung und der neue Mensch in der neuen Gesellschaft nicht die Vollendung der Geschichte sein.«[78] Diese und weitere Aussagen der ›Zehn Artikel‹ sollten innerkirchlich nicht ohne Widerspruch bleiben.

Der am 17. Januar 1958 gegründete Weißenseer Arbeitskreis – über ihn wird noch zu berichten sein –, dem Horst Kasner angehörte, erarbeitete »im Auftrag der SED« (so der DDR-Oppositionsforscher Neubert) und unter geistiger Federführung des Berliner Theologieprofessors Hanfried Müller ›Sieben Sätze über die Freiheit der Kirche zum Dienen‹. Beide Papiere knüpften an Aussagen der Bekennenden Kirche und des Widerstandskämpfers Dietrich Bonhoeffer an, doch: »Während die ›Zehn Artikel‹ diese Tradition als Kritik am Totalitarismus fortführten, nutzen die ›Sieben Sätze‹ den Antifaschismus zur Gleichschaltung der Kirche mit der sich als antifaschistisch ausgebenden SED-Gesellschaft.«[79] Der von der SED propagierte Antifaschismus war mit Hilfe des Weißenseer Arbeitskreises theologisiert worden. Symbolischer Höhepunkt der Kooperation zwischen Kirche und SED sollte ein Zusammentreffen des Vorstands des BEK am 6. März 1978 im Staatsratsgebäude der DDR mit dem Staatsratsvorsitzenden Erich Honecker werden. Nach der Erinnerung von Schönherr redete Honecker zunächst anderthalb Stunden frei über das Thema Religionsfreiheit. Er begleitete Schönherr am Ende des Gesprächs und sagte ihm beim Hinausgehen: »Wir werden es beide sehr schwer haben, das bei unseren Leuten durchzusetzen.«[80] 1982 sprach Schönherr davon, »dass sich das Verhältnis von Staat und Kirche in der DDR relativ günstig darstellt.«[81] Wie man jetzt schon sieht, bestand die evangelische Kirche in der DDR aus »zwei Kirchen«, deren Repräsentanten sich zum Teil einen erbitterten Kampf lieferten. Die einen wollten möglichst große Unabhängigkeit vom Staat, die anderen wollten sich – aus welchen Gründen auch immer – arrangieren.

Innerkirchlicher Gegenpol zur Schönherr'schen Linie war später der pointiert die DDR kritisierende Berliner Probst Siegfried Ringhandt, ein Anziehungspunkt für viele evangelische Christen in der DDR. Die Schönherr'sche Kirchenpolitik wird heute noch von manchen Theologen kritisiert – so von dem Berliner Pfarrer Rudi Pahnke. Er verweist darauf, wie verleugnerisch die evangelische Kirche zunächst auf die Selbstverbrennung des Pfarrers Oskar Brüsewitz im August 1976 in Zeitz reagierte. Erst nachdem die SED-Zeitung ›Neues Deutschland‹ Brüsewitz als »geistig umnachtet« bezeichnet habe, habe die Kirchenleitung reagiert. Schönherr habe sich geweigert, einen über Pahnke an ihn geleiteten Brief kritischer junger Menschen zu öffnen. Der 1943 in Berlin geborene Pahnke, der von 1965 bis 1970 an der Humboldt-Universität Theologie studiert hatte, stand stets in kritischer Distanz zu Kirche und Staat.[82]

Der »rote Kasner«

Horst Kasner hatte innerhalb der Berlin-Brandenburgischen Landeskirche wegen seines Einflusses auf den theologischen Nachwuchs eine zentrale Funktion. Das von ihm aufgebaute und geleitete Pastoralkolleg, das bis zum Bau der Mauer mit kirchlichen Geldern aus dem Westen unterstützt wurde,[83] war eine wichtige Einrichtung für die Ausbildung von Vikaren und für die Weiterbildung von Pfarrern. Es war so etwas wie ein geistiges Zentrum der Landeskirche. Zudem war Kasner – er vertrat gelegentlich Positionen, die in der Kirche nicht konsensfähig waren und ihm im »Arbeiter- und Bauernstaat« sogar den Spitznamen »roter Kasner«[84] einbringen sollten – in seiner Kirche sehr gut vernetzt. Er hatte einen sehr guten Draht zu Bischof Schönherr, der ihn stets stützte. Kasners Einfluss zeigte ein Koreferat zu Albrecht Schönherrs Referat ›Kirche als Gemeinschaft von Lernenden‹[85] auf der BEK-Synode vom 27. September bis zum 1. Oktober 1974 in Potsdam-Hermannswerder. [86] Kasner hat – so Pahnke – »innerkirchlich am Personalkarussell gedreht«. Die Tatsache seiner dreißig Jahre währenden Leitung des Pastoralkollegs zeigt jedenfalls, dass eine gegenüber dem Staat häufig ängstlich auftretende Kirchenleitung an einer personellen Änderung dieser Leitungsfunktion nicht interessiert war. Und schließlich war er, wie ausgeführt, lange Jahre Mitglied des »Weißenseer Arbeitskreises« (WAK), dessen Leiterkreis er sogar für einige Jahre angehörte.

Bei diesem Arbeitskreis handelte es sich um einen »sehr bunten Kreis« (Schönherr), der sich innerkirchlich verstand als eine »Gegenbewegung zu Otto Dibelius«[87], dem Bischof der Berlin-Brandenburgischen Kirche mit Amtssitz in West-Berlin, dem die DDR-Behörden wegen seiner konsequenten Ablehnung der DDR-Obrigkeit später die Einreise verboten. Dibelius hatte in seiner berühmten Obrigkeitsschrift nur eine Obrigkeit anerkannt, die christlich war.[88] Eine solch harte Konfrontation zur SED wollten aber nicht alle Kirchenleute in der DDR, insbesondere Schönherr nicht, der bis zu seiner Bischofswahl in dem Weißenseer Arbeitskreis mitarbeitete. Schönherr selbst hatte innerkirchlich einen »antifaschistischen« Bonus, weil er Mitstreiter von Dietrich Bonhoeffer gewesen war. Der Weißenseer Arbeitskreis war am 17. Januar 1958 auf einer Pfarrertagung im Adolf-Stöcker-Stift in Berlin-Weißensee gegründet worden[89], ihm gehörten zunächst auch solche Pfarrer an, die mit der Kirchenpolitik des in West-Berlin residierenden Bischofs Otto Dibelius, der wegen seiner klaren antikommunistischen Haltung bei der SED-Führung verhasst war, nicht einverstanden waren, die aber keinesfalls als SED-hörig bezeichnet werden konnten. Beispielsweise gehörte Superintendent Ringhandt zunächst zum WAK, der später als aufrechter und mutiger Kritiker des SED-Regimes bekannt werden sollte. Aber es wirkten im WAK auch solche Theologen mit, die als »progressive Kräfte« am Rande der Kirchen im Sinne einer theologischen Anpassung an die neuen totalitären Machtverhältnisse instrumentalisiert werden konnten. Hier entwickelte sich erstmals eine Nähe von Christentum und Sozialismus marxistischer Prägung.[90] Der Weißenseer Arbeitskreis wurde zunehmend zu einer Vereinigung, die – wie es Ehrhart Neubert, früherer Pfarrer und heute Experte für DDR-Oppositionsgruppen, formulierte – »stets der verlängerte Arm der SED in der Synode«[91] war. Er geriet immer mehr unter den Einfluss des Theologieprofessors Hanfried Müller und seiner Frau Rosemarie Müller-Streisand, ebenfalls Universitätslehrerin. Müller gelang es durch entsprechende Fürsprache, auch ohne die sonst übliche Lizenz, die ›Weißenseer Blätter‹, die im Übrigen bis heute erscheinen, herauszubringen. Müller gewann sogar Margot Honecker als Autorin. In Dokumenten des Ministeriums für Staatssicherheit wird der Weißenseer Arbeitskreis zu den »progressiven innerkirchlichen Zusammenschlüssen« gezählt, die man im Zusammenhang mit dem Aufkommen von Oppositionsgruppen in der DDR selbst noch 1989 »stärker in den Prozess der politischen Auseinandersetzung mit feindlichen, oppositionellen Kräften« einbeziehen wollte. Müller sagte nie ein schlechtes Wort über die Staatssicherheit.

Für Kasner war eine konstruktive Beziehung zwischen geistlicher und sozialistischer Autorität in der DDR denk- und wünschbar. Nach seiner Meinung sollte sich in den Gotteshäusern keine Fundamentalopposition gegen das sozialistische Regime oder gar eine Art Staat im Staate bilden. Seine Tochter Angela weiß heute zu berichten, dass er einige Jahre lang sehr von der lateinamerikanischen Befreiungstheologie, die eine Vergesellschaftung des Grundeigentums forderte, beeinflusst gewesen sei. Darüber hinaus habe er die für die Bundesrepublik charakteristischen amtskirchlichen Strukturen nicht gemocht; vielmehr habe er eine Basiskirche nach amerikanischem Vorbild, wo die einzelne Gemeinde ihren Pfarrer unterhält, befürwortet.[92] Auch habe er »die DDR einfach etwas milder und nicht ganz so kategorisch beurteilt wie ich«[93], führt Angela Merkel heute aus.

Ein einflussreicher Kirchenmann

Seine starke innerkirchliche Stellung verdankte Kasner der Tatsache, dass der Waldhof in der Berlin-Brandenburgischen Kirche ein Begriff war: Viele Theologen mussten zu ihrer Weiterbildung oder während ihrer Ausbildungszeit als Vikare vor dem zweiten theologischen Examen nach Templin. Wohl jeder brandenburgische Pfarrer war während seiner Ausbildung mindestens einmal für kürzere oder längere Zeit im Waldhof, um bei Angela Merkels Vater das Predigen zu lernen, so dass innerkirchlich die Familie Kasner zu DDR-Zeiten keineswegs unbekannt war.[94] Die Teilnehmer und Referenten des Pastoralkollegs – unter ihnen beispielsweise der Berliner Pfarrer Rainer Eppelmann, der zur Wendezeit besondere mediale Aufmerksamkeit erfahren sollte – wohnten während ihres Aufenthaltes in Templin auf dem Waldhof. Sie mussten sich allerdings mit einer recht bescheidenen Unterbringung zufrieden geben. So konnten sie zwar Horst Kasners für Ostverhältnisse sehr gut ausgestattete Bibliothek, die auch westliche theologische Literatur umfasste, nutzen. Doch Pastor Rudi Pahnke, auch einst zu Gast auf dem Waldhof, weiß zu berichten, dass er sich ein bisschen wie der Besucher einer Jugendherberge fühlte; es gab für alle Teilnehmer des Pastoralkollegs nur einen großen gemeinschaftlichen Schlafsaal.[95] Thematisch wurde in den Seminaren und Kursen eine große Bandbreite kirchlicher Arbeit abgedeckt: Predigtmeditationen, Bibelauslegungen, Konzepte für Seelsorge und Jugendarbeit und Gottesdienstplanungen. Darüber hinaus gab es auch immer wieder Diskussionen über das schwierige Verhältnis zwischen Staat und Kirche in der DDR.[96]

Der spätere Bürgerrechtler Rainer Eppelmann zeichnet in der Retrospektive ein äußerst kritisches Bild von dem Templiner Pfarrer-

Ausbilder Kasner: Im Rahmen seines Vikariats besuchte Eppelmann zusammen mit anderen Kollegen »für ein paar Wochen« das Predigerseminar in Templin, wo er sich auf das zweite theologische Examen vorbereitete. Eppelmann erinnert sich: »Eines Abends saßen wir mit Pfarrer Kasner bei einem Glas Wein zusammen. Er erzählte uns, wie er aus dem Westen in die DDR gekommen war und dass er jetzt hart theologisch arbeite. Er gehe davon aus, dass noch zu seinen Lebzeiten die evangelische Kirche in der DDR so schrumpfen werde, dass die meisten Gemeinden sich keinen hauptamtlichen Pfarrer mehr leisten könnten. Nur wer theologisch besonders gebildet sei, bleibe fest angestellt. Er wolle zu den wenigen Glücklichen gehören, wohingegen viele anderen Berufen nachgehen müssten, um sich dann nach der Arbeit in Nebenbeipfarrer zu verwandeln, in ›Feierabendprediger‹ gewissermaßen.« »Glücklicherweise« – so sagt Eppelmann heute – »haben sich diese Ahnungen des Bruders Kasner nicht verwirklicht.«[97] Eppelmann war deshalb von Kasners Fähigkeit, junge Theologen für ihre künftige Pfarraufgabe zu motivieren, nicht begeistert.[98] Der DDR-Wehrdienstverweigerer Eppelmann sollte später durch seine »Blues-Messen« und den Friedenskreis in der Berliner Samariterkirche die Amtskirche vor schwierige Situationen stellen[99]: Er gehörte zu den mutigen Kirchenleuten, die sich der Instrumentalisierung der Kirchen im Sinne eines »Kirche im Sozialismus«-Konzepts widersetzten.

Auf der anderen Seite artikulierte Kasner gelegentlich eine durchaus kritische Einstellung zu den real existierenden Verhältnissen in der vermeintlich besseren Gesellschaftsordnung. In Diskussionen sei er sehr liberal aufgetreten, indem er in Gesprächsrunden zwar seine Überzeugungen pflegte, doch nie eine kompromisslose Indoktrinierung betrieb. Der Waldhof galt in gewissem Sinne als ein Ort, in dem abseits vom totalitären Alltag der DDR relativ offene Debatten geführt und Kontakte in die freie Welt geknüpft werden konnten, auch wenn Horst Kasner in politischen Fragen sehr kontroverse Standpunkte vertrat – bis heute, wovon noch zu berichten sein wird. In den Genuss solcher Diskussionsrunden sollte später auch Angela Merkel kommen. So kann sich der 1959 geborene Physiker und Bürgerrechtler Günter Nooke, der im Bezirk Cottbus auf der Liste »Bündnis 90« für die Volkskammerwahl 1990 kandidierte und parteiloses Mitglied der ersten frei gewählten und zugleich letzten Volkskammer der DDR war, daran erinnern, dass ein von ihm und Marcus Kasner initiierter »Hauskreis«, den er heute »Philosophierklub« nennt, seit 1986 einmal jährlich auf dem Waldhof tagen konnte. Diesem ansonsten in Leipzig tagenden Kreis gehörten systemkritische Physiker, Ärzte und Chemiker an. An den Waldhof-Tagungen nahmen noch weitere Personen wie etwa der westdeutsche Theologe Christofer Frey aus Bochum teil. Auch konnten die Teilnehmer dieser Runde die Bibliothek des Pastoralkollegs nutzen. Dort gab es für DDR-Verhältnisse etwas Seltenes: einen Kopierer. Nooke, der heute für die CDU im Deutschen Bundestag sitzt, erinnert sich an eine abendliche Veranstaltung dieses Hauskreises am 23. September 1989, zu der Personen aus dem kirchlichen Umfeld Pfarrer Kasners eingeladen waren – mit dabei auch Nookes heutige Partei- und Fraktionsvorsitzende, die er damals erstmals kennen gelernt habe. Insgesamt etwa 35 Personen nahmen teil. Bei dieser Veranstaltung wenige Tage vor der Maueröffnung sei es unter anderen Angela Merkel gewesen, die die Notwendigkeit von Reformen in der DDR betonte, während der Vater eher auf die Gefahr hingewiesen habe, dass eine eskalierende Situation in der DDR »aus dem Ruder« laufen könne.

Der frühere Technische Leiter auf dem Waldhof, Ulrich Schoeneich, heute Bürgermeister von Templin, hatte sich jahrelang mit Kasner gestritten. Es gab heftige Auseinandersetzungen, da infolge des wachsenden Raumbedarfs Kasners und seines Stellvertreters die Behinderten zu wenig Platz hatten. Kasner »weitete das Pastoralkolleg auf Kosten der Behinderten aus«, sagt Schoeneich. Er machte wegen Kasner mehrere Eingaben bei der Kirche, »doch kirchliche Eingaben wurden – anders als die staatlichen – nicht beantwortet.«[101] Schließlich kam es nach mehrmaligem Drängen zu einem Gespräch mit dem Generalsuperintendenten. Selbst der Kirchenjurist Manfred Stolpe lud Schoeneich zu einem Gespräch ein. Am Ende des einstündigen Gesprächs sagte Stolpe, er möge sich melden, wenn es bei den Problemen bleibe – »doch er tat nichts, entschied nichts«.[102] Auch war Kasner bei den Arbeitern des Waldhofs nicht sonderlich beliebt, er behandelte sie »von oben herab«, wie Schoeneich weiter zu berichten weiß. Die Partei- und Staatsorgane, insbesondere das MfS, hatten fast das gesamte öffentliche Leben und damit weitgehend, wenn auch nicht vollständig, die Kirchen unter ihrer Kontrolle, was auch auf den Bereich des Privaten ausstrahlte. Die Kirchenrepräsentanten hatten auch – jedenfalls, wenn sie zur Zusammenarbeit mit den staatlichen Organen bereit waren – trotz erheblicher Einschränkungen und ständiger Stasi-Bespitzelung gewisse Privilegien. Dies zeigte sich unter anderem darin, dass die Kasners zwei Autos hatten – einen Privatwagen, den man über »Genex« bezogen hatte, und einen Dienstwagen. Das war für DDR-Zeiten absolut außergewöhnlich. Durch den Genex-Geschenkdienst konnten DDR-Bürger bei Zahlung mit D-Mark »aus dem westlichen Ausland« beschenkt werden, wodurch der DDR enorme Finanzmittel zuflossen. Die SED-Führung ermöglichte zum Teil eine solche Privilegierung von Pfarrern, um damit einen Keil zwischen die Pfarrer und die »normale« Bevölkerung zu treiben. Musste ein normaler DDR-Bürger zehn bis fünfzehn Jahre auf einen »Trabant« oder einen »Wartburg« warten, so bekam der Pfarrer den Wagen über Genex in nur vier Wochen. Gleichwohl verdienten Pfarrer in der DDR weniger als Arbeiter. Zu den Privilegien Pfarrer Kasners gehörten auch die später noch zu erwähnenden Westreisen. Dadurch war er in der Lage, sich gegenüber seinen Pfarrerkollegen als ein »Mann der Welt« zu profilieren.

Anpassung eines Pfarrers – der Kinder wegen?

Schwierig ist die Frage, wie die Beziehungen Kasners zum Ministerium für Staatssicherheit (MfS) zu charakterisieren sind. Einerseits befindet sich in einer Akte des MfS der Eintrag: »Kasner kam 1954 aus Hamburg/Westdeutschland und ist ein Gegner unseres Arbeiter- und Bauernstaates.«[103] Andererseits sollen nach Mitteilung einer Journalistin »einst bürgerbewegte CDU-Parteifreunde von Angela Merkel«[104] berichtet haben, ihr Vater habe für die Stasi gearbeitet, wenn auch nur ziemlich kurz. Es wird auf den Umstand verwiesen, dass die entsprechende Akte eine Betroffenenakte sei, eine »Opferakte« mit einer »Inoffizieller Mitarbeiter« (IM) -Vorlaufakte aus dem Jahr 1972, wobei die Mitarbeiter des MfS versucht hätten, den Pfarrer zu erpressen.[105] Eines der Drohmittel war wohl, dass Kasner eine aus Sicht der offiziellen Linie der Partei- und Staatsführung unerwünschte Schrift des sowjetischen Dissidenten Sacharow besaß. Die Stasi wollte die für Kasner missliche Lage ausnutzen, um ihn über die Einsicht in das vermeintlich Verwerfliche seiner Handlungsweise zu einer Mitarbeit zu bewegen. Kasner habe daraufhin der Konfiszierung des Textes von Sacharow zugestimmt sowie zu Konsultationen zu bestimmten Fragen, die allerdings dann offiziell in seinem Arbeitszimmer geschehen sollten. Das bedeutet, dass dieses Gespräch mit der Staatssicherheit außerhalb der kirchlichen Räume und ohne Zeugen stattgefunden hat – entgegen der kirchlichen Regeln. Der Vorgang wurde dann später von der Stasi wegen »Dekonspiration« eingestellt. Dieser Ausdruck wurde dann verwandt, wenn eine angestrebte oder vereinbarte konspirative Zusammenarbeit mit der Stasi etwa durch Offenbarung anderen gegenüber (z. B. im Falle eines Pfarrers gegenüber dem eigenen Bischof) nicht zustandekam. Angela Merkel berichtet, sie und ihre Geschwister seien vom Elternhaus auf den Umgang mit der Stasi eingestellt gewesen, so dass sie wussten, was man wo sagen durfte[106].

Wenn man sich ein Bild über prinzipielle Entscheidungen eines Pfarrers in der einstigen DDR machen will, dann sind es vor allem vier Grundfragen, die für einen – eher kompromissbereiten – Pfarrer in der Praxis häufig nicht einfach zu entscheiden waren. Dabei muss bedacht werden, dass Kompromisse gelegentlich deshalb eingegangen wurden, weil ein Pfarrer nicht nur eine theologische und kirchliche Verantwortung hatte, sondern in der Regel auch Verantwortung für Ehepartner und Kinder.

Die vier Grundentscheidungen waren:
• *Wie stand es mit der Teilnahme an Wahlen in der DDR?* Manche Pfarrer weigerten sich schlicht, an den Wahlen teilzunehmen, weil

sie nicht eine unchristlich geprägte staatliche Obrigkeit legitimieren wollten. Manche gingen – gelegentlich – zur Wahl, allerdings haben sie dann die Wahlkabinen benutzt. Damit wollten sie andere zur Courage auffordern, weil die meisten Wähler zur Dokumentation ihrer Staatsloyalität den Wahlzettel lediglich falteten und in die Urne einwarfen. Innerkirchlich gab es die Vermutung, dass Kasner zur Wahl ging. Aus Stasi-Unterlagen ging hervor, dass er zumindest bis 1962 »nie an einer Wahl« teilnahm. Es kann davon ausgegangen werden, dass er später dies tat. Er selber verweigert hierüber jegliche Auskunft.[107]

• *Wie reagierten Pfarrer, wenn sie Einladungen der Nationalen Front erhielten, die sich speziell um die »christlichen Kreise« kümmerte?* Die SED hatte die Nationale Front zu einer Art Dachverband aller Parteien und gesellschaftlicher Organisationen ausgebaut.[108] Die christlichen Religionsgemeinschaften waren die einzigen Organisationen, die staatlich geduldet wurden, obgleich sie sich nicht der Nationalen Front angeschlossen hatten. Innerhalb der Nationalen Front gab es aber die Arbeitsgemeinschaft »Christliche Kreise«, zu denen insbesondere Pfarrer eingeladen wurden. Viele der Pfarrer ignorierten solche Einladungen, andere wollten den staatlich angebotenen Diskussionsraum nutzen. Wer hinging, galt als eher kompromissbereit. Kasner berichtete beispielsweise im Dezember 1975 über die Eindrücke seiner Italienreisen 1974 und 1975 im Rahmen der Nationalen Front: »Nach seiner Meinung kann nur die KPI [Kommunistische Partei Italiens; d.Verf.] im Bündnis mit den anderen fortschrittlichen Kräften Italiens das Land aus dem Elend retten.«[109] Die meisten Pfarrer folgten solchen Einladungen nicht.[110] Horst Kasner verweigert hinsichtlich seiner Entscheidungen jegliche Auskunft.[111]

• *Gingen Pfarrerskinder zur Jugendweihe?* Die Jugendweihe wurde 1954 in der DDR in Anknüpfung an ältere antiklerikale Traditionen der freireligiösen Bewegung und der Arbeiterparteien im 19. Jahrhundert eingeführt. Der Hauptgrund dafür bestand in dem Versuch, die Konfirmation und die Junge Gemeinde zu bekämpfen, die in der Nachkriegszeit teilweise einen großen Zulauf hatte.[112] Da sich die Jugendweihe immer mehr zu einer Konkurrenz der Konfirmation entwickelte, konnte es nicht der Räson eines kirchlichen Amtsträgers entsprechen, dass seine Kinder an der Jugendweihe teilnehmen. Allerdings wird berichtet, dass die Tochter Angela an den Vorbereitungen zur Jugendweihe teilnahm. Die Weihe selbst erhielt sie nicht. Die »Feierstunde der Jugendweihe« für Angelas Klassenkameraden fand am 19. April 1969 im Kulturhaus der Bauarbeiter »Erich Weinert« statt. Ihre Altersgenossen wurden damit aufgenommen »in die große Gemeinschaft des werktätigen Volkes, das unter Führung der Arbeiterklasse und ihrer revolutionären Partei, einig im Willen und Handeln, die entwickelte sozialistische Gesellschaft in der Deutschen Demokratischen Republik errichtet.«[113] Angela selbst wurde am 3. Mai 1970 in der St.-Maria-Magdalenen-Kirche zu Templin konfirmiert. Ihr Konfirmationspfarrer war Superintendent Hans-Georg Schramm. Interessant ist die bislang unbekannte Tatsache, dass ihr jüngerer Bruder Marcus die Jugendweihe erhielt.

- *Sollten oder konnten Pfarrerskinder Mitglieder bei den Jungen Pionieren (JP) und danach in der Freien Deutschen Jugend (FDJ) sein?*
Viele Pfarreltern untersagten ihren Kindern eine Mitgliedschaft bei den JP oder der FDJ, andere stellten ihnen dies frei. Wie die Eltern Kasner. Sie wollten nicht, dass ihre Kinder bei späteren schulischen wie beruflichen Entscheidungen benachteiligt werden. Der grüne Bundestagsabgeordnete Werner Schulz, einst Bürgerrechtler, erläutert, die meisten hätten im Laufe der Zeit in der FDJ eine Art »Mummenschanz« gesehen; viele hätten sich vor einem Engagement gedrückt. Aber viele wurden FDJ-Mitglied, weil sie nicht aus der Gemeinschaft ausgeschlossen sein wollten.[114] Angela Kasner war jedoch an ihrer Schule nicht nur »einfaches« Mitglied der FDJ. Schulkameraden erinnern sich, dass sie – sie galt damals schon als »Organisationstalent«[115] – Funktionen in ihrer FDJ-Gruppe übernahm.

Insgesamt lässt sich feststellen, dass man die Haltung Horst Kasners nicht mit einigen wenigen, ein in sich normativ geschlossenes Weltbild ergebenden Sätzen beschreiben kann. Da ist auf der einen Seite der Pfarrer, der für eine Art symbiotische Beziehung zwischen Kirche und sozialistischer Gesellschaft eintrat und der dem auf die DDR-Staatlichkeit fixierten und von der Staatssicherheit beeinflussten Weißenseer Arbeitskreis in führender Funktion angehörte. Kasner war gegenüber den staatlichen Wünschen – um es sehr vorsichtig auszudrücken – eher kompromissbereit. Es wäre interessant, mehr darüber zu wissen, wie es gelang, den längerfristig geplanten Anwerbungsversuch des MfS[116], wozu es immerhin unter dem Vorläufigen Decknamen »Waldhof« eine IM-Vorlaufakte gab, zum Scheitern zu bringen.

Kasner kämpfte für die Schönherr'sche Linie, der unterhalb der Schwelle der Konfrontation zum DDR-Staat den Kirchen eine weitgehende Autonomie sichern wollte[117]. Es sind Äußerungen Kasners darüber bekannt, wie abschätzig er die Politik der westdeutschen CDU kritisierte, die nach seiner Auffassung bereits 1966 »abgewirtschaftet« hatte. Es wird berichtet, dass er eine »Kanzelankündigung über die ČSSR-Frage nicht zur Verlesung« gebracht habe. Viele seiner Pfarrerkollegen, auch Schönherr, waren hingegen mutiger. Auf der anderen Seite war er auch der intellektuelle Pfarrer. Das berichtet beispielsweise der damalige Mathematiklehrer und spätere Kreisschulrat Wolf Donath, den Angela in der neunten und zehnten Klasse als Klassenleiter hatte, von einem Elternbesuch. Er erinnert sich heute noch, wie das Wohnzimmer von Büchern, unter anderem zu Fragen der Didaktik, überquoll. Er habe den Pfarrer als eine »intellektuelle Kraft« erlebt, der sich »gewissenhaft« mit dem Staat auseinandergesetzt habe; er habe sich in pädagogischen Fragen ausgekannt, sei ein »ausgezeichneter Zuhörer gewesen«.[118]

An Kasner scheiden sich auch heute noch die Geister. Ein Mitschüler Angela Kasners, Harald Löschke, der gelegentlich den Vater erlebte, erinnert sich: »Horst Kasner ist ein besonderer Mensch. Wenn er spricht, hören andere zu. Er strahlt Autorität aus, hat Menschenkenntnis, weiß viel.«[119] »Kasner war etwas Besonderes«, so schätzt auch Bürgermeister Ulrich Schoeneich den langjährigen Leiter des Pastoralkollegs ein. Und Pahnke, der Kasner ebenfalls im Pastoralkolleg erlebt hatte, schildert ihn heute so: »Geistig wollte er nicht den DDR-Mief.

In den Diskussionen im Waldhof versuchte er, Kritik geistig aufzunehmen und zu diskutieren. Er war ein Nischendenker. Er konnte motivierend wirken. Aber er war nicht ein wirklicher DDR-Kritiker, er hatte seine Nische gefunden, er wusste, wo die Grenzen sind, um nicht mit dem Staat in Konflikt zu kommen.«[120] Er »versuchte nicht, sich gegen den Staat zu stellen.« Und weiter: »Kasner hatte keine frommen Worte auf der Zunge. Er argumentierte wie ein kritischer Rationalist, im Auftreten war er wie ein preußischer Offizier.« Er war ein »typischer Vertreter des Protestantismus als Kopfreligion«. Er war »disziplinierend wie diszipliniert.«[121]

Berufsverbot für die Mutter

Angelas Mutter Herlind Kasner wäre wohl lieber im Westen geblieben[122]. Sie hatte als Lehrerin eigentlich Englisch und Latein unterrichten wollen, durfte jedoch als Ehefrau eines Pastors nicht im staatlichen Schulwesen tätig sein.[123] Sie hatte dies mehrfach beantragt, doch wurden diese Anträge vom früheren Kreisschulrat Klaus Flemming abgelehnt.[124] Sicherlich war auch sie sich vorher schon der Konsequenzen einer Übersiedlung in die DDR bewusst, so dass ihre älteste Tochter Angela später berichtete, ihre Mutter sei »aus Liebe« mit dem Vater mitgegangen. Dementsprechend war Herlind Kasner nicht berufstätig, sondern kümmerte sich um ihre älteste Tochter Angela, den drei Jahre jüngeren Marcus, geboren am 7. Juli 1957, und die zehn Jahre jüngere Irene, geboren am 19. August 1964. Die Familie Kasner war nicht auf die staatliche Erziehung in Krippe und Hort angewiesen. Erst später arbeitete Herlind Kasner in verschiedenen kirchlichen Einrichtungen, wo sie unter anderem »Ökumenisches Englisch« unterrichtete. Mit dem Zusatz »Ökumenisch« sollte gegenüber den alles kontrollierenden staatlichen Stellen klar gemacht werden, warum eine solche Lehrtätigkeit zur kirchlichen Aufgabe gehörte. Viele ostdeutsche Theologen waren am Englischunterricht interessiert, weil sie bei den internationalen Kontakten gegenüber ihren westdeutschen Kollegen, die mehr englische Sprachpraxis hatten, benachteiligt waren. Herlind Kasner erhielt – wie ihr Mann – die Möglichkeit zu Auslandsreisen, bis hin in die USA. Aufgrund des De-facto-Berufsverbots konnte sie sich in ihrer neuen sozialistischen Heimat also zunächst »nur« um die Erziehung der Kinder kümmern. Tochter Angela berichtet heute, dass ihre Mutter die emotionale Anlaufstelle für sie und ihre Geschwister gewesen ist, die sich vor allem um das »Tagesgeschäft«[125] gekümmert hat. Sie regte ihre Kinder an zu erzählen, was in der Schule vorgefallen war, was sie geärgert und was erfreut hatte: »Jeden Tag nach der Schule habe ich bei meiner Mutter ein bis zwei Stunden alles ›abgesprochen‹, wie ich es immer genannt habe. Ich bin meinen Eltern heute noch dankbar, dass wir zu Hause die Möglichkeit dazu hatten«, berichtet Angela Merkel – auf dem CDU-Bundesparteitag am 6. Dezember 2004.[126] Herlind Kasner lag die Bildung ihrer Kinder besonders am Herzen: Vor dem Hintergrund, dass diese es in der Schule schwerer hatten als diejenigen, die aus Sicht der SED-Führung aus einem ordentlichen Arbeiterhaushalt kamen, motivierte sie ihre Kinder Angela, Marcus und Irene ganz bewusst zu einer positiven Einstellung gegenüber dem Erbringen von Leistung.[127] Deshalb gab die als feinfühlig, fröhlich, lebenslustig und offenherzig[128] geltende Mutter ihren drei Kindern auf ihren Schulweg jeden Morgen den wohlgemeinten Auftrag mit, dass sie als Pfarrerstöchter und -sohn besser sein müssten als all die anderen, weil sie sonst in dem atheistisch geprägten »Staat der Werktätigen« nicht studieren dürften.[129] Doch auch wenn sie selber Zuversicht verbreitete, erzählt Herlind Kasner heute, belasteten sie die Kämpfe ihrer Kinder in der Schule schon.[130] Und das waren nicht die einzigen seelischen Schmerzen, die sie als geborene Westdeutsche zu verkraften hatte. Als im Jahre 1961 die Mauer gebaut wurde, weinte sie oft.

Auf die Frage, wer denn persönlich wichtiger gewesen sei, Vater oder Mutter, antwortet Angela Merkel diplomatisch, dies könne sie so nicht beantworten.[131] So habe es zwischen den Eltern eine Art klassische Arbeitsteilung gegeben, nach der der Vater insbesondere bei »brenzligen Sachen«[132] eingeschaltet wurde. Darüber hinaus sei er derjenige gewesen, durch den sie die Bedeutung der Klarheit der Argumente, also eine – von ihr nicht näher definierte – logische Strenge, gelernt habe. Angela Merkel sagt, dass sie und ihre Geschwister eine sehr »konsequente Erziehung«[133] genossen haben. Wenn es nötig war, was nicht häufig vorgekommen sei, verhängten die Eltern Strafen – mal in Form von Taschengeldentzug, mal durch Hausarrest, ganz selten gab es auch eine Backpfeife. War eines der Kinder krank und hatte Fieber, musste es anschließend noch drei Tage im Bett bleiben oder durfte zumindest nicht das Haus verlassen. Was das soziale Gefüge zwischen den Kindern anbelangt, sieht Angela Merkel es so, dass sie die klassische Rolle der Ältesten von drei Kindern eingenommen[134] und dabei innerhalb des Kasnerschen Kindertriumvirats eine ausgleichende Rolle gespielt habe[135]. Der Vater bestätigt das, wenn er retrospektiv sagt, dass seine älteste Tochter vom Charakter her »eigentlich sehr harmoniebedürftig«[136] auftrat. Jedes der drei Kinder hatte seine Stärken und Schwächen: Während Angela selbst schon sehr früh und besser als die anderen reden konnte, überholte sie ihr Bruder, mit dem sie ein Herz und eine Seele gewesen sein soll, relativ rasch im sportlichen Bereich. Außerdem kannte er angeblich die Namen aller Päpste auswendig.[137] Ihre Schwester Irene hingegen galt als mehr praktisch veranlagt; sie sollte dann auch nicht den akademischen Weg ihrer beiden Geschwister beschreiten.

Der 13. August 1961: erste politische Erinnerung

Die deutsche Teilung war immer ein Teil des Lebens der Familie Kasner. So musste die deutsch-deutsche Grenze bezwungen werden – und zwar auch von den Verwandten aus dem Westen. Bis zum Bau der Mauer am 13. August 1961 – Angela war damals gerade sieben Jahre alt – und auch danach existierten noch enge Kontakte zwischen der Familie Kasner und den Angehörigen der Mutter. Die Großmutter, die Tante und die Kusinen von Angela kamen gelegentlich nach Templin, wodurch die Kinder persönliche Beziehungen aufbauten. Das führte dazu, dass sich Angela damals ab und zu mit ihren Kusinen verglich und zu dem Schluss gelangte, dass das Leben im Westen ebenfalls nicht frei von Problemen war.»Das hat mich selbstbewusst gemacht«[138], kommentierte sie diesen inneren Vorgang später mit einem gewissen Stolz.

Angela Merkel kann sich heute noch sehr gut erinnern, dass ihre Mutter am 13. August 1961, als der »antifaschistische Schutzwall«, wie die SED die Mauer nannte, gebaut wurde und Horst Kasner in Templin predigte, in der Kirche saß und weinte.[139] Es war Angelas »erste Erinnerung an politische Ereignisse«.[140] Es sollte danach 23 Jahre dauern, bis ihre Mutter wieder in den Westen fahren durfte, zur Beerdigung von Angelas Großmutter. Nach dem Mauerbau wurde bei den Kasners die hoffnungsvolle Parole ausgegeben, dass man im West-Berliner Hotel Kempinski Austern essen gehen werde, sobald die Mauer wieder fällt. Die Betroffenheit des freiwillig von West nach Ost gegangenen Pfarrers und seiner Frau ist auch deshalb besonders verständlich, weil jetzt die bis dahin zumindest theoretisch mögliche Option einer Rückkehr in den Westen endgültig oder zumindest für längere Zeit versperrt war. Noch kurz zuvor war die Familie aus dem West-Urlaub zurückgekehrt – die Kasners waren mit der in Hamburg lebenden Großmutter mütterlicherseits mit einem VW-Käfer in Bayern unterwegs gewesen. Auch wenn sie darüber nicht sprechen: Kasner und seine Frau erfuhren staatliche Repression. Insbesondere für Frau Kasner muss es schwer gewesen sein, dies zu verkraften. In der dramatisch-zugespitzten Situation des Mauerbaus konnte es für Pfarrer, die prinzipiell die DDR-Staatlichkeit bejahten, zwei Möglichkeiten geben: Entweder wurden Widerstandspotentiale gegen das Unrecht des Eingesperrtseins geweckt, oder aber es fand – angesichts der Unveränderbarkeit der politischen Situation – so etwas wie eine verdichtete Verinnerlichung des DDR-Regimes statt. In der politischen Psychologie wird gelegentlich – in Erinnerung an eine terroristische Geiselnahme – vom »Stockholm-Komplex« gesprochen, der dann eintritt, wenn der Schutzlose, der als Geisel genommen ist, sich umso mehr dem Schutz der Geiselnehmer, hier der DDR-Autoritäten, unterwirft. Denn die DDR-Staatlichkeit konnte als Faktum kaum noch in Frage gestellt werden. Es wäre sicher interessant, mehr darüber zu erfahren, was damals in den Köpfen gerade derjenigen ostdeutschen Theologen vorgegangen ist, die prinzipiell den Staat DDR bejahten. Mit dem Mauerbau änderten sich für viele die Rahmenbedingungen. So paradox es klingen mag: Der Mauerbau hatte für manche vielleicht deshalb einen so »erlösenden« Aspekt, weil er die eigenen Optionen änderte, er wirkte – obwohl einsperrend – zugleich befreiend. Denn die Möglichkeit der Auswanderung war mit einem Mal verschwunden.

Zusätzlich zu den Besuchen, durch die gelegentlich westliche Literatur an den Grenzsoldaten vorbeigeschmuggelt wurde und die nach der Nacht- und Nebelaktion des 13. August 1961 eingestellt werden mussten, schickten die Hamburger Verwandten immer wieder Pakete in den Osten, die ein wenig marktwirtschaftlichen Lifestyle transportierten. Instantsuppen, Seife, Jeans und vieles andere – darüber konnte sich die Pastorenfamilie, die keinen Zugang zu den »Fleischtöpfen Ägyptens«[141] hatte, erfreuen. »Zensur« war im Hause Kasner weitgehend unbekannt. Er erhielt später praktisch alle westliche Literatur, die ihm zugesandt wurde. Wenn einmal etwas zunächst konfisziert wurde, dann sorgten die mit Kasner befassten staatlichen Stellen dafür, dass die Pakete doch weitergeleitet wurden.

Zwischen Zahnspange und Kunstpostkarten

Wegen der Westpakete und weil der Vater als Pfarrer nicht genug Einkommen bezogen habe, um alle drei Kinder einzukleiden, verweist Angela Merkel heute darauf, dass sie nie die typische DDR-Kleidung getragen habe. Die Auswahl ihrer Bekleidung hatte – nach eigener Aussage – vor allem etwas mit mangelndem Geld und erst in zweiter Linie mit Mode zu tun.[142] Und so lief sie als Teenager auf Parties mit West-Jeans herum, während ihre Freundinnen zumeist Mini-Röcke bevorzugten.[143] Eine andere Nachbarin der Kasners kann sich noch erinnern, dass die älteste Tochter immer eine Mütze mit dickem Rand trug, mit der sie aussah »wie eine kleine Sonne«.[144] Doch nicht nur in modischen Äußerlichkeiten unterschied sich die Pfarrerstochter von ihren Freunden und Schulkameraden: Eine ganze Reihe ihrer

Altersgenossen hörten mit großer Vorliebe die rockenden Rolling Stones, Angela Merkel tanzte ganz besonders gerne zu der Musik der Beatles, wobei es ihr speziell Paul McCartney angetan haben soll. Darüber hinaus bewohnte sie kurz nach der Geburt ihrer Schwester schon mit dreizehn Jahren ein eigenes Zimmer, das außerhalb der elterlichen Wohnung lag. Für eine Jugendliche in der Pubertät war dies sicher eine schöne Sache. Welcher Teenager träumt nicht davon, möglichst unabhängig und unbeobachtet zu sein? Zwangsläufig wurde dieses schlicht eingerichtete, von Angela Merkel bewohnte Reich, in dem nur ein Cézanne-Druck an der Wand hing, den sie von ihrer Großmutter in Hamburg bekommen hatte, zu einem idealen, partytauglichen Treffpunkt, wo sie und ihre Freunde sich ungestört aufhalten konnten.[145]

Und tatsächlich – so erinnert sich Bodo Ihrke, der mit der späteren CDU-Bundesvorsitzenden von der ersten Klasse bis zum Abitur die Schulbank drückte und heute in der SPD und Landrat des Kreises Barnim in Eberswalde ist – habe man nicht viel vom Rest der Familie gesehen, weder den Vater, »der ihm in seiner Strenge ein wenig unnahbar schien«[146], noch die Geschwister Marcus und Irene. Die Einzige, die sich ab und zu sehr freundlich mit den Gästen unterhalten hätte, sei die Mutter gewesen. Über Jugendlieben Angelas wurde nichts bekannt. Dies bestätigt heute Angela Merkel selber indirekt, wenn sie feststellt, dass sie ihrer »ersten großen Liebe« erst während der Studienzeit begegnete: »In der Schulzeit gab es allenfalls mal ein bisschen Verliebtsein – mehr platonisch. Damals wurde noch nicht so schnell zur Tat geschritten wie heute. Eine Frühentwicklerin war ich auf diesem Gebiet jedenfalls nicht.«[147] Sie hat auch gegenüber ihren damaligen männlichen Mitschülern keine besondere erotische Ausstrahlung entwickelt, wie sich manche noch heute erinnern. Männern habe Angela während ihrer Schulzeit »nicht die Augen verdreht«, so ihr damaliger Physiklehrer Siegfried Kinzel.[148]

Was sie noch von den Gleichaltrigen unterschied, waren ihre Hobbies. Angela sammelte mit Begeisterung Kunstpostkarten und ging gerne in Berlin ins Theater und in die verschiedensten Museen, wo sie Bekanntschaften mit Menschen der unterschiedlichsten Nationalitäten, allen voran Bulgaren, Amerikanern und Engländern, schloss. Im Alter von fünfzehn Jahren ist sie sogar mit Amerikanern essen gegangen, denen sie ihre Erfahrungen mit der DDR schilderte.[149] Ihre Großmutter väterlicherseits wohnte in Ost-Berlin und ließ ihre Enkelin bis zehn Uhr abends fernsehen. Die Großmutter war ein weiterer Grund für die junge Angela Merkel, die Provinz kurzzeitig zu verlassen, um in die Großstadt zu fahren – ihre Eltern hätten ihr das sonst nicht erlaubt. Nicht zuletzt interessierte sie sich für die politischen Vorgänge in der Bundesrepublik. So verweist sie heute darauf, dass sie bereits zur Schulzeit alle Mitglieder des westdeutschen Bundeskabinetts auswendig kannte, und 1994 berichtete sie dem ›Spiegel‹-Reporter Jürgen Leinemann, dass sie die Wahl Gustav Heinemanns zum Bundespräsidenten »heimlich in der Schule auf dem Klo gehört«[150] habe. Ganz besonders – so eine alte Schulfreundin – hat ihr damals allerdings Helmut Schmidt gefallen, den sie wegen seiner Souveränität bewunderte.[151] Die neuesten Entwicklungen in der Bundesrepublik verfolgte sie in westdeutschen Fernsehsendungen wie ›Panorama‹ oder dem ›ZDF-Magazin‹ mit dem legendären Gerhard Löwenthal.

Ansonsten war sie ein ganz normales Kind bzw. eine ganz normale Jugendliche aus dem Osten Deutschlands – mit Zahnspange und orthopädischen Schuheinlagen sowie Ängsten, Hoffnungen und prägenden Erlebnissen. In einem Interview mit ›Bild am Sonntag‹ antwortete sie auf die Frage, an welches Kindheitserlebnis sie sich spontan erinnert, dass sie vor Weihnachten mit ihrem Vater immer in den Wald gegangen ist, um einen Weihnachtsbaum zu schlagen.[152] Angst gehabt hat sie als kleines Kind vor allem vor Pferden und vor Truthähnen, die sich aufplusterten. Als Luxus empfand sie es, so viel Apfelsaft zu trinken, wie sie wollte, da die Familie keinen eigenen Apfelbaum besaß. Apfelsaft war rationiert. »Zum Kinderglück gehörten Apfelsaft und zwei Buletten«[153] – und nicht zu vergessen: der Garten mit dem eigenen Beet, auf dem sie Astern, Ringelblumen und Gemüse pflanzte. Nach eigener Aussage sind dabei insbesondere die Möhren gut gewachsen. Die Erträge beim Blumenkohl und bei den Radieschen ließen dagegen hin und wieder zu wünschen übrig. Zu späterer Jugendzeit wollte sie gerne auf einem Moped mitfahren, durfte dies jedoch aufgrund elterlicher Verfügung nicht, auch die vorgegebenen Zeiten, zu denen sie von einer Fete zurück sein musste, durfte sie nicht überschreiten.

Klassenbeste im Sozialismus

»Sie war mit Abstand die beste Schülerin«[154], weiß Bodo Ihrke zu berichten. Ganz in diesem Sinne entsinnt sich auch Doris Bork, heutzutage Wirtin in der »Schwarzen Krähe« in Templin. Sie sagt, dass »Angela eine graue Maus (war)«[155], die brav mitgeschrieben hat, während die anderen Schüler »gequasselt« haben. Neben den ehemaligen Mitschülern berichten auch die früheren Lehrer Angela Merkels von einem fleißigen und begabten jungen Mädchen. Hans-Ulrich Beeskow, ein ehemaliger Mathematik-Lehrer und später Schuldirektor der Goethe-Schule in Templin (während der DDR-Zeit parteilos, aktiv in der Freien Evangelischen Gemeinde, heute CDU-Ratsherr), ist sich jedenfalls sicher: »Sie war im Normalfall ständig unterfordert.«[156] Sie zeigte stets »überdurchschnittliche Leistung«, Beeskow charakterisiert sie als »fleißig und gewissenhaft«, auch wenn sie »nicht übertrieben ehrgeizig« gewesen sei; als künftige »Führungskraft« sei sie ihm aber nicht aufgefallen.[157] Der Lehrer weist darauf hin, dass Angela zwar unter der Tatsache, dass sie Pfarrerstochter war, »gelitten« habe, doch war sie »im Klassenverband nicht isoliert«.[158] Auch ihr früherer Physik- und Astronomielehrer Siegfried Kinzel, der sie vier Jahre lang – von der neunten Klasse bis zum Abitur – unterrichtete, bestätigt die gute Integration Angelas in der Klasse. Es sei bekannt gewesen, dass die Eltern »keine Konfrontation« wollten, sondern »dass ihre Kinder in der Klasse Anerkennung erfahren«. Er bestätigt die außerordentliche sprachliche Begabung von Angela. Sie habe »Lehrer weder provoziert noch geärgert«, sei »keine Streberin« gewesen, »selbstbewusst« und »ruhig«, mithin eine »Idealschülerin«. Doch Kinzel fügt hinzu: Einerseits war sie »mit sich selbst im Reinen«, andererseits war sie »nicht unbekümmert, sie konnte nie locker werden«, sie war »nie ein albernes Mädchen«. Sie sei das »Inbild eines jederzeit beherrschten und gefassten Menschen«[159] gewesen. Und wenn er seine einstige Schülerin heute im Fernsehen sehe, so sagt Kinzel, frage er sich »immer, wie muss ein Politiker taktieren und paktieren, um seinen Weg zu gehen«. Nur ihr ehemaliger Klassenlehrer Charly Horn hat offenbar nichts Gutes zu berichten, schlägt er doch jede Anfrage, etwas über die Schülerin Angela Kasner zu erzählen, mit einer gewissen Verbitterung aus. Das hat etwas mit einer Geschichte zu tun, über die Horst Kasner meint, es sei die »einzige pubertäre Aufwallung«[160] seiner Tochter gewesen. Sie ging als »antisozialistische Kulturstunde«[161] in ihre Lebensgeschichte ein.

Angela Merkel wurde 1961 eingeschult und besuchte zunächst die Goethe-Schule, die später nach Hermann Matern, einem SED-Spitzenfunktionär,[162] benannte Erweiterte Oberschule (EOS). Am 25. Mai 1972 teilte der damalige Kreisschulrat Klaus Flemming bei einer Schulfestwoche mit, die EOS habe sich »mit Erfolg um die Verleihung des Namens Hermann Matern beworben.«[163] Danach fand ein Aufmarsch auf dem Appellplatz statt, nach einer Ansprache des Sekretärs der SED-Kreisleitung Heinz Hoppenrath wurde eine Namenstafel enthüllt. In einem Zeitungsartikel heißt es: »Das Gelöbnis, stellvertretend für alle von vier Schülern und Genossin Flemming[164] gesprochen, enthält die Verpflichtung, um noch höhere Taten zu ringen. Durch gute und sehr gute Lernergebnisse und ebensolche gesellschaftliche Arbeit werden die Schüler der EOS ›Hermann Matern‹ sich dieser Ehrung würdig erweisen.«[165] Nach dem politischen Umbruch 1989 wurde die einstige EOS Templin in eine Grundschule umgewandelt. 2006 soll das hundertjährige Bestehen des 1906 erbauten dreistöckigen Sandsteinbaus gefeiert werden, der bis 1943 eine private Forstschule beherbergte.[166]

Seit Mitte der siebziger Jahre konnten jährlich nur knapp zehn Prozent der zehnten Jahrgangsstufe in die EOS gelangen.[167] Bei der EOS handelte es sich um die elfte und zwölfte Klasse im Anschluss an die Polytechnische Oberschule (POS). Das Zeugnis der achten Klasse galt als Grundlage für die Aufnahme in die EOS. Mit Beginn der neunten Klasse wurden die besten Schüler ausgewählt und zugelassen. Über die EOS-Plätze entschied eine Kommission aus Kreisschulrat und EOS-Direktoren. Der damalige Kreisschulrat Flemming, der später Abteilungsleiter in Margot Honeckers Bildungsministerium wurde, sagt heute: »Es gab zwar eine Bevorzugung von Arbeiterkindern in der Schule, keinesfalls aber eine Diskriminierung von Pfarrerskindern.«[168] In einem so durchgeplanten Bildungssystem wie dem der DDR war den EOS-Absolventen in der Regel die Zuweisung eines Studienplatzes sicher. Grundlage für die Studienplatzbewerbung war das Zeugnis der elften Klasse; die offizielle Zusage für ein Universitätsstudium gab es aber erst nach dem Abitur.

Da die SED einen besonderen Wert auf die ideologische Kontrolle des Bildungssystems und insbesondere des Hochschulsystems legte, war das Studium des Marxismus-Leninismus im Rahmen der einzelnen Fächer ein Schwerpunkt in der EOS. Harald Löschke, Angelas Mitschüler aus der Parallelklasse, berichtet: »Unsere Lehrer sagten: Unsere Schule ist eine Kaderschmiede. Wer sich nicht schmieden lassen will, der fliegt.«[169] Es heißt, der frühere Schuldirektor Johannes Gabriel habe früher in der Schule immer wieder verkündet, dass er die Pakete, die sein Bruder aus dem Westen schicken würde, nicht annehme. Außerdem drohte er angeblich, dass er Bodo Ihrke, der Bilder aus der westlichen Jugendzeitschrift ›Bravo‹ abfotografierte und an seine Mitschüler verkaufte, von der Schule verweisen würde, wenn dieser seinen unerwünschten Handel nicht beende. Schließlich wurde jeder Schüler, der beispielsweise mit einer »Karstadt«-Plastiktüte zum Unterricht kam, nach Hause geschickt, denn westliche Werbung sollte an einer linientreu korrekt geführten Schule keinen Platz finden.[170] Vor allem durch Leistung konnte Angela Merkel immer wieder den in der Luft schwebenden Repressionen durch Lehrer entgehen. Zudem wurde ihr auch mal geraten, auf die Frage nach dem Beruf des Vaters mit einer so verfälschten Aussprache des Wortes »Pfarrer« zu antworten, dass es klang wie »Fahrer«. Ein Mitschüler hatte ihr diesen Tipp gegeben.[171]

Die blaue Bluse der FDJ

Schon in der ersten Klasse – also nicht erst auf der EOS – gehörte Angela zu den Besten. Und diese bekamen – wie in den meisten sozialistischen Staatsgebilden – für ihre guten Leistungen Orden, nicht jedoch die damals siebenjährige Angela Kasner. Als Pfarrerstochter durfte sie zunächst auch nicht zu den Jungen Pionieren (JP). Ihre Eltern hatten es ihr in der ersten Klasse verboten, dieser Vorfeldorganisation der FDJ, die als »Kampfreserve der Partei« betrachtet wurde, beizutreten. »Sie haben gesagt, jeder Mensch muss in die Schule gehen, aber nicht jeder Mensch muss Pionier werden«[172], umschreibt sie die Beweggründe ihres Vaters und ihrer Mutter. Deren Entscheidung habe sie vermutlich den Orden für den besten Schüler in der Klasse gekostet. Stattdessen wurde ihr langjähriger Klassenkamerad Bodo Ihrke ausgezeichnet. Er war es, der damals die Klassenlehrerin darauf hinwies, dass »die Angela (…) doch mindestens auch so ein Zeugnis wie ich«[173] hatte, woraufhin die Pädagogin kurz und prägnant klarstellte, dass er aber eben der beste Pionier sei.

Am Ende der ersten Klasse wurde das Thema der SED-Jugendorganisationen nochmals neu diskutiert, woraufhin es die Kasners ihren Kindern frei stellten, ob sie den JP beziehungsweise der FDJ beitreten wollten oder nicht. Angela Merkel, gemeinschaftshungriger »Gruppenmensch«[174], entschied sich für Ersteres und trat zunächst den Jungen Pionieren und dann der FDJ bei, weshalb sie, so Hans-Ulrich Beeskow, auch schon mal »in der Aula (…) in der blauen Bluse der FDJ«[175] herumlief. Nach Erinnerung von Mitschülern war Angela auch in der FDJ in ihrer Klasse »führend – so wie sie auf jedem Gebiet führend war.«[176] Eine reine Mitgliedschaft in der FDJ, die als »Kampfreserve der Partei« galt, schien vielen unvermeidlich. Doch fragen manche, ob zusätzliche Leitungsaufgaben in der FDJ nötig gewesen seien – dies trifft gerade für spätere Lebensphasen Angela Merkels zu.

Mit dem Auftrag und dem Anspruch, als vermeintliche Außenseiterin immer die Beste sein zu müssen, verlief ihre Schulkarriere insgesamt erfolgreich. Russisch, von dem sie immer noch voller Begeisterung sagt, dass es »eine schöne Sprache (ist), ganz gefühlvoll, ein bisschen wie Musik, ein bisschen melancholisch«[177], Englisch, das sie inzwischen durch die Praxis besser beherrscht als Russisch[178], und die Naturwissenschaften, obwohl Physik das einzige Fach sein sollte, in dem sie mal eine Fünf bekam[179], waren dabei ihre Lieblingsfächer, die sie alle überdurchschnittlich gut bewältigte. Nur in den praktisch orientierten Aufgaben Zeichnen, Werken oder Sport hatte sie Defizite, für deren Ausgleich sie sich richtig anstrengen musste.[180] »Im Sport hatte sie ihre Not – hier sah sie sich nicht an der Spitze, selbst nicht mit Fleiß«, so ihr ehemaliger Physiklehrer Siegfried Kinzel.[181] Die heutige Bayreuth-Dauerbesucherin Merkel sagte bei einem im ZDF inszenierten »Klassentreffen«, in Musik sei sie »nicht Spitze« gewesen: »Singen ging noch so, ansonsten sehr traurig.«[182] In allen anderen Dingen machte es ihr keine Mühe, den Anforderungen zu genügen, und sie hatte sogar Spaß am Lernen, wobei ihr ein für Schulprüfungen meist vorteilhaftes, sehr gutes Kurzzeitgedächtnis entgegen kam. Viele der Klassenkameraden berichten von der Bereitschaft ihrer Mitschülerin Angela, andere abschreiben zu lassen und den eigenen Wissensvorsprung weiterzugeben. Das trug zu ihrem Ansehen in der Klasse bei. Angelas ehemaliger Mathematiklehrer und zeitweiliger Klassenlehrer Wolf Donath, der später zum EOS-Direktor aufstieg und danach Kreisschulrat wurde – ein Amt, das das SED-Mitglied bis zur »Wende« in Templin innehatte –, berichtet heute euphorisch über seine einstige »Idealschülerin« Angela. Sie war nach seiner Erinnerung »herrlich«, »wunderbar«, »ruhig«, »logisch«, »einsatzbereit«: »Da macht das Lehrersein Spaß.«[183] Donath war trotz seiner SED-Mitgliedschaft ein von seinen Schülern anerkannter und motivierender Lehrer, wie Angelas Klassenkameraden heute sagen.[184]

Außer im Hinblick auf die Leistungen galt für die Schülerin Angela ansonsten das Gebot der Unauffälligkeit. »Für hervorragende gesellschaftliche und schulische Leistungen« erhielt sie nach der zehnten Klasse aus den Händen von Kreisschulrat Klaus Flemming und dem EOS-Direktor Johannes Gabriel die Lessing-Medaille in Silber (gemeinsam mit ihrem Klassenkameraden Hartmut Hohensee). Wie alle Naturwissenschaften, so wurde auch das Fach Mathematik in der einstigen DDR besonders gefördert. An der Schule war sie Mitglied des Klubs der jungen Mathematiker. Bei einer so genannten Mathematik-»Olympiade« schaffte sie es bis auf die DDR-Ebene. Nachdem sie bereits im Mathematikwettstreit gesiegt hatte, gewann sie in der neunten Klasse, also im Jahr 1970, die Russisch-»Olympiade«.[185] Mit der Mannschaft ihres Bezirks nahm sie an der DDR-»Olympiade« in Berlin teil.[186] Das auch noch am 100. Geburtstag Lenins. Angela Merkel führt die gute Beherrschung der Sprache des »großen sozialistischen Bruders«, wie die Sowjetunion damals von der Staatsführung gerne bezeichnet wurde, im Nachhinein darauf zurück, dass sie sich als Kind ausgiebig mit den in Templin und in der Umgebung stationierten Soldaten der Roten Armee unterhalten hat. In diesem Zusammenhang hat sie besonders in Erinnerung, dass so mancher der sowjetischen Soldaten sie schon damals darauf hinwies, dass die deutsche Teilung ein unnatürlicher Zustand und dass eine Wiedervereinigung nur eine Frage der Zeit sei.[187] Erika Benn, Angela Merkels ehemalige Russisch-Lehrerin und inzwischen für die Partei des Demokratischen Sozialismus (PDS) aktiv, ist angesichts der Merkel-Äußerungen zum Erlernen des Russischen ein wenig enttäuscht: »Das finde ich nicht nett. Das hat sie bestimmt nicht von denen.«[188] Benn ist aber noch heute ob der Lernbereitschaft ihrer einstigen Schülerin voller Hochachtung: »Angela war unerhört fleißig und eine Autodidaktin, lernte noch an der Bushaltestelle Vokabeln, machte keine Fehler, gab sich zurückhaltend, aber nicht schüchtern. Ich hatte nie wieder eine derart hochbegabte Schülerin.«[189] Benn fühlt sich in ihrer pädagogischen Arbeit, bei der sie speziell begabte Schüler förderte, von Merkel nicht anerkannt. Als Horst Kasner ihr einen Zeitungsartikel zukommen ließ, dessen Foto ihre ehemalige Schülerin zu Besuch beim russischen Präsidenten Wladimir Putin zeigte und in dem berichtet wurde, dass der mächtigste Mann Russlands von der Beherrschung seiner Muttersprache durch die heutige CDU-Vorsitzende ganz begeistert gewesen sei, meinte sie: »Das zeigt, dass der Vater anerkennt, dass ich was für seine Tochter getan habe. Die Angela tut das ja leider nicht.«[190] Jedenfalls gewann die damals Fünfzehnjährige nicht nur die Schul-»Olympiade«, sondern setzte sich letztendlich auch auf Kreis-, Bezirks- und DDR-Ebene gegen alle Konkurrenten durch, so dass sie als Belohnung nach Moskau fuhr, um an der Internationalen Russisch-»Olympiade« teilzunehmen. Diese Reise sollte ihr vor allem wegen zwei Ereignissen in Erinnerung bleiben: Erstens wurde sie auch dort auf eine vermeintliche Wiedervereinigung angesprochen, und zweitens kaufte sie sich im Weltzentrum des Kommunismus ihre erste Beatles-Platte. »We all live in a yellow submarine«, schallte es von da an durch den Waldhof.

»68« in der DDR

Folgt man den Aussagen Angela Merkels, stellte nicht nur 1961, sondern auch das Jahr 1968 eine Zäsur für den Pfarrer und seine Familie dar. »1968« ist für Ostdeutsche eine andere Chiffre als für Westdeutsche. Denn ihrem Vater sei nach den Ereignissen des »Prager Frühlings« im Laufe der Zeit immer klarer geworden, »dass das mit der DDR nichts werden würde«.[191] Diese Aussage impliziert, dass Vater Kasner – wie viele andere Menschen in Ost und West – Hoffnungen hatte, die Prager Ereignisse könnten so etwas wie einen »Sozialismus mit menschlichem Antlitz« im Bereich der Warschauer-Pakt-Staaten bringen. Angela war auch klar, dass man nicht jedes zu Hause gemachte Erlebnis, wie Besuche der Verwandten aus Hamburg, oder jede von den Eltern geäußerte politische Meinung im Unterricht gegenüber den Lehrern wiedergeben sollte. So ist ihr eine Anekdote aus jenem Jahr 1968 – in diesem Zeitraum gehörte Kasner dem Leiterkreis des Weißenseer Arbeitskreises an! – in Erinnerung geblieben: Die Familie Kasner machte Urlaub im tschechoslowakischen Riesengebirge, in einem Ort namens Pec pod Sněžkou. Die Eltern hatten bei einer tschechischen Familie eine Ferienwohnung gemietet, Angela war gerade vierzehn Jahre alt. Der Junge dieser Familie begann, Briefmarken, auf denen das Konterfei von Antonin Novotný, dem Ersten Sekretär der Kommunistischen Partei der Tschechoslowakei, zu sehen war, zu zerreißen. »Ich eilte da hin und fragte, was denn nun los wäre. Und der erklärte mir, dass jetzt eben Dubček der große Held sei und dass deswegen die Briefmarken, auf denen Novotný war, in den

Orkus gehörten«,[192] schildert Merkel ihre ganz persönlichen Erfahrungen mit dem »Prager Frühling«. Ihre Eltern fuhren für zwei Tage nach Prag, um die Aufbruchstimmung selbst zu erleben, während die Kinder in Pec pod Sněžkou blieben. Doch wie bekannt ist, währte die Hoffnung auf eine bessere Zukunft nur kurze Zeit, denn in der Nacht vom 20. auf den 21. August 1968 marschierten Truppen des Warschauer Pakts in Prag ein. Angela Merkel weiß noch, dass sie am Morgen des 21. August beim Frühstück in der Küche stand und die deprimierende Nachricht von der militärischen Eskalation im Radio hörte. Wieder zurück in der Schule, sollten die Kinder dann von ihren Ferienerlebnissen erzählen, woraufhin sich Angela Merkel meldete, um von ihrem traurigen Aufenthalt in der Tschechoslowakei und den Briefmarken zu erzählen. »Dann sah ich schon an dem Blick des Lehrers, dass die Sache brenzlig wurde.«[193] Sie wich von ihren ursprünglich geplanten Aussagen ab.

Der einstige Schuldirektor Johannes Gabriel kannte Angela nicht aus dem Unterricht, konnte sich aber offensichtlich über sie ein Urteil bilden. Nach seiner Erinnerung war sie keinesfalls eine »Führungskraft, die sich hervorgetan hat«, in der Klasse habe sie jedoch ein »gewichtiges Wort gehabt«. Ihren Bruder Marcus kennt Gabriel besser. Ihn unterrichtete er vier Jahre in Physik. Er war »außerordentlich talentiert, besonders im naturwissenschaftlichen Bereich«, ferner »begabt, bescheiden, ruhig«[194]. Natürlich kennt der einstige Direktor auch die Eltern, Angela Merkel kennt er vor allem durch die ihr wegen besonderer Leistungen in Mathematik und Russisch übergebenen Auszeichnungen. Sie sei »kritisch zur DDR« gewesen, »so wie junge Menschen kritisch sind«, zugleich »respektvoll gegenüber Erwachsenen«, ja sogar »brav«. Gabriels Frau Helga, die an der gleichen Schule Musikunterricht gab, erinnerte sich: Angela Merkel »sang nicht schlecht«. Ihre Schülerin wollte immer mit der Betonung auf dem »e« Angela genannt werden. Frau Gabriel wundert sich heute wie andere Lehrer auch, dass ihre einstige Schülerin ausgerechnet zur CDU gegangen war. Sie hätte sie nach der Wende »eher bei den Grünen vermutet«.[195]

Eklat kurz vor dem Abitur

Zu einem echtem Eklat, an dem die Pfarrerstochter beteiligt war, kam es erst am 17. April 1973[196], also gegen Ende ihrer Schulzeit, als sie und ihre Klassenkameraden eine Kulturstunde der besonderen Art veranstalteten. Zu diesem Zeitpunkt zeigte sich im Westen Deutschlands ein Großteil der Schüler und Studenten in Folge der Studentenrevolte von 1968[197] immer noch solidarisch mit dem Vietcong in Vietnam. Sie standen damit in Konflikt mit der bundesdeutschen Politik, die das transatlantische Verhältnis nicht durch überzogene Kritik an den USA belasten wollte. Im Osten war es genau umgekehrt: Die SED-Führung zeigte sich als sozialistisches Land solidarisch mit dem gegen die »Imperialisten« kämpfenden vietnamesischen Volk. Als die Klasse von Angela Merkel nun eine Kulturstunde zugunsten der in Asien agierenden sozialistischen »Brüder und Schwestern« gestalten sollte, geriet die Veranstaltung zu einem Skandal, wegen der »Protesthaltung der Klasse auch den Lehrern gegenüber«[198], so erinnert sich Gabriel. Die Schüler hatten ihre Zusagen für die entsprechenden Studienplätze bereits bekommen, agierten dementsprechend selbstbewusst und waren der Kulturstunde gegenüber ziemlich lustlos eingestellt.[199] Darüber hinaus hatte der Klassenlehrer, besagter Charly Horn, »sich nicht richtig darum gekümmert« (sagt Gabriel)[200], so dass sich die Klasse 12b zunächst weigerte, überhaupt irgendetwas aufzuführen. Erst nachdem die Klasse über den Schulsprechfunk öffentlich gerügt wurde, indem der Sprecher vermeldete, dass sie nicht am Kulturwettstreit teilnehmen würde[201], und Horst Kasner seine Tochter mahnte, dass die Schüler all das, was sie sich bisher erarbeitet hatten, riskieren könnten[202], beschloss die Klasse von Angela, doch noch ein Programm auf die Beine zu stellen. Dadurch wurde alles viel schlimmer: Sie entschlossen sich, Christian Morgensterns Gedicht vom Mopsleben aufzuführen, in dem es unter anderem heißt »O Mensch, lieg vor dir selber auf der Lauer, sonst bist du auch ein Mops nur auf der Mauer«[203], und in dem die Möpse so gerne »auf Mauerecken [sitzen], die sich ins Straßenbild hinaus erstrecken, um von sotanen vorteilhaften Posten die bunte Welt gemächlich auszukosten«[204], außerdem die Internationale auf Englisch, der Sprache des »Klassenfeindes«, zu singen und anstatt – wie gewünscht – für Vietnam, für Frelimo, eine marxistische Befreiungsbewegung in Mosambik, zu sammeln. Die damalige SED-Position war:»»Vietnam ist uns näher als alles andere«[205], berichtete Klaus Flemming, der die sich an den Skandal anschließende Untersuchung leitete. Die Schüler selbst waren sich der inhaltlichen Problematik in dieser Form nicht bewusst, berichtet heute eine der besten Schulfreundinnen von Angela.[206] Es war eine Provokation nicht nur für den Schulleiter, sondern auch für den kurz zuvor ins Amt gekommenen Kreisschulrat Flemming, dessen erste Frau an der EOS Deutsch unterrichtete. Das Wort »Mauer« in einem politischen Kontext musste besonders suspekt erscheinen. Als man dann auch noch feststellte, dass Christian Morgenstern ein »bürgerlicher« Autor war, schlug die Aufführung dermaßen hohe Wellen, dass es auch zu Untersuchungen durch die Stasi kam. Letzteres bestreitet Flemming heute.[207]

Gabriel bestätigt, dass die Situation für die junge Angela deshalb schwierig wurde, weil eine Pfarrerstochter leicht als die eigentliche Rädelsführerin hätte erscheinen können; sie sollte offensichtlich der »Führungstäterschaft« überführt werden. Doch bei den Gesprächen mit Angelas Klassenkameraden kam es nicht zu einem solchen gewünschten Ergebnis. Denn andere Teilnehmer dieses Wettbewerbs der Klasse 12b waren Kinder von hochrangigen SED-Funktionären, also »Genossenkinder«. Der Vater eines Schülers war am Templiner Institut für Lehrerbildung tätig und SED-Genosse. Die Klassenkameraden zeigten sich höchst solidarisch, niemand – auch keiner der Söhne aus profilierten SED-Elternhäusern – scherte aus,[208] die Klasse bekannte sich insgesamt zu diesem Vorfall.

In einer Elternversammlung ging der Eklat weiter, nur diesmal zwischen den Lehrern und den Eltern. Einige Vertreter des Kollegiums wollten zu einer Art Generalabrechnung ausholen, indem sie unter anderem anprangerten, dass etliche Schüler immer in West-Kleidung in der Lehranstalt erscheinen würden. Dies führte wiederum zu einem energischen Protest der Eltern, denn es bedurfte schließlich einiger Mühe, den Kindern etwas »Vernünftiges« zum Anziehen zu besorgen, so dass am Ende der Veranstaltung einige Eltern kollektiv aufstanden und den Ort verließen. Insbesondere Vater Kasner habe »furchtbare Angst« gehabt, dass seiner Tochter das Studium verwehrt werden könnte, wie von Lehrerseite in Erinnerung ist. »Ich habe bis zum Herbst '89 nie wieder eine solche Zivilcourage erlebt«, erinnert sich Horst Kasner retrospektiv: »Ich hatte einen Informanten, der mir sagte, ich müsse mich diesmal an höhere Stellen wenden.«[209] Es wäre interessant zu erfahren, wer jener Informant war. Jedenfalls war Pastor Kasner um die Studienmöglichkeit seiner Tochter höchst besorgt.

So lief es eben im Staat der SED: »In der DDR musste man immer dann, wenn es auf einer Ebene wirklich eng wurde, auf die nächsthöhere gehen, also aus diesem Automatismus von Repression ausbrechen, Beschwerde führen und dafür sorgen, dass ein Mindestmaß an Objektivität wiederhergestellt wurde«[210], bilanziert auch Angela Merkel im Hinblick auf diese Geschichte. Kasner wandte sich an seinen Bischof Albrecht Schönherr. Dieser wiederum trug die Geschichte beim für Kirchenfragen zuständigen Sekretär im ZK der SED vor. Gleichzeitig verfasste Horst Kasner eine an die SED-Bezirksleitung gerichtete Petition, die Angela Kasner in einer Art Gang nach Canossa zum obersten Kirchenjuristen der DDR, dem damaligen Konsistorialrat und heute für den Aufbau Ost verantwortlichen Bundesverkehrsminister Manfred Stolpe, nach Berlin bringen musste.[211]

Die beteiligten Schüler erhielten mit Schreiben vom 8. Mai 1973 einen Verweis auf Beschluss des Pädagogischen Rates der EOS.[212] Ihnen wurde »politische Provokation« und Verstoß gegen die Schulordnung vorgeworfen, nach der »jeder Schüler verpflichtet ist, unter der Leitung der FDJ an der Gestaltung des politischen und kulturellen Lebens in der Schule und der Öffentlichkeit im Sinne unserer sozialistischen Gesellschaft aktiv teilzunehmen«. Durch das Programm der Klasse 12b sei dem Ansehen des »Schülerkollektivs in der Öffentlichkeit Schaden zugefügt und gegen die Normen von Disziplin und Ordnung in der Schule verstoßen« worden. Die so Gescholtenen hätten im Zusammenhang mit jenem Kulturprogramm »nicht das Vertrauen gerechtfertigt, das die Gesellschaft« ihnen »mit der Delegierung in die Abiturstufe entgegenbrachte.« Dem Schreiben des Direktors ist allerdings auch der für die betreffenden Schüler wichtigste Satz zu entnehmen: »Die ausgesprochene Schulstrafe erscheint nicht auf dem Zeugnis.« Im Endeffekt flog also keiner der beteiligten Schüler von der Schule, sie konnten ihr Abitur machen und behielten ihren Studienplatz. Aber ganz ohne »Bauernopfer« ging diese Episode dennoch nicht aus. Klassenlehrer Charly Horn wurde kurz nach dem Vorfall strafversetzt, da ihm vorgeworfen wurde, er habe die Kulturstunde zu spät angesetzt, nicht genug beaufsichtigt und sei damit der eigentliche Verursacher aller Schwierigkeiten.[213] Aufgrund dieser Tatsache will sich der ehemalige Lehrer nicht zur heutigen CDU-Vorsitzenden äußern: »Kein Wort zu der Merkel.«[214]

Auch Johannes Gabriel galt damals als »Hardliner«[215], er wird heute noch von manchen als »Kommunist«[216] bezeichnet. Ehemalige Schüler sehen ihn differenzierter. »In seiner Mephisto-Rolle spielte er mit dem Teufel; er war intellektuell in der Lage, dessen Spiel zu durchschauen«, meint Angelas Mitschüler Hartmut Hohensee, der wegen Abwesenheit von der Schule am Tag des Kulturprogramms nicht zu den Zurechtgewiesenen gehörte.[217] Nicht zuletzt sei es vermutlich auch Gabriel zu verdanken gewesen, dass der Verweis nicht ins Abiturzeugnis aufgenommen wurde. Heute sagt Gabriel, dass zu wenig pädagogisch, zu hart auf dieses Ereignis reagiert wurde. Es sei der Schule keine Zeit gelassen worden, diesen Vorgang »pädagogisch zu bewerten«.[218] »Unsere Dummheit bestand darin, das Ganze politisch zu hoch aufgehängt zu haben«[219], äußert sich Gabriel zur sozialistischen Kulturstunde selbstkritisch. Diese sei mehr eine »Provokation als eine politische Provokation« gewesen. In der DDR – so bestätigt er heute – »hat es Angst mit allem, was mit der offiziellen Politik nicht konform war«, gegeben, durch ein »übergroßes Sicherheitsdenken« war ein »souveräner Umgang mit Protest« kaum möglich. Es gab ein »Unvermögen, mit Protesten umzugehen«.[220] Gabriel fragt aber auch: »Wenn es diesen Vorfall nicht gegeben hätte: Wie könnte heute Angela Merkel nachweisen, dass sie gegen diesen Staat gewesen ist?« Dieser Vorgang sei eine für sie »dankbare Fügung«. Er weist darauf hin, dass die EOS »Kaderschmieden« waren. Es gab einen schwierigen Ausleseprozess. Auch die Lehrer fühlten sich deshalb verpflichtet, den Schülern zu einem erfolgreichen Abschluss zu verhelfen. Es wäre für die Schule ein ziemliches Desaster gewesen, wenn bereits vor der mündlichen Abiturprüfung zugewiesene Studienplätze nicht hätten eingenommen werden können. Gabriel sitzt aufgrund einer unheilbaren Muskelschwächekrankheit seit Jahren im Rollstuhl. Er wohnt mit Beeskow, dem ehemaligen Mathematik-Lehrer von Angela Merkel und heutigen Direktor der Goethe-Schule, der es als Christ in der DDR ebenfalls schwerer hatte als manche seiner Kollegen, unter einem Dach – in einem Templiner Fachwerkhaus, das den Namen »Frohsinn« trägt. Zwei Menschen, die sich nach eigenen Angaben gegenseitig respektieren und die in ihren politischen Ansichten so unterschiedlich sind, dass sie der ›Spiegel‹-Journalist Alexander Osang mit Don Camillo und Peppone verglich.[221]

Angela Merkel sollte später von einem wahren Spießrutenlauf berichten, den sie und ihre Klassenkameraden durchlitten.[222] Mitschüler wurden offensichtlich zum allgemeinen Mobbing animiert. Über die Wandzeitung in der Schule wurde die volle Verachtung in Form von schmähenden Berichten deutlich. Außerdem wurde den quasi als unsozialistische Revoluzzer stigmatisierten Jugendlichen das Recht abgesprochen, beim morgendlichen Appell wie gewohnt im Kollektiv mit ihren schulischen Mitstreitern »Freundschaft!« zu rufen.[223] Von diesem Ritual, das normalerweise alle Schüler symbolisch verbinden sollte, blieben sie ausgeschlossen. Sicherlich wird das Angela Kasner sehr getroffen haben, war es doch ihre Linie gewesen, nicht aus dem Rahmen zu fallen. Aber rückblickend sagt sie auf die Frage, ob sie unter solchen Verhältnissen gelitten habe: »Wenn ich darunter gelitten habe, dann hab ich es heute verdrängt.«[224]

Angela und ihre Klassenkameraden

Auch wenn Angela Kasner sich in manchen Aspekten ein wenig von den anderen Jugendlichen in Templin unterschied, bedeutet das nicht, dass sie in ihrer Kinder- und Jugendzeit eine Außenseiterin gewesen ist. Sie war auch bei den Feten dabei. Während der achten Klasse – Bodo Ihrke, so wird heute berichtet, habe die Zigaretten besorgt – wurde sie zusammen mit anderen Klassenkameraden vom Ausbilder des Kreisbetriebs für Landtechnik beim »Qualmen« im Wald erwischt; ihnen wurde dann ein Verweis angedroht.[225] Auch später noch rauchte sie – was manche ihrer Klassenkameraden heute noch wundert, »war sie doch die Sitte in Person«.

Ihr habe es schon immer Spaß gemacht, große Feiern mit vielen Leuten zu organisieren – eine Eigenschaft, die für Merkel nur ein Beispiel dafür ist, dass sie die Anlage habe, mit anderen gemeinsam zu handeln.[226] Sie sieht sich in Bezug auf ihre Schulzeit gar als »Anführerin«.[227] Sie habe immer organisiert, wenn etwas zu tun war, und anderen bei den Hausaufgaben geholfen. Auf den Partys wurde über diverse Themen sehr offen diskutiert.[228] Darüber hinaus hat sie zusammen mit anderen mit einem großen Kutter der Außenstelle für Segelsport der Gesellschaft für Sport und Technik einige Bootsfahrten in der Uckermark unternommen – nach dem Abitur sogar eine ganze Woche lang.[229] Ab der zehnten Klasse ist sie richtig »auf Tour gegangen«[230]: Prag, Budapest, Bukarest und Sofia waren einige ihrer Ferienziele, die sie meist mit dem Zug, mit Rucksack und Zelt bepackt, bereiste. Im Erwachsenenalter sollten noch weitere Länder auf ihrer persönlichen Landkarte dazukommen. Sie besuchte als Tramperin Armenien, Aserbaidschan und Georgien.

Als Führungspersönlichkeit sehen sie aber längst nicht alle, die »Kasi« – so ihr damaliger Spitzname[231] – in der Schule erlebt haben. Hans-Ulrich Beeskow kann sich zumindest nicht an besondere Führungsqualitäten erinnern.[232] Daher habe es viele in Templin überrascht, dass sie später in die Politik ging. Ähnlich formuliert es Harald Löschke, wenn er darauf verweist, dass »Angela ein ehrlicher Typ (war)« und doch »in der Politik oft andere Regeln (gelten)«[233]. Löschke beschreibt die Kameradschaftlichkeit seiner Mitschülerin Angela: »Sie war hilfsbereit: Wer in der Schule Probleme hatte, konnte zu ihr kommen.«[234] Sie sei »kopfgesteuert« gewesen; erlitt sie in der Schule mal eine »Schlappe, setzte sie sich hin, lernte und tat alles, diese Schlappe wieder auszumerzen«. Ihr Motto sei gewesen: »Keine

Inkompetenz zeigen!« Sie trat »kritisch, aber nicht aufmüpfig« auf. Sie war »zwar nicht verklemmt, aber auch nicht locker«. Er sagt auch, Angela habe selten oder gar nicht an außerschulischen Feten teilgenommen, »abendliche Eskapaden« sind ihm nicht bekannt, sie sei in einer »Clique von vier Mädchen« integriert gewesen.

Ihr ebenfalls in der Schule sehr gut benoteter Klassenkamerad Hartmut Hohensee, der später anders als seine Mitschülerin auf der Universität offensichtlich aus politischen Gründen Schwierigkeiten hatte, schildert sie einerseits als »braves Mädel«, andererseits spricht er unter Bezug auf ihre schulischen Leistungen von einem »Ausnahmetatbestand«: »Sie war hochgradig leistungsstark, sie war gar nicht richtig ausgelastet.«[235] Bodo Ihrke betont ebenfalls, dass sie sich nie in den Vordergrund gedrängt habe, vertritt aber gleichzeitig die Auffassung, dass sie Führungsstärke »durch Leistung, Offenheit und Kameradschaft«[236] bewiesen und dadurch zum starken Zusammenhalt der Klasse beigetragen habe. Die Klasse 12b war nach seiner Erinnerung eine ziemlich »leistungsstarke Klasse«, drei oder vier Mitschüler machten das Abitur mit Auszeichnung, fünf oder sechs mit »sehr gut«. In der Klasse habe eine »sehr kameradschaftliche Atmosphäre« geherrscht. In der DDR – so analysiert Ihrke seine Schulzeit heute – habe man in zwei Welten gelebt, »das war kein Problem«: Wenn ein Lehrer das Elternhaus aufsuchte, schaltete man den Fernseher von Kanal 7 (West-TV) auf Kanal 5 (DDR-Programm). Propagandistische Slogans habe man »heruntergebetet«, ohne sich viel Gedanken zu machen, fast so, wie heute Werbeslogans zitiert würden. Die meisten Klassenangehörigen hätten eine »sehr ausgeprägte Distanziertheit« zum politischen System der DDR gehabt. Mit diesem »Widerspruch, dieser Schizophrenie« habe man gelebt: In der Schule wollte ein Deutschlehrer den utopischen Sozialismus sogar schon in Goethes ›Faust II‹ erkannt haben – wogegen einige Schüler protestiert hätten. Er erinnert sich ferner, dass seine Mitschülerin Angela wegen ihrer West-Verwandtschaft beneidet wurde – sie trug Parkas und Jeans. Bodo Ihrke kleidet seine Bewunderung für die persönliche Leistungsbereitschaft Angela Merkels heute in die Worte: »Egal, wo man Angela hinsetzt: Sie will die Nummer eins sein. Als Physikerin hätte sie womöglich den Nobelpreis angestrebt.«[237] Allerdings sei sie »etwas introvertiert« gewesen.[238] Die Bereitschaft Angelas zur Kooperation habe Ihrke sehr geholfen. So hätten sich die beiden beispielsweise in ihrem Paradefach Russisch vorher überlegt, was in der nächsten Klassenarbeit an Wissen abgefragt werden könnte. »Dann hat sie es für mich ausgearbeitet. Und ich habe es dann auswendig gelernt und bestanden«[239], erzählt Ihrke heute noch begeistert. Er bezeichnet die Mitschülerin Angela als »Überfliegerin, aber ohne Allüren«[240]. Außerdem habe sie in Diskussionen immer Wert darauf gelegt, dass einer den anderen ausreden lasse, und damit alle vorangebracht. Heute konstatiert Ihrke Änderungen ihres Persönlichkeitscharakters; sie trete alten Klassenkameraden gegenüber distanziert auf. So erinnert er sich an ein eher privates Zusammentreffen nach der Wende, als Witze über Helmut Kohl gemacht wurden. Sie hätte darauf wenig souverän reagiert. Von sich selbst habe Angela Merkel schon immer »wenig preisgeben wollen«. Dass sie jedoch bei der CDU gelandet ist, das habe ihn doch sehr »gewundert«: »Ich hatte sie eher linker eingeschätzt, als ich es bin«, erzählt der heutige SPD-Landrat. Jedoch: Mit »viel Weitblick« seziere sie die politische Lage – »das tut sie in jeder Situation«.[241] »Sie war sehr engagiert in der Klasse, sie wollte etwas bewegen«[242], analysiert Bernd Birnbaum, ebenfalls ein ehemaliger Klassenkamerad von Angela Merkel. Er habe sie äußerst diskutierfreudig erlebt. Vor allem im Fach Staatsbürgerkunde, durch das die Jugendlichen auf den rechten sozialistischen Weg gebracht werden sollten, habe sie Position bezogen und sich getraut, mehr zu sagen als andere.

So ergibt sich ein ambivalentes Bild, was ihren sozialen Status und ihre dabei gezeigten Führungsqualitäten in der Schule angeht. Vielleicht hängt das mit einer Eigenschaft zusammen, die sie eigenen Angaben zufolge schon seit ihrer Kindheit besitzt und die sie als »kopfgesteuert«[243] bezeichnet. In ihrer Schulzeit brauchte sie eine geschlagene Dreiviertelstunde, um, als die Klingel bereits das Ende der Stunde ankündigte, einen Sprung vom Dreimeterbrett in das Wasserbecken zu wagen. »Ich bin, glaube ich, im entscheidenden Moment mutig. Aber ich brauche beachtliche Anlaufzeiten, und ich versuche, möglichst viel vorher zu bedenken. Spontan mutig bin ich nicht«[244], lautet ihre Selbstbeschreibung. Sie wollte schon »immer wissen, was auf mich zukommt, auch wenn das womöglich ein wenig auf Kosten der Spontaneität gegangen«[245] sei. Ihr Leben zu strukturieren und Chaos zu vermeiden war ihr wichtiger, doch wenn sie sich entschieden hatte, dann »ist es ein Point of no return, und dann ist es gut.«[246] Eine spannende Geschichte: Angela Merkel springt erst, als es klingelt, nach langem Zögern. Oder in anderen Worten: Sie packt zu, wenn die Zeit gekommen ist.

Ein Rückblick: der distanzierte Vater

»Ich sage Ihnen ganz ehrlich: Ohne mein Elternhaus in Templin in der Uckermark hätte ich den Sozialismus nicht so überleben können. Auf der einen Seite gab es das System der DDR, das unser Leben wie eine Krake vollständig erfassen wollte, auf der anderen Seite gab es das eigene Elternhaus.«[247] So dankbar sich Angela Merkel heute ihrem Elternhaus in öffentlichen Reden zeigt, sie dürfte zu ihrem Vater doch ein recht differenziertes Verhältnis haben. Angela Merkel hatte es mit diesem sie extrem fordernden Vater nicht einfach. Seine politischen Grundüberzeugungen stehen in ziemlichem Gegensatz zu Äußerungen der Bundesvorsitzenden der CDU Deutschlands. Gehörte Kasner zu denjenigen, die dazu beigetragen haben, dass der um das SED-Regime konstruierte Staat implodierte? Eppelmann jedenfalls verweist darauf, dass keine hundert Kirchenleute an dieser Implosion mitwirkten, und stellt fest: »Und Kasner gehörte nicht dazu.«[248] Richard Schröder, der damals als Pfarrer das DDR-Regime herausforderte[249], später Vorsitzender der SPD-Fraktion in der letzten Volkskammer der DDR war und heute Theologieprofessor an der Berliner Humboldt-Universität ist, sieht indes keine Gründe, die Integrität Horst Kasners in Zweifel zu ziehen: »Für mich gehörte Herr Kasner immer zu den vertrauenswürdigen Personen. Und jedenfalls war er kein Konformist. Das Pastoralkolleg Templin war für uns immer auch ein Fenster nach Westen, durch westliche Referenten und westliche Literatur. Die theologischen Referenten waren nicht nach Linie handverlesen.«[250] Wie man sieht, gehen die Meinungen zu Kasner weit auseinander. Doch muss es einen Grund geben, warum Angela Merkel praktisch nie über ihren Vater, sondern vor allem über ihre Mutter spricht. Der eigentliche Grund dürfte darin liegen, dass Angela Merkel kein Interesse daran hat, die tatsächliche Rolle Kasners im DDR-Sozialismus zu beleuchten. Die politische Sichtweise ihres Vaters rückt sie heute in mildes Licht: »Es war nicht so, dass sich mein Vater beispielsweise nicht über die deutsche Einheit gefreut hätte, aber er fand die Verhältnisse im Westen auch nicht ideal. Er hat die DDR einfach etwas milder und nicht ganz so kategorisch beurteilt als ich.«[251] Heute reagiert Horst Kasner negativ auf Interviewanfragen bezüglich seiner Rolle als Vater wie als Theologe.[252]

Mit der Darlegung Angela Merkels, Vater Kasner habe die DDR-Verhältnisse »etwas milder« beurteilt, dürfte der Umstand gemeint sein, dass ihr Vater – zumindest gelegentlich – eine intensive Staatsnähe zeigte, oder zeitweilig die Kontakte mit der Staatssicherheit nicht scheute. Jedenfalls zeigte Vater Kasner eine sehr viel größere Nähe zum sozialistischen Staat der DDR als bislang bekannt. Er war nicht nur schlichtes Mitglied des in seinen Zielen bereits geschilderten und auch von der Staatsicherheit »operativ betreuten« Weißenseer Arbeitskreises, sondern gehörte sogar zu dessen »Leiterkreis«. In einem Schreiben vom 13. Juni 1966 an die in Ost-Berlin sitzende Leitung der Berlin-Brandenburgischen Kirche protestierte er gegen einen Brief des in West-Berlin residierenden Bischofs Kurt Scharf »an die Pfarrer, kirchlichen Mitarbeiter, Gemeindekirchenräte und kirchlichen Werke der Evangelischen Kirche Berlin-Brandenburg«. Kasner zeigte sich zusammen mit den beiden Mitunterzeichnern Ernst-Oskar Petras und Ulrich Heilmann über diesen Brief von Bischof Scharf »außerordentlich betroffen«: »Wir bitten die Kirchenleitung zu prüfen, welche Möglichkeiten sie hat, für die Zukunft ähnliche Versendungsaktionen zu verhindern. Wir halten es für erforderlich, dass die Funktionen des Bischofsamtes für den Bereich der Deutschen Demokratischen Republik aus der zuständigen regionalen Kirchenleitung heraus wahrgenommen werden.« In diesem barschen Schreiben an die in Ost-Berlin beheimatete regionale Kirchenleitung – der in West-Berlin residierende Scharf wollte die Einheit der Berlin-Brandenburgischen Landeskirche einfordern – wird unter anderem die theologische Frage gestellt: »Kann es die Kirchenleitung unwidersprochen lassen – nachdem sie sich schon einmal hat öffentlich von Bischof Dibelius distanzieren müssen (Obrigkeitsfrage) –, dass sich D. Scharf bei der Übernahme des Bischofsamtes derart zustimmend zu dem Verständnis von Christentum, Kirche und Bischofsamt äußert, wie es von Bischof Dibelius vertreten worden ist?« Kasner und seine Mitunterzeichner bezweifelten, »dass es unter den gegebenen Verhältnissen unserer kirchlichen Arbeit dienlich sei, wenn Bischof D. Scharf in solcher Weise von Westberlin aus in unseren Bereich hineinspricht.«[253] Der Hintergrund dieses Briefes war, dass die Wahl von Kurt Scharf zum Bischof der Berlin-Brandenburgischen Landeskirche von den DDR-Autoritäten nicht verhindert werden konnte, obwohl das Politbüro des ZK der SED am 18. Januar 1966 den Beschluss fasste, dass individuelle Gespräche mit Synodalen der Landeskirche zu führen seien, »um sie in der Richtung zu beeinflussen, dass auf der Februar-Synode der Landeskirche Berlin-Brandenburg der derzeitige Verwalter des Bischofsamtes D. Jacob kandidiert und gewählt wird.«[254] Offensichtlich haben diese Bemühungen bei Kasner gefruchtet. Jacob war im Gegensatz zu dem West-Berliner Scharf DDR-Bürger. Die Tatsache, dass er auf den in der Zeit vom 13. bis 17. Februar 1966 in Ost- und West-Berlin tagenden Teilsynoden auch angesichts der zu erwartenden Mehrheitsverhältnisse überhaupt nicht antrat und Scharf gewählt wurde, war die »wohl empfindlichste Niederlage der SED-Kirchenpolitik in der zweiten Hälfte der sechziger Jahre«[255]. Scharf wurde die Übersiedlung nach Ost-Berlin verweigert. Wie auf jener Synode Kasner und seine theologischen Gesinnungsgenossen operierten, geht aus einem Dokument der SED hervor. Darin wird zunächst auf Kasners Mitstreiter Hanfried Müller Bezug genommen, ebenfalls führender Mann im Weißenseer Arbeitskreis. Der damals an der Humboldt-Universität lehrende Theologe Müller »vertrat auf der Synode konsequent die Politik unseres Staates. Er trug durch sein Auftreten wesentlich zur

Koordinierung der zahlenmäßig schwachen progressiven Kräfte und zur Verhinderung eines Abwürgens der Diskussion durch die Leitung der Synode bei. Auch die Synodalen Rechtsanwalt (Clemens) de Maizière und Pfarrer Kasner hielten sich an unsere Konzeption.«[256] Was unter »unserer« Konzeption zu verstehen ist, ergibt sich von selbst – es war nicht die Konzeption der Kirche, sondern des DDR-Staates, des Amtes für Kirchenfragen und – schlimmer noch – des Ministeriums für Staatssicherheit.

Schwer wiegen auch andere Aufzeichnungen, die in Akten der staatlichen Kirchenbehörden, die mit der SED und dem Staatssicherheitsdienst verbunden waren, gefunden wurden. Den Historiker erstaunt die intime Kenntnis des Staatssekretariats für Kirchenfragen über innere Entscheidungen und Diskussionen in der evangelischen Kirche, beispielsweise über die Brandenburgische Provinzialsynode im Januar 1963.[257] So ist nachgewiesen, wie gut das Staatssekretariat für Kirchenfragen und damit die SED und die Staatssicherheit über die Entwicklungen in der Brandenburgischen Provinzialsynode von 1963 an informiert waren. Spätestens im März 1970 konnten die DDR-Kirchenbehörden eine Erfolgsbilanz ziehen: »Wir können einschätzen, dass progressive Synodale sowohl von der Quantität als auch von der Qualität ihres Auftretens her breiter wirksam werden konnten. Prof. Müller, Rechtsanwalt (Clemens) de Maizière, Pfarrer Kasner und Landesjugendpfarrer Günther erreichten durch taktisch kluges Auftreten, dass die Synode die feindlichen Konzeptionen nicht beschloss und in der Frage der Eigenständigkeit der Kirche Berlin-Brandenburg auf dem Territorium der DDR mit echten Kompromissen zustimmte.«[258]

Aufgrund dieser Aktenlage kann mit Fug und Recht gesagt werden, dass Horst Kasner aktiv an der Spaltung der Berlin-Brandenburgischen Kirche mitwirkte. Manche, die ihn kennen, mag diese Erkenntnis erstaunen, zumal wegen seines Auftretens als Mann der Kirche: Als Leiter des Templiner Pastoralkollegs musste er nach außen hin glaubwürdig bleiben. Es musste zudem auch in seinem Interesse sein, dass bei seinen Veranstaltungen auch regimekritische Pfarrer anwesend waren. Die Frage, warum Kasner so intensiv die Spaltung der Kirche betrieb – und ob er sich nicht auch zum Beispiel durch das Mittel von Erpressung durch die staatlichen Sicherheitsbehörden dazu bereit fand – kann an dieser Stelle nicht beantwortet werden.

Kasner, der in der kirchlichen Hierarchie weit oben stand, spielte – so die Lokalredaktion der Templiner Zeitung – in der Wendezeit eine »herausragende Rolle«[259]. Im Rahmen einer Großversammlung Templiner Bürger in einem Kino, bei der politisch Verantwortliche, unter anderen der Kreisschulrat Donath anwesend waren, »zog« Kasner »im Hintergrund die Fäden«[260]. Er forderte ihm nahestehende Bürger auf, sich den neuen politischen Herausforderungen zu stellen. So berichtete Schoeneich, es sei nicht zuletzt Kasner gewesen, der ihn im Herbst 1989 zum Eintritt in die SDP, einer Vorläuferpartei zur SPD, ermunterte. Bei einer SDP-Veranstaltung in der Aula der Goetheschule kam Schoeneich zu der Erkenntnis, das Neue Forum zeige keine politische Verantwortung, diese müsse aber ganz konkret in einer so schwierigen Zeit übernommen werden.[261] Er argumentierte, das Neue Forum wisse nur, was es nicht wolle (zum Beispiel nicht die führende Rolle der SED oder der Staatssicherheit), während die sozialdemokratische SDP sehr viel konkreter wusste, was sie positiv wollte (zum Beispiel Soziale Marktwirtschaft, Parlamentarische Ordnung).[262] Andere hat Kasner zum Eintritt in die CDU ermuntert. Beeskow erinnert sich noch, wie Horst Kasner, den er während der Wendezeit eher dem Neuen Forum zurechnete, die Templiner aufforderte, in den neu entstehenden Parteien mitzuwirken.[263] Kasner, »der ein bisschen aussieht wie die DDR-Version von Richard von Weizsäcker«[264] und bisweilen als »graue Eminenz der brandenburgischen Kirche«[265] galt, engagierte sich aber – was manche seiner Pfarrerkollegen verwunderte – im Gegensatz zu vielen nach der Wende nicht in einer politischen Partei. Er verwies selber gerne darauf, dass er sein Umfeld angeregt habe, sich verantwortlich zu fühlen.[266] Seine Ehefrau engagierte sich für die Templiner SPD, seine Tochter zunächst im Demokratischen Aufbruch (DA). Hätte Kasner sich politisch engagiert, hätte er sich dann nicht im wiedervereinigenden Deutschland kritischen Fragen nach seiner politischen Rolle in der

Berlin-Brandenburgischen Landeskirche aussetzen müssen? Das von ihm gelegentlich gemalte Bild des Pfarrpensionärs, eines »Predigers gegen die Gier«,[267] ist insoweit nicht ganz vollständig. Heute setzt sich Kasner mit ganzer Kraft für den Erhalt der rund dreihundert Jahre alten ehemaligen Gutskapelle »Kirchlein im Grünen« in Alt-Placht ein. Er unterstützt ferner die Bürgerinitiative »Freie Heide«, eine 1992 entstandene Protestbewegung, die die Nutzung eines von der Roten Armee zwischen den Städten Wittstock, Rheinsberg, Neuruppin und Kyritz eingerichteten Truppenübungsplatzes durch die Bundeswehr verhindern will.[268] Und am 8. Mai 2004 kämpfte er mit einer Rede gegen eine Schweinemastanlage in Hassleben; er plädierte für ein Rückbesinnen »auf wesentliche Ursprungswerte unserer kulturellen, unserer religiösen Überlieferungen«, weil einst Tiere »nicht bedenkenlos geschlachtet« wurden: »Man genoss Fleisch in Maßen«. Ferner plädierte er gegen unmoralische Geschäfte: »Was zählt, ist das Geld. Für die Produzenten: Gewinne machen; ein ›Schweinegeld‹ verdienen. Und für die Konsumenten: Kaufen, möglichst billig kaufen und mehr als man braucht. (…) Marktwirtschaftlich sollen wir denken, wird uns eingehämmert, und nicht nachdenken. Alles soll Markt werden, auch die Natur. Mache dich frei von moralischen Bedenken.«[269]

Seine politischen Grundüberzeugungen werden in diesen Worten sichtbar: Im zweiten Jahr der Mitgliedschaft seiner Tochter im Bundeskabinett – also im Jahr 1992 – veröffentlichte Vater Kasner in der Kirchenzeitung der Evangelischen Kirche von Berlin-Brandenburg einen Gastkommentar, der die inhaltliche Ablehnung der von seiner Tochter mit zu verantwortenden Politik der damaligen Bundesregierung nicht deutlicher hätte dokumentieren können. Ein Ausschnitt: »Als Beigetretene leben wir nun mit dem Grundgesetz der alten Bundesrepublik, an eine Neufassung ist nicht zu denken. Allenfalls Ergänzungen und Änderungen wird es geben. Und dabei steht es, wie gesagt, nicht zum besten um die freiheitlich demokratische Grundordnung. Von der Diktatur der Staatspartei befreit, haben wir auf einen demokratischen Aufbruch gehofft und sind nun in einen Parteienstaat hineingeraten, in dem gemäß dem Verfassungspostulat ›alle

Staatsgewalt vom Volke ausgeht‹, dann aber dorthin nicht mehr zurückkehrt. Wir bemerken nun, wie sich die etablierten Parteien den Staat zur Beute gemacht haben, und dass der Staat zum Selbstbedienungsladen für Politiker geworden ist.«[270] Und weiter führte Merkels Vater aus: »Der Parteienstaat der Bundesrepublik, in dem sich die beiden Volksparteien inhaltlich kaum noch unterscheiden, hebt sich eigentlich nur noch durch das Mehrparteiensystem von der Parteidiktatur der DDR ab. In der bequemen Proporzdemokratie wird der Klüngel zum System. Man schanzt sich wechselseitig Vorteile zu.«[271]

Während einer Protestwanderung der Bürgerinitiative »Freie Heide« erklärte er am 4. September 1994 in einer Ansprache in der Kirche von Zechlin: »Um des künftigen Friedens willen in der Welt brauchen wir nicht Bomben, sondern Brot. Zu kostbar ist diese Heidelandschaft, um sie als Zielgebiet für Bombenabwürfe zu missbrauchen. Warum wird dies von den politisch Verantwortlichen nicht erkannt?« In dieser Zeit war seine Tochter Angela längst Mitglied der Bundesregierung Helmut Kohls. Umso bemerkenswerter ist, mit welchen Worten Kasner dann seine Rede fortsetzt: »Für die heute fälligen politischen Entscheidungen ist ein hohes Maß an Intelligenz erforderlich. Dem sind Politiker in der Regel nicht gewachsen. Ihr geistiger Horizont, das wird immer wieder deutlich, ist begrenzt. Sie sind mehr Macher als Denker. Und vor allem verstehen sie sich auf die Macht: Wie kommt man zur Macht? Wie bleibt man an der Macht? Es ist kaum zu erwarten, dass ein Mann wie Herr Rühe, von Beruf Studienrat, die politischen Erfordernisse im Welthorizont überblickt.«[272]

Andererseits schimmert auch gelegentlich Kasners Stolz auf die Rolle seiner Tochter und seinen erzieherischen Beitrag dazu durch. Es scheint fast so, als ob der Vater heute meint, genau diese Handschrift in den Reden seiner Tochter wieder zu erkennen. Den Auftritt der CDU-Vorsitzenden bei der Einweihung der Naturtherme Templin im November 2000 kommentierte er mit den Worten, dass »man doch mal wieder merken könne, dass die Angela nicht aus dem hohlen Bauch heraus rede wie alle anderen, sondern wirklich tipptopp«.[273] So spricht wohl nur ein Vater, der stolz ist auf sein Kind, zumal seine »drei Kinder Persönlichkeiten geworden (sind), die sich durchsetzen können«.[274] Mit Kommentaren zu politischen Vorgängen, in denen seine Tochter agiert, will sich Kasner inzwischen zurückhalten.[275] Seine Zurückhaltung geht sogar so weit, dass er bei den offiziellen CDU-Feierlichkeiten aus Anlass des fünfzigsten Geburtstags Angela Merkels im Juli 2004 fehlte – im Gegensatz zu seiner Frau und den übrigen Kindern.

Ein Rückblick: die herzliche Mutter

In Interviews erwähnt Angela Merkel vor allem ihre Mutter. Manche, die die Mutter gut einzuschätzen vermögen, glauben, die Altphilologin hätte sich von den herrschenden Umständen, auch von der Dominanz ihres Mannes »unterdrückt« gefühlt; sie hätte sich allzu sehr als »Hausmütterchen« empfunden, auch weil sie zu keiner Zeit einer vollen beruflichen Tätigkeit nachgehen konnte. Dass Herlind Kasner wohl nie ganz mit den Lebensumständen in der DDR zufrieden war, lässt sich daran ablesen, dass sie sich im Gegensatz zu ihrem Mann nach dem Umschwung der Jahre 1989/90 intensiv politisch betätigte. »Wenn man Jahrzehnte inaktiv sein musste, da wollte ich mich nach der Wende einfach engagieren«[276], sagte sie im Jahr 2000. Sie trat der SPD bei. Allerdings schien sie sich da nicht immer ganz heimisch zu fühlen. Sie erzählte dem Templiner CDU-Ortsvorsitzenden Hans-Ulrich Beeskow, dem früheren Mathematiklehrer ihrer Tochter Angela, dass es sie störte, mit »Genossin« angesprochen zu werden.[277] So ging es übrigens damals vielen SPD-Neumitgliedern aus der früheren DDR, die sich mit dieser Anrede bis heute noch schwer tun, da der Begriff in der einstigen DDR genügend strapaziert worden war. Ähnlich schwer taten sie sich mit dem Singen von Partei- oder Arbeiterliedern – das musste Frau Kasner, die einer eher »bürgerlichen« Familie entstammte, einige Überwindung kosten. Für die Entscheidung von Herlind Kasner, nicht in die CDU einzutreten, hat die Erfahrung mit dieser einstigen Blockpartei in Templin sicherlich eine Rolle gespielt, auch wenn es manche CDU-Mitglieder an der Basis gab, die sich durch die Mitgliedschaft in einer zugelassenen, wenngleich über die »Nationale Front« mit der SED verbundenen Partei einer SED-Mitgliedschaft entziehen wollten. Sie habe deshalb nicht in die CDU eintreten können, weil der damalige CDU-Vorsitzende von Templin jahrelang am 1. Mai und am 7. Oktober – dem Gründungstag der DDR – auf der Tribüne gestanden habe. Er habe noch am 7. Oktober 1989 auf dem Templiner Rathausplatz eine kämpferische Rede gegen den »imperialistischen Westen« gehalten – so erinnert sich der heutige Templiner CDU-Vorsitzende Hans-Ulrich Beeskow, der die gute kollegiale Zusammenarbeit mit Herlind Kasner während ihrer Mitgliedschaft im Stadtparlament Templins in den Jahren 1993 bis 1998 lobt.[278] Auch Bürgermeister Schoeneich ist voll des Lobes: »Sie war die beste Stadtverordnete, dachte mit, las alle Vorlagen.«[279] Offensichtlich hatte Frau Kasner, die noch in hohem Alter lernte, mit dem Laptop zu arbeiten, und heute an der Volkshochschule in Templin Englisch unterrichtet, Probleme mit ihrer Fraktion. Sie schien sich über den Umgangston in der Templiner SPD zu ärgern – insbesondere über die Auseinandersetzungen zwischen dem einstigen Superintendenten und Vorsitzenden der Stadtverordnetenversammlung, Hans-Werner Schulz, und dem Vorsitzenden der SPD, Karl-Heinz Schade, von dem gesagt wird, er sei ein früherer »Rausschmeißer«. Beide wollten die »Macht« und brüllten sich an. Nach der Wende sollte es in einer wichtigen kommunalpolitischen Frage sogar eine interessante innerfamiliäre Konstellation geben: Horst Kasner plädierte in seiner Eigenschaft als Vorsitzender des Fördervereins des Jugendhauses »Villa« in Templin für eine kommunale Trägerschaft dieses Jugendhauses; das Stadtratsmitglied Herlind Kasner hingegen votierte, wie auch der Bürgermeister selbst, für eine freie Trägerschaft; sie wollten bei aller kommunalen Grundfinanzierung eines solchen Jugendhauses die Eltern mit in die Pflicht nehmen.

Obgleich Frau Kasner 1998 nochmals für die SPD für das Stadtparlament kandidierte, wurde sie nicht mehr gewählt. Das prinzipiell gute Verhältnis zwischen Mutter und Tochter schien unter dem politischen Engagement nicht allzu sehr zu leiden. Mit der SPD-Mitgliedschaft der Mutter kokettierte die Tochter häufig in persönlichen Gesprächen, aber auch in Interviews und Reden. Es konnte sogar auf einer CDU-Wahlkundgebung zur Bundestagswahl 2002 in Templin vorkommen, bei der Angela Merkel als Hauptrednerin auftrat, dass sich die Mutter als »normale« Zuhörerin unter die Templiner Bürgerinnen und Bürger mischte – wobei nicht klar ist, ob die wahlkämpfende Tochter sich dieser Tatsache bewusst war.[280] Der Vater hingegen schaute sich die Kundgebung seiner Tochter nicht an. Für Journalisten, die sich mit dem biographischen Hintergrund der im Laufe der Zeit immer bekannter werdenden Tochter in der CDU beschäftigten, war das politische Tochter-Mutter-Verhältnis natürlich eine dankbare Geschichte. So sah schließlich eine Boulevard-Zeitung bereits einen (politischen) Kampf der Mutter gegen die Tochter aufkommen, was Herlind Kasner, die zum SPD-Kreistagsmitglied – sie war Vorsitzende des Kreistags des Altkreises Templin – aufstieg, veranlasste, bis auf Weiteres keine Interviews mehr zu geben.[281] Insgesamt empfindet sie heute allerdings die Popularität ihrer ältesten Tochter nicht als persönliche Last, wie sie immer wieder sagt, obwohl es schon eine merkwürdige Situation sei, das eigene Kind fast jeden Tag in den Nachrichten zu sehen.

Auch Angelas Bruder Marcus, der Kontakte zu oppositionellen Kreisen in der DDR hatte, ging nach dem Fall der Mauer unterschiedliche Wege. Er ist übrigens Patenonkel der jüngsten Tochter des früheren Bürgerrechtlers und heutigen CDU-Bundestagsabgeordneten Günter Nooke. Marcus Kasner war für eine Weile Mitglied in Potsdam beim Bündnis '90, verließ dieses jedoch wieder, als es mit den Grünen fusionierte,[282] während Schwester Irene nach Angela Merkels Auskunft aus dem Jahr 1991 »mal in der SPD« war.[283] Der in Leipzig in Physik promovierte Marcus Kasner gilt als ähnlich begabt und fleißig wie seine Schwester Angela. Während der Zeit der Maueröffnung besuchte er gerade die Sowjetunion. Er ist heute als Unternehmer im IT-Bereich in Darmstadt tätig. Angelas Schwester Irene hingegen studierte im Gegensatz zu ihren Geschwistern nicht. Sie hat zu ihrer Schwester ein ausgesprochen herzliches Verhältnis. Heute ist sie in Berlin als Ergotherapeutin tätig.

Insgesamt ergibt sich das Bild, dass Angela Merkel sowohl zu ihren Eltern, insbesondere zu ihrer Mutter, als auch zu ihren Geschwistern ein durchaus gutes Verhältnis hat. Sie feierte ihren fünfzigsten Geburtstag im Kreis der Verwandten und einiger enger Freunde, anstatt genau an diesem Tag ein großes, rauschendes Fest mit Dutzenden geladenen Gästen aus Politik und Gesellschaft zu veranstalten. Die schon zu DDR-Zeiten unterschiedlichen politischen Meinungen, bei denen sie sich beispielsweise mit ihren Eltern in der Frage, ob sich der »Arbeiter- und Bauernstaat« auf Dauer halten könne, uneinig war,[284] setzen sich angesichts der politischen Überzeugungen insbesondere des Vaters auch in der Bundesrepublik fort. Vielleicht spricht Angela Merkel deshalb selber von einer »liebevoll[en], freundlich[en], aber auch distanziert[en]«[285] Beziehung, die sie zu ihren Eltern hat und in der jedes Familienmitglied seinen eigenen Lebensraum besitzt. Die Eltern, die inzwischen am Rande einer Neubausiedlung in Templin wohnen, nehmen unterschiedliche Aufgaben und Ehrenämter wahr. Im Hause Kasner gibt es einen intellektuellen Gesprächskreis, vor allem mit Ärzten und Anwälten.

Angela Merkel: eine erste Deutung

Streng genommen hat Angela Merkel wegen ihrer Rolle als Pfarrerstochter nie fundamentale Probleme gehabt. Sicher ist das ein Ergebnis der Tatsache, dass der Vater – um es sehr zurückhaltend zu formulieren – alles vermied, zu den staatlichen Stellen der DDR auf einen wirklichen Konfrontationskurs zu gehen. In gewissem Sinne ein Gegenbild zur drei Jahre jüngeren Angela Merkel ist ausgerechnet der heutige Bürgermeister von Templin. Der Sozialdemokrat Ulrich Schoeneich hatte als 1951 geborener Pfarrerssohn vielfältige Benachteiligungen erfahren. Er war kein Junger Pionier, hatte – wie Angela auch – keine Jugendweihe empfangen und ging nie zur Wahl, er durfte nicht die Erweiterte Oberschule besuchen. Nach dem Militärdienst bei der Nationalen Volksarmee (NVA) wurde er zunächst Hilfsschlosser in Neubrandenburg. Schließlich konnte er das Abitur im Erwachsenenalter nachmachen und begann 1975 in Dresden sein Maschinenbaustudium. 1981 kam er nach Templin, wo er Technischer Leiter des Pflegeheims Waldhof wurde und damit Nachbar der Kasners. Zu diesem Zeitpunkt wohnte Angela nicht mehr bei ihren Eltern. Wer aus einem »widerständigen« Elternhaus kam, musste schon mit enormen Nachteilen rechnen. Wer Angela Merkel besonders gut kennt, kommt zu dem Schluss, dass sie in ihrer Jugendzeit mehr von ihrer Mutter geprägt zu sein schien; je stärker sie sich jedoch zur politischen Profilierung durchrang, umso näher kommt sie in ihren Wesenszügen ihrem Vater.

Das Bild der Schülerin Angela ist vielschichtig: auf der einen Seite die Begabte, die durch Leistung überzeugen, in der Gemeinschaft (der FDJ) integriert sein und bloß nicht unangenehm vor den von der offiziellen Parteilinie indoktrinierten Lehrern auffallen will – auf der anderen Seite die Post-Pubertierende, die durch ihre »antisozialistische« Kulturstunde fast von der Schule flog und zumeist mit West-Kleidung an der Lehranstalt erschien. Es sind die kleinen, vermeintlichen Widersprüche, die sich wie ein roter Faden nicht nur durch die Schulkarriere, sondern durch die gesamte Kindheit und Jugend von Angela Merkel ziehen. Hinsichtlich ihres Berufswunsches als Kind und Jugendliche antwortet sie, sie hätte nie davon geträumt, eine mächtige Politikerin zu sein, vielmehr wollte sie immer Lehrerin werden.[286] An anderer Stelle verkündet sie, als Pfarrerstochter im SED-Staat hätte sie nie Lehrerin werden dürfen; sie hätte dies gar nicht erst versucht, da dies ein sinnloses Unterfangen gewesen wäre.[287] An wieder anderer Stelle heißt es dann plötzlich: »Früher wollte ich Eiskunstläuferin werden. Das lag mir nun gerade besonders wenig. Früher wollte ich immer Dinge tun, die ich nicht konnte.«[288] Nur den Weg des Vaters gehen und Theologin werden, das wollte sie nicht. Ihre Motive behält sie letztlich für sich.[289] Sie entschied sich für die Naturwissenschaften, genauer: für die Physik, und ging zum Studium nach Leipzig. Neben Theologie waren es noch am ehesten die Naturwissenschaften, wo die Kontrolle des Staates nicht die letzte Nische erreichen konnte. Dort begann ein völlig neuer Lebensabschnitt – fernab von ihren Eltern, ihren Geschwistern, den Schulfreunden und Templin, der »Perle der Uckermark«.

Trotz des totalitären Herrschaftsapparats der SED gelang es der heutigen CDU-Vorsitzenden, sich Nischen zu suchen, in denen sie der Überwachung des Staates entgehen konnte, obwohl selbst bei alltäglichen Aktivitäten, wie beim Telefonieren, der Gedanke an die Stasi im Hinterkopf war.[290] Dabei musste immer wieder aufs Neue der Spagat zwischen Anpassung, um als unter besonderer Beobachtung stehende Pfarrerstochter etwaigen Repressionen zu entgehen, und Selbstentfaltung, etwa durch kritische Reflexion oder kirchliche Betätigung, bewältigt werden. Ihr kamen vor allem ihre schulische Begabung, die zu freiem Denken animierende Erziehung der Eltern und nicht zuletzt ein Gespür dafür, wann sie ihre ganz persönlichen Gedanken äußern konnte und wann nicht, zugute. Die Kleinstadt Templin prägte Angelas Jugend sehr stark: »Wir hatten dort eine idyllische Jugend«[291], meint der frühere Nachbarsjunge Gottfried Kerner. Rückblickend sagt auch Angela Merkel heute: »Ja, ich hatte eine schöne Kindheit. Das wird ja im Westen oft übersehen, dass das Leben in der DDR nicht nur aus Politik bestand.«[292]

III. Studium in Leipzig: eine Aussicht auf das Völkerschlacht-Denkmal

Neben »Berlin – Hauptstadt der DDR«, wie der Ostteil der Stadt vom SED-Regime genannt wurde, war Leipzig für Angela Kasner so etwas wie das Tor zur (sozialistischen) Welt. Nach ihrem Abitur im Jahre 1973 nahm sie dort das Physikstudium auf. Für DDR-Verhältnisse war diese sächsische Metropole sehr weit weg von der Uckermark, so weit, dass fern von der Heimat und dem sehr fordernden Elternhaus ein »unabhängiges« Leben begonnen werden konnte. Auch bei Angela Kasner zeigte sich: Studentenjahre sind Jahre, die das Leben eines Menschen besonders prägen. Sie fand einen neuen Freundeskreis. Eine gewisse Distanzierung zum Elternhaus war möglich, ein Zwang zur Selbstständigkeit die Folge. Vor ihrem Diplom in Physik 1978 heiratete Angela Kasner im Jahre 1977 ihren ersten Ehemann Ulrich Merkel.

Wieso gerade Physik?

Sicher war die Entfernung zu Templin einer der Gründe für die Wahl des Studienorts. Auf die Frage, ob sie sich bewusst »vom Elternhaus abnabeln« wollte, erklärt Angela Merkel: »Ja, aber ich wollte vor allem auch raus aus der Kleinstadt.«[293] Ein Studium in Berlin wäre ihr »einfach noch zu nahe am Elternhaus und an Templin gewesen«. Durch die Leipziger Messe hatte die sächsische Universitätsstadt in begrenztem Maße ein etwas internationaleres, zumindest weltoffeneres Flair. Physik in Leipzig zu studieren, das musste außerdem der Wunsch eines jeden begabten und ehrgeizigen Physikstudenten gewesen sein, hatte doch dieses Studium an der »Karl-Marx-Universität« ein hohes Renommee. Wer es erst einmal dorthin geschafft hatte, dem war eine naturwissenschaftliche Karriere ziemlich sicher. Zwar lagen Studienwahl und -ort faktisch bereits seit dem letzten Schuljahr auf der Templiner EOS fest, dennoch wurden im Studienführer der Universität Leipzig für das Fach Physik »Anforderungen an den Studienbewerber« aufgestellt, neben fachlicher Eignung und »Fähigkeiten zum Erkennen logischer Zusammenhänge, gutes Experimentiergeschick, gepaart mit Freude und Forschergeist für die Bearbeitung naturwissenschaftlicher Fragestellungen«. Ferner wurde Folgendes festgelegt: »Die Bewerber müssen durch ihre bisherigen Leistungen dokumentieren, dass sie fähig und bereit sind, sich für unsere sozialistische Gesellschaftsordnung einzusetzen. Sie sollen sich durch sozialistisches Bewusstsein, gesellschaftliche Aktivität, untadeliges Verhalten, gute Allgemeinbildung und gefestigtes politisches Wissen auszeichnen.«[294]

Wieso hatte sich Angela Kasner für das Physikstudium entschieden? Schließlich waren Russisch und Englisch in der Schule ihre Lieblingsfächer gewesen. Hingegen empfand sie zu ihrem späteren Studienfach Physik eine »Hassliebe« – ein Fach, in dem sie sogar einmal eine Fünf bekommen hatte. Sie sagt heute: »Mich haben die physikalischen Theorien sehr interessiert. Ich wollte die Einstein'sche Relativitätstheorie verstehen, wollte begreifen, was die Leute um Robert Oppenheimer, die die Atombomben gebaut haben, dachten. Und vieles mehr. Bei der Wahl des Studiums hat schließlich auch den Ausschlag gegeben, dass ich für Physik eine Empfehlung bekommen konnte. Hätte ich Psychologie studieren wollen, hätte ich sicher keine erhalten.«[295] Gleichwohl hatte sie lange Zeit überlegt, Medizin zu studieren, überraschte aber ihre Eltern mit der Entscheidung für Physik. Der Gedanke, den väterlichen Beruf zu ergreifen, kam ihr hingegen nicht in den Sinn, auch wenn in der DDR viele Pfarrerskinder den Weg ihres Vaters einschlugen. Ob das nicht auch der Wunsch des Vaters war? Was ihre Eltern gemacht haben, hätte sie zwar »respektiert«, sagt Angela Merkel heute, doch sie »wollte immer einen weltlichen Beruf«.[296] 1991 bekannte sie in einem Gespräch mit dem Journalisten Günter Gaus: »Ich hab erst mal schon bestimmte Formen der Anpassung genutzt, um einen bestimmten Bildungsweg zu gehen, weil ich zum Beispiel aus der Bekanntschaft mit Pfarrersfamilien wusste, dass viele Kinder von Pfarrern wieder Theologie studieren mussten zum Schluss (...), um überhaupt was zu studieren, was ich nie wollte.«[297]

Studieren mit Karl Marx

Mit dem Studienort Leipzig nahm Angela Kasner ihr Studium an einer der traditionsreichsten deutschen Universitäten auf – zugleich der größten in der ehemaligen DDR. Die Universität stand stark unter der ideologischen Kontrolle der SED, die die Partei für alle Hochschuleinrichtungen und speziell eine so ehrwürdige Hochschule vorsah. Dass die SED als Partei an der Universität allgegenwärtig war, zeigten die zu den Hochschulstrukturen parallelen Parteistrukturen. Ein Parteisekretär an der Universität sollte dafür sorgen, dass die Parteiinteressen zur Durchsetzung kamen. Lange Jahre übte in Leipzig der spätere Minister für Hochschul- und Fachhochschulwesen der DDR Hans-Joachim Böhme diese Funktion aus. Ferner gab es an den Sektionen (vergleichbar mit den alten, formal weiterhin bestehenden Fakultäten, die jedoch nur noch über Graduierungen zu entscheiden hatten) neben dem Sektionsdirektor eine Sektionsparteileitung. Der Sektionsdirektor wurde vom Minister für Hoch- und Fachschulwesen bestimmt und eingesetzt. Die Einführung von Sektionen an den Universitäten war auch formal das Ende jeder Selbstbestimmung.[298] Viele Studenten waren SED-Mitglieder; an den Sektionen gab es Parteigruppen. Ferner regierte die Staatssicherheit als »Schild und Schwert« der Partei immer indirekt mit. So war dem Rektor ein für Ordnung und Sicherheit zuständiger Erster Prorektor beigestellt, dem wiederum ein Beauftragter für Ordnung und Sicherheit unterstand. Zumindest in der Dozentenschaft war es kein Geheimnis, dass dieser Beauftragte das MfS vertrat. Wenig ist heute noch von dieser Parteidurchdringung zu lesen: Auf der Website der Universität kommt trotz eines hervorragenden Universitätsarchivs eine Beleuchtung ihrer Geschichte als »Arbeiter- und Bauernuniversität« kaum vor.

Nicht zuletzt das Wirken des langjährigen und legendären Rektors »Schorsch« Mayer sollte die ideologische Durchdringung durch die SED sicherstellen. Schon früh wurde die Universität gleichgeschaltet. Die Leipziger Universität galt als besonders »parteilastig«, auch wenn heute frühere Professoren dieses Image hinterfragen. »Bürgerliche« Studenten wurden 1948, wie auch an anderen ostdeutschen Universitäten, verhaftet, so etwa der erste frei gewählte Studentenratsvorsitzende Wolfgang Natonek. Er wurde zu 25 Jahren Zwangsarbeit verurteilt, kam 1956 frei. Entsprechend dem marxistischen Gesellschafts- und Wissenschaftsverständnis der SED wurde die Universität Leipzig immer stärker durch die Partei gelenkt, insbesondere seit der zweiten Hochschulreform von 1951, die das Hochschulwesen zentralisierte. So sollten die in feste Studentengruppen eingeteilten Studierenden durch »kollektive Lerngemeinschaften« mit dem marxistischen Menschenbild und der marxistischen Philosophie vertraut gemacht werden.

Marxismus-Leninismus wurde in allen Studienplänen festgeschrieben. Prinzipiell gab es nach dem Willen der SED keine ideologiefreien Zonen an einer DDR-Universität – auch nicht im Fach Physik, wobei sich andere Bereiche wie Wissenschaftlicher Kommunismus, Philosophie, Geschichte, Recht, Ökonomie enger an der marxistisch-leninistischen Ideologie orientieren mussten. Durch die Einführung von Russisch als obligatorischer Fremdsprache wurde eine verstärkte Anbindung an das sowjetische Bildungssystem gesucht. Am 5. Mai 1953 wurde der Leipziger Universität zum 135. Geburtstag von Karl Marx der Name »Karl-Marx-Universität« verliehen (seit 1991 wird wieder der alte Name »Universität Leipzig« geführt). Das Image von Leipzig als einer »roten Universität« rührte auch von ihrem Umgang mit Ernst Bloch her: Auf einer Konferenz des Instituts für Philosophie am 4. und 5. April 1957 wurde Ernst Bloch als »Revisionist« gebrandmarkt. Bloch ging wie eine Vielzahl von Gelehrten danach in den Westen, ebenso später der Germanist Hans Mayer. 1957 wurde der Einfluss der SED durch eine 1957 vom Akademischen Senat beschlossene »Grundsatzerklärung zur sozialistischen Entwicklung der Karl-Marx-Universität Leipzig« noch vertieft.

Die Leipziger Universität wird im Jahre 2009 das 600. Jubiläum ihrer Gründung feiern. In den Festreden wird aller Voraussicht nach hervorgehoben werden, dass die einst nach Karl Marx benannte Universität letztlich aus der Prager Karls-Universität hervorgegangen ist: Nach Streitigkeiten in Prag zogen im Mai 1409 viele der deutschstämmigen akademischen Lehrer und Studenten nach Leipzig, wo die »Artistenfakultät«, die spätere Philosophische Fakultät, den Lehrbetrieb aufnahm. Physikvorlesungen gibt es an der Leipziger Universität seit dem 15. Jahrhundert. Viele bedeutende Physiker lehrten hier – der bekannteste ist der Nobelpreisträger Werner Heisenberg (er wurde bereits mit 25 Jahren Ordinarius und Direktor des Theoretisch-Physikalischen Instituts), aber auch Gustav Hertz, Nobelpreisträger des Jahres 1925. Er kehrte 1954 als 67-Jähriger aus der Sowjetunion zurück und wirkte bis 1961 als Institutsdirektor. Die während des Zweiten Weltkrieges stark zerstörte Universität wurde im Februar 1946 wiedereröffnet. Von 103 Lehr- und Forschungseinrichtungen waren 67 total zerstört, nur 14 waren völlig erhalten geblieben; der Bibliotheksbestand war zu siebzig Prozent vernichtet.

Fünf Jahre, bevor Angela Kasner das Studium der Physik in Leipzig aufnahm, beschloss die Stadtverordnetenversammlung am 23. Mai 1968 die Errichtung eines Neubaukomplexes für die Universität. Dieser Beschluss war ein Politikum besonderer Art und entfremdete viele vom DDR-Sozialismus – ähnlich wie die Sprengung der Potsdamer Garnisonkirche im Juni 1968. Es sollte die Leipziger Universitätskirche für den Neubau zerstört werden. Die Sprengung der im Krieg unversehrt gebliebenen und 1240 geweihten Dominikanerklosterkirche und späteren Leipziger Universitätskirche, die nach der Reformation mit dem Klosterkomplex 1543 der Universität Leipzig übereignet wurde, stieß bei vielen Universitätsangehörigen und der gesamten Bevölkerung auf starken inneren Widerstand. Begründet wurde die Zerstörung dieses historischen Monuments mit der Argumentation, nur so könnte an dieser Stelle der Universitätsneubau Wirklichkeit werden. Bereits sieben Tage nach dem Beschluss der Stadtverordnetenversammlung, am 30. Mai 1968, vormittags um elf Uhr, verwandelten Sprengsätze die Kirche in einen Trümmerhaufen. Der Sprengung fiel kurze Zeit später ebenfalls das teilzerstörte Hauptgebäude der Universität, das »Augusteum«, zum Opfer. Bei lediglich einer Stimmenthaltung hatte der Akademische Senat unter massivem Druck der SED diesen Plänen zugestimmt. Etappenweise wurde der Neubaukomplex zwischen Augustusplatz und der Universitätsstraße (mit Hauptgebäude, Hochhaus, Hörsaal- und Seminargebäude sowie Mensatrakt und Zweigstelle der Universitätsbibliothek) in den Jahren 1973 bis 1978 in Betrieb genommen. In dieser Zeit studierte Angela Kasner in Leipzig.

Die Universität zeigt sich stolz auf ihre Geschichte und weist gerne auf zahlreiche bedeutende akademische Lehrer hin, auf Carl Philipp Emanuel Bach, auf den bereits erwähnten Ernst Bloch, auf Werner Heisenberg, Gustav Hertz und auch auf Friedrich Gottlieb Klopstock und Gotthold Ephraim Lessing. Unter den derzeit Lehrenden wird auf der Homepage der Universität einzig der wegen angeblicher Mitarbeit bei der Staatssicherheit kritisierte PDS-Fraktionsvorsitzende im Sächsischen Landtag, Peter Porsch, aufgeführt[299]. Die Universität benennt auch stolz »berühmte Studenten« – so Arnold Gehlen, Johann Wolfgang von Goethe, Erich Kästner, Gottfried Wilhelm Leibniz, Thomas Müntzer, Robert Schumann und Richard Wagner. Unter den »jüngeren« Studenten sind lediglich der Schriftsteller Uwe Johnson und der PDS-Parteivorsitzende Lothar Bisky aufgeführt, bislang jedoch nicht die CDU-Bundes- und CDU/CSU-Fraktionsvorsitzende Angela Merkel.

Physikstudium im Sozialismus

Im Fach Physik lehrten in Angela Kasners Studienjahren Hochschullehrer, die weniger auf marxistisch-leninistische Indoktrination denn auf Fachwissen Wert legten. Die Bedeutung des Faches Physik an der Universität Leipzig war herausragend und unbestritten. Als ein fachliches Genie wurde von Kollegen wie Studenten der 1930 geborene theoretische Physiker Armin Ullmann angesehen, der Weltruhm hatte, zugleich als Volkskammerabgeordneter der SED verbunden war.

Ein weiterer führender Kopf war der Experimentalphysiker Artur Lösche (1921–1995), ebenfalls langjähriges Mitglied der SED. Auch seine fachliche Kompetenz war groß und international anerkannt. Zum Lehrkörper gehörte ebenso der 1912 geborene Heisenberg- und Debye-Schüler und Experimentalphysiker Werner Holzmüller; er lehrte in Leipzig von 1952 bis 1977.

Etwa siebzig bis achtzig Studenten schrieben sich in jenen Jahren durchschnittlich im Fach Physik ein. Das Studium dauerte fünf Jahre. Es war sehr viel verschulter als in der Bundesrepublik. Dies ergab sich schon aus der Tatsache, dass spätestens nach zwei Semestern Zwischenprüfungen fällig waren, die über das Weiterkommen oder über Leistungsstipendien entschieden. Das Physikstudium begann mit einem zwei Jahre dauernden Grundstudium. Dem Studienführer ist zu entnehmen, dass das Grundstudium sowohl fachliche Ziele (u. a. konzentrierte Mathematikausbildung, »Vermittlung der die klassische Physik und Quantenphysik der Atome bestimmenden Gesetzmäßigkeiten« und Vermittlung von Kenntnissen und Fähigkeiten in Elektronik und moderner physikalischer Messtechnik) vorsah als auch Sprachausbildung (Russisch und Englisch) sowie Sport und militärische Ausbildung.»Gesellschaftspolitische Grundlagenkenntnisse, insbesondere in marxistisch-leninistischer Philosophie und politischer Ökonomie des Sozialismus und Kapitalismus«[300] waren ebenfalls ein ins Grundstudium integriertes Lernziel. Der zweite Teil des Physikstudiums bestand im sogenannten Fachstudium, das wiederum einen Zeitraum von zwei Jahren umfasste. Laut Studienführer von 1972/73 steht im Mittelpunkt der Arbeit des vierten Studienjahres die Anfertigung einer Diplomarbeit. Im Falle von Angela Kasner handelte es sich um das fünfte Studienjahr. Jedenfalls diente das letzte Studienjahr der Vorbereitung der Diplomarbeit. Die Studenten wurden in etwa fünfzehn- bis zwanzigköpfige Seminargruppen aufgeteilt, die nicht nur für ein Studienjahr, sondern für die gesamte Studentenzeit zusammenblieben. Diese Seminargruppen hatten einen gemeinsamen Stundenplan und jeweils einen Assistenten als Betreuer. Ihre Funktion bestand unter anderem darin, von Zeit zu Zeit FDJ-Veranstaltungen abzuhalten – praktisch alle Studentinnen und

Studenten waren in der FDJ, viele von ihnen auch in der Gesellschaft für Deutsch-Sowjetische Freundschaft (DSF). An der Universität hatte sich Angela Kasner für eine Mitwirkung in der FDJ entschieden. Sich dem zu entziehen wäre sehr schwer gewesen, war diese kommunistische Jugendorganisation doch voll in das Universitätsleben integriert: »Ich selbst war während meines Studiums einmal Kulturreferentin in der FDJ und habe mich um die Bestellung von Theaterkarten gekümmert.«[301]

Mit Hilfe der FDJ sollte eine »zielstrebige Befähigung der Studenten zur Selbsterziehung im Rahmen der FDJ-Kollektive«[302] ermöglicht werden. An jeder Sektion hatte die Jugendorganisation der Partei eine Grundorganisation, wobei es eine FDJ-Leitung für die gesamte Universität gab. Ein »FDJ-Schuljahr« sollte die FDJ-Mitglieder zwingen, sich mit bestimmten, meist zentral vorgegebenen Themen zu befassen. Die jeweiligen FDJ-Vertreter des entsprechenden Studienjahres waren in die »Lehrkollektive« integriert. Die Studenten mussten praktische Arbeit leisten, die gar nichts unmittelbar mit dem Studium zu tun hatte – dies im Rahmen sogenannter »Studentensommer«, die von der FDJ der jeweiligen Universität oder Hochschule organisiert wurden. Die Studenten sollten während der Semesterpause für ein paar Tage, etwa zehn bis vierzehn Tage, in die Erfüllung gesellschaftlich nützlicher Aufgaben einbezogen werden – so auch Angela Merkel. In Leipzig war eine dieser Aufgaben die Sanierung der Moritzbastei, ein altes, weitgehend verschüttetes Befestigungsbauwerk am Rande des alten Stadtkerns, unmittelbar neben der Uni. Ziel der Ausgrabungen war, dort einen Studentenclub einzurichten. Die Mehrzahl der Studenten hat sich nicht ungern an dieser Aufgabe beteiligt und später den Club im alten Gemäuer, der der Universität zur Nutzung überlassen blieb, gern besucht. Angela Merkel erinnert sich, in den Jahren 1973 bis ungefähr 1977 gebuddelt zu haben. Richtigen Spaß aber scheint es ihr nicht gemacht zu haben, denn »man hat nie richtig ein Ergebnis sehen können«. Man »glaubte nicht, dass es jemals so wird, wie es heute aussieht«. Und: »Es hatte zwar etwas Spannendes an sich, an so einer Art Ausgrabung beteiligt zu sein. Aber letztlich kam es mir vor wie Sisyphusarbeit«, gestand sie 1993 der

›Leipziger Volkszeitung‹. »Unsere Gruppe hat sich nicht gerade überarbeitet. Andere gingen da weitaus enthusiastischer ans Werk.«[303] Heute ist die »mb« noch immer ein von vielen Studenten und jungen Leuten besonders an Wochenenden aufgesuchter Komplex von Kneipen und Restaurants. Wohl die wenigsten dürften wissen, dass Angela Merkel einst an dieser Rekonstruktion beteiligt war.

Wie bereits angedeutet, mussten sich auch im Fach Physik alle Studenten mit dem Marxismus-Leninismus befassen. Ihnen sollte eine »Kommunistische Erziehung – Erziehung zu Schöpfertum und Parteilichkeit« zuteil werden, neben solidem fachlichen Wissen und Können unter anderem »Ausbildung des marxistisch-leninistisch fundierten Weltbildes und hohes politisches Wissen« sowie »Denken und Handeln als Patrioten und Internationalisten«[304]. So sehr heute von allen Beteiligten gesagt werden mag, hier handele es sich um ideologischen »Krimskrams«, den zumindest im Fach Physik so niemand richtig ernst genommen habe, zeigt doch diese Vorgabe, wie sehr selbst ein an und für sich recht »unpolitisches« Fach immer wieder mit der Forderung nach einer »Erhöhung der ideologisch-erzieherischen Wirksamkeit und der politischen Überzeugungskraft der Lehrveranstaltungen durch Verstärkung des persönlichen Engagements der Hochschullehrer und wissenschaftlichen Mitarbeiter«[305] konfrontiert wurde. Zweifelsohne war das DDR-Hochschulsystem – wie der gesamte Bildungsbereich – ziemlich effektiv, doch das Humboldt'sche Ideal, demzufolge die akademische Freiheit in einem gewissen Maße auch für die Studenten selbst Bedeutung hat, blieb auf der Strecke. Starke Verschulung und ideologische Indoktrination waren die Kennzeichen des Studiums an der Karl-Marx-Universität. Viele Worthülsen wurden dabei produziert: »Der sozialistische Wettbewerb ist im Erziehungs- und Bildungsprozess der Studenten ein wichtiges Mittel zur Entfaltung der breiten, schöpferischen Initiativen im Ringen um hohe Leistungen und zur Herausbildung sozialistischer Persönlichkeiten.«[306] Bislang ist keine jener Arbeiten Angela Merkels zu Fragen des Marxismus-Leninismus aufgetaucht.

Biermann, Kunze – und kaum Studentenprotest

In den Jahren des Studiums von Angela Kasner versuchte die Partei- und Staatsführung der DDR mit aller Macht, den Weg einer eigenständigen »sozialistischen Nation« einzuschlagen und sich rigoros gegenüber allen Wiedervereinigungstheorien abzugrenzen. Honecker präsentierte am 27. September 1974 den Abgeordneten der Volkskammer eine Überarbeitung der erst 1968 durch Volksentscheid herbeigezwungenen DDR-Verfassung. Diese neue Verfassung trat am 25. Jahrestag der DDR-Gründung in Kraft. Nach Artikel 1 war die DDR nun ein »sozialistischer Staat der Arbeiter und Bauern«. Die alten Formulierungen, in denen auf die Verantwortung für die ganze deutsche Nation hingewiesen und die DDR als ein »sozialistischer Staat deutscher Nation« bezeichnet worden war, wurden radikal über Bord geworfen. Die DDR wurde nun als »sozialistische deutsche Nation« bezeichnet; möglichst alle deutsch-deutschen Gemeinsamkeiten wurden getilgt. Die DDR-Hymne von Johannes R. Becher, in der im Text ein »Deutschland, einig Vaterland« beschworen wurde, durfte nur noch instrumental gespielt, nicht länger gesungen werden. Nur wenige gesamtdeutsche Symbole blieben übrig. Ironischerweise erinnerte das Zentralorgan der SED, das ›Neue Deutschland‹, mit seinem Titel noch mit am stärksten an jene Zeit, als sich die Kommunisten zum Vorreiter für die deutsche Einheit gemacht hatten. Am 6. Oktober 1974 nahmen über 200000 FDJler an einem Fackelzug Unter den Linden in Berlin teil. Egon Krenz bekräftigte in einem »Gelöbnis der Jugend der Deutschen Demokratischen Republik« die Treue der Jugend zum Staat und ihre Einsatzbereitschaft.[307]

Bei allen politisch interessierten Menschen in der DDR spielte der Helsinki-Prozess eine wichtige Rolle – mehr als in Westdeutschland. Auf die am 3. Juli 1973 in Helsinki eröffnete Konferenz über Sicherheit und Zusammenarbeit in Europa (KSZE) mit 33 europäischen Staaten (außer Albanien) sowie Kanada und den USA richteten sich viele Hoffnungen. Die Schlussakte von Helsinki wurde am Ende des Gipfeltreffens vom 30. Juli bis 1. August 1975 in der finnischen Hauptstadt von 35 Staats- bzw. Regierungschefs der europäischen

Länder, der USA und Kanadas unterzeichnet, darunter auch der beiden Staaten in Deutschland. Das Foto von Helmut Schmidt und Erich Honecker ging um die Welt. In dieser völkerrechtlich nicht verbindlichen Absichtserklärung wurden die Anerkennung der bestehenden Grenzen in Europa, die friedliche Regelung von Streitfällen und die Nichteinmischung in die inneren Angelegenheiten fremder Staaten proklamiert. Der sogenannte Korb Drei sollte sich jedoch zum Sprengsatz für die innere Diskussion in der DDR entwickeln. Die in diesem Korb festgelegten Forderungen nach Zusammenarbeit in humanitären und anderen Bereichen, nach menschlichen Kontakten, Informations- und Reisefreiheit, nach Jugend- und Sportbegegnungen schufen eine Grundlage für DDR-Bürger, sich auf die Zusagen, die ihre Regierung gemacht hatte, zu berufen. Insbesondere im intellektuellen Milieu und innerhalb der Kirchen wurde darüber nachgedacht, wie die DDR-Politik im Sinne jener Schlussakte reformiert werden und die Gesellschaft sich freiheitlicher gestalten könne. Selbst bei prinzipiell der Idee des Sozialismus sich verpflichtet fühlenden Intellektuellen hatte die SED eine harte Zeit. Viele erkannten, dass die »Betonriege« im Zentralkomitee der Partei nicht willens war, das politische System zu reformieren. Hoffnungen auf mehr innere Liberalität, die sich mit dem Wechsel von Walter Ulbricht zu Erich Honecker regten, der 1971 zum Ersten Sekretär des Zentralkomitees der SED berufen wurde und ab 1976 Staatsratsvorsitzender war, hatten sich nicht erfüllt. In der Partei zeigte sich sogar eine zunehmende Verhärtung. Deshalb statuierte die SED während Angela Kasners Studienzeit in Leipzig einige Exempel:

Der Schriftsteller Reiner Kunze, den Angela Merkel heute als ihren Lieblingsschriftsteller bezeichnet, wurde aus dem Schriftstellerverband der DDR ausgeschlossen. Dies bedeutete faktisch ein Publikationsverbot in der DDR. Das am 16. August 1933 im Erzgebirge geborene »Proletarierkind« Kunze, 1949 in die SED eingetreten, ehemaliger Journalistik-Student und danach Wissenschaftlicher Assistent an der Karl-Marx-Universität, veröffentliche 1953 erste Gedichte und musste nach der Veröffentlichung seines ersten Lyrikbandes unter dem Titel ›Vögel über dem Tau‹ kurz vor Beendigung seiner Promotion die Universität verlassen. Ihm wurde vorgeworfen, die Studenten zu entpolitisieren und »konterrevolutionäre Verbindungen« zu unterhalten. Es folgten Jahre der Arbeit als Hilfsschlosser im Schwermaschinenbau. Danach war Kunze freischaffender Schriftsteller. Nach der gewaltsamen Beendigung des Prager Frühlings durch die Warschauer-Pakt-Staaten trat er aus der SED aus. Viele hatten Sympathien für den »Prager Frühling«, für einen »Sozialismus mit menschlichem Antlitz«, der 1968 brutal niedergeschlagen wurde. Kunzes Gedichte waren viele Jahre fast ausschließlich in Westdeutschland erschienen. Er hatte im September 1976 in Frankfurt am Main einen kurzen Prosatext mit dem ironischen Titel ›Die wunderbaren Jahre‹ veröffentlicht. In Momentaufnahmen beschrieb er den Alltag der DDR-Jugend, die bedrückenden Erfahrungen junger Menschen in der DDR mit der Politik dieses sozialistischen Staates und mit der FDJ. Für Kunze, der zudem seine Sympathie mit dem gescheiterten »Prager Frühling« bekundet hatte, war kein Platz mehr in der DDR, im Frühjahr 1977 verließ er sie mit seiner Familie endgültig.

Die SED-Führung war auch deshalb wütend auf Kunze, weil er sich dem Protest gegen die Ausbürgerung des Liedermachers Wolf Biermann angeschlossen hatte. Der am 15. November 1936 in Hamburg geborene Biermann, dessen Vater 1943 in Auschwitz als Angehöriger des kommunistischen Widerstandes ermordet wurde, war 1953 in die DDR übergesiedelt, begann während des Studiums der Philosophie und Mathematik an der Humboldt-Universität Gedichte zu schreiben und Lieder zu komponieren. Er legte sich zunehmend mit dem SED-Regime an, erhielt schließlich 1965 wegen »Klassenverrat« und »Obszönität« Auftritts- und Publikationsverbot durch die DDR-Behörden. Nach elf Jahren Berufsverbot konnte er im September 1976 erstmals öffentlich auftreten – in der Prenzlauer Nicolaikirche. Als er im selben Jahr eine Tournee durch die Bundesrepublik Deutschland antrat, beschloss das Politbüro die Ausbürgerung Biermanns aus der DDR, da er mit »seinem feindseligen Auftreten« gegenüber der DDR »sich selbst den Boden für die weitere Gewährung der Staatsbürgerschaft« der DDR »entzogen« habe.[308] Diese Ausbürgerung sollte auch innerhalb der DDR zu einer Erschütterung führen: Am 17. November protestierten dreizehn führende Intellektuelle gegen die Ausbürgerung Biermanns.[309]

Diese Geschehnisse haben Angela Kasner während ihres Studiums bewegt. Sie hörte die Biermann-Musik. Die FDJ setzte ihr gesamtes Schulungssystem ein, um die Ausbürgerung Biermanns zu erläutern. 1978, im Examensjahr Angela Merkels, wurde der Philosoph und NS-Widerstandskämpfer Robert Havemann, ein führender interner SED-Kritiker, mit einem unbefristeten Hausarrest belegt. Im August 1978 wurde Rudolf Bahro, der die Schwächen des SED-Regimes in seinem im Westen veröffentlichten Buch ›Die Alternative‹ gnadenlos anprangerte, wegen »republikfeindlicher Hetze« verhaftet und im Oktober 1979 im Rahmen einer allgemeinen Amnestie in die Bundesrepublik abgeschoben. Dass Angela Merkel an Protestaktionen beteiligt war, ist nicht bekannt. Überhaupt gab es unter den Leipziger Studenten nur wenige, die sich außerhalb eines wirklich vertrauten Kreises kritisch zu jenen Vorgängen äußerten. Egon Krenz berichtete als Erster Sekretär des FDJ-Zentralrats an Erich Honecker von »gezielten Provokationen und feindlichen Aktivitäten« an DDR-Hochschulen, unter anderem in Leipzig: »Der Physikstudent St. (seit einiger Zeit aus der SED gestrichen) versuchte, Unterschriften für Biermann zu sammeln. Die Provokation wurde sofort unterbunden.«[310] Krenz berichtete auch, dass es »im Rahmen der planmäßig durchgeführten Veranstaltung des zentralen FDJ-Studentenklubs ›Durstiger Pegasus‹« zu »Provokationsversuchen, die durch die Klubleitung vereitelt wurden«, kam.[311] Immerhin, auch in Leipzig gab es Protest. So hatte Krenz für Honecker den provokativen Satz des Germanistikstudenten Wolfgang Feyerabend, damals im vierten Studienjahr, aufgeschrieben: »Bleibe im Lande und wehre dich redlich.«

Die Zeit ihres Studiums in Leipzig beschreibt Angela Merkel heute als eine »leistungsorientierte, aber eine sehr unbeschwerte und eigentlich sorgenfreie Zeit«.[312] Sie galt als »gesellig« – und reiste auch gerne, so mit ihrem späteren Mann Ulrich Merkel, der in der parallelen Seminargruppe war und ebenfalls Physik studierte. Beide trafen sich im Rahmen eines Jugendaustauschs mit Physikstudenten in Moskau und Leningrad. Sie besuchten Feten und schwoften: »Bei den Physikern gab es immer zweimal in der Woche eine Disco. Und nach diesen Abenden fiel uns die Arbeit doppelt schwer.«[313] Gerne erzählt Angela Merkel heute – so bei »Beckmann« im Fernsehen –, wie sie als Barkeeperin erste kapitalistische Erfahrungen machte. Im Studentenclub stand sie immer wieder hinter einer improvisierten Theke, wo sie »Kirsch-Whisky« mixte, an dem sie ganz gut verdiente.[314] Andere erinnern sich daran, dass es sich hier um Wodka, nicht um Whisky gehandelt haben muss, was angesichts der Wodkaversorgung in der DDR plausibel ist. Sie beschaffte auch die Zutaten für den Cocktail, wofür sie tagsüber mit der Straßenbahn durch die Stadt fuhr, um die notwendige Menge von Kirschmost zu beschaffen.[315]

Angela Kasner ging damals auch von Zeit zu Zeit zu Veranstaltungen der Evangelischen Studentengemeinde (ESG). Wer in jener Zeit an Veranstaltungen der ESG teilnahm, legte allein damit schon ein Bekenntnis ab. Als der damalige Studentenpfarrer sie fragte, ob sie »Vertrauensstudentin« werden wolle, lehnte sie dies gleichwohl ab. Während der Diplomarbeitszeit lernte sie auch ihre beste Studienfreundin Erika Hoentsch kennen, die Chemie studierte und mit der sie nach wie vor eine »wunderbare Freundschaft, wie man sie selten findet«[316], verbindet. Ihre Freundin Angela »gehört zum Besten, was mir in meinem Leben begegnet ist«, sagt ihre Freundin Hoentsch noch heute.[317] Im naturwissenschaftlichen Studium traf Angela Kasner sonst meist auf männliche Kommilitonen.

Die erste große Liebe und die Waschmaschine

Aus Angela Kasner sollte während ihres Studiums Angela Merkel werden: In der DDR heiratete man früher als im Westen. Doch Angela Merkels erste Ehe währte nur vier Jahre – die meisten Ehen ihrer einstigen Klassenkameraden hingegen überdauerten alle Krisensituationen.[318] 23-jährig heiratete sie 1977 den aus dem Vogtland stammenden, über ein Jahr älteren Physikstudenten Ulrich Merkel, Sohn eines enteigneten Unternehmers. Sie hatten sich 1974 in Leipzig kennengelernt. Ein Privileg wurde ihnen zuteil: Sie erhielten schon vor ihrer Eheschließung im Jahre 1976 die Genehmigung, in eine kleine, äußerst bescheidene Wohnung in einem Wohnheim einzuziehen. Dort mussten sich die Merkels den »Sanitärtrakt« mit drei anderen Parteien teilen. »Luxuriös« im heutigen Maßstab war das alles nicht, eher spartanisch. Während sich die Pärchen Zweibettzimmer mieteten, übernachteten in den regulären Zimmern bis zu vier Studenten. Die Mietkosten betrugen für beide 20 Mark. Sie lebten damals von einem Stipendium von jeweils 190 Mark.

Das junge Paar ließ sich in Templin kirchlich trauen. Bei den Feierlichkeiten ging es etwas steif zu. Angela hatte auf einer kirchlichen Trauung bestanden, ihr zuliebe hatte Ulrich Merkel eingewilligt. Die Braut trug Blau, ihre Lieblingsfarbe.[319] »Unsere Freunde und Bekannten möchten wir wissen lassen, dass wir am 3. September 1977 geheiratet haben«, teilten Ulrich Merkel und Angela Merkel geborene Kasner, anschließend ihren Freunden auf einer gedruckten Karte mit. Die Hochzeit selbst fand in kleinem Kreis statt. Am Abend zuvor gab es einen »Polterabend« auf dem Waldhof, auf dem aber nicht »gepoltert« wurde. Etwa zwanzig Personen nahmen hieran teil, unter anderem Angelas beste Freundin Erika Hoentsch und Angelas Leipziger Studienkollege Reinhard Wulfert. Dieser hatte zwar altes Geschirr und Blumentöpfe auf der Fahrt nach Templin organisiert, das Zerdeppern des Steinguts wollte jedoch auf dem weichen Waldboden nicht so recht gelingen[320].

Nach dem Abschluss des Studiums zog das Ehepaar Merkel in eine kleine Wohnung in der Marienstraße in Berlin-Mitte, nahe der Mauer. In der Nähe war der »Tränenpalast«, der Übergang in den Westteil der Stadt Berlin beim Bahnhof Friedrichstraße. Dort hatte sie häufig Hamburger Besuch verabschiedet. Das ständige Rumpeln der zwischen dem West- und Ostteil Berlins verkehrenden S-Bahn war von dort zu hören und führte die Teilung Berlins immer wieder vor Augen. Doch beide Merkels konnten nicht nach West-Berlin reisen. »Ich habe jedoch nicht den Eindruck gehabt, dass Angela besonders unter der Mauer gelitten hat«[321], sagt heute Ulrich Merkel. Er wechselte damals von der Humboldt-Universität an die Akademie der Wissenschaften.[322] Er war im Zentralinstitut für Optik und Spektroskopie beschäftigt, nicht weit weg vom Büro seiner Frau, die dort bei den Physikern untergekommen war. Doch kam es zwischen beiden immer mehr zu einer Entfremdung, zumal »mein früherer Mann eher häuslich veranlagt war«[323], wie Angela Merkel heute vorsichtig andeutet. Jedenfalls nahm er an den Reisen und Exkursionen des Instituts seiner Frau nicht teil, was sie nach Erinnerungen früherer Arbeitskollegen nicht zu vermissen schien.

Vier Jahre nach der Trauung zerbrach die Ehe 1981 in Berlin – ziemlich abrupt und für Ulrich Merkel offensichtlich einigermaßen überraschend: »Eines Tages packte sie ihre Sachen und zog aus unserer gemeinsamen Wohnung aus. Sie hatte das mit sich selbst ausgemacht und dann die Konsequenzen gezogen. Aber wir trennten uns schließlich friedlich. Wir waren ja wirtschaftlich unabhängig voneinander. Aufzuteilen gab es auch nicht übermäßig viel – sie nahm die Waschmaschine, ich behielt die Möbel. Manche Teile davon besitze ich sogar heute noch.«[324] Die kinderlose Ehe wurde schließlich 1982 geschieden. Scheidungen waren in der DDR als einem atheistisch gelenkten Staat akzeptierter und durch das frühe Heiraten auch nicht verwunderlich. Sicher wird die Scheidung im Templiner Pfarrhaus nicht gerade Begeisterung hervorgerufen haben. Der wiederverheiratete Physiker Ulrich Merkel, inzwischen Vater eines Sohnes, arbeitet heute in der Halbleiterbranche in Dresden. Er beschreibt die gemeinsame Zeit mit seiner ersten Frau nach wie vor als »sehr positiv«: »Wir sind viel gereist, so weit das in der DDR ging – und haben uns oft mit Freunden getroffen. Wir liebten beide die Natur, haben viele Ausflüge ins Grüne gemacht, gingen ins Kino oder Theater. Und wir haben häufig unsere Eltern besucht. Der Kontakt zur Familie war uns beiden wichtig.«[325]

Angela Merkel weist heute selber darauf hin, dass das frühe Heiraten in der DDR mit der spärlichen Wohnraumversorgung zusammenhing. Ehepaare wurden bevorzugt. »Hintergrund für die schnelle Heirat war, dass es eine Chance, gemeinsam einen Arbeitsplatz am gleichen Ort zu bekommen, nur dann gab, wenn man verheiratet war.«[326] Auf die Frage des Publizisten Hugo Müller-Vogg, wo denn neben diesen wohnungsspezifischen Hinweisen die »Romantik« bleibe, antwortete Angela Merkel: »Mein erster Mann und ich, wir waren natürlich verliebt, wir gingen auch von einer gemeinsamen Zukunft aus. Aber in der DDR war es so, dass man die gemeinsame Wohnung und Arbeit eben nur bekam, wenn man verheiratet war. Das hat dann die Phase der Selbstprüfung in einer Beziehung oft abgekürzt. Darum geht es mir mit meiner Antwort. Vielleicht hat meine scheinbar emotionslose Äußerung zu meiner ersten Ehe aber auch damit zu tun, wahrscheinlich hätten wir damals nicht gleich heiraten, sondern noch etwas warten sollen.«[327] Bei einem 1991 von der Fotografin Herlinde Koelbl geführten Interview »verkürzte« Angela Merkel die Verweildauer ihrer ersten Ehe sogar auf drei Jahre und antwortete auf die Frage »War es die große Liebe?« ziemlich eindeutig: »Nein. Wir haben geheiratet, weil alle geheiratet haben. Das hört sich heute blödsinnig an, aber ich bin an die Ehe nicht mit der nötigen Ernsthaftigkeit herangegangen. Nach drei Jahren waren wir geschieden. Ich hatte mich getäuscht.«[328] Dieses Argument Angela Merkels, dass es üblich war zu heiraten, dass »alle« geheiratet hatten und dass sie vielleicht einfach noch zu jung gewesen seien, wird von ihrem ersten Ehemann nicht widerspruchslos hingenommen. Auf eine entsprechende Frage der ›Focus‹-Journalistin Verena Köttker zu diesem Satz antwortete er: »Nein, der Satz hat mich gekränkt. Ich zumindest hatte mir die Heirat reiflich überlegt.«[329] Der ›Super-Illu‹ erklärte Ulrich Merkel: »Wären wir heute noch zusammen, wäre ich bestenfalls Angelas Bodyguard.«[330] Ulrich Merkel wählt grün.[331]

Reaktionsgeschwindigkeiten

Angela Merkel galt in Leipzig als eine fleißige Studentin. Wie auch ihre Studienkameraden erinnert sich Angela Merkel daran, dass sie in der praktischen Physik keine herausragenden Leistungen zeigte: »Experimentalphysik war nicht gerade meine Stärke. Mit dem Löten hatte ich Schwierigkeiten. Und meine Schaltpläne haben in der Praxis meistens nicht funktioniert«, bekennt sie heute.[332] Trotzdem gelang ihr ein Einser-Examen. Das Diplom machte sie im fünften Studienjahr. Die für Physikstudenten notwendigen sportlichen Prüfungen waren für Angela Merkel eine große Pein, musste sie sich doch im Hundertmeterlauf einer Wiederholungsprüfung unterziehen. In der Talkshow von Bettina Böttinger äußerte sie selbst die Vermutung, sie sei im zweiten Anlauf nur deshalb zum Ziel gekommen, weil jemand falsch gestoppt hätte.[333]

Ihr Examen machte Angela Merkel bei Professor Reinhold Haberlandt, der zwei wissenschaftliche »Hüte« trug: Zum einen arbeitete er an der Leipziger Außenstelle der Akademie der Wissenschaften, zum anderen lehrte er seit 1966 nebenamtlich Physik an der Universität Leipzig. Auf dem Akademiegelände, wo vor und während des Zweiten Weltkrieges der Rüstungsbetrieb »Hasag« war, arbeiteten mehrere Hundert Wissenschaftler. Haberlandt war somit ein Bindeglied zwischen der Akademie und der Universität. Er stammt aus einem christlichen Elternhaus und bekannte sich dazu. Seinen Studenten ermöglichte er ein weitgehend politikfreies Studieren. Er war dafür bekannt, dass er Wert auf ein hohes wissenschaftliches Niveau legte. Zusätzlich wurde Angela Merkel durch den heute an der Universität Leipzig Informatik lehrenden Professor Ralf Der betreut. Er ist zwölf Jahre älter als Angela Merkel und war 1971 von der Universität Leipzig geflogen – unter anderem, weil er gegen die Sprengung der Leipziger Universitätskirche protestiert hatte. Er kam dann am Zentralinstitut für Isotopen- und Strahlenforschung der Akademie der Wissenschaften in Leipzig unter. Er »brannte für die Wissenschaft«, war ein begeisterter Physiker und bemühte sich um hohe wissenschaftliche Qualität in Verbindung mit praktischen Anwendungsmöglichkeiten. Er durfte zwar im Ausland publizieren, aber selber (mit Ausnahme einer sowjetischen Antarktisexpedition) nie ins westliche Ausland fahren. Schreiben an wissenschaftliche Kollegen, etwa in den USA, mussten stets den Schreibtisch des Institutsleiters passieren. Für Der waren Examenskandidaten wie Angela Merkel eine gute Möglichkeit, Verbindung zum Universitätsleben zu halten. Als Angela Merkel mit der Frage zu ihm kam, ob er sie ebenfalls betreuen wolle, kannten sie sich vorher nicht. Er sagte sofort zu. Haberlandt und Der diskutierten beide mit Angela Merkel das Thema der über 60seitigen und mit zahlreichen mathematischen Zahlenkolonnen versehenen Diplomarbeit zum Thema ›Der Einfluss der räumlichen Korrelation auf die Reaktionsgeschwindigkeit bei bimolekularen Elementarreaktionen in dichten Medien‹. Diese Arbeit war im Juni 1978 einerseits im Rahmen der »Karl-Marx-Universität Leipzig, Sektion Physik« angefertigt, andererseits zugleich im Rahmen des Forschungsthemas »Statistische und Chemische Physik von Systemen der Isotopen- und Strahlenforschung« im Bereich Statistische und Chemische Physik des Zentralinstituts für Isotopen- und Strahlenforschung der Akademie der Wissenschaften der DDR, Leipzig.

Viele Monate saß die Examenskandidatin im Dachgeschoss eines tristen Gebäudes der Akademie der Wissenschaften in der Permoser Straße 15, etwas außerhalb von Leipzig, in einem kleinen, lang gezogenen und wegen zahlreicher Rohre an der Decke eher bedrückenden Zimmerchen, das allerdings Aus- und Weitblick bot: In der Ferne konnte sie Leipzig sehen und das im Südosten der Stadt gelegene Völkerschlachtdenkmal. Dieses erinnert an den Sieg der Verbündeten über Napoleon am 16. bis 19. Oktober 1813. Angela Merkel wird in dieser Phase all die Qualen theoretischer Physiker durchgemacht haben, die mit Hilfe mathematischer Formeln die Wechselwirkung zwischen Teilchen erklären wollen. Hinsichtlich des Erkenntnisfortschritts waren hierbei die gemachten Annahmen entscheidend. Es konnte Wochen in Anspruch nehmen, eventuelle Fehler zu erkennen. Monatelang saß sie mehr oder minder allein in diesem eher deprimierend wirkenden Raum. In diesem Gebäude, das jetzt zum Umweltforschungszentrum im »Wissenschaftspark Leipzig e. V.« gehört, forschen heute ausländische Stipendiaten, nicht ahnend, welch prominente Vorgängerin sich in dem frisch hergerichteten Raum ihre ersten wissenschaftlichen Sporen verdiente. Die Arbeit wurde von Haberlandt mit »sehr gut« bewertet. Angela Merkel dankte ihm »für seine fördernden Gespräche und dafür, dass er die Begutachtung der Arbeit übernommen hat«. Der sprach sie »für die freundliche Betreuung und hilfreiche Unterstützung bei der Anfertigung der Arbeit« ihren Dank aus. Das Thema der Diplomarbeit fand in einer amerikanischen Fachzeitschrift den publizistischen Ausdruck. Gemeinsam mit Haberlandt bzw. Der veröffentlichte Angela Merkel im Jahre 1980 ›On the Influence of Spatial Correlations on The Rate of Chemical Reactions‹ in ›Chemical Physics‹[334]. Haberlandt spricht heute noch äußerst positiv über seine einstige Studentin, sie war damals offensichtlich ein sehr zurückhaltender, fast scheuer Typ: »Sie hat freiwillig von sich aus nie etwas gesagt, nur wenn sie gefragt wurde.«[335] Zum Examen gehörte auch eine Prüfung zu Fragen des Marxismus-Leninismus.

Beliebte Studienkameradin

Ralf Der ist heute noch von seiner einstigen Studentin begeistert. Sie war »integer«, »selbstbewusst, sagte auch mal, wenn er zu viel verlangte, ließ sich nicht beeindrucken«, sie hatte einen »kritischen Verstand«, war »alles andere als hilflos«, ein »chaotischer Lebensstil ist nicht ihres.« Sie »plante ihr Leben, wusste viele Zusammenhänge des Zusammenlebens viel genauer, als man vermuten konnte, sie wusste, was sie will, wo sie hin will«.[336] Der, der mit großer Wärme über Angela Merkel spricht, ließ sie ab und zu auch an einem Gesprächskreis teilnehmen, der sich mit naturwissenschaftlichen und anderen Fragen befasste. Der wird richtig leidenschaftlich, wenn er die Diskussionen über Fragen der Politik in seinem Freundeskreis beschreibt. Seine Freunde – und vermutlich dürfte Angela Merkel damals ähnlich gedacht haben – waren allesamt »gegen das System, gegen die Unfreiheit«, aber sie hatten keine klare Konzeption, was sie an die Stelle der abgelehnten kommunistischen Ordnung setzen wollten. Auf die Frage, welches »Vaterland« denn Angela Merkel nach seiner Erinnerung hatte, sagte Der: »Wir mussten uns in dem System einrichten, aber Mensch bleiben.« Und: »Von der deutschen Einheit redete damals niemand, präsent war vielmehr der sozialistische Grundgedanke.« Generell gab es in seinem Freundeskreis intensive »Kritik am Kapitalismus« (»Ich denke, wir waren alle kapitalismuskritisch«), »wir wollten Sozialismus, aber einen geänderten«, führt er heute weiter aus. Er beschreibt die Skepsis in seinen Kreisen gegen Adenauer. Der hat keine politische Meinung seiner Examenskandidatin in Erinnerung, die von dem »main stream« seiner Diskussionsfreunde abwich. Umso erstaunter war er, als er dann nach der Wende Angela Merkel bei der CDU »angekommen« sah. Als er sie 1995 bei der Eröffnung eines Radweges, den ihre Freundin Hoentsch für ein Architekturbüro geplant hatte, sah, rief sie gleich aus: »Nicht dass auch du mir gleich die Leviten dafür liest ...« – offenbar für die Tatsache, dass sie inzwischen Bundesministerin unter Helmut Kohl geworden war. Manche ihrer Freunde aus der Leipziger Zeit waren über Merkels politischen Weg erstaunt. Wie sehr sich Angela Merkel »in der CDU-Riege behauptet, ist ungeheuer beeindruckend«, findet Der heute. Andererseits: Wer konnte in jenen Jahren schon ahnen, dass die deutsche Einheit eines Tages Wirklichkeit werden würde? Und: So sehr man sich in der Ablehnung des real existierenden Sozialismus einig war, so schwer taten sich viele Bürger der DDR, konkrete Alternativen zum DDR-System zu benennen. Das Image von Konrad Adenauer, auf den sich Angela Merkel heute so häufig beruft, war in der DDR insgesamt, wie auch in oppositionellen Kreisen, nicht besonders gut, galt er doch als jemand, dem das Schicksal der Ostdeutschen nicht sehr am Herzen gelegen hatte.

Reinhard Wulfert, seinerzeit Kollege Ders, konstatiert ähnlich wie dieser, dass die deutsche Einheit »kein Thema« ihrer politischen Diskussion war: »An die deutsche Einheit hat kein Mensch gedacht. Wir hatten uns eingerichtet, in diesem System alt zu werden.«[337] Zugleich gerät der 1948 geborene, aus einem christlichen Elternhaus stammende Wulfert heute noch ins Schwärmen, wenn er über Angela Merkel spricht: »Angela liebte Literatur, Kultur, Theater; sie war breit belesen; sie hatte aufgrund ihres Elternhauses Zugang zu Literatur, die schwer zu bekommen war. Man konnte ihr vertrauen.«[338] Wulfert stand dem SED-System kritisch gegenüber, weshalb er zeitweilig von der Universität verwiesen (»relegiert«) wurde, um sich dann zunächst »in der Produktion zu bewähren«, bevor er wieder das Physikstudium aufnehmen durfte. Er gehörte einem Kreis von oppositionellen Studenten an. Kurz vor Vollendung seiner Doktorarbeit, die dann noch konfisziert wurde, kam er in Untersuchungshaft, konnte sofort in die Bundesrepublik ausreisen und wurde an der Technischen Universität Berlin promoviert. Von West-Berlin aus schrieb er damals seinen früheren Freunden – auch seiner »guten Freundin« Angela. Sie war inzwischen an der Akademie der Wissenschaften in Berlin gelandet. Briefe von »Staatsfeinden« der DDR waren für die Empfänger manchmal ziemlich unangenehm. Deshalb hat Angela Merkel ihren Freund Reinhard auf indirektem Wege wissen lassen, er möge das Versenden solcher Briefe unterlassen. »Ich hatte das akzeptiert«, sagt Wulfert heute. Beide müssen sich gemocht haben, denn unmittelbar nach der Maueröffnung besuchte Angela Merkel ihren Freund in West-Berlin. Wulfert heute über Angela Merkel: »Angela war kulturell und politisch sehr offen. Wir lagen auf der gleichen Linie. Wir waren dem DDR-System gegenüber kritisch-distanziert.«[339]

Allzu starke nostalgische Gefühle verbindet Angela Merkel mit ihrem Physikstudium offensichtlich nicht. Fast zweihundert ehemalige Physikstudenten gehören einem »Freundeskreis der Fakultät für Physik und Geowissenschaften« an, viele ihrer einstigen Kommilitonen. Angela Merkel ist nicht Mitglied. Auch an den »Alumnitreffen« ehemaliger Studenten nahm sie nicht teil.

IV. Akademie der Wissenschaften: eine »illusionslose Jungwissenschaftlerin«

»Ich komm ja gleich, aber lassen Sie mich doch noch ein paar Minuten in Ruhe hier stehen«[340], ruft Angela Merkel einem Mitarbeiter zu. Das war im Mai 1998. Die damalige Umweltministerin schaute auf einen riesigen Bauschutthaufen. Hier stand einst ihre »alte Baracke«. Zwölf Jahre lang – bis 1990 – arbeitete die Diplom-Physikerin im Dienstgebäude »2.14« am Zentralinstitut für Physikalische Chemie (ZIPC) in Berlin-Adlershof. Wie so vieles war auch die Akademie der Wissenschaften (AdW) als Dachorganisation von Forschungseinrichtungen, zu der dieses Zentralinstitut gehörte, gemäß Paragraph 38,2 und 3 des Einigungsvertrags[341] »abgewickelt« worden, und zwar zum 31. Dezember 1991. Angela Merkel, die später den Einigungsvertrag als stellvertretende Regierungssprecherin der DDR gegenüber der Presse erläutern sollte und frühzeitig um die Konsequenzen für das einstige Renommierinstitut der DDR wusste, hatte sich rechtzeitig in die Politik geflüchtet; viele ihrer einstigen Arbeitskollegen sind heute arbeitslos. Einige – wie ihr heutiger Mann – konnten in der Wissenschaftswelt der Gegenwart Fuß fassen.

Mit Journalisten kehrte Angela Merkel 1998 erstmals an ihren früheren Arbeitsplatz zu einer Art Nostalgie-Spaziergang zurück, der zugleich als Werbetour für den Wissenschafts- und Wirtschaftsstandort Adlershof diente. Jahrelang war sie von ihrer Wohnung morgens zum S-Bahnhof Adlershof gefahren und von dort die Rudower Chaussee entlang zu ihrer Arbeitsstelle gegangen: »Hier bin ich jeden Morgen mit der Bahn aus Prenzlauer Berg angekommen. Arbeitsbeginn war 7.15 Uhr. Für Grundlagenforschung eigentlich viel zu früh, da ist man noch nicht aufnahmefähig«, meinte die Damals-noch-Ministerin, die bis heute an einem frühen Arbeitsbeginn festhält, wie manche ihrer Gesprächs- und Telefonpartner stöhnen. In der Nähe der AdW in Adlershof, deren Gesamtleitung am Gendarmenmarkt in Berlin-Mitte war, befand sich auch das berüchtigte Wachregiment »Feliks Dzierzynski«. Diese Einheit des MfS mit 11 700 Angehörigen hatte zuletzt Divisionsstärke erreicht. Er war für besondere Repressions- und zugleich Objektsicherungsaufgaben zuständig.

Angela Merkel blieb in den zwölf Jahren ihrer Tätigkeit eine »kleine« Wissenschaftlerin, ohne wirkliche Perspektive. Lange nach ihrer Promotion bekam sie dort 1012 Mark netto: »Ein Paar Schuhe im Exquisit-Laden kostete aber schon 320, ein Wintermantel 400 Mark. Man konnte von dem Gehalt keine Bäume ausreißen.«[342] Allerdings war die Wohnungsmiete sehr billig. Angela Merkel war zwar in ihrem Freundeskreis und bei ihren Kollegen anerkannt, aber das Zeug zu einer wirklichen Führungskraft sah kaum jemand in ihr. Sie hatte zwar Führungsfunktionen in der FDJ, aber sie war kein SED-Mitglied. Würde sie heute noch in der Akademie vor sich hin forschen, wenn es nicht unterdessen die deutsche Einheit gegeben hätte? »Die Uhren gingen hier noch langsamer als anderswo, der Stoffwechsel mit der Welt war restlos entschleunigt, die Sträucher vor den Fenstern hatten die Jahreszeiten vergessen und trugen noch im Winter Früchte«[343], erinnert sich der frühere Basler Theaterintendant und heutige Generaldirektor der Berliner Opernhäuser Michael Schindhelm, der, wie in seiner zu einem Roman geformten Autobiographie ›Roberts Reise‹ nachzulesen ist, zeitweilig Kollege Angela Merkels war. Er beschreibt die Atmosphäre an der Akademie wenig schmeichelhaft: »Wochen hatten genügt, um einzusehen, dass der Wissenschaftsbetrieb in diesem Institut, in der gesamten Akademie vor allem eines war: öde. Wir hausten in einer engen Baracke, die von außen einer Pförtnerei ähnelte und am Rand des großen Forschungsgeländes lag, dort wo sich die Stadtkaninchen mit den Koryphäen der weniger geliebten und geförderten Wissenschaftsbereiche auf grasüberwucherten Wegen trafen.«[344] Über die Trübseligkeit der äußeren Verhältnisse sagt Schindhelm: »Vor den Fenstern wucherten Schlehenbüsche, so dass der Raum immer ein wenig abgedunkelt war.«[345] Angela Merkel wird in diesem Roman – hier heißt sie »Renate« – nur am Rande erwähnt: »Renate, mit der ich das Büro teilte, war das Vorbild einer illusionslosen Jung-Wissenschaftlerin. Sie promovierte seit etlichen Jahren vor sich hin, Pathos beseelte sie nur im Zusammenhang mit einsamen Radtouren in der Mark Brandenburg.«[346]

Ein Stasi-Anwerbeversuch

Die Akademie der Wissenschaften war nicht Angela Merkels »erste Wahl«: Eigentlich wollte sie nach ihrem Examen in Leipzig an der Technischen Hochschule im thüringischen Ilmenau eine wissenschaftliche Assistentenstelle annehmen. Sie fuhr mit ihrem ersten Mann dorthin. Bei einem Vorstellungsgespräch mit zuständigen Mitarbeitern der Hochschule in Ilmenau wurde Angela Merkel klar, dass ihre »Kaderakte« dort vorlag. »Wie oft ich Westradio gehört habe, wann ich neue Jeans hatte – alles von Mitstudenten ausspioniert!«, empörte sich Angela Merkel später. Nach diesem denkwürdigen Bewerbungsgespräch wurde sie auf dem Weg zur Zahlstelle, wo ihr die Fahrtkosten erstattet werden sollten, von zwei Stasi-Mitarbeitern offen auf eine Mitarbeit angesprochen. Sie lehnte dies sofort ab. Sie sagt dazu heute: »Ich habe von meinen Eltern gelernt, Stasi-Leuten immer zu antworten, dass man den Mund nicht halten kann. Also sagte ich damals, dass ich nicht wisse, ob ich schweigen kann, und bestimmt meinem Mann davon erzählen werde.«[347] Allerdings lässt Angela Merkel keinen Einblick in die Stasi-Unterlagen zu, so dass ihre Ablehnung einer solchen Mitarbeit nicht aufgrund der von ihr selbst geschilderten »Aktenlage« dokumentiert werden kann. Jedenfalls wurde es nichts mit der geplanten Arbeitsstelle in Ilmenau. In der Akademie traf sie dann u. a. auf Helmut Haberlandt, einen jüngeren Bruder ihres Leipziger Professors Reinhold Haberlandt.

Die Akademie der Wissenschaften – ein Refugium »bürgerlicher« Wissenschaft?

Die aus der Deutschen Akademie der Wissenschaften zu Berlin hervorgegangene Akademie der Wissenschaften der DDR (AdW)[348] verstand sich als Nachfolgerin der von Gottfried Wilhelm Leibniz 1701 gegründeten Kurfürstlich Brandenburgischen Sozietät der Wissenschaften.[349] Die AdW hatte im Rahmen der weitverzweigten Akademielandschaft der DDR ein besonderes Gewicht, vergleichbar auf dem geisteswissenschaftlichen Bereich mit der Akademie für Gesellschaftswissenschaften beim Zentralkomitee der SED (AfG). Beide prägten ganz wesentlich die Forschung der DDR – auch wenn die ehemaligen AdW-Mitarbeiter heute nachdrücklich darauf hinweisen, dass die AdW als eine staatlich finanzierte Einrichtung nicht unmittelbar der SED unterstand. Im Zuge der 3. Hochschulreform 1968/69 wurde die AdW dann – sowjetischem Vorbild entsprechend – zur zentralen Forschungseinrichtung umstrukturiert. Zuletzt umfasste sie etwa 60 Institute mit 25 000 Mitarbeitern, die auf verschiedene Standorte der DDR verteilt waren. Ihre wesentliche Aufgabe bestand in der Grundlagenforschung in den Natur- und Technikwissenschaften, während die Geistes- und Sozialwissenschaften nur etwa zehn Prozent des Personals banden.[350] Die AdW unterstand dem Ministerrat. Aus internen SED-Dokumenten geht hervor, dass die Partei die ideologische Kontrolle verstärken wollte, weil insbesondere in den Anfangsjahrzehnten der DDR »bürgerliche« Wissenschaftler in der AdW ein Refugium gefunden hatten. Es wurde versucht, die Wissenschaft immer mehr dem SED-Zugriff auszuliefern. So wurde alle fünf Jahre ein Zentraler Forschungsplan aufgestellt, der vom Politbüro des ZK der SED bestätigt werden musste. Der SED-Kreisleitung der AdW kam eine besondere Bedeutung zu, musste sie doch – in enger Abstimmung mit der ZK-Abteilung Wissenschaft und den Parteisekretären der Akademieinstitute – die Durchführung des Zentralen Forschungsplans überwachen. Der SED-Einfluss zielte auch auf die »Kaderpolitik« ab, der eine erstrangige politische Aufgabe zukam und die getreu der Maxime Stalins »Die Kader entscheiden alles« in allen wichtigen Schlüsselfunktionen konsequent zur Sicherung des Machtmonopols der SED umgesetzt werden sollte. Eine besondere Rolle spielte bei der Rekrutierung des Kadernachwuchses die – oben bereits erwähnte – Kaderakte, die den Betroffenen ein ganzes Leben über begleitete und die sich seiner Einsicht entzog. Die entsprechenden Kaderabteilungen arbeiteten eng mit dem Ministerium für Staatssicherheit zusammen.

Das Zentralinstitut für Physikalische Chemie (ZIPC) ging 1968 aus der Zusammenführung dreier Institute hervor. Der erste Direktor dieses Zentralinstituts war Wolfgang Schirmer, von 1985 bis kurz vor der Auflösung leitete Gerhard Öhlmann das Zentralinstitut, die letzten Monate bis zur »Abwicklung« tat dies Angela Merkels Doktorvater Lutz Zülicke. Im Wissenschaftsgebiet Chemie – insgesamt waren dort 3102 Personen, davon 1369 Wissenschaftler beschäftigt – gab es neun Zentralinstitute, von denen das ZIPC mit 643 Personen, darunter 336 Wissenschaftlern, das größte war. Ein Teil des Haushaltes waren Drittmittel: von 28, 3 Millionen Mark waren immerhin 16,4 Millionen Mark Forschungseinnahmen. Das ZIPC selbst war auf mehrere Gebäude verteilt, beiderseits der Rudower Chaussee. Neben den diversen Akademiegebäuden wie Laboratorien oder Büros gab es in dem ausgedehnten Gebäudekomplex einen Friseur und einen für DDR-Verhältnisse gut sortierten Lebensmittelladen.

Eine »Renitente«?

Die SED bemühte sich im Bildungs- und Wissenschaftsbereich um möglichst intensive Kontrolle. Dieses Bemühen galt ebenso für die AdW, auch bei Personen, deren fachliche Kenntnisse sich das System zunutze machen wollte, denen man aber den Kontakt mit dem akademischen Nachwuchs nicht gestattete. Denn davor fürchtete sich die SED am meisten, dass in ihrem Bildungssystem Menschen Einfluss bekämen, die die junge Generation gegen die Staatsdoktrin hätten »aufhetzen« können. Insofern war es für manche – gerade in den eher politikfernen Fächern – einfacher, in der AdW zu landen als in den Universitäten. Dennoch gelangten zumeist nur Personen aus dem Bereich der sogenannten »Kaderreserve« an die AdW, die also ein Minimum an Fügsamkeit gegenüber dem politischen System erwarten ließen. Angela Merkel hat sicher Recht, wenn sie darauf hinweist, dass in der Akademie keine Ausbildung des akademischen Nachwuchses stattfand, man dort also »nicht mit Studenten in Kontakt«[351] kam: »Aus Sicht des Staates war das also ungefährlich, weil sich Renitenz dort nicht fortpflanzen konnte.«[352]

Die meisten Zeitzeugen bestätigen eine innere Distanz Merkels zur SED. Wie in Westdeutschland waren auch in der DDR die meisten Bürger davon überzeugt, dass eine Wiedervereinigung allenfalls in ganz ferner Zukunft stattfinden könnte. Unter Renitenz wird gemeinhin »Widersetzlichkeit« verstanden, eine auch für Dritte sichtbare Auflehnung. Gab es die bei Angela Merkel, wenigstens in begrenzter Form? Sie ging während des Studiums gelegentlich zu Veranstaltungen der Evangelischen Studentengemeinde (ESG), aber sie trieb ihr Engagement nie so weit, dass auch nur ein Hauch einer wirklichen Opposition spürbar gewesen wäre. Sie lehnte es auch ab, Vertrauensstudentin für die ESG zu werden. Als einer ihrer besten Leipziger Freunde, Reinhard Wulfert, in den Westen abgeschoben wurde, wollte sie von ihm keine Briefe mehr aus dem »nichtsozialistischen Ausland« erhalten. Sie befürchtete, in den Verdacht der Zusammenarbeit mit »staatsfeindlichen Elementen« zu kommen. Wie die ganz überwiegende Mehrheit ihrer Altersgenossen hatte sie schon früh, auch mit Hilfe der Eltern, einstudierte Verhaltensmuster erworben, die eine formale Loyalität zur DDR dokumentieren sollten. Ihre für Pfarrerskinder keineswegs selbstverständliche Mitgliedschaft bei den Jungen Pionieren und in der FDJ zeigte dies. Merkel selbst hat sich nie als eine Widerständige zum DDR-System beschrieben.[353] Sie wollte verständlicherweise beruflich vorankommen – und insbesondere ihrem Vater beweisen, dass sie es zu etwas bringen kann. Kritischere Geister kamen an der AdW unter. »Widerständige« zum DDR-System hingegen hätten angesichts der äußerst illiberalen Personalpolitik im Wissenschaftsbereich hierzu kaum eine Chance gehabt.

Doppelbeschluss der NATO und »Schwerter zu Pflugscharen«

Als Angela Merkel 1978 auf den Adlershof in die Akademie kam, spitzte sich die innerdeutsche Situation zu, wurde die junge Generation in der DDR immer unruhiger. Der NATO-Nachrüstungsbeschluss vom 12. Dezember 1979 und der sowjetische Einmarsch in Afghanistan am 27. Dezember 1979, die Krise in Polen 1980/81 im Zusammenhang mit dem Entstehen der unabhängigen »Solidarnosc«-Gewerkschaftsbewegung und der Boykott der Olympischen Spiele in Moskau 1980 durch die USA, die Bundesrepublik und andere westliche Staaten führten zu enormen Spannungen zwischen Ost und West. Die »Geraer Forderungen« Erich Honeckers vom 13. Oktober 1980 – Anerkennung der DDR-Staatsbürgerschaft, der Umwandlung der Ständigen Vertretungen beider deutscher Staaten in Botschaften, nach einer Regelung der Elbgrenze und Auflösung der Zentralen Erfassungsstelle für DDR-Unrecht in Salzgitter – markierten neue innerdeutsche Auseinandersetzungen. Der DDR-Bevölkerung und insbesondere der jüngeren Generation blieb nicht verborgen, dass das sozialistische System ins Wanken geriet, die Wirtschaftskraft des Rates für gegenseitige Wirtschaftshilfe stagnierte, dass in der DDR Versorgungsprobleme zunahmen und die Verschuldung gegenüber dem »nichtsozialistischen Wirtschaftsgebiet« (NSW) rasant stieg, dass die überalterten Politbüros in Moskau und Berlin nicht mehr offensiv zu agieren vermochten. All das dürfte bei den FDJ-Veranstaltungen, aber auch im Freundeskreis Angela Merkels Anlass zu Diskussionen gegeben haben. Die FDJ versuchte, mit Hilfe einer Kulturkonferenz im Jahre 1982 die Gemüter, insbesondere im Intellektuellenmilieu, zu beruhigen. Als Helmut Kohl im Oktober 1982 Bundeskanzler der Bundesrepublik Deutschland wurde, machte sich die damals 27-jährige Angela Merkel wohl kaum Illusionen über die Lage in der DDR. Vor allem junge Christen ihrer Generation setzten mit dem Aufnäher »Schwerter zu Pflugscharen«[354] ein Signal gegen die zunehmende Militarisierung. Er wurde zum Symbol der unabhängigen Friedensbewegung der DDR in den achtziger Jahren. Angela Merkel hat diesen Aufnäher nicht getragen.

Aufregend unaufregend

Weniger »aufregend« als die politische Großwetterlage war die Arbeit an der Akademie. Innerhalb des ZIPC ging Angela Merkel zunächst in den von Lutz Zülicke geleiteten Bereich der Theoretischen Chemie, der nach der Wende an der Universität Potsdam einen gleichnamigen Lehrstuhl übernahm. Nach ihrer Promotion bei Zülicke wechselte sie in den Heinrich Kriegsmann unterstellten Bereich Physikalische Methoden der Analytischen Chemie. Sie forschte »schon seit einigen Jahren unbekümmert vor sich hin«[355], als Michael Schindhelm als Arbeitskollege in ihr Leben trat. Das war 1983.

»Die Chemie zwischen Angela und mir hingegen war sehr praktisch, sie hatte weniger mit Chemie, Physik und Mathematik zu tun, sondern eher damit, dass die Kollegin aus dem Nachbarbüro jeden Tag zweimal ein Tablett mit türkisch gebrühtem Kaffee auf meinen Schreibtisch abstellte, wir diese Welt aus Computerlistings, Lochkarten und Reviews beiseite legten und uns mit den fantastischen Entwicklungen im Perestroikaland beschäftigten oder mit Weizsäckers Rede zum 40. Jahrestag des Kriegsendes, die wir uns unter der Hand aus West-Berlin hatten besorgen lassen.«[356]

Im Gegensatz zu Schindhelm blieb Angela Merkel in der Akademie; ihr Freund Michael, der Pläne hatte, »abzuhauen«, »Republikflüchtling« zu werden, verzichtete 1986 auf die wissenschaftliche Laufbahn und wurde schließlich Hausmann und Aushilfsübersetzer in einer Kleinstadt im Harz – bis die DDR verschwand. Danach begann er eine neue Karriere, zunächst als Theaterintendant in Gera und in Nordhausen, schließlich in Basel. Schindhelm wurde im April 2005 Generaldirektor der Berliner Opernstiftung, in der die drei Berliner Opernhäuser Staatsoper Unter den Linden, Deutsche Oper und Komische Oper zusammengefasst sind. Die Berufung musste erst durch einen Ehrenrat[357] ermöglicht werden. Denn 2001 war bekannt geworden, dass er »Informeller Mitarbeiter« (IM) der Staatssicherheit gewesen war: 260 Seiten dokumentieren, dass der IM »Manfred Weih« am 15. März 1984 im Keller eines Wohnheims im russischen Woronesch mit Hilfe des KGB von zwei Stasi-Offizieren als 23-jähriger Student der Quantenchemie unter dem Vorwand angeblicher Erkenntnisse, er habe Kontakte zu einem westlichen Geheimdienst, zur Mitarbeit erpresst wurde. »Ich habe als FDJ-Mitglied nicht unbedingt gegen den Stachel gelöckt. Politisch war ich sicher eher unauffällig. Gerade für meine Generation gehörte es ja immer dazu, dass man sich tarnte«[358], erläutert Schindhelm heute seine Haltung. Die Direktive, in Russland »nicht vom Weg abzuweichen«, habe er nicht befolgt, da er durch Freundschaft »zu bestimmten ausländischen Studenten« oder durch ein Abendessen mit einem ›Times‹-Korrespondenten aufgefallen sei. Zurück in Berlin, traf er sich mehrfach mit seinem Führungsoffizier. Dennoch kann ›Die Welt‹ keinen Verrat an Freunden erkennen, er »war ein schlechter Spitzel«[359], er hat seinen Führungsoffizier, einen DDR-Major, »höchstens mit Plaudereien über Kunst, Kultur und DDR-typische Alltagssorgen«[360] unterhalten. Zwar hat Schindhelm seine konspirative Tätigkeit selbst bekannt gemacht, doch in seinem autobiographischen Roman finden sich keine Hinweise. Noch im Jahr vor seiner Enttarnung schrieb Schindhelm, Angela Merkel und er hätten gelernt, »Abstand zu halten zu dem spießigen Metternich-System der späten DDR, Tarnungen anzulegen, wenn das System zudringlich wurde, Tarnungen abzulegen, wenn es abwesend war.« Und: »Zwischen uns war es abwesend.«[361] Im Jahr darauf sagte er bezüglich seiner IM-Verpflichtung: »Ich habe kein Wort über Angela Merkel oder irgendeinen anderen Institutskollegen verraten.«[362]

Ausreise – eine Option im Leben der Angela Merkel?

Angela Merkel sagt, sie habe gelegentlich an eine Ausreise gedacht. Sie berichtet heute von einem Akademiekollegen, der – während in Polen das Kriegsrecht verhängt war – an einem marxistisch-leninistischen Unterricht teilnehmen musste. »Dort gab es wüste Diskussionen. Und er hat dafür bezahlen müssen.«[363] Angela Merkel musste an dieser Schulung deshalb nicht teilnehmen, weil sie gerade für einige Monate in Prag war. Sie sagt in der Rückschau: »Vielleicht hat mein

Prag-Aufenthalt mir damals die Promotion gerettet. In solchen Lagen denkt man schon aus einem Urimpuls heraus, jetzt reicht es. Da überlegt man sich ernsthaft wegzugehen. Und ich habe die Leute, die es nicht mehr ausgehalten haben, immer sehr gut verstehen können. Letztlich ist es auch eine Frage des Temperaments und seiner Freunde, wie man sich entscheidet. Aber im Grunde war man jeden Tag in der Gefahr, die Nerven zu verlieren und nicht mehr bleiben zu können. Die Möglichkeit, einen Ausreiseantrag zu stellen, war für mich auch immer eine Art geistiger Notausgang.«[364]

Aus der DDR »abzuhauen«, das hätte in der Tat die Promotion kosten können. Und eine Ausreise nach der Promotion? Hierzu gab es nur drei Möglichkeiten. Entweder die Flucht – wie es Schindhelm mit Hilfe einer Freundin über Ungarn zumindest erwogen haben mag; doch diese war hochgradig riskant. Eine jahrelange Haft musste man im Falle des Scheiterns einkalkulieren. Oder man stellte legal einen Ausreiseantrag. Das kam aber in der Regel einer Vernichtung der beruflichen Existenz gleich; vielfältige Schikanen waren die Folge und eine häufig jahrelange, qualvolle Wartezeit. Tausende von Ostdeutschen waren über die kirchlichen Kanäle von der Bundesrepublik »freigekauft« worden, was im Bonner Amtsdeutsch als »besondere Bemühungen der Bundesregierung« bezeichnet wurde. Vielleicht hätte Angela Merkel wegen der guten Beziehungen ihres Vaters zum Staat und zur Kirchenleitung Chancen gehabt, freigekauft zu werden? Aber wollte sie überhaupt eine jahrelange, seelische Tortur auf sich nehmen? Eine dritte Möglichkeit war, sich eine Westreise zu ergattern, die man in relativ jungen Jahren nur sehr selten und eigentlich nur dann bekam, wenn die Prognose einer Rückkehr gegeben war. Jedenfalls hätte sie vor der Wende eine Chance gehabt, illegal zwar, die DDR zu verlassen. Sie konnte nämlich im Alter von 32 Jahren – um den Jargon der DDR-Behörden zu benutzen – ins »kapitalistische Ausland« (kA), wozu auch die Bundesrepublik gezählt wurde, reisen.[365] Eine ihrer Hamburger Cousinen heiratete 1986, die Chance für eine ordentliche Begründung einer privaten Westreise, worüber unter anderem die Kaderabteilung im Institut zu entscheiden hatte. Nach der Hochzeit in der Hansestadt fährt sie mit dem Intercity zum Bodensee, besucht in Konstanz einen geflohenen Akademie-Kollegen und in Karlsruhe einen Professor. Wer die Rüttelei der DDR-Züge in Erinnerung hat, kann sich nicht darüber wundern, welch positiven Eindruck die Deutsche Bundesbahn bei Angela Merkel hinterließ: »Mein stärkstes Erlebnis war der IC der Bundesbahn! Diese Schienentechnik! Meine Güte! Das war gigantisch.« Dass »westdeutsche Studenten mit den Schuhen auf dem Sitz im Abteil sitzen«, fand sie damals »ungeheuerlich: dieser schöne Zug!« Sie schien sich bei ihrem Besuch im anderen Deutschland einigermaßen unsicher gefühlt zu haben, unsicherer als bei ihren Reisen in das sozialistische Ausland: »Die Fahrt war aufregend, weil ich mir nicht sicher war, ob man als Frau alleine im Westen übernachten kann. Es war schon ziemlich absurd: Ich bin in Budapest, Moskau, Leningrad, in Polen gewesen, durch die Sowjetunion getrampt, aber mir war nicht klar – und das muss mit den vielen westlichen Krimis zu tun haben, die ich gesehen habe –, ob man sich als Frau in Westdeutschland alleine ein Hotelzimmer nehmen kann.« Obwohl sie wenig Westmark hatte, genoss sie doch den Konstanzer Sommerschlussverkauf: sie kaufte eine Reisetasche für 20 DM (statt 50), zwei Hemden »für ihren Mann«[366] für jeweils 5 DM und einen Pullover für 20 DM. Das war für Angela Merkel so etwas wie der sogenannte »goldene Westen«. Angela Merkel sagt, sie habe in Konstanz schnell ihre Vorurteile abgelegt: »Sehr vieles ist mir eigentlich vertraut gewesen. Der Westen war eine beherrschbare Welt, das konnte ich zum Schluss klar mit Ja beantworten.« Danach habe es für sie keine Zweifel mehr gegeben: »Wenn man die freie Wahl hat, sucht man sich die westliche Ordnung aus.« Und dann kommt eine in dieser Deutlichkeit überraschende Erkenntnis bezüglich ihres Elternhauses: »Für mich war völlig klar, es muss das West-Modell sein. Für meine Mutter war das auch so klar, bei meinem Vater bin ich mir nicht sicher. Der hatte eher Vorbehalte gegen eine einfache Angleichung an den Westen gehabt.«[367] Doch sie reiste wieder zurück, zu ihren Freunden, in die Akademie.

Angela Merkel – eine »Hausbesetzerin«?

An der AdW kannten sich viele auch privat sehr gut. Im Notfall half man einander. Das war auch bei Angela Merkel der Fall, als sie sich 1981 von ihrem Mann trennte und zunächst einmal irgendwo Unterschlupf finden musste; denn insbesondere in Ost-Berlin herrschte damals eine akute Wohnungsnot. Sie zog zunächst bei ihrer Akademie-Kollegin Jana Grell ein. Kollegen von ihr entdeckten in der Nähe der Reinhardtstraße, unweit des Deutschen Theaters in Berlin-Mitte, eine freistehende Wohnung. Die staatliche Wohnungswirtschaft hatte diese Wohnung offensichtlich »vergessen«. Kurzerhand wurde die Anderthalb-Zimmer-Wohnung von Angelas Freunden aus der Akademie aufgebrochen, die Behörden wurden gar nicht erst gefragt, weil eine entsprechende Erlaubnis nie erteilt worden wäre – ein nicht ungewöhnliches Vorgehen damals. »Die halbe FDJ-Gruppe vom ZIPC hat für Angela renoviert«[368], erinnert sich heute ein früherer Arbeitskollege. Unter den Helfern war Ulrich (»Utz«) Havemann, Stiefsohn des Regimekritikers Robert Havemann, der Regale, Borde und Gardinen aus einem Ferienhaus zur Verfügung stellte.[369] Im Gegenzug hütete Angela ab und zu bei den Havemanns die Kinder. Erst nach dem Einrichten der Wohnung bemühte sich Angela Merkel um die Legalisierung. Beim Erzählen dieser »Felix-Krull-Geschichte« wird der 13 Jahre ältere »Utz« Havemann richtig lebhaft. Mit Tricks war es (wenige Minuten, bevor die entsprechende Dienststelle schloss) gelungen, eine Anmeldung bei der Polizei vorzunehmen, obwohl keine Wohnungseinweisung stattgefunden hatte. Da aber in der Straße Wohnungen renoviert werden sollten, kam mögliches Ungemach auf; denn durch die drohende Inspektion hätte die Quasi-Besetzung des Wohnraumes auffliegen können. Die provisorische Bleibe war fast komplett eingerichtet – lediglich ein Herd fehlte. Um kritische Nachfragen zu verhindern, wo denn der alte Herd geblieben sei, fiel Merkels Freunden eine weitere List ein: »Da haben wir in einer Nacht- und Nebelaktion ein ausrangiertes Ding von der Straße in die Merkelsche Wohnung geschleppt, provisorisch angeschlossen, und am Tag darauf kamen die Handwerker ganz nach Plan, schleppten den Herd wieder raus und schon war der alte gegen einen neuen Herd getauscht.«[370] Als Vater Kasner seine älteste Tochter an ihrem dreißigsten Geburtstag in ihrer provisorischen Bleibe besuchte, war er vom Zustand der Wohnung wohl eher entsetzt: »Weit hast du es noch nicht gebracht!«[371] Später konnte Angela Merkel eine neue Wohnung für sich reklamieren, die sie auch erhielt. Sie lag ausgerechnet in der Templiner Straße, in einem Hinterhaus unweit der Schönhauser Allee im Berliner Bezirk Prenzlauer Berg. Die neue, sogar gasbeheizte Wohnung wurde ihr deshalb zugewiesen, weil das baufällige Hinterhaus, in das sie die tatkräftige Initiative ihrer Arbeitskollegen geführt hatte, rekonstruiert werden musste.

FDJ und die Einsamkeit

An der AdW konnte man – länger als in anderen Bereichen – bis zum dreißigsten Lebensjahr in der FDJ sein. War man einmal FDJ-Mitglied, blieb man es, solange es das Alter zuließ. Doch waren nicht alle bis Dreißigjährigen in der FDJ der AdW aktiv. Hans-Jörg Osten, zu Angela Merkels Institutszeit FDJ-Sekretär, heute Professor an der Technischen Universität Hannover, schätzt, dass etwa siebzig bis achtzig Prozent der Altersjahrgänge unter dreißig Jahren an den FDJ-Aktivitäten teilnahmen.[372] Die FDJ war eine legale Möglichkeit junger Menschen, sich an der Akademie zu organisieren, zumal der FDJ-Vertreter gegenüber der jeweiligen Institutsleitung eine Sprecherfunktion wahrnehmen konnte. Angela Merkel war allerdings kein »einfaches« Mitglied, sondern gehörte zum FDJ-Sekretariat des Instituts.[373] Osten kann sich nicht an die genaue Funktion seiner damaligen Kollegin erinnern, wohl aber, dass sie in dem vier- bis fünfköpfigen Leitungskreis unter anderem für das »Studienjahr« verantwortlich war – worunter »politische Bildung« und die Vermittlung des Marxismus-Leninismus verstanden wurde. Er kann sich nicht definitiv daran erinnern, aber auch nicht ausschließen, dass Angela Merkel die Funktion eines Sekretärs für Agitation und Propaganda wahrnahm. Dem Sinne nach habe es sich jedenfalls bei einer Verantwortung für das

»Studienjahr« darum gehandelt.[374] Angela Merkel bestreitet aber massiv, für Agitation und Propaganda Verantwortung getragen zu haben. »Agitation und Propaganda? Ich kann mich nicht erinnern, in irgendeiner Weise agitiert zu haben. Ich war Kulturbeauftragte«[375], erklärt sie heute. »Ich wollte keine Laufbahn in der FDJ, auf keinen Fall in den Kreisvorstand oder was auch immer denkbar gewesen wäre.« Vielleicht hätte sie »die Kontakte über die FDJ gar nicht gebraucht«, wenn sie »von vornherein Freunde am Institut gehabt hätte«. Angela Merkel sagt: »An der Akademie habe ich mich anfangs recht allein gefühlt. Mein Mann und ich wohnten in der Nähe der Mauer, jeden Tag diesen Weg zu gehen, war für mich bedrückend. Das war eine echte Umstellung nach meinem Studium in Leipzig. Irgendwann hat mich jemand gefragt, ob ich nicht in der FDJ-Kulturarbeit am Institut mitmachen wolle, da sehe man wenigstens junge Leute, könne ins Theater gehen und so weiter.«[376] Sie habe lediglich »Theaterkarten besorgt, Buchlesungen organisiert, zum Beispiel die Bücher jüngerer sowjetischer Schriftsteller, Vorträge. Auch alles, was zwischen den Zeilen kritisch gegenüber der DDR war, hat uns interessiert.«[377]

Ob nun Angela Merkel tatsächlich Sekretär für Agitation und Propaganda der FDJ oder nur »Kulturbeauftragte« war, ist letztlich nicht entscheidend. Es kommt auf die Bewertung der FDJ an: Wer diese in erster Linie als Mittel zur Durchsetzung des Parteiwillens auf die junge Generation ansieht, muss zumindest jedes aktive Engagement in der FDJ kritisieren oder gar verurteilen – egal, ob die Aufgaben eines Ersten Sekretärs, eines Sekretärs für Agitation und Propaganda, eines »Kulturbeauftragten« oder einer anderen Funktion wahrgenommen wurden. Wer hingegen in der FDJ eine Möglichkeit erkennt, dass sich an der AdW Gleichaltrige zusammentun konnten, ohne wirklich vertiefte Parteiarbeit leisten zu müssen, wird hierin kein politisches Problem sehen – auch nachträglich nicht. Eines scheint inzwischen klar: Für Angela Merkel waren ihre FDJ-Kollegen damals gute Freunde. Es herrschte ein freundschaftlicher, solidarischer Gemeinschaftsgeist (wie am Beispiel der »Hausbesetzung« zu sehen war). Und Angela Merkel hatte gerade nach ihren Eheproblemen und der Trennung von ihrem ersten Mann in der FDJ-Gruppe einen wichtigen Halt. Vielleicht war das einer der Gründe, warum sie im Jahre 1991 – damals noch etwas unbefangener – auf die Frage des Journalisten Günter Gaus antwortete:»Ich war gerne in der FDJ ...«[378] Sie erklärte dies auch damit,»dass man nämlich in Seminargruppen, unter jungen Leuten im Institut auch Dinge unternommen hat, die mit dem System und seiner Ideologie eigentlich wenig zu tun hatten. Das will ich zugeben. Aber ansonsten war es auch siebzig Prozent Opportunismus natürlich.«[379]

Doktorarbeit: Zerfallsreaktionen

Obwohl die AdW keine universitäre Einrichtung war, verfügte sie über das »Promotionsrecht A« (Fähigkeit zur Erlangung des Doktortitels) und das »Promotionsrecht B« (Habilitationsverfahren, jedoch ohne Lehrbefugnis an einer Universität). Der Wissenschaftsbetrieb am Adlershof war, wie beschrieben, sehr beschwerlich und nicht eben effizient. Dies erlebte auch Angela Merkel, als sie ihre Doktorarbeit verfasste. Ehemalige Akademiemitarbeiter schätzen heute, dass die DDR in diesem Bereich zehn, wenn nicht gar fünfzehn Jahre hinter den USA zurücklag – obwohl in Adlershof viele Physiker arbeiteten, die weltweit einen ausgezeichneten Ruf hatten. Durch die westliche Embargo-Politik, die gerade die Computertechnologie einbezog, hatten die DDR-Forscher erhebliche Nachteile gegenüber ihren Westkollegen. Das Rechenzentrum verfügte nur über einen von Robotron nachgebauten IBM-Computer. Es wurde noch mit Lochkarten gearbeitet. Es dauerte – zum Leidwesen der Wissenschaftler – teilweise Tage, bis das eher überlastete Rechenzentrum jeweils die Ergebnisse zur Verfügung stellte. Schindhelm beschreibt heute, dass die Wissenschaftler »die selbst gebastelten Fortran-Programme in Pappkarton« stanzten und »die Kartenstapel durch einen Oldtimer gehen« ließen, »der ober- und unterirdisch große Gebäudekomplexe beanspruchte und dessen Rechenkapazität inzwischen in die Hosentasche eines Teenagers passt.«[380]

In der Einsamkeit ihrer spartanischen Forschungsstube arbeitete Angela Merkel einige Jahre an ihrer Dissertation zum Thema: ›Untersuchung des Mechanismus von Zerfallsreaktionen mit einfachem Bindungsbruch und Berechnung ihrer Geschwindigkeitskonstanten auf der Grundlage quantenchemischer und statistischer Methoden‹. Sie reichte ihre Arbeit erst am 8. Januar 1986 ein. In der Einleitung weist sie darauf hin, die Kohlenwasserstoffumwandlung bei hohen Temperaturen in Abwesenheit von Sauerstoff (Thermolyse, Pyrolyse, Plasmolyse) sei »gegenwärtig und sicher auch in Zukunft von hoher volkswirtschaftlicher Bedeutung«[381]. Die Optimierung der auf dieser Grundlage arbeitenden industriellen Verfahren setze eine »im Vergleich zum heutigen Stand tiefergehende wissenschaftliche Durchdringung der ablaufenden Prozesse voraus«, wozu »systematische Untersuchungen an einfachen Systemen und unter definierten äußeren Bedingungen (Druck und Temperatur) erforderlich« seien. Insbesondere »chemische Stoßwellenrohre« hätten sich dafür als geeignete experimentelle Hilfsmittel erwiesen. Allerdings setze eine gezielte Steuerung der Bildung ausgewählter Produkte »das Verständnis des komplexen Reaktionsgeschehens als Folge von Elementarreaktionen voraus«. Sie befasst sich im Rahmen der mathematisch-abstrakten Arbeit mit »adiabatischen Reaktionskanälen«, mit dem »Prinzip der minimalen Zustandsdichte«, mit quantenchemischer Berechnung von Potentialhyperflächen, mit Schwingungsfrequenzen an stationären Punkten wie auch an nichtstationären Punkten auf dem Reaktionsweg, mit qualitativen Betrachtungen der Reaktion CH_3, CH_2 und H, mit Struktur und Schwingungsfrequenzen des Methyl- und Methylenradikals.

Sicher war sie beim Verfassen ihrer Arbeit des Öfteren verzweifelt. Allein das Problem der mathematischen Berechnungen muss ihr zu schaffen gemacht haben, da das Rechenzentrum häufig mehrere Tage benötigte, um die erforderlichen Zahlen auszuspucken. Da aber ihre Arbeit stark auf mathematischen Annahmen beruhte, die immer wieder hinsichtlich ihrer rechnerischen Richtigkeit überprüft werden mussten, kann man sich vorstellen, wie ein solcher Wissenschafts- und Forschungsprozess abläuft, wenn man erst nach Tagen feststellen konnte, ob die mathematischen Annahmen gerechtfertigt waren oder korrigiert werden mussten. Am Ende ihrer Arbeit dankte die Doktorandin ihrem Doktorvater Professor Lutz Zülicke »für die Auswahl der Thematik, die Betreuung dieser Arbeit sowie zahlreiche konstruktive Hinweise«, »Frau Dr. I. Börger und Herrn Dr. H.-D. Klotz« fühlte sie sich »für vielfältige Diskussionen und Anregungen zu Dank verpflichtet«. Schließlich: »Herrn Dr. J. Sauer danke ich für die kritische Durchsicht des Manuskripts.« Dieser Joachim Sauer sollte ihr zweiter Ehemann werden.

Zur Promotion gehörte nach den Vorgaben auch eine Marxismus-Leninismus-Abschlussarbeit, die das Thema hatte: »Was ist sozialistische Lebensweise?«. Nach Aussagen Angela Merkels hat sie für diese Arbeit »viel Kritik geerntet, denn in meiner ländlichen Begeisterung hatte ich zu viel über die Bauern und zu wenig über die Arbeiterklasse geschrieben«[382]. Wie Angela Merkel heute sagt, ist diese Arbeit in den Akten der ehemaligen Akademie nicht mehr zu finden. Sie habe diese Arbeit ohne Durchschlag getippt. »Ich habe kein Exemplar. Wenn ich es hätte, würde ich es sofort herausgeben. So aber gerät man sofort in den Verdacht, hier werde etwas vertuscht, und das nur, weil sich heute niemand vorstellen kann, wie es ist, wenn kein Kopierer da ist und man seinen Text auf einer alten Adler-Maschine schreibt, in der sich das Blaupapier nur verheddert.«[383]

Natürlich musste sie nach der Abgabe ihrer Arbeit die darin veröffentlichten Thesen in einer mündlichen Disputation »verteidigen«. Hierzu wurde innerhalb der Akademie eingeladen. Jeder Akademiemitarbeiter konnte Fragen an die Aspirantin für den Titel einer »Dr. rer. nat.« stellen. Dem schloss sich eine Feier mit Kaffee, Pilsner Bier und Rotwein an. Manche Freunde waren aus Leipzig angereist, um die damals 32-Jährige zu feiern. Ein Foto dieser Promotionsfeier zeigt sie zu Tisch, rechts neben ihr ihr heutiger Mann Joachim Sauer, links von ihr Michael Schindhelm.

Nach dem Abschluss des Promotionsverfahrens 1986 schien Angela Merkel genug zu haben von der reinen Theorie. Sie befasste sich in dem früher von Professor Kriegsmann geleiteten Institut mit Methoden der Analytischen Chemie. Kriegsmann war aus der SED ausgetreten, wurde dann Anfang der achtziger Jahre seiner Funktion enthoben und bekam einen linientreuen Nachfolger.[384] Angela Merkels Abteilungsleiter war Klaus Ulbricht, einziger parteiloser Abteilungsleiter am ZIPC. Er lernte seine Mitarbeiterin erst nach ihrer Promotion kennen, nachdem sie sich in seiner Abteilung beworben hatte. Auch heute noch schwärmt er von der Einsatzfreude Angela Merkels: »Bei ihr hat man den Eindruck: da kommt etwas heraus, sie ist konsequent, arbeitet auf ein Ziel hin, eine Frau, die eine eigene Meinung hat«[385]. Man habe schon gemerkt, dass sie aus einem Pfarrhaus stamme. Sie organisierte einen Ausflug der Abteilung nach Templin. Nach der Wende wurde die Abteilung von Ulbricht in die Bundesanstalt für Materialprüfung integriert. Angela Merkel heute: »Ich bin in gewisser Weise ja auch stolz darauf, in der DDR als Physikerin ein spannendes Leben geführt zu haben, das so ganz anders war als mein Leben seit dem Fall der Mauer.«[386]

V. Zusammenbruch der DDR und Aufbruch Angela Merkels

Angela Merkel gehörte nicht zu den frühen Aktivisten, die die friedliche Revolution in der DDR herbeiführten. Erst nach den von den meisten völlig unerwarteten Umbrüchen in der DDR entschied sie sich für ein politisches Engagement. Die meisten Bürgerrechtler, die friedlichen Revolutionäre, sind inzwischen in der politischen Versenkung verschwunden – nur noch Rainer Eppelmann, Vera Lengsfeld, Günter Nooke und Arnold Vaatz für die CDU, Werner Schulz für die Grünen sowie der frühere DDR-Außenminister Markus Meckel und Stephan Hilsberg für die SPD sind Abgeordnete im Deutschen Bundestag. Die beiden höchstrangigen Ostdeutschen in der Politik – Bundestagspräsident Wolfgang Thierse (SPD) und Angela Merkel – betraten erst zu einem Zeitpunkt die politische Arena, als die Bürgerrechtler unter großen Risiken bereits den Durchbruch gegen eine totalitäre Diktatur erkämpft hatten. Wenige Tage vor Weihnachten 1989, fast sechs Wochen nach der Maueröffnung, entschied sich Angela Merkel, im »Demokratischen Aufbruch« (DA) mitzuwirken. Der DA war eine Bürgerbewegung, zu deren führenden Köpfen Rainer Eppelmann, der später als IM überführte Rostocker Rechtsanwalt Wolfgang Schnur oder Friedrich Schorlemmer (heute SPD) zählten. Es ist bekannt, dass sich Angela Merkel schon vorher im privaten Kreis für einen demokratischen Wandel der DDR ausgesprochen hatte – so bei einem Gesprächsabend im Templiner Pastoralkolleg am 23. September 1989.[387] Als sich dann am 9. November 1989 die Mauer öffnete, war dem ein monatelanger, wenn nicht gar jahrelanger Implosionsprozess der DDR vorausgegangen. Es ist wichtig, in wenigstens einigen dürren Strichen die dramatische Situation in jenen Wendemonaten des Jahres

1989 nachzuzeichnen, wenn man einiges von den Beweggründen und dem Beginn des politischen Engagements von Angela Merkel verstehen will.

In der DDR wird's unruhig

Der »große Bruder« der DDR, die Sowjetunion, war immer weniger in der Lage, seine herausgehobene Stellung als Führungsmacht innerhalb des Warschauer Paktes durchzusetzen. Im März 1985 starb der dritte sowjetische Generalsekretär[388] innerhalb von drei Jahren. Schon war von »Beerdigungsdiplomatie« die Rede. Honecker und Kohl trafen sich so zum ersten Mal am 12. März 1985 aus Anlass der Begräbnisfeierlichkeiten für den sowjetischen Staats- und Parteichef Konstantin Tschernenko in Moskau. Beide gratulierten Michail Gorbatschow zu seinem Amt als neuer sowjetischer Parteiführer und Staatschef. Dieser inoffizielle deutsch-deutsche Gipfel[389] war zugleich der Auftakt für eine Verbesserung in den innerdeutschen Beziehungen, wenngleich es immer wieder zu Rückschlägen kam. Am 6. Mai 1986 wurde zwischen Bonn und Ost-Berlin ein Kulturabkommen[390] unterzeichnet; die erste deutsch-deutsche Städtepartnerschaft zwischen Saarlouis und Eisenhüttenstadt wurde am 6. Oktober 1986 besiegelt. Beide Ereignisse schienen zuvor über ein Jahrzehnt aussichtslos. Unter Gorbatschow hatte sich der Entscheidungsspielraum der DDR erweitert. Die DDR war wirtschaftlich immer mehr von der Bundesrepublik abhängig geworden. Dies zeigten die Verhandlungen um den »Swing«, einen zinslosen Überziehungskredit im innerdeutschen Handel[391], durch den die Bundesrepublik ein ökonomisches Druckinstrument in die Hand bekommen hätte. Dadurch konnte erreicht werden, dass die Westreisegenehmigungen für DDR-Bürger unterhalb des Rentenalters von 66 000 im Jahr 1985 auf bis zu 1,4 Millionen in den Folgejahren anstiegen. Diese Westreisen waren aus Perspektive der DDR als Ventil gedacht. Tatsächlich aber hielten sie in der DDR-Bevölkerung den Wunsch nach deutscher Einheit eher wach als in Westdeutschland.

Andererseits versuchte die DDR-Staats- und Parteiführung, die häufig unter kirchlichem Dach stattfindende Bildung immer neuer Oppositionsströmungen bisweilen brutal zu verhindern.[392] Dadurch blieb der innenpolitische Kurs verhärtet. Daran änderte auch der »offizielle Arbeitsbesuch« des DDR-Staatsratsvorsitzenden Honecker vom 7. bis 11. September 1987 in Bonn sowie in einigen Bundesländern nichts. Von diesem Besuch hatte sich Honecker eine quasi-völkerrechtliche Anerkennung der DDR als gleichberechtiger deutscher Staat durch die Bundesrepublik versprochen, symbolisiert durch den roten Teppich und das Abspielen der DDR-Hymne. Zweifellos war diese Reise der Höhepunkt im politischen Leben Honeckers. In seiner saarländischen Geburtsstadt Neunkirchen ließ er sich sogar zu der Bemerkung hinreißen, es komme der Tag,»an dem Grenzen uns nicht mehr trennen, sondern vereinen, so wie uns die Grenze zwischen der Deutschen Demokratischen Republik und der Volksrepublik Polen vereint«.[393] Die Probleme der DDR-Wirtschaft hatten dazu geführt,»dass sich der Lebensstandard in der DDR 1989 kaum von dem der siebziger Jahre unterschied und deutlich unter dem Westdeutschlands lag«.[394] Die Unzufriedenheit der Bevölkerung wurde immer sichtbarer. Sie setzte große Hoffnungen auf die von Glasnost und Perestroika Gorbatschows ausgehenden Impulse. Die »Umgestaltung« in der UdSSR wurde von der »Betonriege« der greisen SED-Führer mit immer größerer Skepsis gesehen. Mit Härte gingen die DDR-Behörden bereits im November 1987 gegen die »Umweltbibliothek« in der Berliner Zionskirchengemeinde vor. Hier engagierten sich vor allem Umweltschützer, die eine halblegale Zeitschrift herausgaben und über eine umfangreiche Bibliothek mit vielen von der SED unerwünschten Büchern verfügten. Im Januar 1988 kam es am Rand der alljährlichen Liebknecht-Luxemburg-Demonstrationen in Berlin zu Verhaftungen von Demonstranten. Ausgerechnet Plakate mit dem Luxemburg-Zitat »Freiheit ist immer die Freiheit des Andersdenkenden« versuchte die Volkspolizei zu verhindern. Das Auftreten sogar von Skinheads kündigte das Ende der etablierten Integrationsmechanismen der FDJ an.[395]

Die Kommunalwahl am 7. Mai 1989 war für die kommunistische

Führung eine besondere Herausforderung: Mitglieder kirchlicher Basisgruppen hatten sich in vielen Wahllokalen – allein in Berlin in 127 – aufgehalten und dabei je zwischen zehn bis zwanzig Prozent Gegenstimmen festgestellt.[396] Bei der abendlichen sogenannten Wahlparty in der Berliner Elisabeth-Kirche, an der insgesamt etwa 270 Personen verschiedener kirchlicher Basisgruppen und westdeutsche Korrespondenten teilnahmen, kam ein höhnisches Gelächter auf, als Egon Krenz gegen Mitternacht als Vorsitzender der Zentralen Wahlkommission im Fernsehen das offizielle Ergebnis von 98, 89 Prozent verkündete. Die Zerschlagung der Oppositionsbewegung im fernen China auf dem Pekinger »Platz des himmlischen Friedens« im Juni 1989 und die Rechtfertigung Honeckers ließ in der DDR die Furcht vor einer »chinesischen Lösung« wach werden. Manche mögen an die Volkserhebung vom 17. Juni 1953, an den Volksaufstand in Ungarn 1956 oder an den Einmarsch von Warschauer-Pakt-Truppen in der Tschechoslowakei 1968 gedacht haben.

In diesem Lichte kam der Gedenkveranstaltung des Deutschen Bundestags zum 17. Juni 1989 in Bonn eine besondere Bedeutung zu: Der Redner Erhard Eppler (SPD) hatte jahrelang Gespräche mit der SED geführt. Doch nun war er zu der Überzeugung gelangt, es gelte den exklusiven Dialog mit der Staatspartei aufgrund ihrer Unbeweglichkeit zu beenden. Seine Rede[397] entfaltete auch deshalb eine solche Wirkung, weil sie im Gegensatz zur Linie des SPD-Kanzlerkandidaten Oskar Lafontaine stand: »Gerade wenn wir in Prozessen, nicht in Endzuständen denken, bleibt vieles unberechenbar. Dazu gehört die Zukunft der Deutschen Demokratischen Republik. Es gibt bei vielen Menschen dort so etwas wie ein DDR-Bewusstsein, ein manchmal fast trotziges Gefühl der Zugehörigkeit zu diesem kleineren, ärmeren deutschen Staat, aus dem sie gerne etwas machen wollen. Wenn ich mich nicht täusche, war dieses Gefühl vor zwei Jahren stärker als heute. Aber noch dürfte es in der DDR eine Mehrheit geben, deren Hoffnung sich nicht auf das Ende, sondern auf die Reform ihres Staates richtet. Wenn sich die Führung der SED allerdings weiterhin in jener realitätsblinden Selbstgefälligkeit übt, die wir aus den letzten Monaten kennen, dann könnte in weiteren zwei Jahren aus dieser Mehrheit eine Minderheit geworden sein.«[398] So kam es dann auch. Eine wachsende Zahl von Ausreiseanträgen von DDR-Bürgern, die Flucht Tausender DDR-Bürger in die Vertretungen der Bundesrepublik in Ost-Berlin, Budapest, Prag und Warschau, der Beginn der Leipziger Montagsdemonstrationen und die Konstituierung von neuen Oppositionsbewegungen in der DDR forderten die absolute Durchsetzungsmacht der SED immer mehr heraus.[399] Als Außenminister Hans-Dietrich Genscher als »Hausherr« und der für die innerdeutsche Politik zuständige Kanzleramtsminister Rudolf Seiters am 30. September 1989 den wohl weit mehr als 5000 DDR-Flüchtlingen in der bundesdeutschen Botschaft in Prag[400] die mit der DDR-Führung vereinbarte Ausreiseerlaubnis verkündeten, sollte das DDR-System in einer Schnelligkeit erodieren, die bis dahin niemand für möglich gehalten hatte.

Eine noch explosivere Lage entstand am 7. Oktober anlässlich der offiziellen Feiern zum 40. Jahrestag[401] der Gründung der DDR in Berlin: Bereits am Tag zuvor fanden Demonstrationen am Rande der Feierlichkeiten statt, die von Ordnungskräften gewaltsam aufgelöst wurden.[402] Gorbatschow, auf den sich die Demonstranten bei ihren Forderungen vielfach beriefen, hatte in einer Grußansprache betont, von bevorstehenden tief greifenden Änderungen bleibe kein Land verschont. Selbst stramme FDJ-Mitglieder jubelten sichtbar Gorbatschow und nicht Honecker zu. An diesem Tag fiel auch der berühmte Satz Gorbatschows gegenüber Honecker: »Wer zu spät kommt, den bestraft das Leben.« Auch der Führungswechsel von Honecker auf Egon Krenz als Vorsitzendem des Staatsrats der DDR am 24. Oktober 1989 konnte diese Erosion nicht mehr verhindern. Krenz galt als Hardliner. Er hatte die Niederschlagung der Demokratiebewegung in Peking gerechtfertigt. Zudem litt sein Image unter den Wahlfälschungen.

Am 8. November wird schließlich der als »Reformer« geltende Dresdner SED-Bezirkschef Hans Modrow zum neuen Ministerpräsidenten vorgeschlagen. Am folgenden Tag verkündete das SED-Politbüromitglied Günter Schabowski um 19.07 Uhr eine neue Reiseregelung des Ministerrates der DDR, wonach »Privatreisen nach dem

Ausland (…) ohne Vorliegen von Voraussetzungen (Reiseanlässe und Verwandtschaftsverhältnisse) beantragt werden (können).«[403] Dies führt zu überschwänglichen Freudenszenen in Ost-Berlin und zu spontanen volksfestähnlichen Wiedersehensfeiern noch in der Nacht und dem folgenden Tage, als Hunderttausende Ostdeutsche nach West-Berlin strömten. Obschon innerlich stark geschwächt, schien es damals immer noch so, als hätte die DDR-Staatsmacht weiterhin alle Möglichkeiten, den Öffnungsprozess rückgängig zu machen. Noch war nicht klar, dass die deutsche Revolution eine friedliche würde und dass die DDR-Staatsführung nicht doch den Befehl zum blutigen Losschlagen geben würde. Der damalige Sicherheitsberater Helmut Kohls, Horst Teltschik, notierte, dass am Montag, dem 20. November, allein in Leipzig etwa 250 000 Menschen gegen die SED-Diktatur demonstrierten, 50 000 in Halle, 40 000 in Chemnitz, 10 000 in Schwerin und Zehntausende in Ost-Berlin, Dresden und Cottbus.[404] Zugleich war in Bonn – wie man den Tagebuchaufzeichnungen Teltschiks entnehmen kann – die große Sorge Gorbatschows bekannt, ein unkontrollierbarer Prozess könne eintreten.[405] Heute wissen wir sehr viel klarer, wie geschwächt das DDR-System innerlich längst war. Die DDR-Führung hätte sich angesichts der bis in die Familien von strammen Parteimitgliedern hinein getragenen Unruhe keinesfalls sicher sein können, dass die Nationale Volksarmee und die Polizei der DDR einen entsprechenden Auftrag noch hätten durchführen können. Und die sowjetischen Truppen standen dafür schon gar nicht zur Verfügung.

Der Umbruch wurde durch die Bürgerrechtsbewegung vorbereitet, die immer dichtere Strukturen entwickelt hatte und mehr und mehr Zulauf genoss. So wurde am 9. September 1989 die Bürgerrechtsvereinigung Neues Forum (NF) gegründet, eine Sammelbewegung, die vom DDR-Innenministerium sogleich als staatsfeindlich eingestuft wurde. Am 12. September fand die Gründung der Bürgerrechtsbewegung Demokratie Jetzt (DJ) statt. Am 1. Oktober wurde der Demokratische Aufbruch (DA) aus der Taufe gehoben, am 7. Oktober die Sozialdemokratische Partei in der DDR (SDP) ins Leben gerufen.

Angela Merkels Mauerfall

Der Bürgerrechtler Rainer Eppelmann eilte zusammen mit dem Stadtjugendpfarrer Wolfram Hülsemann sofort an die innerstädtische Grenze, nachdem er die Schabowski-Pressekonferenz zur Maueröffnung gehört hatte. »Wir trauten den Nachrichten nicht, die wir in Rundfunk und Fernsehen hörten, und wollten uns selbst überzeugen. In Wolframs Auto erreichten wir die Schönhauser Allee, und dann gingen wir im Menschenstrom gespannt die Bornholmer Straße entlang zur Mauer. Als wir an der Grenze angelangt waren, standen dort einige hundert Menschen vor dem ersten Schlagbaum, einige hatten sich schon auf ihn gelehnt. Sie redeten mit den Grenzsoldaten und vermieden jede Aggression. Sie erkannten rasch, dass die Uniformierten, die die Bürger ihres Landes über Jahrzehnte arrogant heruntergemacht hatten, nicht mehr wussten, was sie tun sollten. Mit einem Mal war die ganze Selbstherrlichkeit verflogen. Plötzlich ging der Schlagbaum hoch, und wir drängten alle ins Sperrgebiet zur Bornholmer Brücke.«[406]

Wie erlebte Angela Merkel, die in der Nähe der innerstädtischen Grenze lebte, die Maueröffnung? Jedenfalls gehörte sie nicht zu den Ersten, die die urplötzlich passierbare Mauer spontan durchquerten. Sie ging – sozusagen routinemäßig – erst einmal in die Sauna. Ihr musste die Tragweite der Schabowski-Aussagen klar gewesen sein, hatte sie doch noch vor dem Saunabesuch ihre Mutter angerufen: »Ich habe Günter Schabowski im Fernsehen gesehen und dann meine Mutter angerufen. Wir hatten zu Hause immer den Spruch: ›Wenn die Mauer mal weg ist, gehen wir ins Kempinski Austern essen.‹ Ich habe ihr gesagt, es sei jetzt so weit. Dann bin ich wie jede Woche in die Sauna gegangen.«[407] Aber sie fügt heute hinzu: »Es war für mich nicht sofort erkennbar, dass die Mauer noch an diesem Abend aufgehen würde: Ich bin dann mit meiner Freundin um 18 Uhr in die Sauna gegangen, und um 21 Uhr hatte ich noch nicht viel versäumt. Aber statt wie sonst noch ein Bier trinken zu gehen, bin ich dann gleich losgelaufen.«[408] Schabowskis Aussagen wurden genau um 19.07 Uhr gemacht und sofort in den Medien gemeldet: Vermutlich dürfte Angela Merkel deshalb erst weit nach 19 Uhr in die Sauna gegangen sein, die von Angela Merkel genannten Uhrzeiten dürften auf eine ungenaue Erinnerung zurückzuführen sein. Danach ging es – um 21 Uhr, wie sich Angela Merkel heute erinnert – dann doch noch über die Bornholmer Straße in den West-Berliner Bezirk Wedding, wo sie eigentlich in einer Telefonzelle ihre Tante in Hamburg anrufen wollte. Dies gelang jedoch nicht. Im Grenzgebiet auf West-Berliner Boden fand sie keine Telefonzelle und außerdem hatte sie kein West-Geld. Für kurze Zeit feierte sie mit ihr bis dahin völlig fremden Menschen: »Ich habe Leute getroffen, und irgendwann saßen wir in einer Wohnung bei einer fröhlichen Westberliner Familie, von wo aus ich auch telefonieren konnte. Die wollten dann alle noch auf den Ku'damm, aber ich bin lieber zurückgegangen, ich musste am nächsten Morgen früh raus.« Pflichtbewusst in die Einheit! Außerdem handelte es sich um »so viel fremde Company – jetzt war es erst einmal genug, ich war für meine Verhältnisse ohnehin schon ziemlich weit gegangen.«[409] Allerdings holte sie den Ku'damm-Besuch am nächsten Tag mit ihrer Schwester Irene nach.

Wie Angela Merkel heute berichtet, habe sie sich gleich von dem Gedanken mancher ihrer Freunde innerlich distanziert, »von denen einige richtig deprimiert waren – nun werde das nichts mehr mit dem so genannten ›dritten Weg‹, alles laufe jetzt auf eine schnelle Wiedervereinigung hinaus, der Osten werde vom Westen domestiziert und so weiter«.[410] Danach – am 13. November 1989[411] – fuhr Angela Merkel erst einmal auf eine Dienstreise nach Polen, wo es sie »erstaunt« hatte zu hören, »als Nächstes komme die deutsche Einheit«[412]: Ihre Wissenschaftskollegen »waren bass erstaunt, dass ich da auftauchte und nicht in Deutschland geblieben war, wo dort doch gerade alles so spannend sei. Und dann sagten sie mir, dass bei ihrem nächsten Berlin-Besuch Deutschland wohl schon wiedervereinigt sei. Das hat mich wiederum erstaunt, mir allerdings die Augen geöffnet.«[413] Und: »So weit hatte ich nicht gedacht.« Auch ihre Arbeitskollegen bei der AdW seien von dieser polnischen Sichtweise irritiert gewesen. Sie schließt daraus: »Es war wohl so, dass vor allem für diejenigen, die etwas größere Distanz zu den Ereignissen hatten als wir, die Sache schon entschieden war.«[414] Wer hieraus mangelnde Prognosefähigkeit ableitet, wird sich daran erinnern müssen, dass auch viele Westdeutsche zu diesem Zeitpunkt immer noch die deutsche Einheit bestenfalls als ein Produkt ferner Zukunft ansahen. Aber die Forderungen auf den weiter stattfindenden Montagsdemonstrationen in Leipzig wandelten sich immer mehr. Zuerst hieß es: »Wir sind das Volk«, später immer mehr: »Wir sind ein Volk«. Auf dem Leipziger Weihnachtsmarkt wurden beispielsweise Mitte Dezember Unterschriften für die deutsche Einheit gesammelt.[415]

Erste Suche bei der Sozialdemokratie

Irgendwann entschied Angela Merkel, sich politisch zu betätigen. Es kann frühestens in der zweiten Dezemberhälfte gewesen sein, dass sie beim Demokratischen Aufbruch anklopfte. Zuvor ist sie nach eigenen Angaben gemeinsam mit ihrem damaligem Chef Klaus Ulbricht »auf Parteiensuche gegangen«.[416] »Wir beide interessierten uns für die SDP, weil diese ein Programm hatte«[417], erinnert sich Ulbricht heute. Er trat dann spontan in die sozialdemokratische SDP (heute SPD) ein und ist seit 1992 Bezirksbürgermeister in Köpenick (heute Treptow-Köpenick). Der gemeinsame Besuch bei einer von Angelika Barbe organisierten SDP-Veranstaltung in einer Kirche in Treptow fand am 14. Dezember 1989 in der Bekenntniskirche, Plessnerstrasse 4, statt.[418] Merkel und Ulbricht saßen in den Kirchenbänken nebeneinander. Merkel meinte, sie könne sich nicht sofort entscheiden, sondern brauche noch Zeit. Ulbricht löste mit seinem Parteieintritt bei manchen Arbeitskollegen in der AdW nur Kopfschütteln aus, weil seinen parteilosen, also nicht der SED angehörenden Kollegen der Eintritt in eine Partei ziemlich suspekt erschien. Einige Tage später fragte Angela Merkel dann ihren Chef: Was halten Sie davon, wenn ich mich im DA engagiere? Ihm kam es so vor, als wollte sie erklären, warum sie nicht in die SDP eintreten wollte. Ulbricht verwies auf den Pluralismus und den Wettbewerb demokratischer Parteien und darauf, dass er ihre mögliche Entscheidung verstehen könne. Später bat sie ihn um befristete Freistellung von der Arbeit, um für einige Zeit hauptamtlich im DA zu wirken. Heute berichtet Angela Merkel zu dieser SDP-Veranstaltung: »Zunächst schien dort alles schon perfekt zu sein. Ein Ortsverein aus dem Westen hatte organisatorisch alles geregelt. Alle duzten sich, sie sangen ›Brüder, zur Sonne, zur Freiheit‹ – das war nichts für mich.«[419] Die Darstellung Merkels kann sich höchstens auf die westdeutschen Teilnehmer beziehen. Die ostdeutschen Sozialdemokraten konnten mit der Anrede »Genosse«, dem Duzen und sonstiger SPD-Folklore wenig anfangen. Einige lehnten gar die Parteifarbe Rot ab.[420] Das Eintrittsdatum Merkels in den DA, das in der Merkel-gewogenen Biographie des Journalisten Stock noch mit »Ende November/Anfang Dezember 1989« angegeben wird, war wohl erst kurz vor Weihnachten – nach ihrem Besuch der SDP-Veranstaltung, zu einem schon relativ »gefahrlosen« Zeitpunkt.[421]

Wer war der Demokratische Aufbruch?

Wer die Gründungsgeschichte des DA heute betrachtet, wird den Mut und die »Ausgebufftheit« aller derjenigen, die in einer von der DDR-Staatsmacht und vor allem vom Ministerium für Staatssicherheit kontrollierten Gesellschaft die Gründung dennoch bewerkstelligten, bewundern. Trotz massiver Behinderungen hatten sich in der DDR schon einige DA-Gruppen gebildet, als am 1. Oktober 1989 etwa achtzig Oppositionelle aus dem ganzen Land zusammenkamen, um den DA in der Berliner Samaritergemeinde zu gründen. Ein großes Polizeiaufgebot verhinderte wie erwartet den Zugang zu den Räumen. Eppelmann konnte aber den bis dahin geheim gehaltenen Treffpunkt, die Wohnung von Pfarrer Ehrhart Neubert, auf kleinen Zetteln mitteilen. Sofort entwickelte sich ein Wettlauf mit den Sicherheitsorganen, die die Abfahrenden verfolgten. Dennoch erreichten 17 Delegierte die Wohnung, bevor das MfS den weiteren Zugang absperrte. Die Übrigen wichen in die Gemeinderäume der Altpankower Gemeinde aus, wo das MfS ebenfalls bald den Zugang verwehrte. Die Gruppe in der Wohnung von Neubert formulierte auf der

Grundlage eines Textes von Pfarrer Pahnke einen Aufruf zur Bildung des DA.[422] Die politische Linie des DA blieb in den Folgemonaten nicht klar, erschien manchmal gar voller Widersprüche. Die ersten DA-Papiere zielten auf eine Verbindung zwischen einer konsequenten Liberalisierung, der Gewaltenteilung, der Entideologisierung des Staates sowie der Pluralisierung von Eigentumsformen »und beharrten gleichzeitig auf einem sozialistischen Charakter der anzustrebenden Gesellschaftsverfassung« (Neubert)[423]. In der »Vorläufigen Grundsatzerklärung« vom 30. Oktober 1989 hieß es noch: »Die kritische Haltung des Demokratischen Aufbruchs (DA) zum real-existierenden Sozialismus bedeutet keine Absage an die Vision einer sozialistischen Gesellschaftsordnung. Wir beteiligen uns am Streit um die Konzeption des Sozialismus.«[424] Am 29./30. Oktober 1989 hatten die Teilnehmer einer weiteren Gründungsversammlung diese Grundsatzerklärung beschlossen. Sie einigten sich ferner, den DA bis spätestens zum 1. Mai 1990 zur Partei konstituieren zu wollen.[425] Doch auch sie wurden durch die sich überschlagenden politischen Ereignisse zur Eile angetrieben. So konstituierte sich der DA bereits am 17. Dezember 1989 in Leipzig zur Partei. Damit handelte es sich beim DA um die erste Oppositionsgruppierung, die einen regelrechten Parteitag abhalten und eine Partei gründen konnte.[426]

Das auf dem Leipziger Parteitag beschlossene Programm hatte neben sehr zentralen und detaillierten Forderungen nach »Demokratisierung des Staates und der Gesellschaft« eine starke ökologische Komponente: »Wir vertreten das Prinzip der sozialen Marktwirtschaft mit hohem ökologischem Anspruch.« Neben einer Dynamisierung der Wirtschaft wurde ein »ökologischer Umbau der Industriegesellschaft« gefordert. Damit wurde vor allem den Wünschen des linken DA-Flügels entsprochen, der sich weiterhin sozialistischen Grundideen verpflichtet fühlte. Der offizielle Parteiname lautete: DA – sozial und ökologisch. Fragen des »gesellschaftlichen Eigentums« müssten neu geregelt werden, »verschiedene Eigentumsformen« gleichberechtigt nebeneinander existieren. Im Gegensatz zur »Vorläufigen Grundsatzerklärung« vom Oktober 1989 kam der Begriff »Sozialismus« im Parteiprogramm nicht mehr vor. Den Wittenberger Pfarrer Friedrich Schorlemmer irritierte die offensichtliche Freude über das Scheitern des Sozialismus, wie er später zu Protokoll gab.[427] Der DA ging in diesem Programm zwar nicht von einer sofortigen deutschen Einheit aus, aber im Gegensatz zu anderen Bürgerbewegungen bekannte er sich ebenso wie die SDP[428] zur deutschen Einheit als Ziel: »Die deutsche Frage kann nicht allein unter innen- und wirtschaftspolitischen Gesichtspunkten behandelt werden, sondern kann nur als Element einer umfassenden kooperativen Politik in Europa (›Europäisches Haus‹) verstanden werden. Der Prozess der staatlichen Einigung steht nicht im Gegensatz zum europäischen Einigungsprozess. Beide Prozesse begünstigen einander.« Und: »Wir finden uns mit der Spaltung Deutschlands nicht ab.« Deshalb strebte der DA als Voraussetzung der Überwindung der Spaltung eine »Anerkennung der heutigen Grenzen« an, forderte ein »Selbstbestimmungsrecht der Deutschen in der Deutschen Demokratischen Republik und der Bundesrepublik Deutschland« sowie »ausschließlich friedliche, einvernehmliche Festlegungen mit den europäischen Nachbarn und den Siegermächten.« Als Generalziel wurde dann festgelegt: »Der Weg führt von vertraglicher Bindung zwischen den deutschen Staaten über einen Staatenbund zum Bundesstaat.« Daher wollte der DA »Blockfreiheit« sowie »Entmilitarisierung« erreichen, also im Falle einer Wiedervereinigung auch einen Austritt der Bundesrepublik aus der NATO – eine Forderung, die in der DDR auf große Zustimmung stieß. Auf diesem Parteitag wurde Rechtsanwalt Wolfgang Schnur als »Mann der liberalen Mitte« zum Vorsitzenden gewählt, seine den »linken Flügel« repräsentierende und nur knapp unterlegene Gegenkandidatin Sonja Schröter wurde seine Vertreterin. Eppelmann unterlag knapp bei der Wahl des Sprechers (104 zu 108 Stimmen), obwohl er bis dato diese Pressesprecherfunktion des DA wahrgenommen hatte. Er wurde daraufhin zum Beisitzer im Vorstand gewählt.[429]

Der alles in allem vereinigungsfreundliche Kurs des DA missbehagte manchem DA-Mitglied, so insbesondere Schorlemmer, der die Annäherung an die Linie der Bundesregierung für unerträglich hielt. Er und mit ihm weitere Vertreter des linken Flügels beschlossen am

2. Januar 1990, aus dem DA aus- und zur SPD überzutreten. Als weiteres führendes Mitglied folgte der Erfurter Pfarrer Edelbert Richter einige Tage später. Mitte Januar bezeichnete Schorlemmer Kohls »Zehn Punkte« als die »größte Katastrophe nach der Öffnung der Grenzen«, weil sie »nicht unser Selbstvertrauen, sondern unsere Hilfsbedürftigkeit« bestärkten.[430] Doch durch diesen Plan gelang es Kohl, wieder deutschlandpolitisch in die Offensive zu kommen. Wochenlang hatte es den Anschein gehabt, als ob die Bonner Regierung kein klares Konzept habe. Kernstück des Planes war nun die Überlegung, »konföderative Strukturen zwischen beiden Staaten in Deutschland« zu schaffen.[431] Auch in Bonn war man noch nicht soweit, die volle staatliche Einheit sofort einzufordern. Schon vor den Volkskammerwahlen hatte Helmut Kohl am 10. Februar 1990 in Moskau die Zustimmung der Sowjetunion zur deutschen Einheit erhalten.[432] Wichtig war für Kohl, dass er die Unterstützung des amerikanischen Präsidenten George Bush sen. bei einem Treffen in Camp David am 24./25. Februar 1990 dafür erreichte, dass ein vereintes Deutschland Mitglied der NATO bleiben sollte. Letzteres war keinesfalls selbstverständlich, gab es doch im Bonner Auswärtigen Amt Pläne zu einer dauerhaften Entmilitarisierung der DDR.

Jedenfalls war lange nicht klar, wohin sich der DA parteipolitisch entwickeln werde, ob er sich überhaupt an einer westdeutschen Partei orientieren werde. Auf dem Parteitag in Leipzig waren Vertreter von CDU (Kurt Biedenkopf, Norbert Blüm, Rita Süssmuth), CSU (Erwin Huber), von der SPD (Herta Däubler-Gmelin und Gert Weisskirchen) und der FDP (Außenminister Hans-Dietrich Genscher und Gerhart Baum) und von den Grünen (Tobias Pflüger) zu Gast. Alle westdeutschen Parteien umwarben zu diesem Zeitpunkt den DA. Gastredner Blüm (»Ich will mit euch wiedervereinigt werden«[433]) erhielt starken Applaus, während dem Vertreter der Grünen bereits nach kurzer Zeit Pfiffe zuteil wurden.

Angela Merkel entscheidet sich erstmals politisch

Nach dem ersten Leipziger Parteitag des DA trat Angela Merkel der jungen Partei bei. Ob sie jemals förmlich einen Mitgliedsantrag stellte, ist nicht bekannt. In diesen chaotischen Zeiten des Übergangs spielten solche Formalia eine eher untergeordnete Rolle. Ein Beitrittsformular, das in manchen Fällen ausgestellt wurde, ist trotz intensiver Recherchen nicht aufgefunden worden.[434] Eine Mitgliedschaft konnte in diesen Tagen sogar »auf Zuruf« erklärt werden, berichtet der Berliner DA-Aktivist Andreas Apelt, heute für die CDU Mitglied im Berliner Abgeordnetenhaus.[435] Jedenfalls war zum Zeitpunkt des Beitritts von Angela Merkel die Frage nach der generellen parteipolitischen Orientierung des DA noch nicht entschieden. Apelt gehörte zu denjenigen, die sich frühzeitig für eine Liaison des DA mit der West-CDU einsetzten. Er erinnert sich, wie Angela Merkel zur Ortsgruppe des DA im Prenzlauer Berg kam und sich erkundigte, ob sie »zuhören« könne. Als Versammlungssaal diente dem hiesigen DA ein Raum der »Volkssolidarität«. Merkel kam allein. Apelt versuchte, sie zu werben, was bei ihr auf Zustimmung stieß: Sie habe Zeit, sie könne etwas tun. Apelt war in einer Zeit, in der es beim DA nicht immer eine klare Aufgabenverteilung gab, für die Öffentlichkeitsarbeit des DA in der Parteizentrale in der Marienstraße im Prenzlauer Berg zuständig. Ein Handwerker hatte damals dem DA seine Büroräume zur Verfügung gestellt. Um den Jahreswechsel 1989/90 fand dann der Umzug des DA in das Haus der Demokratie in der Friedrichstraße statt. Apelt bat Angela Merkel unter anderem, Flugblätter zu entwerfen. Die in ihrer Hinterhofwohnung in der Schönhauser Allee 104 entworfenen Texte wurden in der Geschäftsstelle abgetippt. Ihr erstes Flugblatt richtete sich an die Taxifahrer Berlins, die als besonders wichtige Multiplikatoren gesehen wurden. Es existierten damals noch keine eigenen Zeitungen oder Medien, die dem DA zur Verfügung standen.

Der Medienfachmann und spätere Herausgeber der ›Märkischen Oderzeitung‹ Claus Detjen ist heute noch voll des Lobes, wenn er über die Einsatzfreude Angela Merkels im DA spricht: In dem Chaos, das in der DA-Geschäftsstelle ganz zwangsläufig herrschte, war sie

»die Unentbehrliche, die im Zweifelsfall wusste, wie es geht – und das hat sie mit großer Freundlichkeit gemacht«[436]; sie war von »mädchenhafter Art«, »unauffällig und zugleich fern von jeder modischen Versuchung«.[437] Detjen gehörte zu jenen Westdeutschen, die in der Wendezeit aktiv den Aufbau demokratischer Parteien vorantrieben und diese in ihrer Medienarbeit berieten. Angela Merkel, die in jenen hektischen Tagen immer eine braune Cordhose zu tragen pflegte, »völlig leger« gekleidet war und immer noch einen »studentischen Eindruck« machte, wuchs in die Rolle einer Pressesprecherin des DA hinein – auch wenn dies nur auf einem aus der Situation heraus gegebenen persönlichen Auftrag des Vorsitzenden Schnur beruhte, der nicht auf einen Vorstandsbeschluss zurückging.[438] Sie wurde nie offiziell mit der Aufgabe einer Pressesprecherin beauftragt.[439] Angela Merkel war kein Gründungsmitglied des DA, wie manche meinen. In den ersten Monaten ihres Engagements war sie vielmehr eine »einfache Mitarbeiterin, die zwar dabei war, von der aber keine dezidierte Haltung bekannt war, die aber von ihr auch nicht erwartet wurde«, erinnern sich frühere DA-Mitstreiter. Der damalige rheinland-pfälzische Landesvorsitzende der Jungen Union, Stefan Schwarz, der den DA-Vorsitzenden Schnur zu beraten pflegte und zu beeinflussen suchte, erinnert sich heute, er habe »keine aktive Erinnerung«, dass Angela Merkel einmal »eine wirklich proaktive Rolle« gespielt hat. Sie habe indes einen »guten Job« gemacht; Schwarz bezeichnete sie sogar als »protestantisch-gewissenhaft«, zudem sei sie »kein komplizierter Typ in der Zusammenarbeit« gewesen und »frei von politischer Lyrik«; er habe gar nicht registriert, wie sie überhaupt zum DA kam.[440] In die DA-internen Grabenkämpfe scheint Angela Merkel sich nicht eingemischt zu haben, in den ersten Monaten hatte sie auch zu wenig Einfluss. Sie baute systematisch, Schritt für Schritt, ihre Position im DA aus. Erst war sie eine einfache Mitarbeiterin, die sich durch Fleiß und Präzision in der DA-Geschäftsstelle unentbehrlich machte, dann rückte sie in die Position einer Quasi-Pressesprecherin des DA, um schließlich – solange diese Partei existierte – bis in den Vorstand zu gelangen.

Angela Merkels Anklopfen beim DA war ihre erste autonome politische Entscheidung. Inwieweit sie diese mit ihrem Elternhaus, insbesondere mit ihrem Vater besprochen hat, ist nicht bekannt (siehe Interview in diesem Buch). Sicher wird sie es mit ihrem heutigen Mann erörtert haben, mit dem sie zu diesem Zeitpunkt bereits liiert war. Ob die später sich entwickelnde Nähe des DA zur CDU bereits damals ein Grund für ihre Mitwirkung im DA gewesen war, muss insoweit bezweifelt werden, als zum Zeitpunkt ihres Eintritts die parteipolitische Orientierung des DA noch nicht absehbar war. Doch galt der DA als eine politische Gruppierung, die zahlreiche interessante intellektuelle Köpfe mit Ausstrahlungskraft auf sich vereinigen konnte. Eine Mitgliedschaft in der SDP hätte Angela Merkel irreversibel bereits auf eine bestimmte westdeutsche Parteiformation verpflichtet, was durch eine DA-Mitwirkung nicht geschah.

Auf die Frage, warum sie sich nicht schon bei der Bürgerbewegung engagiert hatte, zumal diese häufig unter dem Schutz der evangelischen Kirche agierte, antwortet Angela Merkel heute: »Bei vielen dieser Veranstaltungen war ich dabei. Aber ich passte nicht ganz in dieses Milieu. Nehmen Sie die Friedensbewegung: Ich hatte für jeden Verständnis, der nicht zur NVA wollte. Aber ich war nicht pazifistisch eingestellt. Oder Tschernobyl. Meine Schlussfolgerung war nicht, dass die Kernkraft an sich des Teufels sei, meine Schlussfolgerung war, dass die Sowjetunion nun endlich sichere Kraftwerke bauen müsste.« Und weiter erklärt sie: »Die Art, wie in diesen Gruppen geredet wurde – oder sagen wir die basisdemokratische Diskussionsweise in den Kreisen der Bürgerrechtler –, war auch nicht so meine Sache. Es gab darunter auch jede Menge Leute, die nicht nur Bahros Analyse der sozialistischen Gesellschaft teilten, sondern auch seine Schlussfolgerungen. Und von denen hielt ich (...) überhaupt nichts. Ich bin dahin gegangen, um mich mit der DDR-Opposition ein Stück solidarisch zu zeigen. Wirklich gemocht habe ich das geistige Klima dort nicht.«[441] Beim DA, bei dem sie dann erst später mitarbeitete, hatte sie den Eindruck, noch etwas bewirken zu können: »Ich dachte, da kann ich noch etwas beitragen zur Festigung. Außerdem wollte ich eine vielfältige Parteienlandschaft. Damals sah es so aus, als würde sich allein die SPD als neue Partei durchsetzen«[442]. Eine bestehende

Partei sei für sie damals nicht in Frage gekommen, beim Neuen Forum störte sie das »basisdemokratische Procedere«, beim DA hingegen sah sie »zumindest ein Fünkchen von dem, was ich mir für die Zukunft vorgestellt hatte. Dort waren relativ viele Intellektuelle dabei, und es gab auch etwas zu tun: So habe ich Computer aus dem Westen erst mal ausgepackt und angeschlossen. Ich bin auch an die richtigen Leute geraten, habe interessante Menschen kennen gelernt, Seminare besucht. Auch die Vorstandssitzungen, die ja damals alle öffentlich waren, habe ich besucht.«[443] »Mit der Zeit« sei auch ihr klar geworden, »dass die Einheit schnell hergestellt werden und die Währungsunion kommen müsse«[444].

Wahlkampf für die letzte Volkskammer

Im Februar 1990 ließ sich Angela Merkel dann von der Akademie der Wissenschaften freistellen, um für den DA hauptamtlich Wahlkampf zu machen. Durch Beschluss des Treptower Parteitages des DA-Landesverbandes Berlin übernahm sie ab Januar 1990 sogar eine politische Sprecherfunktion. So unterzeichnete sie in Vertretung des DA-Landesvorsitzenden Apelt die »Gemeinsame Berliner Erklärung« zusammen mit der Ost-CDU, der West-CDU und der Deutschen Sozialen Union.[445] Lange Zeit zierte sich der DA im Hinblick auf die Zusammenarbeit mit einer westdeutschen Partei. In dieser revolutionären Umbruchsituation überschätzten die führenden DA-Aktivisten die Chancen ihrer Partei für die Wahlen zur Volkskammer am 18. März 1990, manche rechneten mit bis zu zwanzig Prozent. Der DA-Vorsitzende Schnur brachte sich sogar als DDR-Ministerpräsidenten ins Gespräch. Deshalb machten sie auch nicht von der Möglichkeit einer Listenverbindung mit den beiden anderen Parteien der Allianz für Deutschland (AfD), der Ost-CDU und der insbesondere in Sachsen starken DSU, Gebrauch. Der DA trat zu den Wahlen trotz seiner »Allianz«-Mitgliedschaft mit einer eigenständigen Wahlliste an. Die AfD war eine schwierige politische Geburt, die nur durch den Einsatz des CDU-Generalsekretärs Volker Rühe möglich wurde. Am

5. Februar 1990 wurde sie unter kräftiger stundenlanger Mitwirkung Helmut Kohls in West-Berlin gebildet. Der DA tat sich mit einer Listenverbindung deshalb so schwer, weil er dann mit der wegen ihres Zusammenwirkens mit der SED so gescholtenen »Blockpartei« der Ost-CDU eine Vereinbarung über feste Listenplätze hätte treffen müssen. Dies hätte dem DA ein festes, zu vereinbarendes Kontingent von Plätzen in der Volkskammer ermöglicht. Im Nachhinein betrachtet wäre dies klüger gewesen. Für die CDU war das Mitwirken von DA und DSU in einer »Allianz« wichtig, weil damit das Gewicht der Ost-CDU und ihre Verbindung mit dem SED-Regime relativiert wurde. Bei den Wahlen zeigte sich aber, dass die Bevölkerung der damaligen DDR vor allem derjenigen Partei ihre Stimme gab, die in der Regierung aktiv die deutsche Einheit betreiben konnte, der Partei Helmut Kohls – und als solche wurde die Ost-CDU damals bereits wahrgenommen.

Wie eine Bombe schlug wenige Tage vor der Volkskammer-Wahl die Enttarnung des DA-Vorsitzenden Wolfgang Schnur als Inoffizieller Mitarbeiter der Staatssicherheit ein. Zwei Rostocker Stasi-Mitarbeiter hatten zuerst dem ›Bild‹-Chefreporter Peter Brinkmann die diesbezüglichen Akten für viel Geld angeboten – es ging wohl um 100 000 DM. Der ehemalige stellvertretende Chefredakteur von ›Bild‹ und spätere »n-tv«-Geschäftsführer Karl-Heinz Kuhlo, der damals Schnur medienpolitisch beriet, konnte den ›Bild‹-Chefredakteur Tiedje überzeugen, »an der Geschichte sei nichts dran«.[446] Warum Kuhlo Schnur so lange auch gegenüber wichtigen Funktionsträgern der CDU so intensiv deckte, bleibt vielen bis heute ein Geheimnis. Schnur war es immer wieder gelungen, die schon seit einiger Zeit auch im DA aufkommenden Gerüchte zu entkräften. Statt ›Bild‹ kam dann ›Der Spiegel‹ mit den Schnur-Erkenntnissen heraus. Erst nach dieser Veröffentlichung bekannte sich Schnur zu seiner Stasi-Zusammenarbeit. Das ganze Dilemma des DA wurde dann auf einer von Apelt und Merkel geleiteten Pressekonferenz deutlich, als der DA-Vorstand seine Betroffenheit über die lange von Schnur geleugneten Erkenntnisse über seine Zusammenarbeit mit der Staatssicherheit der Öffentlichkeit bekannt gab. Heute noch erinnern sich manche Teilnehmer, wie

»aufgelöst« sich seinerzeit Angela Merkel während dieser Pressekonferenz zeigte. Die Träume von einem starken politischen Einfluss des DA schienen zerstoben: Bei den Volkskammerwahlen am 18. März 1990 erhielt der DA gerade noch 0,92 Prozent der Stimmen – eine Fünf-Prozent-Klausel gab es nicht. Die junge Partei zog mit vier Abgeordneten (Rainer Eppelmann aus Berlin, Hans Geisler aus Dresden, Brigitta Kögler aus Jena und Horst Schulz aus Erfurt) in das erste und letzte frei gewählte DDR-Parlament ein.[447] In der Wahlnacht dachte Angela Merkel wohl, bald wieder an ihren Arbeitsplatz an der AdW zurückkehren zu müssen. Ein von ihr heute formulierter Lebenstraum wäre dann geplatzt: Es sei für sie immer klar gewesen, wenn es je zu demokratischen Verhältnissen kommen würde, nicht in ihrem Beruf zu bleiben, sondern politisch tätig zu sein.[448]

Ein frustrierender Wahlabend

Der überraschend eindeutige Ausgang der Volkskammerwahlen vom 18. März 1990 zu Gunsten der Allianz für Deutschland führte innerhalb kürzester Zeit zum ersten politischen Karrieresprung Angela Merkels. Im Zuge der Regierungsbildung wurde sie unbeschadet des katastrophalen Abschneidens des DA Stellvertretende Regierungssprecherin. Trotz des schlechten DA-Ergebnisses hätte es für die »Allianz« fast zur absoluten Mehrheit gereicht: Die CDU hatte 40,8 Prozent (163 Mandate) erhalten, die DSU 6,3 Prozent (25 Mandate). Die aus der SDP hervorgegangene und am 13. Januar 1990 umbenannte SPD, deren Spitzenmann, der später als IM enttarnte Ibrahim Böhme, von vielen schon als künftiger Ministerpräsident der DDR gehandelt worden war, erreichte lediglich 21,9 Prozent (88 Mandate), die SED-Nachfolgepartei PDS kam auf 16,4 Prozent (66 Mandate). In der Volkskammer waren weiterhin vertreten: Liberale mit 5,3 Prozent (21 Mandaten), Bündnis '90 mit 2,9 Prozent (12 Mandaten) und weitere kleinere Parteien mit insgesamt 25 Mandaten, darunter Grüne mit 2,0 Prozent (8 Mandaten).[449]

Die politische Welt Angela Merkels dürfte sich am Wahlabend verschoben haben. Schnell muss sie erkannt haben, dass für ihre weitere Karriere die CDU wichtig sein würde. Es war zwar eine »Siegesfeier« des DA in der Gaststätte ›Zur Mühle‹ in der Greifswalder Allee angesetzt, an der sie als hauptamtliche Wahlkämpferin und als »Pressesprecherin« unbedingt hätte teilnehmen müssen. Doch zunächst ging sie gemeinsam mit Claus Detjen in den »Palast der Republik«, dem Sitz der DDR-Volkskammer, wo ein ungeheurer Medienrummel herrschte. Obwohl beide über keine Eintrittskarten verfügten, gelang es ihnen, hineinzukommen und beispielsweise Lothar de Maizière bei seinen Fernsehinterviews zu beobachten. Danach scheiterten sie bei dem Versuch, ins »Ahornblatt«, einen inzwischen abgerissenen Betonbau mit einer Gaststätte in der Gertraudenstraße an der Fischerinsel, zu gelangen. Dort feierte die CDU ihren hohen Sieg. Aber selbst dem äußerst erfahrenen Claus Detjen, der Angela Merkel in dem ungeheuren Trubel und Menschenauflauf um die Veranstaltung des eigentlichen Wahlsiegers herum »an die Hand nahm«, gelang es nicht, bis zum eigentlichen Veranstaltungsort durchzustoßen. Auch sein Sohn Stephan und Merkels heutiger Mann wollten zur CDU-Wahlparty. Doch rigorose Absperrungsmaßnahmen verhinderten das. Angela Merkel erlebte anschließend doch noch mit Vater und Sohn Detjen eine äußerst traurige Stimmung beim DA mit. Dort kreuzte zu später Stunde noch Lothar de Maizière auf. Trotz der Darstellung beider Detjens berichtet Angela Merkel, sie sei in der Wahlnacht »zur Party der CDU gegangen und habe dort auf Thomas de Maizière, einen Vetter und Berater von Lothar de Maizière, eingeredet, bei der kommenden Regierungspolitik ja nicht den Beitrag des DA zu vergessen«.[450] Hatte sich ihr eigener demokratischer Aufbruch gelohnt? Das wird sie sich an diesem Abend gefragt haben.

Öffentlichkeitsarbeiterin für die untergehende DDR

Das eindeutige Wahlergebnis machte noch in der Wahlnacht klar, dass die neue DDR-Regierung vom Ost-CDU-Vorsitzenden Lothar de Maizière geführt wurde. Er gehörte der DDR-Regierung (Ministerrat) unter Vorsitz von Hans Modrow seit dem 18. November 1989 als »Stellvertretender Vorsitzender des Ministerrates für Kirchenfragen« an. Alle, die in der Wahlkampfzeit mit dem späteren Ministerpräsidenten zusammen waren, sagen heute, dass er förmlich zur Übernahme eines solchen Amtes gedrängt werden musste. Jedenfalls war der Rechtsanwalt und feinsinnige Bratschenspieler kein geborener Politiker. Er wusste von Anfang an, dass er sich mit seinem westdeutschen Gegenpart Helmut Kohl nicht verstehen würde – beide haben ein zu unterschiedliches Naturell: auf der einen Seite der körperlich wuchtige, machterfahrene und katholisch-barocke Pfälzer, auf der anderen Seite der schmächtige Jurist und einer Hugenottenfamilie entstammende Protestant, der sich – obwohl ein Teil seiner weit verzweigten Familie in Westdeutschland lebte – mit einer schnellen deutschen Einheit eher schwer tat. Er wollte nie Politiker werden. Aber er wollte die DDR »mit Würde« vertreten, sich zu ihrem Interessenwalter machen. Dies gelang ihm in seiner kurzen Amtszeit, auch wenn manche in Westdeutschland die DDR-Regierung mit einer »Laienspielschar« verglichen.

Es brauchte allerdings einige Wochen, bis dann am 11. April 1990 die Koalitionsverhandlungen zur Bildung einer neuen Regierung erfolgreich abgeschlossen wurden.[451] Zur ersten Sitzung trat der DDR-Ministerrat am 18. April 1990 zusammen. Es kam zu einer Großen Koalition aus CDU, DSU, DA, den Liberalen und SPD. De Maizière war es wichtig, die SPD mit in die Regierungsverantwortung einzubeziehen, die einige Schlüsselressorts erhielt: Auswärtige Angelegenheiten mit Markus Meckel; Finanzen mit Walter Romberg, aber auch Arbeit und Soziales mit Regine Hildebrandt und drei weiteren Ministern für andere Ressorts. Allerdings erklärten die SPD-Minister am 28. August 1990 gegen den Widerstand des in erster Linie nicht parteitaktisch denkenden SPD-Fraktionsvorsitzenden Richard Schröder ihren Austritt aus der Regierung, so dass de Maizière nun das Amt des Außenministers mit übernahm. Minister im Amt des Ministerpräsidenten war Klaus Reichenbach (CDU), Stellvertretender Ministerpräsident und zugleich Minister für Innere Angelegenheiten war der aus der DSU stammende Peter-Michael Diestel, der ab dem 30. Juni 1990 parteilos war. Seitens der »Allianz« wurde der DSU-Repräsentant Hans-Wilhelm Ebeling zum Minister für Wirtschaftliche Zusammenarbeit berufen. Als einziger DA-Mann kam Rainer Eppelmann ins Kabinett. Er, der einer der ersten Wehrdienstverweigerer in der DDR, also »Bausoldat«, gewesen war, wurde Minister für Abrüstung und Verteidigung – und traf mit der Berufung Egon Bahrs als persönlichem Berater eine umstrittene Personalentscheidung.[452]

Da niemand mit dieser Regierungskonstellation gerechnet hatte, waren keine Pläne für die Besetzung wichtiger Regierungspositionen gemacht worden. Insider erinnern sich, wie man – teilweise auf dem Boden kniend – die ausgebreiteten Organisationspläne des Sekretariats des Ministerrats der Modrow-Regierung studierte und quasi im Zurufverfahren wichtige Positionen besetzte. Die personalpolitischen Entscheidungen konnten gar nicht von langer Hand vorbereitet werden. Jedenfalls gab es keinerlei Überlegung, dass beispielsweise Angela Merkel Stellvertretende Regierungssprecherin werden sollte. Wie aber ergab es sich, dass sie diese Funktion erhielt? Einige vermuten, Vater Kasner habe aufgrund seiner guten Kontakte den kirchlich engagierten de Maizière gekannt und für seine Tochter »ein gutes Wort« eingelegt. Allerdings gab es auch parallel laufende »Entdeckungsprozesse«: Zum einen erinnert sich de Maizière, Eppelmann sei auf ihn zugegangen: Er kenne eine gute Pressesprecherin, die »in der Luft hängt«, und meinte damit Angela Merkel. Offensichtlich wusste de Maizère zudem von einem Templiner Bekannten, dass Angela Merkel Tochter »eines ziemlich linken« Pfarrers sei. Er habe dann seinem westdeutschen medienpolitischen Berater Hans-Christian Maaß gesagt, er solle sich Angela Merkel einmal »ansehen«. Angela Merkel war zu diesem Zeitpunkt bereits durch Maaß »entdeckt« worden. Maaß war seinerzeit Pressesprecher des Entwicklungsministers Warnke. Dem aus der DDR geflohenen Pfarrerssohn Maaß war die deutsche Einheit ein Herzensanliegen, weshalb er alle Möglichkeiten nutzte, sich bei dem Prozess der Demokratisierung der DDR einzubringen und die Ost-CDU, Lothar de Maizière und den DA insbesondere medienpolitisch zu beraten. Er organisierte u. a. Seminare über Pressearbeit oder begleitete de Maizière am Wahlabend. Bei einem Basisseminar in West-Berlin war ihm Angela Merkel bereits aufgefallen. War es vielleicht auch so, dass Maaß Angela Merkel von seiner Idee, sie zur Stellvertretenden Regierungssprecherin vorzuschlagen, berichtete und sie dann Eppelmann zur Unterstützung bei de Maizière ermunterte? Auch der heutige sächsische Innenminister Thomas de Maizière, ein Cousin von Lothar de Maizière, erinnert sich, wie er spontan Angela Merkel für diese Position vorgeschlagen hatte, weil er ihre Pressearbeit für den DA als sehr effizient eingeschätzt habe.[453] Von seinem künftigen Regierungssprecher Gehler beraten, wollte de Maizière das Amt des Stellvertretenden Regierungssprechers nicht der SPD zuteilen. Deshalb war es ihm recht, dass er bei den Koalitionsverhandlungen darauf hinweisen konnte, der nur mit einem Minister ausgestattete DA solle eine weitere einflussreiche Position erhalten, und zwar in Person einer Frau.[454]

Günstig für Angela Merkel erwies sich auch die Überlegung, dass diese Funktion in der Regierungszentrale, aus Gründen der politischen Optik, nicht auch noch an die CDU gehen solle.[455] Regierungssprecher und damit unmittelbarer Chef Merkels wurde Matthias Gehler. Auch ihm war nicht an der Wiege gesungen worden, eines Tages der oberste Kommunikationsdirektor der DDR zu sein. Gehler war aus politischen Gründen für kurze Zeit arbeitslos gewesen – er versuchte, Bibeln nach Russland zu transportieren – und hatte sich dann als Liedermacher und Bänkelsänger über Wasser gehalten. Seine Gitarrenkünste sollten bei allen möglichen Festen während seiner Amtszeit zum Einsatz gebracht werden. Als gelernter EDV-Fachmann hatte er eine Anstellung bei der Zeitung ›Neue Zeit‹ der Ost-CDU erhalten, die DDR-weit eine Auflage von 120 000 Exemplaren hatte. Damals wurde die Zeitung auf Lichtsatz umgerüstet, weshalb man ihn wegen seiner EDV-Kenntnisse gut gebrauchen konnte. Zunächst durfte er kein redaktioneller Mitarbeiter werden. Erst 1989 lernte er Lothar de Maizière kennen. Er stimmte dann nach einem Gespräch mit Angela Merkel und ihrer Vorstellung bei de Maizière ihrer Einstellung zu. Jedenfalls schrieb sie einen mit »9. 4., 20 Uhr«

datierten Brief an Gehler mit folgendem Inhalt: »Sehr geehrter Herr Gehler, nach kurzem Überlegen und Rücksprache mit meinem Vorsitzenden nehme ich das Angebot, Stellvertretender Regierungssprecher werden zu können, dankend und gerne an.« Sie ließ noch wissen, dass sie sich einige Tage später telefonisch melden werde, da sie für einige Tage nach London reiste.[456] Ihr Vorsitzender war damals Rainer Eppelmann, dem die Nachfolge Schnurs angetragen worden war.

Allerdings gehörte Angela Merkel trotz ihres klangvollen Titels nie zum inneren Kreis um den frisch gebackenen DDR-Ministerpräsidenten. Sie gehörte zum zweiten Kreis. Wer waren die wichtigen Personen im Zentrum der mehr und mehr erodierenden DDR-Macht? Neben dem formal »zweiten Mann« im Ministerpräsidentenamt, Klaus Reichenbach, muss in erster Linie Günther Krause genannt werden: Zum einen war er Parlamentarischer Staatssekretär beim Ministerpräsidenten der DDR[457], zum anderen war er – eigentlich ungewöhnlich, dass Regierung und Legislative so in einer Person verschmelzen – Vorsitzender der größten Regierungsfraktion, der »CDU/DA«-Fraktion, wie sie infolge der Aufnahme der vier DA-Abgeordneten in die CDU-Fraktion genannt wurde. Im tagtäglichen Entscheidungsprozess waren neben Matthias Gehler noch besonders wichtig: die Büroleiterin Sylvia Schulz – vergleichbar mit der Rolle Juliane Webers bei Helmut Kohl, wenngleich Schulz deutlich intellektueller ist. Bedeutend war auch wegen der zunehmenden außenpolitischen Aspekte der für Außen- und Sicherheitspolitik zuständige, damals noch sehr jugendliche Thilo Steinbach. Der studierte Wasserwirtschaftler und Bauingenieur war in der kirchlichen Friedensarbeit (auch beim Christlichen Friedensdienst [CFK]) und in der Entwicklungsarbeit tätig und wirkte am Umbruch der Ost-CDU in der Wendezeit mit, wo Lothar de Maizière auf ihn aufmerksam wurde. Er war einer von fünf Abteilungsleitern.

Einen starken, aber nach außen nicht sichtbaren Einfluss hatten einige westdeutsche Beamte, die sofort abgeordnet wurden. Hierzu gehörte der heutige sächsische Innenminister Thomas de Maizière, Cousin des Ministerpräsidenten, dem dieser deshalb besonders vertraute. Ebenfalls einen starken Einfluss hatte Hans Reckers. Er wurde aus dem Bundeskanzleramt delegiert, wo er im Range eines Ministerialdirigenten Gruppenleiter in der Zentralabteilung für Verwaltung und Personal (Abteilung 1) war. Heute gehört er dem Vorstand der Deutschen Bundesbank an. Zu den westdeutschen Beratern zählte auch der bereits erwähnte Hans-Christian Maaß, der heute für Öffentlichkeitsarbeit in der freien Wirtschaft tätig ist. Ein guter Freund Lothar de Maizières, Fritz Holzwarth, gehörte ebenfalls dem westdeutschen Beraterkreis an. Mit ihm hatte es eine besondere Bewandtnis: Als sich beide kennen lernten, war de Maizière gerade zum Vorsitzenden der Ost-CDU gewählt worden, war aber im politischen Bonn, insbesondere beim CDU-Vorsitzenden Kohl eine »persona non grata«. Kohl hatte bis dahin und einige Zeit danach jeden Kontakt zur Ost-CDU als einer »Blockpartei« peinlich gemieden. Als de Maizière in Bonn in der CDU-Zentrale unangemeldet anklopfte, geriet er an Holzwarth, damals Referent in der politischen Abteilung der CDU-Bundesgeschäftsstelle und heute Ministerialdirigent im Bundesumweltministerium. In dieser delikaten Situation war es Holzwarth, der – nicht ohne persönliches Risiko angesichts der harten Haltung Kohls – eine sich dann später verdichtende Kontaktaufnahme zwischen Ost- und West-CDU einfädeln half. Dadurch erwarb er die Freundschaft des späteren Ministerpräsidenten. Er war in der Regel auch an den »Morgenlagen« de Maizières im engsten Kreis beteiligt. Es galt aber das ungeschriebene Gesetz, dass die westdeutschen Berater streng auf die »Kleiderordnung« zu achten hatten. Jeder Eindruck einer »Fernsteuerung aus Bonn« sollte vermieden werden. Alle Berater wurden verpflichtet, sich der Öffentlichkeit gegenüber im Hintergrund zu halten.

Im Rückblick schreibt der frühere DDR-Korrespondent der ›Welt‹, Detlev Ahlers, über die Tätigkeit Merkels in den letzten Monaten der DDR: »Als Regierungssprecherin war sie die beste und hilfreichste offizielle Quelle in Ost-Berlin, stets ein gegebenes Wort haltend, eher leise, mit Präzision und Blick fürs Wesentliche die Kabinettssitzungen referierend«[458]. Selbst das ehemalige SED-Zentralorgan ›Neues Deutschland‹ geizte nicht mit Lob: Angela Merkel habe »Intelligenz und Zuverlässigkeit« bewiesen, die »gute und rechtzeitige Unterrichtung westlicher Medien dürfte ihr zu danken gewesen sein«.[459] Eigentlich alle bestätigen, dass Angela Merkel ihre Aufgabe als Stellvertretende Regierungssprecherin gut gemacht hat. Vielen sind noch Angela Merkels schwarzer wallender Rock, eine schwarze Jacke und ihre »Jesus-Latschen« in Erinnerung. Auf Kleidung legte sie damals erstaunlich wenig Wert. Lothar de Maizière erinnert sich, wie sie bei einer Reise in die Sowjetunion veranlasst werden musste, sich »vernünftige Schuhe und einen Mantel zu kaufen«.[460] Lothar de Maizière lobt im Rückblick ihre Art der Öffentlichkeitsarbeit: »Sie entwickelte ein genaues Gespür, wer in welcher Priorität von den Medien ›bedient‹ werden musste. Sie stellte früh die Frage nach der Vermittlung komplizierter politischer Entscheidungsprozesse.«[461] Sie habe deshalb gelegentlich auch Handlungsempfehlungen unterbreitet. »Ich hätte sie eher bei der SPD angesiedelt, in einer links-sozialen Ecke«, ergänzt er. Obwohl Pastorentochter, hat er sie nicht als ein »frömmelndes Etwas« in Erinnerung; sie hatte »die Ausstrahlung einer Studentin und bewegte sich auch so. Sie konnte schön lachen und hatte Sinn für Situationskomik«, erinnert er sich. Ihr einstiger unmittelbarer Chef, Gehler, lobte ihre präzise Art der Unterrichtung Journalisten gegenüber. Das bestätigen in Ost-Berlin akkreditierte Journalisten wie beispielsweise Annerose Srocke, heute beim Radio Berlin-Brandenburg. Sie war Vorsitzende der Ost-Berliner Pressekonferenz, die sich – analog zur Bundespressekonferenz im Westen Deutschlands – bald in Ost-Berlin gegründet hatte: Angela Merkel habe immer sehr präzise Auskunft gegeben und sich »intensiv mit den Akten befasst«.

Merkel begleitete de Maizière gelegentlich auf Auslandsreisen, aber nicht, weil Gehler etwa Flugangst gehabt hat.[462] Er habe ihr aus Kollegialität bei einigen prestigekräftigen Reisen ins Ausland den Vortritt gelassen, sagt Gehler. Bei solchen Reisen hatte sie den unmittelbaren Zugang zum Ministerpräsidenten. Merkel, die immer schon gerne reiste, wird trotz harter Arbeit die Betreuung der Presse bei Auslandsreisen Lothar de Maizières als ein besonderes Vergnügen erlebt haben. Sie begleitete ihn nach Straßburg zum Europäischen Parlament (16. und 17. Mai 1990), nach Frankreich (18. bis 20. Juni 1990), nach London (26. und 27. Juni 1990).[463] Politischer Höhepunkt der Reisetätigkeit Merkels war ein Flug nach Moskau, nämlich das Treffen der Außenminister der vier Hauptsiegermächte (USA, Frankreich, Großbritannien, Sowjetunion) sowie der Bundesrepublik und der DDR. De Maizière war nach dem Rücktritt des SPD-Politikers Meckel zugleich Außenminister. Bei dieser Zusammenkunft am 12. September wurden die letzten rechtlichen Hürden bezüglich der deutschen Einheit beseitigt. Hiervon wird noch zu berichten sein. Bei allen diesen Reisen wurde der Ministerpräsident durch seine Büroleiterin Schulz und seinen außenpolitischen Berater Steinbach begleitet.

Die deutsche Einheit kommt schneller als erwartet

Die Tätigkeit Angela Merkels für die letzte DDR-Regierung sollte nicht allzu lange dauern. Die DDR-Regierung hatte sich ursprünglich darauf eingerichtet, einige Jahre im Amt zu sein. Beim Zusammentreten zur ersten Sitzung des DDR-Ministerrates am 18. April 1990 konnte niemand ahnen, dass bereits am 3. Oktober 1990 die Feierlichkeiten zur deutschen Einheit stattfinden würden. Es gab sogar Überlegungen, noch die Institution eines eigenen DDR-Staatspräsidenten zu schaffen, wobei man u. a. an den damals noch parteilosen Kirchenjuristen Manfred Stolpe dachte. Damit sollte die DDR perpetuiert werden. Doch die Ereignisse überstürzten sich.

Bereits am 25. April 1990 begannen offizielle Gespräche über eine Wirtschafts- und Währungsunion, später auch ergänzt um eine Sozialunion. Die bundesdeutsche Delegation leitete Hans Tietmeyer, Vizepräsident der Deutschen Bundesbank.[464] Günther Krause, der in den künftigen innerdeutschen Verhandlungen eine Schlüsselstellung einnehmen sollte, leitete die DDR-Delegation. Nach mehreren Verhandlungsrunden fand schon am 18. Mai 1990 in Bonn die Unterzeichnung des Staatsvertrages über die Schaffung einer Währungs-, Wirtschafts- und Sozialunion durch die Finanzminister Theodor Waigel und Walter Romberg in Anwesenheit von Helmut Kohl und Lothar de Maizière statt. Mit dabei war Angela Merkel, die für de Maizière und Krause die Pressearbeit begleitete, was sich für ihr weiteres Fortkommen als wichtig erweisen sollte. Mit der Einführung der D-Mark gab die DDR nicht nur ihre Hoheit über die Finanz- und Geldpolitik ab, sondern auch weitgehend ihre innenpolitische Souveränität.[465] Auch die staatliche Einigung stand schon früh auf der Agenda: Bereits am 29. Mai 1990 fanden Gespräche zwischen Bundesinnenminister Wolfgang Schäuble und Staatssekretär Günther Krause zur Herstellung der staatlichen Einheit statt. Die Diskussionen waren durch zwei Hauptfragen bestimmt: Wann soll die erste gesamtdeutsche Wahl stattfinden? Nach welchem Artikel des Grundgesetzes soll der Beitritt erfolgen? Artikel 23 sah einen »Beitritt« der DDR oder ihrer Länder mit der Konsequenz vor, dass im Wesentlichen das Grundgesetz der Bundesrepublik auf das »Beitrittsgebiet« ausgedehnt wurde. Artikel 146 hingegen hätte nach gemeinsamen Verhandlungen beider Seiten eine neue rechtliche Staatsqualität hervorgebracht – mit manchen Konsequenzen: So hätte etwa die Zugehörigkeit zu internationalen Bündnissen (wie NATO oder EU) in Frage gestellt werden können oder Grundprinzipien der parlamentarischen Demokratie hätten neu beraten werden können. Jedenfalls war der Beitrittsmodus in beiden Gesellschaften umstritten. Wer für einen schnellen, weil rechtlich unkomplizierteren Beitritt war, plädierte für den Beitritt nach Artikel 23. In diesem Sinne wurde es entschieden.

Hinsichtlich der deutschen Einheit schien Eile geboten, weil man sich in Bonn nicht sicher war, ob sich Gorbatschow in Moskau werde halten können.[466] Außerdem hielt die Übersiedlung vieler Tausender von Ost nach West an. Sie hatten während der DDR einen Rechtsanspruch, in Westdeutschland zu leben, da sie nach dem Geltungsanspruch des Grundgesetzes »Deutsche« waren. Viele haben heute vergessen, dass zum Zeitpunkt der deutschen Einheit in Ostdeutschland immerhin noch über 350 000 mit teilweise modernstem militärischem Gerät und mit taktischen Nuklearwaffen ausgerüstete Soldaten der Roten Armee standen.[467] Sichtbar wurde bei den am 5. Mai 1990 begonnenen Zwei-plus-Vier-Gesprächen zudem, dass die deutsche Frage nicht den Deutschen allein gehörte.[468]

Die Außenminister der beiden deutschen Regierungen und der vier Hauptsiegermächte einigten sich am 22. Juni 1990 auf ein schnelleres Tempo ihrer Gespräche über den Zeitplan für die Souveränität Deutschlands, zumal mit dem 1. Juli die Wirtschafts- und Währungsunion in Kraft trat. Bereits am 26. Juli 1990 erfolgte auf der Gemeinsamen Sitzung der Ausschüsse Deutsche Einheit des Bundestages und der Volkskammer der Beschluss, dass die ersten gesamtdeutschen Wahlen am 2. Dezember 1990 in einem einheitlichen Wahlgebiet stattfinden sollten. Am 31. August 1990 fand um 2.08 Uhr nach harten Verhandlungen die Paraphierung des Einigungsvertrages durch Schäuble und Krause in Bonn statt; noch am gleichen Vormittag wurden diese durch die beiden Kabinette gebilligt. Das umfängliche Vertragswerk in 45 Artikeln auf rund tausend Seiten wurde am gleichen Tag von den beiden Verhandlungspartnern Krause und Schäuble unterzeichnet. Auch hier mit dabei: Angela Merkel.

Zeitzeugin war Angela Merkel auch bei einem anderen Ereignis: Am 12. September 1990 fand der Abschluss der Zwei-plus-Vier-Gespräche in Moskau statt. De Maizière, der nach dem Austritt der SPD-Minister aus dem Kabinett zusätzlich die Aufgabe eines DDR-Außenministers wahrnahm, berichtet heute noch begeistert von seiner damaligen Mitarbeiterin. Denn während des Moskau-Aufenthaltes kamen Angela Merkel ihre ausgezeichneten Russisch-Kenntnisse zugute. So habe sie in Moskau in der U-Bahn die Meinung der russischen Bevölkerung zur deutschen Einheit erkundet. Sie berichtete de Maizière, dem es wichtig war, die Meinung der russischen Bevölkerung zu kennen[469], von Sätzen, die sie aufgeschnappt hatte, etwa: »Gorbatschow ist dabei, den Zweiten Weltkrieg zu verlieren« oder: »Was Stalin gewonnen hat, ist Gorbatschow dabei, zu verlieren.« Während Genscher mit einem Airbus und einer großen Schar von Journalisten anreiste, flogen in der kleinen Antonow-Regierungsmaschine der DDR gerade mal zwölf Journalisten mit – unter anderem der für die ›Frankfurter Allgemeine Zeitung‹ in der DDR akkreditierte Johannes Leithäuser. Die »DDR-Journalisten«, zu denen er zählte, kamen mit der DDR-Delegation im Hotel »Roter Oktober« unter, das der einstigen KPdSU gehörte. Leithäuser erinnert sich, dass Angela Merkel sich intensiv um die mitreisenden Journalisten gekümmert habe, sie sei mit ihnen am Vorabend dieses Treffens in ein georgisches Restaurant gegangen. Da die gesamte DDR-Delegation relativ klein und auch die Journalistenschar übersichtlich war, machte Angela Merkel es möglich, dass die »eigenen« Journalisten einer erweiterten DDR-Delegation angehörten und ihren »westdeutschen« Kollegen gegenüber insofern im Vorteil waren, dass sie bis unmittelbar an den Konferenzraum heran konnten und damit nahe Zeugen eines historischen Ereignisses wurden.[470] Genscher verhandelte weiter über ein deutsch-sowjetisches Abkommen, Wirtschaftsfragen und die Stationierung der sowjetischen Truppen betreffend. An diesen Gesprächen war die DDR-Delegation, die bald zurückreiste, schon nicht mehr beteiligt.[471] Augenfälliger konnte der schnelle Machtverlust der DDR-Regierung nicht symbolisiert werden.

Der Zwei-plus-Vier-Vertrag wie auch der »Deutsch-sowjetische Vertrag über gute Nachbarschaft, Partnerschaft und Zusammenarbeit« wurde vom Obersten Sowjet erst am 4. März 1991 ratifiziert, der deutsch-sowjetische Vertrag über die Stationierung und »die Modalitäten des planmäßigen Abzuges der sowjetischen Truppen aus dem Gebiet der Bundesrepublik Deutschland« am 2. April 1991. Was häufig vergessen wird: Faktisch trat die volle deutsche Souveränität erst mit dem vollständigen Abzug russischer Truppen aus Ostdeutschland im August 1994 ein.

Aus DA wird CDU

Mit dem Amtsantritt der Regierung de Maizière existierte der Demokratische Aufbruch zwar weiterhin, eine eigentliche Parteiarbeit aber fand kaum noch statt. Der prominenteste Spitzenmann Rainer Eppelmann wurde am 22. April auf dem DA-Parteitag in Schwerin mit überwältigender Mehrheit zum Nachfolger Wolfgang Schnurs gewählt; diese Aufgabe war ihm bis dahin nur kommissarisch übertragen gewesen.[472] Doch Eppelmann konnte sich angesichts der dramatischen Herausforderungen als Abrüstungs- und Verteidigungsminister kaum um die Partei kümmern. Auf dem Parteitag betonte er, die Regierung wolle »das Wunder vollbringen, das Land mit den meisten Waffen pro Quadratmeter auf dieser Erde zu einem friedlichen Land zu machen«.[473] Angela Merkel erklärte in der dem Parteitag vorangehenden Vorstandssitzung, durch ihre neue Tätigkeit als Stellvertretende Regierungssprecherin könne sie für den DA »ihre alten Aufgaben nicht mehr erfüllen«.[474] Bei den Nachwahlen auf dem Sonderparteitag erzielte sie mit 118 Stimmen das beste Ergebnis bei den Beisitzern.[475] Trotz der nachlassenden Bedeutung des DA gelang es Angela Merkel in den Folgemonaten, mit Hilfe dieser Partei politischen Einfluss in einer Weise zu sichern, dass dieser für ihre spätere Karriere in der Bundespolitik vielleicht sogar ausschlaggebend wurde. Generalsekretär Oswald Wutzke äußerte, dies sei »kein Parteitag der Resignation«, und kündigte sogar die Ausdehnung des DA auf das Bundesgebiet in einem vereinigten Deutschland an, weshalb die Satzung geändert wurde. Den DA-Oberen war aber schon bald klar, dass der DA kaum noch über politische Antriebskraft und politische Basis verfügte. Auf der Vorstandssitzung vom 13. Mai 1990 regte Oswald Wutzke, inzwischen Staatssekretär im Ministerium für wirtschaftliche Zusammenarbeit der DDR, einen Zusammenschluss mehrerer Gruppierungen mit dem DA an, darunter die DSU. Es wurde eine Gruppe beauftragt, für den DA »Sondierungen und gegebenenfalls Verhandlungen mit den Parteien aufzunehmen, die solche Pläne nicht ausschließen«[476]. Zu dieser Gruppe gehörte auch Angela Merkel. Auf einer weiteren Vorstandssitzung am 28. Mai 1990 wurden Facharbeitsgruppen beschlossen, wobei Angela Merkel in der Leitung der Gruppe Arbeit/Soziales mitwirken sollte.[477]

Schon auf der Vorstands- und Hauptausschusssitzung des DA vom 30. Juni 1990 wurde jedoch über einen Anschluss des DA an die CDU diskutiert. Eppelmann zeigte sich hinsichtlich einer Fusion mit der Ost-CDU auf dieser Vorstandssitzung sehr reserviert; er sprach sich für Gespräche mit der West-CDU aus und generell für eine »Dreierfusion« West-CDU, Ost-CDU und DA. Ausweislich des Protokolls dieser Sitzung berichtete Angela Merkel, der DA-Landesverband Berlin sei für ein »Zusammengehen mit der West-CDU«, doch sprach sie sich offensichtlich für eine »vorherige Vereinigung mit der Ost-CDU« aus.[478] Nach knapp acht Monaten kurzer Parteigeschichte des DA stimmte am 4. August 1990 auf einem Sonderparteitag in Ost-Berlin eine große Mehrheit der DA-Delegierten für eine Fusion mit der Ost-CDU.[479] Dies war für viele DA-Mitglieder eine Überwindung, zumal sie nicht der westdeutschen CDU beitreten konnten. Sie konnten – so die sich damals entwickelnde Rechtsauffassung – nur im Zusammenhang mit dem ersten gesamtdeutschen Parteitag der CDU in die CDU überführt werden, wenn der DA zuvor mit der Ost-CDU fusionierte. In der gesamtdeutschen CDU sollte ein »Arbeitskreis Demokratischer Aufbruch« gebildet werden; als weitere Bedingung wurde eine angemessene Berücksichtigung von DA-Mitgliedern in Vorständen und bei Kandidaturen zu Landtags- und Bundestagswahlen festgelegt. Angela Merkel gelang es, sich auf der sich daran anschließenden Vorstandssitzung vom 10. August 1990 für den »Vereinigungsparteitag« der CDU am 1./2. Oktober in Hamburg eines der drei »gesetzten Mandate«[480] zu sichern. Auf diesem Parteitag machte sie bereits durch einen kurzen und geschickten Redebeitrag auf sich aufmerksam. Sie stellte sich als ehemalige »Pressesprecherin des Demokratischen Aufbruchs« und als Mitarbeiterin de Maizières vor, dankte artig für die »große Hilfe aus der bundesdeutschen CDU« gegenüber dem DA, kündigte eine Weiterarbeit des DA als Arbeitskreis in der CDU und ein Bemühen »um Kontakte zu unseren politischen Freunden in Osteuropa« an. »Ich freue mich auf die gemeinsame Arbeit, und ich bin auf den gemeinsamen Weg gespannt.«[481] Ihre Teilnahme an diesem 38. CDU-Bundesparteitag, der zugleich zum 1. Parteitag der CDU Deutschlands wurde, sollte sich für ihre weitere Laufbahn als besonders nützlich erweisen.

Während Merkel es schaffte, eine der drei Delegierten auf dem CDU-Bundesparteitag zu werden, schlug ihr Bemühen, auf der letztmals tagenden Hauptausschusssitzung des DA am 31. August 1990, seitens des DA als Mitglied des CDU-Bundesvorstandes vorgeschlagen zu werden, fehl. Das Protokoll vermerkt, dass insgesamt sieben DA-Repräsentanten interessiert waren, Mitglied im CDU-Bundesvorstand zu werden. Auch Angela Merkel hatte sich gemeldet und zu diesem Zeitpunkt damit bereits signalisiert, dass sie sich eine Verantwortung auf der CDU-Bundesebene zutraute. In der ersten Wahlrunde erhielt sie nur drei Stimmen und war damit aus dem Rennen. In der dritten Abstimmungsrunde obsiegte dann der sächsische DA-Politiker Geisler über Eppelmann.[482] Geisler wurde auf dem Vereinigungsparteitag tatsächlich in den CDU-Bundesvorstand gewählt. DA-Bundesgeschäftsführer Klaus Poek löste bald als der letzte Verbliebene das Büro in der Friedrichstraße 165 in Berlin auf.

Wann die heutige CDU-Bundesvorsitzende in ihre eigene Partei eingetreten ist, war bislang offen. Nach einem Interview mit Merkel schrieb eine Journalistin, Merkel sei im August 1990 in die CDU eingetreten.[483] Im ›Kürschner‹, dem die Kurzlebensläufe der Bundestagsabgeordneten auf Grundlage eigener Angaben zu entnehmen sind, heißt es lapidar: »Seit Dez. 1990 Mitgl. der CDU.«[484] Dieser Eintrag ist deshalb irritierend, weil Merkel just im Dezember in den Deutschen Bundestag gewählt wurde. Damit wäre sie mehrere Monate zwar Kandidatin für den am 2. Dezember 1990 zu wählenden Bundestag, nicht aber Mitglied einer Partei gewesen. Inzwischen heißt es offiziell, Angela Merkel sei seit dem 1. Oktober 1990, also seit dem Vereinigungsparteitag CDU-Mitglied.[485] Aber offensichtlich war Angela Merkel vorher bereits in die Ost-CDU eingetreten, wie sie in einer kurzen Rede auf dem CDU-Bundesparteitag am 1./2. Oktober 1990 in Hamburg bekundete: »Ich habe mir heute vor einem Jahr nicht vorstellen können, Mitglied der CDU (Ost) zu sein. Das war deshalb so, weil ich keinen Spielraum für eigene politische Tätigkeit sah. Ich konnte mir aber ebenso wenig vorstellen, Mitglied der CDU West zu sein, weil ich in meiner Verzagtheit dachte, dass die Mauer unüberwindlich hoch ist.«[486]

Mit Krause und List in den Bundestag

Angela Merkel machte sich frühzeitig – schon während ihrer Zeit als Stellvertretende Regierungssprecherin – Gedanken, wie sie beruflich im vereinigten Deutschland weiterkommen könne. Angela Merkel habe sich um ihre berufliche und politische Zukunft schon zu einem Zeitpunkt Gedanken gemacht, als andere geistig noch voll mit der »Abwicklung« der untergehenden DDR befasst waren, erinnert sich heute ein früherer Kollege Merkels aus dem Amt des Ministerpräsidenten. Denn mit dem 3. Oktober 1990 war Angela Merkel ihren Job als Stellvertretende Regierungssprecherin los. Im Gegensatz zu vielen anderen brauchte sie allerdings nicht zu befürchten, arbeitslos zu werden. Sie hatte eine Planstelle im Range einer Ministerialrätin (Besoldungsstufe A 16) im Bundespresse- und Informationsamt der Bundesregierung zugewiesen bekommen. Ihr unmittelbarer Chef Gehler war auf einer (»B 3«-)Position im Range eines Leitenden Ministerialrats abgesichert worden. Zu verdanken hatte Angela Merkel diese Absicherung ihrem frühzeitigen Förderer Günther Krause. Er sollte für sie eine Schlüsselfigur in ihrem politischen Leben werden. Als Krause mit seinem westdeutschen Verhandlungspartner Schäuble den am 31. August 1990 unterzeichneten Einigungsvertrag (»Vertrag über die Herstellung der staatlichen Einheit Deutschlands«)[487] aushandelte, war Angela Merkel als Stellvertretende DDR-Regierungssprecherin zugegen, um die Pressearbeit zu koordinieren.

Krause schien an Merkels Arbeit Gefallen gefunden zu haben. Seine einflussreichen Funktionen in der DDR-Regierung tauschte der ehemalige Staatssekretär Krause am 3. Oktober 1990 mit der Aufgabe eines Bundesministers für besondere Aufgaben. Mit ihm war das Bundeskabinett am 3. Oktober 1990 um fünf aus der einstigen DDR stammende Bundesminister erweitert worden – nämlich um den ehemaligen Ministerpräsidenten Lothar de Maizière, die einstige Präsidentin der Volkskammer Sabine Bergmann-Pohl (beide CDU), Rainer Ortleb (FDP) und Hans-Joachim Walther (DSU). Sie sollten so lange im Amt sein und die Interessen der ehemaligen DDR repräsentieren, bis nach der ersten gesamtdeutschen Wahl am 2. Dezember 1990 eine neue Bundesregierung zustande kam. Krause wurde danach Bundesverkehrsminister. Unter den »Wende-Größen« gilt Günther Krause als »zweifellos die tragische Figur«. »So hoch gestiegen und so tief gefallen ist niemand«, schrieb die ›Frankfurter Allgemeine Sonntagszeitung‹.[488] Der 1953 in Halle (Saale) geborene Ex-Politiker wurde nach dem Studium des Bauingenieurwesens und der Informatik in Weimar 1984 zum »Dr.-Ing.« promoviert und habilitierte sich 1987 an der Technischen Hochschule Wismar. Mit Schäuble hat er sich stets gut verstanden. Wegen seiner zupackenden Art wurde er zu den politischen Talenten aus der DDR gezählt. Zudem ist er ein begabter Pianist und Orgelspieler. Ursprünglich war ihm nach der Bundestagswahl sogar die Leitung eines »Aufbauministeriums« mit Sitz in Berlin für die Neuen Länder versprochen worden – Krause verweist auf einen entsprechenden Brief, den Bundeskanzler Kohl seinerzeit an den DDR-Ministerpräsidenten geschrieben hatte.[489] Doch ein solches »Querschnittsministerium« fügte sich nach der politischen Einheit auf einmal nicht mehr in die damalige Struktur der Bundesregierung. Vielmehr wurde betont, alle Ministerien sollten jeweils für ihren Zuständigkeitsbereich auch für die Neuen Länder verantwortlich sein. Krause war dann gerne bereit, als Bundesverkehrsminister in das neue Kabinett einzutreten, zumal die umfänglichen Investitionen insbesondere im Bereich der Bundesautobahnen ein wichtiges Instrument der Strukturpolitik für die Neuen Länder darstellten. Wegen Affären im Zusammenhang mit der steuerbegünstigten Einstellung einer Putzfrau und Umzügen trat er im Mai 1993 von seinem Amt als Bundesminister zurück.[490]

Krause hatte schon für seine Tätigkeit als Bundesminister mit besonderen Aufgaben einen Mitarbeiterstab aus den DDR-Zeiten hinüberretten können. Angela Merkel erhielt eine Planstelle beim Bundespresse- und Informationsamt (BPA). Krause wollte, dass sie für ihn in einer künftigen Regierung wieder Pressearbeit machte. Ihre Zeit der Anstellung beim BPA nutzte sie, um sich um ihre Bundestagskandidatur zu kümmern. Was sie in der Übergangszeit neben ihren Bemühungen um ein Bundestagsmandat für ihre berufliche Aufgabe tatsächlich geleistet hat, entzieht sich dem Chronisten. Angela Merkel, die sich um das Bundestagsmandat aus der sicheren Position einer Bediensteten der Bundesregierung bemühte, reiste sogar eigens am Freitag vor der Bundestagswahl am 2. Dezember 1990, also formal ihrem letzten Arbeitstag, nach Bonn, um sich von der Leitung des Bundespresse- und Informationsamtes nochmals vertraglich die

Sicherheit ihres Arbeitsplatzes schriftlich garantieren zu lassen.[491] Sie wollte, obwohl auf einem sicheren CDU-Listenplatz in Mecklenburg-Vorpommern platziert, jedes Risiko ausschließen.

Krause sollte für Angela Merkels erste politische Schritte in der CDU äußerst bedeutend werden. Als Landesvorsitzender der CDU Mecklenburg-Vorpommern aber hatte er zusätzlich zu seiner Tätigkeit als Bundesminister eine starke Stellung. Schon früh erkannte Angela Merkel, dass Krause eine wichtige Rolle in einer von Kohl geführten künftigen Regierung des wiedervereinten Deutschland spielen würde, womit sie einige Zeit Recht hatte. Deshalb hatte sie ihn schon bald um Unterstützung für ihren beruflichen Übergang in das geeinte Deutschland gebeten.[492] So war er es auch, der ihr den Einzug in den Deutschen Bundestag ermöglichen sollte. Bei der Suche nach einem Wahlkreis fielen Krauses und Merkels Augen auf den Wahlkreis Stralsund-Rügen-Grimmen. Doch es gab ein Problem: In diesem Wahlkreis gab es bereits zwei westdeutsche Politikaspiranten.

Vorweggeschickt sei, dass bei der Aufstellung von Bundestagskandidaten in den Neuen Bundesländern damals noch wenig Erfahrung mit der praktischen Demokratie vorhanden war. Die Zeit des revolutionären Umbruchs führte dazu, dass innerhalb kurzer Zeit auch in dem Bundestagswahlkreis, in dem Angela Merkel kandidieren sollte, viele Hundert Personen benötigt wurden, die sich in Parteivorständen, in Gemeinderäten als Kandidaten, als Bürgermeister oder Landtagsabgeordnete engagierten. Bei vielen gab es sehr abrupte biographische Brüche, weil sie nicht durch das SED-Regime belastet waren, häufig einem »unpolitischen« Beruf nachgingen – und von heute auf morgen in ein Amt gehievt wurden, auf das sie nicht vorbereitet waren. Dies trifft zu für den Oberbürgermeister des in ihrem Wahlkreis gelegenen Stralsund, Harald Lastovka, gelernter Dampflokomotivschlosser bei der Deutschen Reichsbahn (DR) der DDR. Die Wendezeit mit ihrer Intensität ist heute kaum noch vorstellbar. Sie führte dazu, dass viele kommunale politische Entscheidungsträger über einige Monate bis an die Grenze der physischen Belastbarkeit diesen Transformationsprozess prägten. Das galt auch für den Wahlkreis, der später Angela Merkel zufallen sollte. Dies ist wiederum einer der

Gründe dafür, warum es keinen »eigenen« – im Wahlkreis lebenden – Kandidaten für die Bundestagswahl gab. Auch Angela Merkel stammte nicht von dort, ja noch nicht einmal aus Mecklenburg-Vorpommern, selbst wenn die zu Brandenburg gehörende Uckermark an das nordöstliche Bundesland angrenzt.

Krause und Merkel kamen einige »Formfehler« bei den ersten Kandidatenrunden zugute. Die Unkenntnis der örtlichen CDU-Funktionäre im Hinblick auf das Bundeswahlrecht hatte ein ziemliches Durcheinander bewirkt. So sollte am 16. September 1990 im Rathaus Stralsund eine Veranstaltung »zur Wahl des Kandidaten der CDU zum Deutschen Bundestag für den Wahlkreis 267« stattfinden. Zuvor waren für den 14. und 15. September drei Versammlungen in Bergen/Rügen, Stralsund und in Grimmen zur Kandidatenvorstellung angesetzt. Zu diesem Zeitpunkt gab es nur zwei aus Westdeutschland stammende Kandidaten. Zunächst hatte Klaus Hermann, Mitarbeiter der CDU/CSU-Bundestagsfraktion in Bonn, seine Fühler ausgestreckt. Die CDU auf Rügen hatte jedoch den oldenburgischen Bankier Hans-Günther Zemke für diese Kandidatur vorgesehen. Zemke hatte wegen der Patenschaft zwischen Oldenburg und Rügen gute Kontakte dorthin. Bei der Zahl der von den Ortsverbänden zu entsendenden Delegierten gab es große Unstimmigkeiten; schließlich wurde nach langen juristischen Beratungen der Rat selbst der CDU-Bundesgeschäftsstelle eingeholt. Ein juristisch einwandfreies Verfahren, worauf insbesondere Zemke drang, sollte mit Hilfe einer Wahlkreismitgliederversammlung sichergestellt werden, die am 27. September 1990 im »Haus der Armee im Objekt der Militärtechnischen Schule« in Prora/Rügen stattfand. Hätte also Zemke nicht auf einer juristischen Klärung vor der ursprünglich geplanten Wahlveranstaltung bestanden, würde Angela Merkel nicht ihren heutigen Wahlkreis vertreten.

Bis zu diesem Zeitpunkt spielte der Name Angela Merkels überhaupt keine Rolle. Krause nutzte die bis dahin begangenen »Formfehler«, indem er insbesondere bei Landrat Molkentin in Grimmen und bei anderen für Angela Merkel warb. Erst etwa zehn Tage vor der entscheidenden Versammlung kam der Name Merkel überhaupt ins

Gespräch. Prora ist auch bekannt als »Koloss von Rügen«: Die einst als größte Ferienanlage der Welt geplante riesige »Kraft-durch-Freude«-Anlage der Nazis erstreckt sich auf einer Länge von etwa 4,5 Kilometer entlang der Prorer Wiek mit acht sechsgeschossigen Blöcken. Jeder hat davon eine Länge von etwa 500 Meter. In der DDR-Zeit kam dort unter anderem die Militärtechnische Schule »Erich Habersaath« unter.

Es war ein spannungsgeladener Abend in Prora. Die Mitglieder aus Grimmen waren von Molkentin auf Merkel eingeschworen worden, viele Stralsunder unterstützten offensichtlich Klaus Hermann und die Rüganer sprachen sich klar für Zemke aus. Der schien auch fast am Ziel, denn er erzielte im ersten Wahlgang von 305 gültigen Stimmen 45,9 Prozent. Angela Merkel erhielt 96 Stimmen (31,5 Prozent), weit abgeschlagen war Klaus Hermann mit 69 Stimmen (22,6 Prozent). Bei diesem Ergebnis wurde, nach 23 Uhr, eine Stichwahl erforderlich. Schien der Tagungsort Rügen zunächst für den klaren Rügener Favoriten Zemke eher vorteilhaft, so entwickelte er sich in der Stichwahl zu seinem Nachteil. Statt 309 Stimmen wurden jetzt nur noch 274 Stimmen abgegeben. Die »fehlenden« 35 CDU-Mitglieder dürften eher aus der Nähe des Tagungsortes, also aus Rügen, gestammt haben und schon gegangen sein. Hingegen mussten die von weiter her angereisten Parteimitglieder warten, bis ihre Busse nach Ende der Wahlkreismitgliederversammlung losfuhren. Zemke war also streng genommen Merkels erstes politisches »Opfer«.

Auf ihrem »Weg nach oben« wird sie noch weitere Herren, die sich ihr in den Weg stellten, aus dem Feld schlagen. »Das hat mir nicht gepasst, dass Alt-Bundesdeutsche für die neuen Bundesländer in den Bundestag einziehen«[493], so Merkel im Rückblick. Mit diesem Argument hätte allerdings auch die Kandidatur der Herren Biedenkopf und Vogel als Ministerpräsidenten von Sachsen und Thüringen verhindert werden müssen. Angela Merkel nutzte in der Stichwahl die von Lothar de Maizière aufgestellte Forderung, dass sich auch die 16 Millionen Ostdeutschen im neuen Parlament widerspiegeln sollten. Mit der Konstituierung des Deutschen Bundestages im Berliner Reichstagsgebäude am 20. Dezember 1990 war sie Mitglied des Hohen Hauses. Doch sie konnte an diesem Tag noch nicht ahnen, dass sie wenige Wochen später Bundesministerin für Frauen und Jugend werden sollte.

Sicherer Wahlkreis?

Nominiert wurde Merkel also als Direktkandidatin im äußersten Nordosten Mecklenburg-Vorpommerns am 27. September 1990, im Wahlkreis Stralsund-Rügen-Grimmen. Als Adresse in ihrem Wahlkreis gab sie 1990 noch »0-2091 Hilmersdorf, Hohenwalde 2« an. Bei der ersten gesamtdeutschen Bundestagswahl am 2. Dezember 1990 gewann sie »ihren« Wahlkreis direkt mit 48,5 Prozent der abgegebenen Erststimmen. Abgesichert war sie auf Platz sechs der Landesliste. Auch bei den späteren Bundestagswahlen gelang es Angela Merkel, das Direktmandat zu holen: 1994 erhielt sie 48,6 Prozent der Stimmen[494] und damit drei Prozent mehr als die Parteiliste mit 45,6 Prozent. Doch die Bundestagswahl 1998, die zum Regierungsverlust Helmut Kohls führte, bedeutete auch für die damalige Bundesministerin eine herbe Niederlage. Sie verlor insgesamt 11,3 Prozentpunkte der Erststimmen, erreichte gerade noch 37,3 Prozent und holte sich damit knapp das Direktmandat.[495] Ein besseres Ergebnis erzielte sie 2002 – inzwischen Parteivorsitzende – mit 41,6 Prozent. Dies war über fünf Prozentpunkte mehr, als ihre Partei in dem nunmehr »Stralsund-Nordvorpommern-Rügen« genannten »Wahlkreis 15« erhielt, die dort nur noch auf 36,3 Prozent kam. Als Folge einer Wahlkreisreform gab es im Bundesland Mecklenburg-Vorpommern statt neun nur noch sieben Bundestagswahlkreise.[496] Umfasste das Gebiet des Wahlkreises von Angela Merkel neben dem Landkreis Insel Rügen und der kreisfreien Hansestadt Stralsund bisher nur die östliche Hälfte des Landkreises Nordvorpommern mit 54 Gemeinden, war nunmehr der gesamte Landkreis Nordvorpommern mit der Stadt Grimmen als Sitz des Landratsamtes das »Mandatsgebiet« der direkt gewählten Abgeordneten.

VI. Jugend, Frauen, Umwelt – eine schnelle Karriere als Bundesministerin

Was für ein atemberaubendes Tempo: Gerade mal ein Jahr brauchte Angela Merkel, bis sie nach dem Beginn im Demokratischen Aufbruch im Dezember 1989 ihren Bundestagswahlkreis unmittelbar für die CDU »holte«, um dann schnurstracks Bundesministerin zu werden. Wie schaffte Merkel es, dass Helmut Kohl auf sie aufmerksam wurde? Immerhin hätte es näher gelegen, der früheren Volkskammerpräsidentin und dreimonatigen Übergangsministerin Sabine Bergmann-Pohl erneut ein Bundesministeramt zu übertragen. Doch unter anderen riet Lothar de Maizière Kohl davon ab. Helmut Kohl vertrat stets die Ansicht, dass ein Kabinett auch regional die politische Landschaft der Bundesrepublik Deutschland widerspiegeln sollte. Deshalb passte eine junge Frau aus dem Osten, dazu noch protestantisch, ideal in sein personalpolitisches Konzept. Außerdem wollte er Persönlichkeiten an sich binden, die ihm gegenüber absolut verpflichtet waren. Das erste Kennenlernen war nicht ganz zufällig, sondern wurde von Angela Merkel selber initiiert: Kurz vor den Einigungsfeierlichkeiten in Berlin fand am 1. und 2. Oktober 1990 in Hamburg der sogenannte »Vereinigungsparteitag« der CDU statt, in dessen Verlauf die Delegationen der Landesverbände der fünf neuen Länder in einer bewegenden Dramaturgie jeweils einzeln den Antrag auf Aufnahme in die Bundes-CDU stellten. Angela Merkel hatte als eine der drei DA-Delegierten auf dem CDU-Parteitag ihren sächsischen DA-Kollegen und späteren sächsischen Sozialminister Hans Geisler gebeten, sie Helmut Kohl bekannt zu machen:»Kannst du mich einmal dem Helmut Kohl vorstellen?«[497] – so etwa lautete die Bitte. Kohl, der sich früh für die personelle Entwicklung der CDU in den neuen Bundesländern interessierte, kannte Geisler.

Die Möglichkeit für ein erstes Zusammentreffen der Jungpolitikerin mit dem Kanzler ergab sich am Vorabend des Parteitages, bei dem ein Presseempfang im Hamburger Rathauskeller stattfand. Beide zogen sich zu einem relativ langen Gespräch zurück, das Kohl offensichtlich beeindruckt hatte, denn er lud Merkel im November 1990, bereits kurz vor der ersten gesamtdeutschen Bundestagswahl vom 2. Dezember 1990, zu sich ins Kanzleramt nach Bonn ein. Sie erinnert sich an diese zweite Zusammenkunft mit Helmut Kohl im Rückblick emotionslos: »Ich weiß noch, dass ich nach Bonn gefahren bin, in seinem Vorzimmer bei Juliane Weber gewartet habe, bis ich empfangen wurde [...]. Wir haben noch ein bisschen über den Wahlkampf geplaudert, und Helmut Kohl war offenbar zufrieden mit dem Gespräch.«[498] Kohl bestellte Personen nie ohne Hintergedanken ein. Insofern kann man davon ausgehen, dass in ihm bereits der Gedanke reifte, Angela Merkel als seine neue Entdeckung im nächsten Bundeskabinett zu präsentieren. Allerdings war er zu diesem Zeitpunkt nicht endgültig entschieden; denn er wartete noch auf ihre Stasi-Unterlagen, die ihn dann schließlich überzeugten.

Jüngste Bundesministerin

Angela Merkel wird damals schon geahnt haben, dass Kohl im Falle eines Wahlsieges irgendetwas mit ihr vorhatte. Dieses Gefühl verdichtete sich Ende des Jahres, als sie sowohl von de Maizière als auch von Krause auf eine mögliche politische Beförderung angesprochen wurde. Beide unterstützten dies prinzipiell, wenngleich auch sie noch nicht die genaue, für Merkel vorgesehene Position kannten.[499] Welchen Einfluss de Maizière – er war zum Zeitpunkt nach dem Vereinigungsparteitag der einzige Stellvertreter Helmut Kohls im Parteivorsitz, womit seine besondere Position dokumentiert werden sollte – tatsächlich auf Kohl hatte, sei dahingestellt. Kohl wollte aber auf keinen Fall seinen Stellvertreter uninformiert lassen. Dem damaligen ›Welt‹-Journalisten Detlev Ahlers, der Merkel als Korrespondent seiner Zeitung in Ost-Berlin wegen ihrer Arbeit als Stellvertretende Regierungssprecherin schätzte, vertraute sie Ende Dezember 1990 an, sie wisse zwar relativ zuverlässig, dass sie für Aufgaben in der neuen Bundesregierung in Betracht gezogen würde, allerdings nicht, für welche. Und mit einer gewissen Naivität fügte Merkel hinzu, dass sie an Themen wie Familie und Frauen überhaupt nicht interessiert sei.[500] Glücklicherweise blieb der Journalist diskret und veröffentlichte nicht wenige Tage vor der Bekanntgabe ihrer künftigen Ministertätigkeit ihr Desinteresse an solchen Themenstellungen, die sie als künftige Ministerin in den kommenden Jahren zu verantworten hatte. Angela Merkel zögerte verständlicherweise dennoch nicht, das Ministerium zu übernehmen: »Es war einfach keine Zeit, über solche Fragen zu meditieren. Die Ereignisse überrollten einen doch. Mir war klar, dass die Konstellation durchaus günstig war: Frau, aus dem Osten und auch noch jung, das alles war kein Schaden. [...] Mit dem Ressort selbst hatte ich mich zuvor nicht besonders beschäftigt – das Thema Frauen und Jugend hatte in der Wendezeit nicht im Zentrum meines Interesses gelegen.«[501]

Die Vereidigung zur Bundesministerin für Frauen und Jugend am 18. Januar 1991 stellte für Angela Merkel nach nur wenigen Monaten Parteimitgliedschaft in der CDU den vorläufigen Höhepunkt ihres politischen Aufstiegs im wiedervereinigten Deutschland dar. Zu Hilfe kam ihr auch die von Kohl nach dem Wahlsieg beabsichtigte Stärkung des Frauenanteils in seinem Kabinett. Deshalb löste er das alte Bundesministerium für Jugend, Familie, Frauen und Gesundheit auf und bildete drei neue Ressorts: das Bundesministerium für Gesundheit unter der Leitung von Gerda Hasselfeldt (CSU), das Bundesministerium für Familie und Senioren mit Hannelore Rönsch (CDU) an der Spitze und das Bundesministerium für Frauen und Jugend unter Führung der bis dahin jüngsten Politikerin mit Ministerrang in der Geschichte der Bundesrepublik Deutschland, Angela Merkel. Die Presse spottete damals über das »Drei-Mäderl-Haus«.

Dass das neue Ministerium relativ arm an Kompetenzen war, war von Kohl so beabsichtigt. Er wollte seiner jungen, ostdeutschen Ministerin ein Ministerium geben, das sich eher mit »weichen« politischen Fragen befasste und wo sie sich für höhere Aufgaben vorbereiten konnte. Kohl interpretierte Merkels Ministertätigkeit als Lehrzeit im harten Gewerbe politischer Administration. Angela Merkel sieht das heute ähnlich: »Für mich lag gerade in dieser Aufgabe eine große Chance. Ich konnte mich einarbeiten, ich konnte die Mechanismen kennen lernen, lief aber nicht Gefahr, bei etwaigen Schwierigkeiten daran zu zerbrechen. Günther Krause zum Beispiel ist zum Teil auch an seiner Mammutbehörde, dem Verkehrsministerium, gescheitert. Das war ein riesiger Apparat, wo auch viel Geld zu vergeben ist und in dessen Umfeld es ein Geflecht von Lobbyisten gibt.«[502]

Mit Akzeptanzproblemen hatte die einzige weibliche ostdeutsche Ministerin im Kabinett Kohl trotzdem fortan zu kämpfen. So galt sie im Haifischbecken des Bonner Politikbetriebs zunächst nur als »Kohls Mädchen«. »Der manchmal etwas müde Blick, das Faible für zu weit schwingende Röcke sowie biedere Blusen und die Abneigung gegen Make-up ließen besonders viele männliche Beobachter alsbald das Wort von der ›grauen Maus‹ formulieren«[503], stellte beispielsweise die ›Stuttgarter Zeitung‹ fest. Die ›Frankfurter Allgemeine Zeitung‹ konstatierte gar, sie zeige »kein Ministergebaren«, ja »sie raucht noch in der Öffentlichkeit«[504]! Merkels steiler Aufstieg bis an die Spitze eines Bundesministeriums wurde als eine Karriere von Kohls Gnaden wahrgenommen. Das ärgerte Merkel verständlicherweise, wenngleich sie Kohl in diesen Jahren auch bewunderte. Die starke Protegierung durch Kohl empfand sie für die eigene Profilbildung indes als wenig hilfreich. Andererseits genoss ihre Politikgestaltung den besonderen Schutz und das Wohlwollen des mächtigen »Dicken«, wie er in Bonn genannt wurde: »Es ging einem, gelinde gesagt, schon auf den Geist, immer nur als abgeleitete Figur eines anderen Menschen gesehen zu werden. Ich musste anfangs schon kämpfen, als eigenständige Person wahrgenommen zu werden. Nicht bei Helmut Kohl, aber in der Wahrnehmung der Leute. Mich hat auch die ganze Kommentierung, mit der man mich anfangs begleitet hat, gestört. Die Schubladen waren fest vergeben, auch wenn sie hinreichend unpassend waren. […] Quotenfrau, linkes Spektrum der CDU, von Kohl gesteuert und anderes mehr. […] Im Grunde war das unpassend. Ich konnte diese Position kaum auf Anhieb ausfüllen, wollte aber auch etwas daraus machen.

[…] Es war durchaus [auch] ein gewisser Schutz, aber dennoch bleibe ich auch dabei, dass mir das Schubladendenken auf die Nerven ging«.[505] Andererseits konnte sich die Newcomerin über mangelnde Aufmerksamkeit nicht beklagen. Gegenüber anderen Seiteneinsteigern hatte sie gerade wegen ihrer Biographie einen Aufmerksamkeitsvorsprung.

Die Bonner Welt, das Rheinland, muss für die Templinerin und Wahl-Berlinerin fast so etwas wie »Feindesland« gewesen sein, wo sie sich kaum richtig heimisch fühlte. Noch im Juni 1991 meinte sie, »es wäre vermessen zu sagen, dass ich mich zu Hause fühlte in der Bonner Politiklandschaft«[506]. Einer Journalistin, die sie auf einer Tour durch ihren Wahlkreis begleitete, sagte sie 1992, in ihrem zweiten Ministerjahr, Karrierejahre seien allemal schlechte Zeiten, sich Freunde zu suchen: »Ich gehe oft durch Bonn und überlege: Wer grüßt mich wohl noch, wenn ich nicht mehr Ministerin bin?« Deshalb sei es in der ersten Zeit eine »richtige Manie« von ihr gewesen, allen sehr kritisch zu begegnen: »Plötzlich kamen so viele Menschen zu mir, die irgendwas wollten oder Sachen sagten, bei denen ich mir nicht sicher war, ob die das auch wirklich dachten. Wenn wir etwas in der DDR gelernt haben, dann ist es das feine Gespür für Ehrlichkeit. Ich war schon immer sehr misstrauisch, und das hilft mir auch heute im Westen.«[507] Aber Merkel staunte auch über sich selbst: »Plötzlich saß ich mit all den Leuten an einem Tisch, die ich mein Leben lang im Fernsehen gesehen hatte.« Dann hat sie sich Mut zugesprochen: »Du kannst Integrale lösen, da wirst du dich auch mit Norbert Blüm unterhalten können.«[508] Überhaupt wird sie sehr schnell gemerkt haben, dass auch die »big shots« der Politik mit Wasser kochten. An ihren ersten Interviews fällt zudem auf, dass sie, wenn sie von der CDU redete, in der »Die«- und nicht in der »Wir«-Form sprach und sich ein Stück weit abgrenzte: »Die brauchen so etwas wie mich«[509].

Merkel war sicherlich – wie jeder neu ins Amt gekommene Minister – gewillt, in ihrem Ressort eigene inhaltliche Akzente zu setzen. Das ergab sich neben dem Willen zur politischen Gestaltung aus ihrem persönlichen Ehrgeiz, eines Tages aus dem Schatten ihres Mentors Kohl herauszutreten. Gleichwohl bewunderte sie Kohl anfangs sehr. Sie kopierte gelegentlich seinen Politikstil. Die Tatsache, dass sie zu Beginn ihrer politischen Laufbahn von vielen hinsichtlich ihres Durchsetzungsvermögens kräftig unterschätzt wurde, sollte sich für ihr Fortkommen eher als hilfreich erweisen. Vor allem ging es Merkel darum, sich in »ihrem Hause« – wie die Bundesminister gemeinhin die ihnen zugewiesenen Ministerien nennen – Respekt zu verschaffen. Als Parlamentarischen Staatssekretär wählte sie den evangelischen Theologen Peter Hintze aus, der als Bundesbeauftragter für den Zivildienst die Bundesverwaltung sehr gut kannte und als Stellvertretender Vorsitzender der CDU Nordrhein-Westfalen über ein großes Maß an politischer Erfahrung verfügte. Hintze war von Heiner Geißler in die Politik geholt worden und stand politisch auch Rita Süssmuth und Norbert Blüm nahe.

Als beamteten Staatssekretär behielt sie den wegen seines enormen Fleißes und Sachverstandes bekannten Staatssekretär Werner Chory, der durch ein Krebsleiden stark gezeichnet war und nach wenigen Monaten verstarb. Danach entschied sie sich für den Ministerialdirigenten Willi Hausmann aus dem Bundesinnenministerium als neuen Staatssekretär. Ihn kannte sie von den Verhandlungen zum Einigungsvertrag. Zu ihm hatte Merkel von Anfang an Vertrauen, was Hausmann auch für seine spätere »Verwendung« als CDU-Bundesgeschäftsführer zugute kam. Hausmann ist eher der unscheinbare Typ eines Staatsdieners, der sich selbst nicht in das Rampenlicht bringen will. Er war im für den Einigungsvertrag federführenden Bundesinnenministerium von seinem Abteilungsleiter Wighard Härdtl mit der Presseunterrichtung zum deutsch-deutschen Einigungsvertrag beauftragt worden; Angela Merkel war Hausmanns Pendant auf der DDR-Seite. Die westdeutschen Beamten hatten in diesem Zusammenhang die klare Weisung, die ostdeutschen Repräsentanten pfleglich zu behandeln. So überließ Hausmann seiner späteren Chefin Angela Merkel beim Pressevortrag vor der Bundespressekonferenz jeweils den Vortritt, sie konnte also als Erste den jeweiligen Stand der Verhandlungen erläutern. Hausmann berichtete dann »ergänzend« als Zweiter. Er war es auch, der in der Diskussion auf Fragen der Journalisten nach spezifischen inhaltlichen Untiefen geschickt parierte.

Jedenfalls muss Angela Merkel die an Bescheidenheit grenzende Zurückgenommenheit Hausmanns so gut gefallen haben, dass er ihre erste Wahl wurde. Mit Hausmann wusste Merkel einen äußerst loyalen und verschwiegenen Beamten um sich.

Als Hintze zum CDU-Generalsekretär berufen wurde, folgte ihm die Lüdenscheiderin Cornelia Yzer, die 1961 geboren und damit sehr viel jünger als Merkel war. Beide Frauen verstanden sich mehr schlecht als recht, weil hier zwei Welten von Weiblichkeit aufeinander prallten: Karl Lagerfeld und durchgestylte Kleidung auf der einen Seite, »weite Sachen, weite Röcke«, alles nicht sehr modisch, auf der anderen Seite. »Man musste denken, dass sie sich in der Kleidung verbergen wollte«, meint eine frühere Mitarbeiterin. Den sie umgebenden Angehörigen des »Leitungsbereichs« fiel auf, wie wenig Wert Angela Merkel auf Kleidung und generell Aussehen legte. Alle feinsinnigen Versuche, sie darauf hinzuweisen, welch wichtiger Imagefaktor in einer stark durch Medien bestimmten Öffentlichkeit das Aussehen einer Politikerin sei, schlugen fehl. Bemühungen zu einer Verbesserung ihrer Frisur gelangen nur stufenweise. So konnte Merkel gelegentlich zu einem Frisör nach Troisdorf bei Bonn »geschleppt« werden. Ihre zeitweiligen morgendlichen Joggingversuche stellte die junge Ministerin alsbald ein. Ihr Arbeitstag begann immer schon sehr früh, so dass sie nicht genügend Zeit und Energie zum Ausgleichssport fand.

Merkel merkte bald, dass manche Beamte viel Routine im Umgang mit häufigem Ministerwechsel entwickelt hatten. Das traf insbesondere für das (zerstückelte) Ministerium zu. Ihre Vorgängerinnen waren Ursula Maria Lehr und Rita Süssmuth gewesen. Gerade wegen ihres »Mädchen«-Images wollte sie allerdings auch Respekt erfahren, was sich sehr bald in Personalentscheidungen niederschlug. Wenige Wochen nach ihrem Amtsantritt wechselte sie den Leiter ihres Ministerbüros, Joachim Wilbers, aus, der als früherer Persönlicher Referent der Ministerin Ursula Maria Lehr das Ministerium sehr gut kannte. Sie wollte nicht den Chefvertrauten ihrer Vorgängerin in ihrem Vorzimmer. Merkel und ihr Büroleiter Rösgen, der vom Bundesministerium für wirtschaftliche Beziehungen zu ihr ins Ministerium geholt wurde, hielten es sehr viel länger miteinander aus. Er folgte Merkel noch ins Umweltministerium, als sie nach den Wahlen 1994 dieses Ressort übernahm. Die Persönliche Referentin, Katharina Schöllgen, eine feinsinnige katholische Theologin ohne parteipolitische Mitgliedschaft, wechselte Merkel ebenfalls bald aus. Einen noch sehr jungen engen Mitarbeiter versetzte sie kurzentschlossen, nachdem ihr bekannt wurde, dass er in einer nächtlichen Radiosendung unter Hinweis auf seine Zuarbeit für die Ministerin ein »Date« mit einer Frau verabreden wollte. Ihm wurde eine andere Aufgabe im Ministerium zugewiesen. Ihre erste Pressesprecherin Gertrud Sahler hatte in den ersten Monaten von allen Mitarbeitern auf Merkel den intensivsten Einfluss. Als aber Beate Baumann nach dem Weggang des nächtlichen Radiochatters in das Ministerium kam, reduzierte sich Sahlers Einfluss rasch. Sahler wechselte dennoch mit ins Umweltministerium.

Die personellen Veränderungen sollten bald nach Amtsantritt auch die Abteilungsleiterebene erreichen: Der Erste, den es traf, war der für Jugend zuständige Abteilungsleiter Warnfried Dettling, der als früherer Geißler-Mitarbeiter im Konrad-Adenauer-Haus ins Ministerium geholt worden war. Er war als »Querdenker« bekannt, alles andere als ein »typischer« Beamter, eher unkonventionell. Dettling, dessen Arbeit zuvor schon durch Interventionen von Kohl und seinem Vertrauten Anton Pfeifer, vor der Wende Parlamentarischer Staatssekretär im Jugendministerium, behindert wurde, war insofern froh über seine Entlassung, die er seinerseits gegenüber der neuen Ministerin sogar anregte. Der eigentliche Auftrag zur Entlassung Dettlings dürfte von Kohl ausgegangen sein. Kohl tat sich auch mit anderen früheren Geißler-Mitarbeitern schwer. Es entsprach zudem dem Führungsstil Kohls, seinen neuen Ministern insbesondere »Hinweise« zur Personalpolitik mit auf den Weg zu geben. Eine weitere Personalie sollte Merkel im Ministerium zusätzlichen Respekt verschaffen: Die frühere Abteilungsleiterin für Frauenpolitik Beate Schöpp-Schilling-Redmann, die Positionen weiblicher Emanzipation »in stark überzeichneter Form« (wie männliche frühere Kollegen von ihr heute behaupten) vertrat und als Vertraute von Merkels Vor-Vorgängerin Süssmuth galt, wurde im Februar 1992 unmittelbar nach Rückkehr von der Tagung einer Frauenrechtskommission auf UN-Ebene in New York kurzfristig entlassen. Angela Merkel kam weder mit den grundsätzlichen Positionen ihrer einstigen Abteilungsleiterin noch mit deren ausgeprägtem Selbstbewusstsein zurecht.

Allerdings dürfte Frau Merkel in ihrem Ministerium auch manch Frustrierendes erlebt haben. Anders ist es nicht zu erklären, dass sie zusammen mit ihrem Verkehrsministerkollegen Krause nach etwa einem halben Jahr Ministertätigkeit in einem Pressegespräch auf enttäuschende Erfahrungen hinwies – ein öffentlicher Rüffel gegenüber den Mitarbeitern der eigenen Behörde ist ein ziemlich ungewöhnlicher Vorgang. Merkel teilte mit, sie wolle das Problem der dramatisch sinkenden Frauenerwerbstätigkeit in den neuen Bundesländern zum Schwerpunkt ihres Hauses machen. Die Reaktion ihrer Beamten: »Wir geben eine Studie in Auftrag, die kann bis 1994 fertig sein«, muss die Ministerin sehr erbost haben. »Die Frauen in den neuen Bundesländern können nicht bis 1994 warten«[510], soll sie daraufhin gesagt haben. Frühere Mitarbeiter sind indes nach wie vor fasziniert, wie schnell Angela Merkel lernte. Manche erinnern sich daran, wie ihr noch der Gebrauch einer Kreditkarte erklärt werden musste oder wer »Snoopy« ist, als ihr bei ihrer ersten Amerikareise der Erfinder dieser Comicfigur vorgestellt wurde. In rasantem Tempo musste sie sich Grundkenntnisse »westlichen« Lebensstils aneignen, die ihr als DDR-Bürgerin nicht zur Verfügung standen. Aber auch in den ihr anvertrauten Themenfeldern versuchte sie, schnell einen zügigen Überblick zu erhalten. Dazu nutzte sie viele Gespräche mit Fachleuten (zum Beispiel mit dem Bielefelder Jugendsoziologen Klaus Hurrelmann, dem damaligen Präsidenten der Bundesbank Hans Tietmeyer oder mit Ernst Benda, dem einstigen Bundesinnenminister und Präsidenten des Bundesverfassungsgerichts).

Wer auf den Gesprächsvorbereitungsvermerk aus dem Ministerium für das Gespräch mit Ernst Benda schaut, erhält einen Einblick in die Breite der politischen Fragen, auf die sie sich mit Hilfe dieses Verfassungsfachmanns vorbereitete. Angesprochen wurden die folgenden Themen: Reform des Paragraphen 218, Namensrecht, Zwangsadoption, Neuregelung nicht-ehelichen Rechts, Homosexuellenehe, Verfolgung von Kinderpornografie, Prostitutionstourismus und Gleichstellungsgesetz. Teilnehmer an solchen Gesprächen erinnern sich, wie sehr sich Angela Merkel konzentrierte. Sobald es ihr klar wurde, worum es ging, wechselte sie zum nächsten Thema.»Ihre Konzentration, ihre zupackende Intelligenz, das Erfassen des Wesentlichen, hat mich immer sehr beeindruckt«, bestätigt ihre frühere Persönliche Referentin Katharina Schöllgen.[511] Ähnlich sieht das Merkels früherer Mitarbeiter Hartwig Moebes:»Beim Umgang mit Mitarbeitern, bei der Diskussion schwieriger politischer Fragestellungen hat sie als ›political animal‹ einen Instinkt dafür entwickelt, traumwandlerisch den Schwachpunkt der Argumentation zu erkennen.«[512] Allergisch habe Merkel immer dann reagiert, wenn sie den Eindruck erhalten musste, ihr Entscheidungsspielraum würde durch Vorgaben allzu sehr eingeengt. Allerdings sei – so erinnern sich einige – mit Merkel in einem gewissen Sinne auch die »Tristesse der DDR« mit eingezogen.»Lebensfreude«, wie man sie gelegentlich in rheinischen Gefilden kennt, verbreitete sich unter Führung Merkels nicht gerade: »Man kam gar nicht auf die Idee, mit ihr einen trinken zu gehen.« Im Gegensatz hierzu konnte Frau Süssmuth ihre engsten Mitarbeiter in die Privatwohnung nach Neuss einladen, während Heiner Geißler alle ihm zugedachten Geschenke unter den Mitarbeitern verteilte. Weder rastete Merkel, noch ruhte sie. Für persönliche Gesten ihren Mitarbeitern gegenüber schien ihr wenig Zeit zu bleiben.

Sehr bald entdeckte Angela Merkel auch das Reisen. Ihr erster längerer Besuch als Ministerin – nach dem Besuch Frankreichs ihre zweite Auslandsreise[513] – galt Israel vom 7. bis 9. April 1991. Israel ist für jeden deutschen Jugendminister ein besonders wichtiges Land, gerade wegen des intensiven Jugendaustausches. Merkel reiste in der aus DDR-Beständen übernommenen, nunmehr auf das Luftwaffen-Kreuz der Bundeswehr umgespritzten Maschine, die Erich Honecker bei seinen Reisen stets benutzt hatte. Teilnehmer erinnern sich noch heute an den spezifischen Mottenkugelgeruch und an das in der DDR gemeinhin eingesetzte Reinigungsmittel, die das besondere Flair dieser Maschine ausmachten. Es muss für Angela Merkel eine besondere Genugtuung gewesen sein, gerade mit diesem Flugzeug nach Israel zu reisen. Ihre Pressesprecherin Gertrud Sahler, der für Jugendaustausch zuständige Referatsleiter Alwin Proost und einige Journalisten begleiteten sie auf dieser Reise. Der Besuch fand kurz nach dem ersten Irak-Krieg statt. Er gestaltete sich atmosphärisch auch deshalb als schwierig, weil in diesem Zusammenhang Vorwürfe laut wurden, deutsche Firmen unterstützten das Regime Saddam Husseins mit Chemikalien und anderen Materialien.

Zunächst sollte Angela Merkel nach der Landung in Israel wenig Genugtuung erfahren. Sie reiste nicht allein. Mit ihr kamen Forschungsminister Heinz Riesenhuber und der Staatsminister beim Bundeskanzler, Lutz Stavenhagen. Protokollarisch rangierte Frau Merkel vor ihren beiden Mitreisenden. Schon unter Adenauer war das Familienministerium in der Rangfolge der Minister weit oben angesiedelt worden, damit auf der Regierungsbank im Parlament nicht ausschließlich Männer das Bild in der ersten Reihe bestimmten. Kohl hatte nach der Dreiteilung des Ministeriums dann für die drei Ministerinnen diesen hohen protokollarischen Rang belassen. Um so mehr staunte sie darüber, dass nach der Ankunft auf dem Ben-Gurion-Flughafen bei Tel Aviv der Zeitplan ohne ihre Mitwirkung ins Rutschen kam. Merkel blieb zunächst ohne Beachtung, »wie bestellt und nicht abgeholt«. Als Angela Merkel – so beschrieb die ›Stuttgarter Zeitung‹ diesen Vorgang – »mit klopfendem Herzen in Israel eintraf, wurde sie von niemandem empfangen. Nicht, dass es an der gebührenden Zahl von israelischen Regierungsvertretern und Journalisten sowie deutschen Diplomaten gemangelt hätte – sie stürzten sich jedoch auf den ebenfalls angereisten Heinz Riesenhuber.« Während im VIP-Raum des Tel Aviver Flughafens »unter den wohlwollenden Blicken des deutschen Botschafters Otto von der Gablentz« Riesenhuber sich »eloquent über die wissenschaftliche Zusammenarbeit verbreitet«, und das in Anwesenheit seines israelischen Ministerkollegen, »sitzt Angela Merkel stumm dabei und muss sich so gefühlt haben wie viele ihrer Landsleute aus dem Osten: zur Seite gedrängt vom strahlenden Westler«.[514] Sie fühlte sich insbesondere von dem damaligen deutschen Botschafter von der Gablentz unbeachtet, nicht gleichbehandelt. In der Anspannung dieses für Merkel historischen Besuches kam in ihr so etwas wie eine »kalte Wut« hoch. Dies führte zu einem Tränenausbruch, den auch begleitende Journalisten wahrnahmen. Berichtet wurde darüber nie. Die von Merkel als anstößig empfundene protokollarische Haltung versuchte sie auch gegenüber den Israelis herunterzuspielen, die ihr dann noch – unerwartet – ein Gespräch mit dem damaligen Außenminister Levy zuteil werden ließen. Es war Merkels persönlicher Wunsch, möglichst bald nach Israel zu reisen. Auffallend bei der Programmgestaltung war jedoch, dass sie, obgleich Pfarrerstochter, die christlichen Stätten mit wenig sichtbarer Bewegtheit besuchte und an keinen Andachten teilnahm. Andere christdemokratische Politiker legten bei ihren Reisen nach Israel Wert auf eine Teilnahme an einem christlichen Gottesdienst, einer Andacht oder etwa einer Vesper mit Mönchen. Merkel beeindruckte ihre israelischen Gesprächspartner offensichtlich sehr. Ihre exzellenten Russischkenntnisse konnte sie zudem in Haifa bei Gesprächen mit aus Russland stammenden Juden einsetzen und für einige Überraschung sorgen.

Eine weitere Reise in ihrem ersten Ministerjahr sollte für Merkel von besonderer Bedeutung sein: Helmut Kohl nahm sie mit bei seiner USA-Reise vom 11. bis 17. September 1991. Mit Kohl und seiner Frau reisten neben Angela Merkel unter anderen der Schriftsteller Reiner Kunze und der damalige Koordinator für deutsch-amerikanische Beziehungen, Professor Werner Weidenfeld. Die Reise führte zunächst nach San Francisco und Los Angeles – wo es ein Zusammentreffen mit dem ehemaligen amerikanischen Präsidenten Ronald Reagan gab – und dann nach Washington. Dort konnte Kohl seine junge Ministerin dem Präsidenten George Bush sen. vorstellen. Die Mitnahme Merkels durch Kohl, der um die Symbolik solcher Mitnahmen auf Reisen und solcher Gunsterweise wusste, zeigte ein hohes Maß an Sympathie ihr gegenüber. Auf der Reise versicherte Merkel den deutschen Journalisten, die Einladung zur Kohl-Begleitung wäre schon vor dem verbitterten Rückzug Lothar de Maizières aus seinen CDU-Ämtern ausgesprochen worden. Aber irgendwie schien sie sich doch nicht ganz in ihrer noch relativ neuen Rolle wohl zu fühlen: »Unsicherheiten, aber auch gesundes Selbstvertrauen merkte man ihr im Verlauf der Vier-Tage-Tour an«, berichteten die ›Stuttgarter Nachrichten‹.[515] Während »die massive Gestalt Kohls die Szene überall beherrschte, blieb die Pfarrerstochter aus Brandenburg (…) mit ihrer für Bonner Gepflogenheiten auffälligen Zurückhaltung lieber im Hintergrund. Da half auch nicht, dass Hannelore Kohl oder ihre persönliche Referentin Katharina Schöllgen sie gelegentlich sanft in die vordere Reihe schubsten, wo sie der Rangordnung nach als politisch zweithöchstes Mitglied der deutschen Delegation eigentlich zu sein hatte.«[516]

Der Beginn ihres zweiten Ministerjahres sollte Angela Merkel noch eine schmerzliche Erfahrung bescheren. Beim Verlassen der damaligen Buchhandlung »Bouvier« in Berlin hatte sie sich Anfang Januar 1992 das rechte Schien- und Wadenbein mehrfach gebrochen[517], was sie zu einem wochenlangen Aufenthalt in der Berliner »Charité« zwang. Ihr Haus regierte sie in dieser Zeit vom Krankenbett aus. Nach ihrer Rückkehr nach Bonn ging sie dann noch wochenlang auf Krücken, auch in den Kabinettsaal – und nachts musste sie aus medizinischen Gründen ins Krankenhaus. Eigentlich hätte sie sich auch tagsüber schonen müssen. Helmut Kohl nahm daran besonderen Anteil.

Angela Merkel lernte in ihrer ministeriellen Lehrzeit sehr schnell, dass inhaltliche Profilbildung nur das eine ist – sehr viele Profilierungsmöglichkeiten hatte sie ja wegen der knappen Kompetenzen des Ministeriums nicht. Sie wusste zudem, dass sie ohne Unterstützer, ohne Hausmacht nur zu einer vorübergehenden, austauschbaren Figur würde und sich daher schnell eine solche schaffen musste. Eine Kandidatur um den Landesvorsitz der CDU in Mecklenburg-Vorpommern, der Heimat ihres Wahlkreises, schloss sich damals aus, da ihr Förderer Günther Krause diesen Posten bereits innehatte.

Misslungene Kandidatur in Brandenburg

Ihr erster Versuch zur Bildung einer Hausmacht fand – obwohl sie Bundestagsabgeordnete aus Mecklenburg-Vorpommern war – im benachbarten Bundesland Brandenburg statt. Im Herbst des Jahres

1991 schien sich für Merkel eine günstige Konstellation für eine Kandidatur um den dortigen Landesvorsitz zu ergeben: Lothar de Maizière war kurz zuvor, im September 1991, auf Grund von Stasi-Vorwürfen von allen politischen Ämtern zurückgetreten, auch vom brandenburgischen CDU-Landesvorsitz. Um seine Nachfolge in Brandenburg bemühte sich der zum arbeitnehmerfreundlichen Flügel zählende Westdeutsche Ulf Fink, damals Vorsitzender der CDU-Sozialausschüsse (CDA) und Stellvertretender DGB-Bundesvorsitzender. Bevor er sich zur Kandidatur entschloss, war ihm berichtet worden, Angela Merkel sei zur Kandidatur aufgefordert worden, habe dies aber zunächst abgelehnt. Umso erstaunter war Fink, später durch einen Anruf von Angela Merkel zu erfahren, sie wolle sich nun doch ins Kampfgetümmel begeben. Fink hatte sich im Vorfeld der Neuwahl auf mehreren politischen Rundreisen durch Brandenburg bereits der Unterstützung einer Mehrzahl der dortigen CDU-Kreisverbände versichert. Merkel war zur Kandidatur von ihrem damaligen Unterstützer Volker Rühe, zu dieser Zeit noch CDU-Generalsekretär, aufgefordert worden. Eine Kandidatur Merkels musste auch im Interesse Bundeskanzler Kohls sein, der dann auch äußerte, dass es für die »innere Entwicklung« der Partei »von großer Bedeutung« sei, wenn eine Kandidatin aus den neuen Bundesländern die Nachfolge de Maizières übernehme.[518] Fink war ein langjähriger, enger Mitarbeiter des schon vor der deutschen Einheit in die politische Wüste geschickten ehemaligen Generalsekretärs Heiner Geißler. Kohl wollte nicht zulassen, dass ein »Geißlerianer« einen Landesvorsitz übernimmt – zumal der Arbeitnehmermann Fink als Landesvorsitzender der CDU Brandenburg auch ein potentieller Spitzenkandidat für das Amt des Ministerpräsidenten bei den nächsten Landtagswahlen gewesen wäre.

Merkel entschloss sich allerdings erst Anfang November 1991, und damit nur einen knappen Monat vor diesem Parteitag, zur Kandidatur um den Landesvorsitz. Diese von ihr selbst als »eigener Beschluss«[519] bezeichnete Entscheidung kam erstaunlich spät. Sie ging dennoch ziemlich zuversichtlich in das Rennen – zumal der ebenfalls sehr prominente, aber in Potsdam über keine politische Hausmacht verfügende Ost-Politiker Rainer Eppelmann noch am gleichen Tag, als die Kandidatur Merkels bekannt wurde, seine eigene Bewerbung um dieses Amt zurückzog. Seinen Verzicht begründete Eppelmann mit den Worten, dass Merkel für ihn eine »überzeugende, glaubwürdige und in die Zukunft weisende Lösung«[520] darstelle. Der amtierende brandenburgische CDU-Landesvorstand ließ jedoch schon bald verlauten, dass er trotz der Tatsache, dass Angela Merkel ihre Jugend im brandenburgischen Templin verbracht habe, mehrheitlich Ulf Fink unterstütze. Dieser sei ein politischer Profi mit jahrelanger Kompetenz in sozialen Fragen und könne die Probleme des Landes daher am besten angehen. Zudem stehe er der Parteibasis in Brandenburg sehr nahe, was bei Merkel nicht der Fall sei. Aus dieser Argumentationslinie sprach der Unwille, sich von der Bonner Parteizentrale einen von Kohl bevorzugten Kandidaten »vorschreiben« zu lassen. Die Abstimmung auf dem Landesparteitag der brandenburgischen CDU in Kyritz an der Knatter am 23. November 1991 führte zu einer klaren Niederlage Angela Merkels im Kampf um den Landesvorsitz. Sie unterlag Ulf Fink deutlich mit 67 zu 121 Stimmen. Alle, die Angela Merkel seinerzeit begleiteten oder zu ihren Unterstützern zählten, merkten, wie konsterniert sie ob ihrer deutlichen und so nicht erwarteten Schlappe war. Merkel war auch deshalb so wenig über diesen Denkzettel amüsiert, weil sie doch feststellen musste, dass Fink einfach professioneller als sie vorgegangen war. Zum einen gelang es ihm mit dem Hinweis, er sei nicht der »Liebling des Adenauer-Hauses«[521], die Bonn-kritischen Stimmen auf sich zu vereinigen. Zum anderen ging Fink mit einem klaren Personalkonzept ins Rennen. Der CDU-Landesverband stand finanziell vor dem völligen Ruin. Deshalb war es ein kluger Schachzug Finks, mit dem begüterten Berliner Industriellen Klaus Krone einen veritablen Schatzmeister zu präsentieren, der der Partei die finanzielle Dauermalaise ersparen helfen sollte. Fink brachte Merkel die bisher einzige formale politische Niederlage, eine Schlappe in einer Abstimmung, bei. Sie sollte daraus lernen.

Aufstieg zur Stellvertretenden CDU-Bundesvorsitzenden

Einen wirklichen Karriereknick bedeutete die Niederlage von Kyritz für die junge Politikerin allerdings nicht. Gleich nach Merkels Wahlniederlage äußerte Volker Rühe, Merkel bleibe in jedem Fall eine Hoffnungsträgerin der CDU Deutschlands. Nur wenige Wochen später, im Dezember 1991, kandidierte sie dann auf dem CDU-Parteitag in Dresden für das Amt des damals einzigen Stellvertretenden Bundesvorsitzenden der CDU, in das sie mit 621 von 719 Stimmen bei 32 Enthaltungen (86 Prozent der Stimmen) gewählt wurde. Zu Hilfe kam Merkel hierbei allerdings auch, dass ihre Wahl zur Stellvertretenden Bundesvorsitzenden nach dem Rücktritt ihres Vorgängers de Maizière innerparteilich schon länger als beschlossene Sache galt. Merkel hatte sich in der Wahrnehmung der CDU-Führung unter Helmut Kohl innerhalb kürzester Zeit in der Bundesregierung als die einzige ostdeutsche CDU-Politikerin mit langfristigem Entwicklungspotential profiliert. Nach de Maizières Rücktritt lief die Nachfolge wie selbstverständlich und ohne größere innerparteiliche Widerstände auf sie zu. Allerdings scheint sie als Stellvertreterin Helmut Kohls keinen nachhaltigen Einfluss gegenüber ihrem Förderer gehabt zu haben. Dies dokumentiert das folgende Beispiel: Nach dem Rücktritt des Ministerpräsidenten Alfred Gomolka kam es in Schwerin zu einer Regierungskrise, die dazu führte, dass es am 16. März 1992 zu einer Krisenbesprechung auf Einladung Kohls im Bundeskanzleramt kam. Daran nahmen Bernd Seite, Generalsekretär der CDU in Mecklenburg-Vorpommern und kurze Zeit danach neuer Ministerpräsident dieses Landes, Verkehrsminister Krause und der Fraktionsvorsitzende im Schweriner Landtag, Rehberg, teil. Zu den Beratungen wurde Angela Merkel gar nicht erst zugezogen. »Die CDU, das ist in Krisenfällen derzeit der Parteivorsitzende und Bundeskanzler Kohl – und sonst niemand, auch nicht seine erste und einzige Stellvertreterin, die Ministerin für Jugend und Gesundheit, Frau Merkel«, vermeldete die ›Frankfurter Allgemeine Zeitung‹.[522]

Spätestens mit der Ablösung de Maizières durch Merkel wandelte sich beider persönliches Verhältnis. War de Maizière in ihren politischen Anfangsmonaten eine der wichtigsten Bezugspersonen gewesen, kühlte sich die Beziehung mit dem politischen Scheitern des letzten Ministerpräsidenten der DDR und dem zeitgleich steilen Aufstieg Angela Merkels mehr und mehr ab. Allerdings sprach sie später vom individuellen Schicksal de Maizières, das sie persönlich schmerze, und forderte nach den Stasi-Vorwürfen gegen Manfred Stolpe 1992 gar de Maizières Rückkehr in die Politik, weil sein Fall mit dem von Stolpe vergleichbar sei: »Wenn Manfred Stolpe im Amt bleibt, gibt es keinen Grund, Lothar de Maizière weiter von der Politik fernzuhalten. [...] Beide waren in der evangelischen Kirche engagiert, beide haben Gespräche mit der Stasi geführt, beide sind als Inoffizielle Mitarbeiter registriert, und beide sagen, sie wüssten davon nichts. [...] Während Manfred Stolpe die Möglichkeit hat sich zu rechtfertigen, hat man Lothar de Maizière vorverurteilt.«[523]

Zu einer Verbesserung des persönlichen Verhältnisses zwischen de Maizière und Merkel führte ihre Intervention gleichwohl nicht. Im Gegenteil beklagte sich de Maizière noch im November des Jahres 2002 darüber, wie sich Angela Merkel seiner Meinung nach durch ihren CDU-Aufstieg innerhalb der letzten zehn Jahre verändert habe. Seine Nachfolgerin gehe ihm aus dem Wege. De Maizière spielte dabei auf die Tatsache an, dass Angela Merkel mit ihrem heutigen Ehemann im gleichen Haus wohnt, in dem ihr früherer Chef de Maizière seine Rechtsanwaltskanzlei hat: »Ich habe ihr zweimal angeboten: Wenn du Zeit hast, komm vorbei, eine Tasse Kaffee kriegst du immer. Aber sie ist leider noch nicht einmal hier gewesen. [...] Ich habe das Gefühl, dass Angela Berührungsängste hat mit allen Leuten, die sie in ihrer Karriere gefördert haben oder mal wichtig waren. [...] Sie ist wie eine Westpolitikerin geworden. Sie hat Spaß daran wie jemand, der eine Marionette bewegt: Wenn ich an dieser Strippe ziehe, dann wackelt's da. Es ist der Spaß an der Herrschaft über die Mechanik, aber auch an der Herrschaft über Menschen.«[524]

Weiter auf der Suche nach einer Hausmacht

Auch nach ihrer Wahl zur einzigen Stellvertretenden Bundesvorsitzenden der CDU im Dezember 1991 hatte Angela Merkel noch nicht das Problem der fehlenden Hausmacht gelöst. Nach der Schlappe in Brandenburg sollte der Bundesvorsitz einer der Vereinigungen der CDU hier Abhilfe schaffen. So nahm sie im September 1992 gerne das Angebot an, sich zur Vorsitzenden des Evangelischen Arbeitskreises (EAK) der CDU als Nachfolgerin des zum CDU-Generalsekretär aufgerückten Peter Hintze wählen zu lassen. Er war als EAK-Vorsitzender Nachfolger großer protestantischer Persönlichkeiten wie des früheren Bundesaußenministers Gerhard Schröder, des späteren Bundespräsidenten Roman Herzog und des rheinland-pfälzischen Landtagspräsidenten Albrecht Martin gewesen. Der EAK verfügt zwar nicht über einen größeren Delegiertenblock, gehört aber zum Traditionskern der CDU und gab Merkel damit etwas, was für Machtausübung von großer Bedeutung ist, nämlich das Gefühl, zur »Unionsfamilie« zu gehören. Als erste Frau an der Spitze der protestantischen Christdemokraten wollte Merkel vor allem eine Wertediskussion beginnen und setzte sich zum Ziel, das »C« im Namen der CDU, das christliche Element, politisch wieder stärker erkennbar zu machen. Allerdings konnte sie diese plakativen Ankündigungen während ihrer gut einjährigen Amtszeit kaum mit Inhalt füllen und hinterließ als Vorsitzende des Arbeitskreises keine nachhaltigen Spuren. Sie machte sich dafür bald auf zu neuen politischen Ufern: Als sie 1993 Landesvorsitzende der CDU in Mecklenburg-Vorpommern wurde, erklärte sie, sie müsse sich auf den Stellvertretenden Bundesvorsitz und den Landesvorsitz konzentrieren.

Auf dem Düsseldorfer CDU-Parteitag im Oktober 1992 wurde Merkel in ihrem Amt als Stellvertretende Bundesvorsitzende der CDU mit 762 von 968 Stimmen (76 Prozent) bestätigt. Dieses Wahlergebnis honorierte zwar ihre politische Arbeit und ihre Position als herausgehobene Vertreterin der ostdeutschen CDU-Politiker, verdeutlichte zugleich aber auch einen gewissen Popularitätsrückgang und signalisierte, dass in der Konkurrenzsituation mit westdeutschen

Mitbewerbern gute Ergebnisse schwieriger zu erzielen waren als bei ihrer Alleinwahl im Dezember 1991, bei der sie noch 86 Prozent der Stimmen erhalten hatte. Der fehlende landespolitische Rückhalt machte sich hier zum ersten Mal bemerkbar. Erneut kam Merkel in dieser Situation der Zufall zu Hilfe, denn ihr langjähriger Förderer Günther Krause musste aus den bereits genannten Gründen zunächst von seinem Amt als Bundesverkehrsminister zurücktreten und sah sich im Mai 1993 gezwungen, auch den Landesvorsitz der CDU Mecklenburg-Vorpommern niederzulegen.[525] Die Nachfolgekandidatin war mit Angela Merkel schnell gefunden. Die Unterstützung der Bundes-CDU hatte sie ohnehin, auch die Stimmung im Landesverband Mecklenburg-Vorpommern war im Gegensatz zur brandenburgischen Kandidatur positiv. Dies hing einerseits damit zusammen, dass Merkel direkt gewählte Bundestagsabgeordnete in Mecklenburg-Vorpommern war. Andererseits konnte sich aber auch der Landesverband durch den Vorsitz einer einflussreichen Bundesministerin eine bessere Lobby für landespolitische Anliegen bei der Bonner CDU-Regierung versprechen. Zunächst musste allerdings noch der damalige Ministerpräsident Mecklenburg-Vorpommerns, Bernd Seite, von den Vorzügen einer Kandidatur Merkels überzeugt werden. Danach stand ihrer erfolgreichen Wahl zur neuen Landesvorsitzenden nichts mehr im Weg. Mit 135 von 159 Stimmen (85 Prozent) wurde sie im Juni 1993 in das neue Amt gewählt. Damit hatte sie die so lang ersehnte landespolitische Absicherung ihrer bundespolitischen Machtposition erreicht. Ihr Verhältnis zu Günther Krause verschlechterte sich in der Folgezeit allerdings merklich. Mit dem Landesvorsitz konnte sie ihre innerparteiliche Positionierung stärken. Die wichtigsten Wegmarken ihrer knapp vierjährigen Amtszeit als Bundesministerin für Frauen und Jugend seien hier analysiert:

Die schwierigste Klippe: der Paragraph 218

Die Abtreibungsfrage brachte Angela Merkel in eine schwierige parteiinterne Gemengelage. Zum einen verstand sie sich als eine junge Frau, die als Frauenministerin für das Selbstbestimmungsrecht der Frauen fechten wollte und sich zugleich verpflichtet fühlte, die Ostinteressen im wiedervereinigten Deutschland zu repräsentieren. Zum anderen gehört sie einer christlich geprägten Partei an, deren katholische Mehrheit – jedenfalls auf der Ebene der Bundestagsabgeordneten – sich sehr nahe an den Positionen ihrer Kirche orientiert und dem Thema »Lebensschutz« eine herausgehobene Bedeutung beimisst. Sie beobachten argwöhnisch die Politik ihrer Parteioberen in dieser Frage. Die Entscheidung im Bundestag fand statt zwischen den Polen Totalverbot der Abtreibung, Indikationslösung mit Feststellung durch einen Arzt, Fristenlösung mit Pflicht zur vorangehenden Beratung und unkonditionierte Fristenlösung. In der DDR war die rechtliche Situation eindeutig: Dort galt in der Abtreibungsfrage seit 1972 eine unkonditionierte Fristenregelung von zwölf Wochen, innerhalb derer die Frau einen Schwangerschaftsabbruch vornehmen lassen konnte.[526] Der Einigungsvertrag sah eine einheitliche Regelung für ganz Deutschland vor.[527]

Im Verlauf der koalitionsinternen Beratung über eine Neuregelung des Paragraphen 218 zeichnete sich in der Folgezeit schnell ab, dass an einen gemeinsamen Gesetzentwurf der Unionsparteien und der FDP in dieser Frage nicht zu denken war. Während die FDP für eine Fristenlösung eintrat, tendierte die Mehrheit der CDU/CSU-Bundestagsfraktion zu einer strengen Indikationsregelung. Eine kleine Minderheit um Rita Süssmuth setzte sich für eine Beratungslösung ein, bei der die Letztentscheidung bei der betroffenen Frau lag. Für diese Position hatte Angela Merkel viel Sympathie. Dies drückte sich in einem Gesetzentwurf aus, den sie in ihrem Ministerium erarbeiten ließ und den sie in die Diskussion einbrachte, obwohl die formale Zuständigkeit für diese Frage zum einen beim Bundesjustizministerium, zum anderen bei der Familienministerin lag. Die Idee des Merkel'schen Ansatzes, die sie immer wieder mit der griffigen Devise »Helfen statt Strafen«[528] umschrieb, war, dass Frauen in der angstfreien Situation nach einer fairen Beratung sich eher zu einem Ja für ein Kind entscheiden würden, als wenn man sie mit Strafe bedrohte. Zwar hatte sie mit ihrem Gesetzentwurf in der eigenen Fraktion keine Chance, aber wie so oft im politischen Leben der Angela Merkel setzte sie sich ganz am Ende mit ihrer Konzeption durch. Zum einen gab es eine Mehrheitsentscheidung im Deutschen Bundestag – im Wesentlichen getragen durch SPD, Grüne und FDP –, die für eine de-facto-Fristenlösung ausfiel und bei der sich Angela Merkel zum Ärger der Mehrheit ihrer eigenen Fraktion der Stimme enthielt.[529] Zum anderen bestätigte das Bundesverfassungsgericht – 248 CDU/CSU-Bundestagsabgeordnete wollten mit einer Normenkontrollklage die Fristenregelung zu Fall bringen – diese im Kern. Diesem Urteil stimmte die Frauenministerin aus vollem Herzen zu.[530]

Angela Merkel hatte sich zunächst nach der Bundestagsabstimmung darauf festgelegt, sich nicht an einer geplanten Normenkontrollklage von Unionsabgeordneten gegen die verabschiedete Neuregelung des Paragraphen 218 zu beteiligen: »Ich habe auch gehört, dass die CSU und auch CDU-Abgeordnete dieses Gesetz noch einmal vom Bundesverfassungsgericht überprüfen lassen wollen. Das ist ja im Prinzip auch legitim und gut. Es handelt sich hier um eine wichtige Frage. Ich denke, dass deshalb auch das Bundesverfassungsgericht hierzu seine Meinung sagen soll, obwohl ich mich an dieser Klage nicht beteiligen werde.«[531] Umso erstaunlicher, dass sie in einem Interview mitteilte, sie habe sich der Klage doch angeschlossen: »Der Unionsentwurf war mir zu hart, der SPD-Entwurf [interfraktioneller Gruppenantrag; D. Verf.] eine pure Fristenlösung. Beides wollte ich nicht, es blieb nur die Enthaltung. Als Wolfgang Schäuble, zu der Zeit schon Fraktionschef, mich in der Folge dann fragte, ob ich das Normen-Kontrollverfahren gegen das von der SPD eingebrachte Mehrheitsgesetz, das ja auch die FDP bejahte, unterschreiben würde, habe ich das ohne Zögern getan.«[532] Auch im Gespräch mit dem Autor meinte sie sich zu erinnern, die Normenkontrollklage auf Drängen von Wolfgang Schäuble mit unterzeichnet zu haben. Tatsächlich fehlt der Name Merkel auf der Klageschrift. Für diese erstaunliche »Gedächtnislücke« gibt es nur zwei mögliche Erklärungen. Die eine ist, dass sie in ihrer heutigen Rolle als Vorsitzende den alten Konflikt mit der damaligen Mehrheit ihrer Fraktion begraben möchte; die andere ist, dass ihre Erinnerung sie deswegen täuscht, weil das Urteil des Verfassungsgerichts zu dem für sie erwünschten und für die klagende Mehrheit der Fraktion unerwünschten Ergebnis führte.

Nicht nur Angela Merkel, sondern auch ihren Chef Helmut Kohl brachte das Thema der Abtreibung innerlich in Bedrängnis. Kohl hatte in der Frage des Schwangerschaftskonfliktes eine eher liberale Auffassung, da er dieses Thema gefühlsmäßig der Privatsphäre und nicht dem öffentlichen Leben zuordnete. Als Vorsitzender der CDU fühlte er sich aber der konservativen Mehrheitsmeinung verpflichtet. In seinem Verfassungsamt als Bundeskanzler stand er nun vor der Schwierigkeit, ein Gesetz gegenzeichnen zu müssen, dessen Inhalt er in seinen öffentlichen Äußerungen als nicht verfassungsgemäß qualifizierte. Konsequenterweise hätte Kohl dem Gesetz seine Unterschrift verweigern müssen, was dann ebenfalls zu einem Verfahren vor dem Bundesverfassungsgericht geführt hätte. Kohl wählte jedoch für sich einen anderen Weg und unterschrieb das Gesetz als Bundeskanzler, um es im nächsten Zug durch seinen Beitritt als Abgeordneter Kohl zur Normenkontrollklage der Mehrheit seiner Fraktionskollegen anzugreifen. Am Ende war er wohl froh, dass nach jahrzehntelanger Debatte bei diesem kontroversen Thema Rechtsfrieden einkehrte.

»Würden Sie diese Frau einstellen?«: Das »Gleichberechtigungsgesetz«

Auch wenn Angela Merkel selbst das von ihr gegen zahlreiche Widerstände durchgeboxte »Gleichberechtigungsgesetz« für das Berufsleben nicht als wichtigstes Projekt ihrer Frauen- und Jugendministerzeit betrachtet, konnte sie doch in diesem Zusammenhang zum ersten Mal ihre Durchsetzungsfähigkeit hinsichtlich eines in den eigenen Reihen umstrittenen politischen Vorhabens nachweisen.[533] Ihre persönliche Motivation für die Verabschiedung eines Gleichberechtigungsgesetzes begründete Merkel mit den immer noch vorhandenen Defiziten auf diesem Gebiet sowohl in West- als auch in Ostdeutschland.[534] Anfang des Jahres 1992 legte sie auf dieser Grundlage einen ersten Entwurf vor, der im politischen Bonn auf starke Kritik stieß. So lehnten der Koalitionspartner FDP, aber auch einflussreiche Wirtschaftsverbände vehement die im Gesetzentwurf zunächst vorgesehene Beweislastumkehr bei Einstellungen ab. Dies hätte die Beweispflicht für den Arbeitgeber bedeutet, eine Bewerberin nicht wegen ihres Geschlechts benachteiligt zu haben.[535] Merkels Entwurf stieß auf scharfe Kritik und Häme. So titelte die ›Bild am Sonntag‹ im Februar 1992 polemisch: »Ganz Bonn spottet über das Emanzipationsgesetz von Frau Merkel: Würden Sie diese Frau einstellen?«[536] Auch der damalige Präsident des Deutschen Industrie- und Handelstags, Hans-Peter Stihl, machte aus seiner Geringschätzung des Gesetzentwurfs kein Geheimnis und wurde mit den wenig schmeichelhaften Worten zitiert: »Man ist wirklich erstaunt, auf welche Ideen Politiker kommen, wenn sie keine konkreten Probleme haben.«[537] Von Seiten der Opposition wurde hingegen bemängelt, dass sich in Merkels Gesetzesentwurf keine einklagbare Quotenregelung zur Einstellung von Frauen wiederfinde.

Die Ablehnung einer Quotenregelung konnte indes bei genauerer Betrachtung nicht verwundern. Als Ministerin hatte sich Angela Merkel von Anfang an gegen restriktive Bestimmungen zur Frauenförderung gewandt. Sie widersprachen ihrer nüchternen und unemotionalen Auffassung von Gleichberechtigung.[538] Merkel ging es um die Verbesserung der praktischen Durchsetzungsfähigkeit dieses Gleichberechtigungsbegriffs. So ließ sie sich von der teils harschen Kritik an ihrem Gesetzentwurf auch deshalb nicht irritieren, weil sie dessen Wirkungskraft keinesfalls als Allheilmittel betrachtete oder darstellte[539]. Um die Widerstände gegen das von Merkel geplante Gleichberechtigungsgesetz zu überbrücken, waren allerdings mehrmonatige Nachverhandlungen notwendig. Eine endgültige Version des Gesetzentwurfs konnte erst im September 1993 im Bundestag eingebracht werden. Die Unterstützung der gesamten Koalition für ihren Gesetzentwurf erlangte Merkel dabei durch ihre Kompromissfähigkeit auf dem umstrittenen Feld der Beweislastumkehr. Hier einigte man sich auf einen Entschädigungsanspruch der betroffenen Frau von höchstens drei Monatsverdiensten bei gleichzeitiger Festlegung von Ausnahmeregelungen für kleinere und mittelständische Unternehmen von bis zu 400 Beschäftigten. Insgesamt kann festgehalten werden, dass es Merkel mit Inkrafttreten des Gesetzestextes zum 1. September 1994 auf diese Weise gelungen war, mit Ausdauer und Hartnäckigkeit das Gesetzesvorhaben zum Erfolg zu führen.[540]

Kindergärten, Jugendgewalt, Frauenarbeitslosigkeit

Durchsetzen konnte sich Merkel auch bei ähnlichen Projekten, die bundespolitisch nicht als sonderlich bedeutsam erschienen und daher weniger prestigeträchtig waren. Hierzu zählte beispielsweise ihr Einsatz für den rechtlichen Anspruch auf einen Kindergartenplatz für Kinder ab dem dritten Lebensjahr. Zwar wird diese Politik gegenwärtig kaum mehr mit Angela Merkel oder überhaupt einer CDU-Politikerin in Verbindung gebracht, aber der rechtliche Anspruch auf einen Kindergartenplatz wurde erst 1992 während Merkels Ministerzeit durch die maßgeblich von ihr betriebene Novellierung des Kinder- und Jugendhilfegesetzes erreicht. Dies bewertet sie selbst rückblickend als ihren größten Erfolg während ihrer Amtszeit als Frauen- und Jugendministerin (siehe Interview des Autors mit Angela Merkel). Bei der Bekämpfung der hohen Jugendgewalt, die vor allen Dingen ein ostdeutsches Phänomen der ersten Nachwendejahre war, scheute sie sich nicht, mit extremistisch orientierten Jugendlichen zu diskutieren. Zudem startete ihr Ministerium im Januar 1992 ein auf drei Jahre angelegtes Aktionsprogramm des Bundes mit insgesamt 132 Anti-Aggressions-Projekten. In Erinnerung ist auch noch ihr Vorschlag geblieben, angesichts der steigenden Jugendgewalt gegen Ausländer ein Unterrichtsfach »Völkerkunde« als Schulpflichtfach einzuführen. In diesem Zusammenhang mahnte sie eine stärkere Selbstkontrolle der Fernsehsender an, um Gewaltdarstellungen einzuschränken. Außerdem zählte Merkel zu den Befürwortern eines

Sendeverbots für indizierte Filme und setzte sich für das Verbot von Tonträgern mit rechtsradikaler Musik ein. Andererseits lehnte sie eine generelle Novellierung des Jugendstrafrechts im Sinne härterer Regelungen ab. Sie engagierte sich auch stark für die Bekämpfung der Misshandlung von Kindern. Mit der bundesweiten Aufklärungskampagne »Keine Gewalt gegen Kinder« versuchte sie im Rahmen ihrer Möglichkeiten, einen eigenen Beitrag zur Eindämmung der Kriminalität mit einer der höchsten Dunkelziffern in der Bundesrepublik Deutschland zu leisten. Zudem stritt Merkel im Kabinett gerade vor dem Hintergrund der hohen Frauenarbeitslosigkeit in Ostdeutschland dafür, Frauen verstärkt an arbeitsmarktpolitischen Maßnahmen zu beteiligen. Ihre Intervention auf diesem Feld führte schließlich dazu, dass der damalige Arbeitsminister Norbert Blüm einem entsprechenden Passus im Arbeitsförderungsgesetz zustimmte.[541] Lehnte Merkel auch eine generelle Quotierung von Frauenerwerbstätigkeit ab, so zeigt dieses Beispiel, dass sie bei Bedarf durchaus in der Lage war, ihren Standpunkt den aktuellen Entwicklungen pragmatisch anzupassen.[542]

In den Fußstapfen Töpfers als Bundesumweltministerin (1994 – 1998)

Nach der Bundestagswahl 1994 wurde Angela Merkel – für viele überraschend – neue Umweltministerin im Kabinett Kohl. Statt einer »weichen« Thematik wie bisher übernahm sie damit ein Ressort, das im Zentrum des ordnungspolitischen Streites stand, dessen Entscheidungen größte ökonomische Auswirkungen haben konnten und können. Sie trat das Amt zu einem Zeitpunkt an, als wichtige umweltpolitische Maßnahmen bereits durch ihren profilierten Vorgänger Klaus Töpfer auf den Weg gebracht waren. Für seine Amtszeit hatte gegolten: In ökonomisch prosperierenden Zeiten ist Umweltpolitik ein gutes Profilierungsfeld. Seine Nachfolgerin musste feststellen: Wenn sich schwierige wirtschaftliche Entwicklungen ergeben, verändern sich die politischen Prioritäten. Mit diesem Handicap begann die Laufbahn Angela Merkels als Umweltministerin. Es mag mit ein Grund dafür sein, dass sich nur noch wenige an ihre Tätigkeit als Umweltministerin erinnern. Klaus Töpfer hatte das Ministerium von 1987 an über viele Jahre lang sehr erfolgreich geleitet und dem Ressort der Umweltpolitik auf diese Weise innerhalb der Bundesrepublik Deutschland nach der Tschernobyl-Katastrophe im Jahr 1986 eine immer herausragendere Bedeutung verliehen. In dem Erfolgsgeheimnis des charakterstarken Töpfer, der mit Leidenschaft und Überzeugung für Umweltbelange und eine zunehmende Einflusserweiterung seines Ministeriums stritt, lag zugleich aber auch der Hauptgrund für seine Ablösung im Herbst 1994. So war Töpfer zunehmend für Teile der Industrie – beispielsweise der Automobilindustrie, die die umweltrechtlichen Reglementierungen beklagte – zu eigenwillig und einflussreich geworden.

Töpfer hatte die Handlungsmöglichkeiten seines Ministeriums in Zeiten einer schlechteren gesamtwirtschaftlichen Lage schlichtweg ausgereizt. Kohl nahm dankbar den Hinweis von Jürgen Rüttgers auf, der von einer prinzipiellen Wechselbereitschaft Töpfers wusste.[543] Rüttgers war vor der Übernahme seines Amtes als »Zukunftsminister« – so seine Selbstbenennung – Erster Parlamentarischer Geschäftsführer der CDU/CSU-Bundestagsfraktion und konnte auf die Regierungsbildung Einfluss nehmen. Kohl – und dies dürfte der entscheidende Grund für die Ablösung Töpfers gewesen sein – schätzte zudem die parteiinterne wie öffentliche Diskussion nicht, in deren Verlauf Töpfer mehr und mehr als sein potentieller Nachfolger gehandelt wurde. Töpfer ergriff gerne die Möglichkeit, als Bauminister ein mächtiges Infrastruktur-Ressort zu verantworten und zugleich die Aufgabe zu schultern, den Berlin-Umzug von Parlament und Regierung – ein logistisches Megaprojekt – zu übernehmen. Gegenwärtig leitet Töpfer im Range eines Vize-Generalsekretärs als höchstrangiger deutscher Politiker bei einer internationalen Organisation das Umweltprogramm der Vereinten Nationen mit Sitz in Nairobi.

Die Berufung Angela Merkels in das Amt der Umweltministerin war trotz der geschilderten Vorgänge dennoch überraschend, auch wenn sie mit ihrem Hintergrund als Physikerin gut begründet werden konnte. Merkel selbst zögerte verständlicherweise nicht, als Kohl ihr das Ressort anbot, denn sie begriff die Ernennung als große Chance: »[Es] war erkennbar, dass die geteilten Ministerien ›Frauen und Jugend‹ sowie ›Familie und Senioren‹ wieder zusammengelegt werden sollten. Familienministerin hätte ich nicht werden können, schon deshalb, weil ich selbst damals nicht verheiratet war und keine Familie hatte. Hinzu kam, dass mir das Umweltressort mit einer ganzen Reihe naturwissenschaftlicher Fragestellungen durchaus lag.«[544] Der 17. November 1994 markierte mit der Vereidigung Merkels zur neuen Bundesumweltministerin den Beginn ihres nächsten bundespolitischen Karriereschritts. Mit dieser neuen Aufgabe hatte sie ein in mehrfacher Hinsicht schweres Erbe übernommen. Gerade angesichts ihres äußerst sachkundigen und populären Vorgängers wurde ihre Ernennung zur Umweltministerin in der Öffentlichkeit mit größter Skepsis kommentiert. Die einflussreichen Umwelt- und Naturschutzverbände bemängelten die Besetzung des Ministeriums mit einem »umweltpolitischen Leichtgewicht«. Merkel war zudem immer der Gefahr ausgesetzt, an der Arbeit ihres viele Jahre im Amt agierenden Vorgängers Klaus Töpfer gemessen zu werden, der in der Wahrnehmung aller relevanten, im Umweltbereich tätigen Politiker, Institutionen und Interessenverbände als exzellenter Experte auf diesem Gebiet respektiert und anerkannt war.

Ein profilierter Staatssekretär muss gehen

Am Anfang wurde Angela Merkel in ihrem neuen Ministerium unterschätzt. Das sollte sich schnell ändern, als sie knapp drei Monate nach ihrem Amtsantritt als erstes Zeichen ihres Kompetenz- und Führungsanspruchs den langjährigen beamteten Staatssekretär Clemens Stroetmann in den einstweiligen Ruhestand versetzte. Stroetmann war von Merkel aus der Amtszeit Töpfers übernommen worden, mit dem er fast acht Jahre eng und vertrauensvoll zusammengearbeitet hatte. Die Kompetenz Stroetmanns als Umweltfachmann ist unbestritten. Mit Töpfer zusammen hatte er das Umweltministerium, das nach dem Reaktorunglück in Tschernobyl aus einer Abteilung des Bundesinnenministeriums und einer Unterabteilung des Bundeswirtschaftsministeriums entstanden war, kräftig ausgebaut. Die eigenständige und eigenwillige Art seiner Arbeit als Staatssekretär missfiel Merkel jedoch von der ersten Minute an. Stroetmann hatte unter Töpfer nicht den Anspruch vertreten, die politischen Leitlinien des Ministeriums vorzugeben, sie aber doch zumindest in großen Teilen an verantwortlicher Stelle mitbestimmt. Das Erfolgsrezept der engen Kooperation zwischen Töpfer und Stroetmann hatte dabei immer in dem Wissen Töpfers gelegen, dass Stroetmann zwar ein geltungsstarker, aber zugleich loyaler Staatssekretär war, der auch bei seinen zahlreichen Auftritten in der Öffentlichkeit nie Zweifel an der Vormachtstellung des Ministers aufkommen ließ. Nun muss man wissen, dass es Minister in der Regel nicht sehr gerne haben, wenn ihr jeweiliger Staatssekretär mit eigenem Habitus auftritt. Dies gelang in der Zeit der Kohl-Regierung nur wenigen beamteten Staatssekretären, wie etwa dem fast schon legendär zu nennenden Wirtschaftsstaatssekretär Otto Schlecht, dem Finanzstaatssekretär Hans Tietmeyer und dessen Nachfolger und heutigem Bundespräsidenten Horst Köhler. Die beiden Letzteren hatten es aber hinsichtlich einer eigenen Profilbildung gegenüber ihren anderen Staatssekretärskollegen insofern einfacher, als sie bei wichtigen internationalen Wirtschaftsgipfeln als sogenannte »Sherpas« nicht ihren eigenen Finanzminister vertraten, sondern als persönliche Beauftragte des Bundeskanzlers fungierten. Dies bescherte ihnen eine Sonderstellung und einen »eigenen Draht zum Kanzler«.

Bevor Töpfer auf Bundesebene Ministerwürden übernahm, war er in den Jahren 1978 bis 1985 selber Staatssekretär im rheinland-pfälzischen Ministerium für Umwelt und Gesundheit gewesen; danach wurde er für dieses Ressort zwei Jahre Landesminister. Aus seiner eigenen Staatssekretärszeit war ihm die Schwierigkeit der Gratwanderung zwischen eigener Profilbildung und lautloser, effektiver Unterstützung der Arbeit eines Ministers bekannt. Töpfer verfügte über genügend Selbstbewusstsein, Stroetmanns manchmal hemdsärmeliges, von starkem Selbstvertrauen geprägtes Auftreten zu akzeptieren. Dies hing mit einem anderen Politikstil Töpfers zusammen, der sich nicht gerne um die allerletzten Feinheiten seines eigenen »Hauses« kümmerte. Angela Merkel hingegen hat nicht einmal den Versuch einer Zusammenarbeit mit Stroetmann unternommen. Sie wollte keinen Schatten aus der Töpfer-Ära in ihrer Nähe haben. Bereits am 6. Januar 1995 eröffnete sie ihm seine Entlassung, die viel Wirbel auslöste – und Staunen im Ministerium, in dem eine »Zeit ohne Stroetmann« kaum vorstellbar war. Die Tatsache, dass Töpfer selbst für seinen einstigen Staatssekretär ein gutes Wort einlegte, dürfte Angela Merkel in ihrem Vorhaben noch mehr bestärkt haben – von der Äußerung des damaligen umweltpolitischen Sprechers der SPD, Michael Müller, einmal ganz zu schweigen: »Wir haben oft mit Stroetmann in Sachfragen gestritten, konnten uns jedoch stets auf sein Wort verlassen.«[545] Da die Entlassung eines beamteten Staatssekretärs formal vom Kabinett beschlossen werden muss und der Zustimmung zunächst des Kanzlers, im Endstadium aber auch der Unterschrift des Bundespräsidenten bedarf, muss Merkel vor ihrer Entlassungsaktion die Zustimmung des Bundeskanzlers eingeholt haben. Manche vermuteten bei dieser Entlassung bereits eine frühe Emanzipation Merkels von Kohl, die ihren Kanzler mit ihrer Entscheidung vor vollendete Tatsachen gestellt habe. Soviel Chuzpe dürfte die Ministerin zu diesem Zeitpunkt allerdings noch nicht besessen haben. Kohl hätte einen mit ihm nicht abgesprochenen Entlassungsversuch nie akzeptiert.

Als Nachfolger von Stroetmann benannte Merkel den anerkannten Verwaltungsfachmann Eckhard Jauck, der aus dem Innenministerium ins Umweltministerium wechselte und wie sie selbst damit politisches Neuland betrat. Jauck wurde ihr von Hausmann empfohlen. Beide sind miteinander befreundet. Merkel hatte Hausmann in dem von Claudia Nolte geleiteten, neu zugeschnittenen Bundesministerium für Familie, Senioren, Frauen und Jugend auf Wunsch Kohls zurücklassen müssen. Einer noch unerfahrenen jungen Ministerin aus Ostdeutschland wollte der Bundeskanzler auf diese Weise einen routinierten Verwaltungsfachmann an die Seite stellen. Angela

Merkel vollzog mit der Neuberufung eines Staatssekretärs noch vor ihrer eigenen inhaltlichen Einarbeitung in die ihr wenig vertraute Materie der Umweltpolitik einen drastischen personellen Neustart auf der Leitungsebene ihres Ministeriums. Sie wollte sich möglichst schnell als zielstrebige Umweltministerin mit eigenständigem Profil etablieren. Dementsprechend verlief die Übergabe der Amtsgeschäfte von Töpfer an Merkel auch äußerst knapp und sachlich. Nichts deutet darauf hin, dass Merkel nach ihrem Amtsantritt den erfahrenen Töpfer noch einmal explizit um seinen Rat und seine Expertise bat. Spätestens zu diesem Zeitpunkt konnte am Machtinstinkt Merkels, die noch wenige Jahre zuvor als »Kohls Mädchen« belächelt worden war, kein Zweifel mehr bestehen.

Der Berliner Klimagipfel 1995

Der personellen Profilierung folgte schon in den ersten Monaten des Jahres 1995 die Möglichkeit zum inhaltlichen Profilgewinn. Der bevorstehende UN-Klimagipfel in Berlin, den Merkel als gastgebende Umweltministerin leiten sollte, war eine harte Bewährungsprobe für ihre Durchsetzungskraft auf internationaler Ebene. Nach zweiwöchigen Verhandlungen konnte sie den Gipfel Anfang April 1995 in einer nächtlichen Marathonsitzung schließlich mit der Verabschiedung des sogenannten »Berliner Mandats« zur Reduzierung von Treibhausgasen zu einem in dieser Form nicht unbedingt vorhersehbaren Erfolg führen. Auch Merkel selbst bewertet rückblickend ihr Auftreten beim UN-Klimagipfel von Berlin als eine ihrer bisher größten politischen Leistungen: »Gleich zu Beginn meiner Arbeit als Umweltministerin habe ich 1995 als Präsidentin die Klimakonferenz in Berlin geleitet. An deren Ende stand das so genannte Berliner Mandat. [...] In den vierzehn Tagen der Konferenz hatte ich mir bei den Teilnehmern ein Vertrauen erworben, das dazu beigetragen hat, dass am Ende ein gutes Ergebnis stand. Das empfinde ich als eine meiner besten Leistungen.«[546] Wie so häufig bei internationalen Konferenzen schien auch in Berlin ein positives Verhandlungsergebnis allerdings tagelang nicht sichtbar. Einzelverhandlungen mit besonders schwierigen Delegationen bis spät in die Nacht raubten Angela Merkel die letzten Kräfte. Noch wenige Stunden vor Ende der Konferenz schien es so, als endete diese in einem Desaster – was zugleich eine herbe Niederlage für Merkel selbst bedeutet hätte.

Bei einer nächtlichen Sitzung am Ende der Konferenz und zu vorgerückter Stunde war Angela Merkel am Ende ihrer physischen wie psychischen Kräfte. Auf einmal kamen ihr die Tränen. Sie wollte schon alles hinschmeißen. Es war ihre engste Mitarbeiterin Beate Baumann, die ihr in größerer Runde harsch zuraunte: »Nun reißen Sie sich mal zusammen!« Die deutsche Delegation zuckte zusammen. Doch die Aufforderung wirkte. Wenige Stunden später wurde die Konferenz zu einem Erfolg. Angela Merkel konnte mit sich und der Konferenz zufrieden sein. Die Tatsache, dass es die in umweltpolitischen Fragestellungen noch recht unerfahren wirkende Ministerin fertig brachte, gleich zu Beginn ihrer Amtszeit die divergierenden Interessen von etwa 1000 Delegierten aus gut 130 Staaten auf einer internationalen Konferenz zusammenzuführen und am Ende ein für alle Beteiligten tragbares Ergebnis zu erreichen, belegt, dass es ihr innerhalb kurzer Zeit gelungen war, sich kompetent in das komplexe Feld des Klimaschutzes einzuarbeiten.

Die anfänglich beobachtete Skepsis und Zurückhaltung gegenüber den neuen Mitarbeitern (und umgekehrt) wich bei Merkel in der Folgezeit immer mehr zu Gunsten einer Offenheit. Sie hatte zunehmendes Vertrauen in die Kompetenzen und Fähigkeiten ihrer leitenden Mitarbeiter. Frühere enge Mitarbeiter sind heute noch voll des Lobes, wie schnell Merkel mit ihrer analytischen Begabung umweltfachpolitische Themen verinnerlichte. Manche erinnern sich sogar an die Bereitschaft zu einer inhaltlichen Diskussion und an die Fähigkeit, kritische Hinweise zur Kenntnis zu nehmen. Sie merkte sehr bald, dass im Umweltministerium viele »Überzeugungstäter« arbeiteten, die unabhängig von einer individuellen parteipolitischen Orientierung an der Sache des Umweltschutzes orientiert waren. Jedenfalls entwickelte sich – zur Überraschung mancher – nach einer manchmal kühlen Übergangszeit ein Arbeitsklima, das entscheidend zur wachsenden Selbstsicherheit Merkels als Umweltministerin beitrug. Das Verhältnis zur Wirtschaft hatte sich im Vergleich zu Töpfers Amtszeit zudem bereits innerhalb der ersten Amtsmonate deutlich verbessert. Die neue Umweltministerin setzte hier auf eine »Entspannungspolitik« zwischen umweltpolitischen und ökonomischen Anliegen. Sie versuchte, Konflikte in diesen Bereichen zu vermeiden und möglichst konsensorientiert zu lösen.

Sommersmog und Tränen im Kabinett

Gerade vor dem Hintergrund, dass Merkel sich im Verlauf der ersten Jahreshälfte 1995 in ihrem neuen Amt allmählich freigeschwommen hatte und immer besser zurechtfand, muss auch ihr Tränenausbruch im Kabinett vom Mai 1995 gesehen werden. Anlass der emotionalen Aufwühlung Angela Merkels war die Diskussion um eine von ihr geforderte Sommersmogverordnung und hiermit verbundene Fahrverbote und Tempolimits für Kraftfahrzeuge. Auf Grund der extrem hohen Ozonwerte des Sommers 1995 war der Handlungsdruck auf Merkel durch entsprechende Forderungen der Öffentlichkeit und der politischen Opposition in dieser Frage enorm. Zugleich empfand sie ihren Vorstoß für eine Sommersmogverordnung als persönlichen Gradmesser für die kabinettsinterne Durchsetzungsfähigkeit ihrer umweltpolitischen Agenda.

Doch während der Kabinettssitzung im Mai 1995 stellte sich schnell heraus, dass die Initiative in der von ihr gewünschten Fassung keine Mehrheit finden würde. Trotz der Vorbereitung durch ihr Ministerium und vorheriger Absprache mit den betroffenen Ressortministern Matthias Wissmann (Verkehr) und Günter Rexrodt (Wirtschaft) sah sich Merkel während der Sitzung aufgrund einer sich kritisch entwickelnden Diskussion im Kabinett allein auf sich gestellt. So wies Wissmann darauf hin, dass der Sinn von Fahrverboten und Tempolimits bei hohen Ozonwerten auch unter Wissenschaftlern äußerst umstritten sei. Eventuelle Maßnahmen dürften unter keinen Umständen die Autobahnen betreffen. Rexrodt bemängelte in der Kabinettssitzung Merkels Vorschlag, Fahrzeugen ohne Katalysator bei Ozonalarm Fahrverbot zu erteilen. Er gab zu bedenken, dass auf jeden Fall Ausnahmeregelungen für den Wirtschafts- und Berufsverkehr zu treffen seien, da sonst ganze Wirtschaftsbranchen lahmgelegt würden. Merkels Standpunkt, dass sich das von ihr geplante Fahrverbot lediglich auf Personenkraftwagen, Motorräder und Lastkraftwagen bezöge, die nicht zwangsläufig zur Versorgung der Bevölkerung notwendig seien, überzeugte Bundeskanzler Kohl vor dem Hintergrund der vielstimmigen Einwände gegenüber ihrem Anliegen nicht. Als sie schließlich darauf beharrte, dass die Beschlüsse sofort verabschiedet werden müssten, um im Sommer Anwendung finden zu können, erwiderte Kohl, dass er sehr wohl die ökologische Dimension der Fragestellung und die Ängste der Bevölkerung anerkenne. Die Frage sei aber, ob die Koalitionsfraktionen einer eilig verkündeten Maßnahme so kurz vor der Sommerpause noch zustimmen würden. Hier sei eine sorgfältigere Abstimmung zwischen den Ressorts und Fraktionen nötig[547], die Merkel anscheinend bisher nicht bewerkstelligt habe. Als ihr die Aussichtslosigkeit ihres Unterfangens nach und nach bewusst wurde, kamen ihr die Tränen.

Sie sah sich von ihren Kabinettskollegen in Stich gelassen und, schlimmer noch, sie lief selbst bei ihrem Lehrmeister und Ziehvater Kohl auf. Das muss sie sehr gewurmt haben. In diesem Moment konnte sie ihre Emotionen nicht zurückhalten. Ihre aufgestaute Frustration und Enttäuschung fand in ihrem Tränenausbruch ein für das politische Bonn äußerst ungewöhnliches Ventil. An die Motive für dieses Verhalten und ihr persönliches Empfinden während der Kabinettssitzung erinnert sich Merkel noch genau: »Nach langem Drängen, kurz vor Beginn des Sommers, kam das Thema [...] auf die Tagesordnung des Kabinetts. Dort wurde deutlich, dass Helmut Kohl [...] zuvor noch nicht viel über das Thema gehört hatte. Er fragte dann, ob ich mein Vorgehen schon mit CSU und FDP, also mit Michael Glos und Hermann Otto Solms, abgestimmt hätte. Das waren ungefähr die Einzigen, mit denen ich noch nicht gesprochen hatte. Um es kurz zu sagen: Ich fühlte mich reingelegt. [...] Nun musste ich befürchten, dass rechtzeitig bis zum Sommer keine Regelung mehr zustande zu bringen sein würde. In einer solchen Situation hätte ein Mann vielleicht geschrien. Ich aber brach in Tränen aus.«[548] Ob gewollt oder ungewollt, verhalfen Merkels Tränen ihrem Vorstoß für eine Sommersmogverordnung nachträglich aber doch noch zum Durchbruch. Ein Weinanfall wurde zum Politikum, zumal dieser der Öffentlichkeit nicht unbekannt blieb. Schon wenige Tage nach der erwähnten Kabinettssitzung einigte sie sich mit ihren Kabinettskollegen Wissmann und Rexrodt auf einen Kompromissentwurf, der bei hoher Ozonkonzentration ein Fahrverbot für Autos ohne Katalysator vorsah. Diese Regelung sollte indes nicht für schadstoffarme Dieselfahrzeuge, den öffentlichen Nahverkehr, Arzt- und Krankenwagen sowie Motorräder gelten. Zusätzlich sollte es den Länderbehörden gestattet sein, bei Bedarf auch Berufspendler, Urlauber und den Wirtschaftsverkehr aus dem Verbot auszunehmen. Zudem enthielt der Kompromissvorschlag keine Forderung nach einem Tempolimit. Im Vermittlungsausschuss wurde die Verordnung dann noch einmal überarbeitet. Letztlich einigte man sich nach längeren Verhandlungen auf eine Sommersmogregelung, die zunächst als Feldversuch mit Tempolimit in einem Bundesland zur Anwendung kommen sollte. Mit diesem Kompromiss konnten alle leben.

Castor-Transporte und Atomenergie

Die größte Krise im Verlauf ihrer Amtszeit als Bundesumweltministerin stand im Zusammenhang mit der Castor-Problematik. Noch vor den Auseinandersetzungen um die Verabschiedung einer Sommersmogregelung im Sommer 1995 hatte Merkel bereits im Frühjahr dieses Jahres bei der Frage des Atommülltransports in Castor-Behältern von Baden-Württemberg in das niedersächsische Zwischenlager Gorleben ihre Konfliktfähigkeit unter Beweis stellen müssen. Hier hielt sie erwartungsgemäß an der bereits unter ihrem Vorgänger Klaus Töpfer durchgesetzten Weisung an das Land Niedersachsen zur Einlagerung des Atommülls fest. Diese Praxis verfolgte Merkel bis zum Frühjahr des Jahres 1998 trotz erheblicher Proteste und Widerstände.

Ihre Entscheidung deckte sich mit ihrer Auffassung, dass ein Ausstieg aus der Atomenergie nicht praktikabel und sinnvoll sei. Analog hierzu plädierte Merkel immer wieder für eine nationale Lösung bei der Entsorgung von Atommüll, was die Option der Endlagerung mit einschloss. Das Beharren auf ihrem Standpunkt in der Frage der Castor-Transporte begründet sie rückblickend auch mit ihrer Verpflichtung, als Bundesministerin geltendes Recht durchzusetzen: »Es ging ums Prinzip, um das rechtsstaatliche Prinzip. Was im Gesetzblatt steht, muss der Staat auch durchsetzen. [...] Im Übrigen war ich grundsätzlich der Überzeugung, dass die friedliche Nutzung der Kernenergie verantwortbar ist. [...] Schließlich war klar, dass die Nutzung dieser Technik infrage stünde, wenn die Entsorgung dauerhaft blockiert würde.«[549]

Im Mai 1998 wurde dann eine deutliche Überschreitung der Strahlengrenzwerte bei Transporten von abgebrannten Brennelementen in Castor-Behältern nach Frankreich bekannt. In einem Wahlkampfjahr stellte dieses Ergebnis ein besonderes Problem für das gesamte Regierungslager dar. Greenpeace monierte, weder die deutschen Kernkraftbetreiber noch die zuständigen Sicherheitsbehörden hätten ihren Kontrollauftrag ordnungsgemäß erfüllt. Merkel selbst bewertete den Skandal um verseuchte Atommüllbehälter als einen schweren Schlag gegen die Glaubwürdigkeit der Atombranche. In einer Stellungnahme ordnete ihr Ministerium am 21. Mai 1998 den sofortigen Stopp von weiteren Transporten an: So lange würden keine Brennelementtransporte im Inland und in ausländische Wiederaufbereitungsanlagen stattfinden, »bis durch geeignete technische Maßnahmen [...] sichergestellt ist, dass sich diese Kontaminationen nicht wiederholen.«[550] Mit der Untersuchung des Vorgangs beauftragte die Ministerin die unabhängige Gesellschaft für Anlagen- und Reaktorsicherheit. Außerdem legte Merkel bereits am 25. Mai 1998 einen Zehn-Punkte-Plan für mehr Sicherheit bei Atomtransporten vor. Hierin forderte sie unter anderem von den Energieversorgern die Entwicklung eines neuen Organisationskonzeptes für die Transporte und die Einführung einer verbindlichen Meldepflicht bei Überschreitungen des zulässigen Strahlungswerts, die bis dahin nicht bestanden hatte.

Ihre Länderkollegen lud Merkel zu einem Krisengipfel nach Bonn ein, doch schickten manche Bundesländer demonstrativ nicht ihre zuständigen Landesumweltminister, sondern ließen sich auf Abteilungsleiterebene vertreten. Damit wollten sie ihren Unmut symbolisieren. So wenige Monate vor einer Bundestagswahl wollten sie der Ministerin aus ihrer unbequemen Lage nicht heraus helfen. Rücktrittsforderungen aus den Reihen der Opposition wurden laut. Der damalige Fraktionssprecher von Bündnis 90/Die Grünen, Joseph (»Joschka«) Fischer, folgerte, allein die Tatsache, dass Merkel erst Ende April 1998 von den schon lange vorher aufgetretenen, überhöhten Strahlenwerten bei Atomtransporten erfahren habe, sei ein zwingender Rücktrittsgrund. Auch der damalige Parlamentarische Geschäftsführer der SPD-Bundestagsfraktion, Peter Struck, mahnte, Merkel müsse sich zu ihrer ministeriellen Verantwortung bekennen. Sie müsse lückenlos darlegen, ob die Atomwirtschaft das Umweltministerium falsch informiert habe oder ob ihre Behörde von den Gefahren Kenntnis hatte und die Transporte dennoch veranlasste. Merkel lehnte die gegen sie erhobenen Rücktrittsforderungen resolut ab. Die Beweispflicht für ein Fehlverhalten läge nicht bei ihr, sondern bei der Atomindustrie, die ihr Ministerium über einen langen Zeitraum nicht über die erhöhten Strahlungswerte bei Castor-Transporten informiert hätte. Ihre Aufgabe sei, die Sachverhalte lückenlos aufzuklären. Auch rückblickend ist ihre Verärgerung über die damalige Situation noch deutlich herauszuhören: »Ich fühlte mich hinters Licht geführt und habe das auch deutlich gemacht. Vor allem, weil so wenig unternommen worden war, die Behälter zu verbessern. Da wird man dann für etwas verantwortlich gemacht, was weitab der eigenen Möglichkeiten liegt. Das war eine ziemlich harte Sache. [...] Die Quittung für die Industrie kam dann auch nach der Bundestagswahl 1998 unter Rot-Grün: Abschaffung der Kernenergie.«[551] Kohl stützte seine Ministerin. Aber auch der Bundeskanzler betonte, es müssten aus dem Skandal Konsequenzen gezogen werden, die jedoch nicht in den Rücktritt der Umweltministerin münden dürften. Wenige Monate vor der Wahl wäre ein Rücktritt eher einem Schuldeingeständnis gleichgekommen.

Merkel hatte im Umweltausschuss des Deutschen Bundestags auf die Zuständigkeiten der Bundesländer für die Überwachung der Atomkraftwerke hingewiesen. Diesen obliege beispielsweise die Kontrolle der Beladungsvorgänge in den Brennelementebecken der Anlagen, bei denen es mit großer Wahrscheinlichkeit zu den Kontaminationen gekommen sei. Zudem forderte sie die Atomwirtschaft noch einmal auf, die Auflagen ihres Zehn-Punkte-Plans für eine bessere Sicherheit bei Atommülltransporten so schnell wie möglich umzusetzen. Merkel überstand die Krise letztlich vor allem deshalb, weil ihr selbst keine direkte Schuld an dem Skandal nachzuweisen war. Die Vorwürfe konzentrierten sich zwar auf die Verletzung ihrer ministeriellen Aufsichtspflicht, aber in den entscheidenden Punkten lagen die Kompetenzen bei den Bundesländern beziehungsweise war die Atomwirtschaft ihrer Sorgfaltspflicht nicht nachgekommen. Ihre Verteidigungsstrategie betrieb sie in diesem Wissen. Das insgesamt erfolgreiche Krisenmanagement Merkels war ein Indiz für ihre mittlerweile ausgeprägten »Steherqualitäten«. Natürlich wusste sie, dass ein Rücktritt das Ende ihrer bundespolitischen Karriere bedeutet hätte. Trotz ihrer Erfahrung mit der Atomwirtschaft sagte die Physikerin wenige Monate nach dem Skandal im August 1998 und damit wenige Wochen vor der Bundestagswahl, dass sie weiterhin an der friedlichen Nutzung der Kernenergie festhalte.

Merkels Standhaftigkeit in der Frage der Nutzung von Atomenergie hatte sich zuvor auch schon bei den von ihr im Mai 1996 angebotenen Energiekonsensgesprächen über die Frage der künftigen Nutzung der Kernenergie und der Entsorgung von Atommüll mit der SPD gezeigt. In diesen Gesprächen plädierte sie nicht nur für die weitere Nutzung der Kernenergie, sondern auch für eine Atommüllendlagerungslösung in Deutschland. Die Gespräche scheiterten jedoch, als Merkel im Juli 1997 eine Atomgesetznovelle vorlegte, die ein standortunabhängiges Prüfverfahren für neue Typen von Atomkraftwerken vorsah und ohne Zustimmung der Länder umgesetzt werden sollte. Ein solches Verfahren hatte die SPD in den Energiekonsensgesprächen zuvor immer abgelehnt. Stellvertretend für die SPD-Seite bezeichnete die damalige niedersächsische Umweltministerin Monika Griefahn Merkels Vorgehen als einen Affront. Die Bundesumweltministerin habe das Tischtuch für weitere Verhandlungen zerschnitten. Am eigenständigen Handlungswillen Merkels in der Frage einer Neuregelung des Atomrechts änderte das Ende der Energiekonsensgespräche im Sommer 1997 allerdings nichts, denn schon Mitte Juli 1997 beschloss das Bundeskabinett auf ihre Initiative hin eine Novellierung des Atomgesetzes. Dieser Alleingang der Regierung stieß bei vielen Bundesländern, den Naturschutzverbänden und der Opposition in Bonn auf entschiedenen Widerstand. Bemängelt wurden am Gesetzentwurf Merkels unter anderem die darin vorgesehenen zentralen Prüfungen für neue Kernkraftwerke, die Verlängerung der Genehmigung für ostdeutsche Atomeinrichtungen und die Förderung der Entwicklung eines neuen deutsch-französischen Druckwasserreaktors. Merkel blieb hiervon unbeeindruckt und argumentierte, dass der Alleingang der Regierung die zwingende Folge der ergebnislos gebliebenen Energiekonsensgespräche mit der SPD sei. Ihr Verhalten in der Frage des Energiekonsenses und der Novellierung des Atomgesetzes kann dabei sicherlich kontrovers diskutiert werden. Klar erkennbar wurde hier allerdings abermals ihr mittlerweile stark ausgeprägter Wille, Entscheidungen auch gegen Widerstände durchzusetzen.

Kreislaufwirtschaftsgesetz und Bodenschutz

Abseits des Themenkomplexes der Atomenergie und der Problematik der Castor-Transporte bestimmten noch andere wichtige Schwerpunkte Angela Merkels Arbeit als Umweltministerin. So trat im Herbst 1996 das Kreislaufwirtschaftsgesetz in Kraft, das für die Vermeidung, Verwertung und umweltverträgliche Beseitigung entstehender Abfälle bei der Produktion, Vermarktung und Konsumierung von Gütern durch die Wirtschaft das Verursacherprinzip einführte. Die alte Rollenverteilung, nach der die Wirtschaft Abfall produzierte und die Gemeinden und Kreise diesen auf Kosten der Allgemeinheit zu entsorgen hatten, wurde damit abgelöst. Merkel, die mit dem Gesetz die Selbstverantwortung und -überwachung der Wirtschaft stärken wollte, umschrieb dessen Philosophie folgendermaßen: »Die Verantwortung für ein Produkt darf nicht mehr mit seiner Herstellung enden. Sie muss Gebrauch und umweltfreundliche Entsorgung, das heißt vor allem Wiederverwendung und Wiederverwertung, mit beinhalten.«[552] Im September 1996 brachte sie zudem einen Gesetzentwurf zur Verbesserung des Bodenschutzes auf den parlamentarischen Weg. Das »Gesetz zum Schutz vor schädlichen Bodenveränderungen und zur Sanierung von Altlasten« verpflichtete Eigentümer von Grund und Boden zu allgemeinen, verbindlichen Vorsorgepflichten im Bereich des Bodenschutzes. Auf diese Weise sollten Flächenversiegelungen und Verseuchungen durch Industrie, Straßen- und Wohnungsbau reduziert beziehungsweise vermieden werden. Trotzdem kritisierte der Bund für Umwelt und Naturschutz den von Merkel erarbeiteten Entwurf als einen »zahnlosen Papiertiger«, der sich vor allen Dingen durch zahlreiche Ausnahmeregelungen auszeichne.[553] Angesichts der jahrelangen Streitigkeiten zwischen Bund, Ländern und Interessenverbänden in der Frage des Bodenschutzes war die letztlich erreichte Verabschiedung des Gesetzes allerdings ein Erfolg. Eine Niederlage musste Merkel bei einem weiteren Gesetzesvorhaben hinnehmen, an dem bereits Töpfer scheiterte. Das Kabinett Kohl verabschiedete im August 1996 ein neues Bundesnaturschutzgesetz, dem aber wegen zahlreicher Länderbedenken und Vorbehalte seitens der Landwirtschaft die parlamentarische Billigung verwehrt blieb. Auch Merkel gelang also auf diesem komplexen Gebiet keine Novellierung der bis dahin geltenden Bestimmungen. Erst ihr Nachfolger Jürgen Trittin (Grüne) konnte dieses Rahmengesetz bewerkstelligen.

Klimaschutz

Neben den genannten Gesetzesinitiativen zur Verbesserung des Boden- und Naturschutzes konzentrierte sich Merkel in ihrer Arbeit immer wieder auf die vielfältigen Aspekte des Klimaschutzes. So stellte sie dem Kabinett im April 1997 den zweiten nationalen Klimaschutzbericht vor, den ihr Ministerium federführend erarbeitet hatte. Demnach war der Ausstoß des klimaschädigenden Treibhausgases Kohlendioxid 1996 zum ersten Mal seit dem Zeitpunkt der Deutschen Einheit im Westen Deutschlands wieder um 1,9 Prozent angestiegen, im Osten ging er dagegen um 43,6 Prozent zurück.[554] Um die während der Berliner Klimakonferenz von 1995 verabredete Senkung des Kohlendioxidausstoßes um 25 Prozent bis 2005 erreichen zu können, forderte Merkel in diesem Zusammenhang zusätzliche Anstrengungen von allen Beteiligten ein. Dass die Bundesrepublik Deutschland auf internationalem Parkett bereit war, in dieser Frage mit gutem Beispiel voranzugehen, zeigte Merkels Verhalten bei der Weltklimakonferenz im japanischen Kyoto im November 1997. Sie gehörte zu denjenigen Teilnehmern, die eine nachhaltige Emissionsreduzierung befürworteten. Teilnehmer berichten, dass Merkel einen wichtigen Beitrag zum Zustandekommen des Gipfelprotokolls leistete, das nach zähen und langwierigen Verhandlungen zwischen annähernd 160 Staaten verabschiedet wurde. Das Protokoll sah vor, dass die meisten Industrieländer ihren Ausstoß von Treibhausgasen bis spätestens zum Jahr 2012 um fünf bis acht Prozent verringern sollten. So lag die entsprechende Vorgabe für die Staaten der Europäischen Union beispielsweise bei acht, für die USA bei sieben und für Japan bei sechs Prozentpunkten. Durchschnittlich sollten demnach die Emissionen in den Industrieländern um 5,2 Prozentpunkte gesenkt werden.[555]

Ihren eigenen Gestaltungsanspruch auf dem Feld der Umweltpolitik stellte Angela Merkel im April 1998 mit der Vorlage ihres umweltpolitischen Schwerpunktprogramms »Nachhaltige Entwicklung in Deutschland« unter Beweis. Das ambitionierte Papier definierte Ziele, Zeitvorgaben und Maßnahmen für die wichtigsten umweltpolitischen Handlungsfelder. Die Umweltverbände bewerteten das Programm als wichtigen, aber unzureichenden Schritt in die richtige Richtung. Gleichwohl hat die Studie auch gegenwärtig in vielen relevanten Bereichen der Umweltpolitik noch Aktualität.

Ökosteuer – gestern und heute

Kommt im Bundestag der Gegenwart gelegentlich die Diskussion auf die Ökosteuer, so erinnern sich die älteren Abgeordneten an eine frühere Umweltministerin, die eine Ökosteuer auf Benzin und Heizöl favorisierte. Merkel vertrat grundsätzlich die Überzeugung, dass Steuern ein wichtiges Instrument sind, um die richtigen Signale für die Nutzung knapper Umweltgüter zu setzen. 1997 erklärte sie in der ›Frankfurter Rundschau‹: »Energie ist heute zu billig. (...) Es müssen aus meiner Sicht gezielt die Steuern auf Energie angehoben werden, sei es über Mineralöl, Heizgas oder Strom. Der gewünschte umweltpolitische Lenkungs- und Lerneffekt tritt freilich nur ein, wenn klar ist, dass die Steuersätze über Jahre allmählich angehoben werden.«[556] Im Zusammenhang mit dem Bundestagswahlkampf 2002 hingegen plädierten die Unionsparteien für eine Abgabe, die nach dem Schadstoffausstoß bemessen wird. Merkel: »Ich kann keinerlei Entwicklung sehen, nach der die rot-grüne Ökosteuer einen Lenkungseffekt bei den privaten Haushalten oder im Straßenverkehr erbracht hätte.« Und: »Wir wollen eine aufkommens- und wettbewerbsneutrale, europaweit abgestimmte und schadstoffbezogene Abgabe. Das hat Rot-Grün nicht geschafft.«[557]

Zwischenbetrachtung

Die Bundestagswahl des Jahres 1998 brachte nicht nur das Ende der Ära Kohl, sondern beendete auch Angela Merkels achtjährige Amtszeit als Bundesministerin, zunächst für Frauen und Jugend (1991–1994) und dann Umwelt (1994–1998). Alles in allem blieb Merkels Rolle in der Erinnerung an Kohls Regierungszeit blass, so sehr sie es auch vermocht hatte, sich in der jeweiligen Fachwelt ein Profil zu entwickeln. Sie konnte sich nie ganz aus dem Schatten ihres Förderers Kohl lösen, auch wenn sie sich schon sehr früh darüber im Klaren war, dass das Jahr 1998 unter einem Kanzlerkandidaten Kohl für die Union zu einem Desaster führen müsse. Vorsichtig, und nur für Insider sichtbar, hatte Merkel mit dem damaligen Fraktionsvorsitzenden Schäuble eine Koalitionspolitik betrieben. Schäuble hatte sich in einigen Initiativen mit umweltpolitischen Fragen befasst, die mit Angela Merkel »über Bande« gespielt waren. Im Gegensatz zu anderen jungen Politikern aus Ostdeutschland entwickelte sie in ihren Ministerämtern ein untrügliches Machtgespür. Im Bonner Politikbetrieb fielen darüber hinaus ihre analytischen Fähigkeiten und ihre Gabe auf, sich schnell und umfassend in neue Sachverhalte einzuarbeiten. In Kabinettssitzungen galt sie in der Regel als gut vorbereitet. Nach Erinnerung des früheren Staatsministers beim Minister des Auswärtigen, Werner Hoyer (FDP), widersprach sie sogar gelegentlich Kohl am Kabinettstisch: »Sie hatte ihren eigenen Kopf.«[558]

VII. Schäubles General, Schäubles Fall

Generalsekretärin im Interregnum Schäuble

Der Bundesparteitag der CDU in Bonn, auf dem Helmut Kohl am 7. November 1998 mit feuchten Augen den Parteivorsitz an Wolfgang Schäuble, seinem ungeliebten und dennoch von ihm jahrelang als Kronprinzen ausgerufenen Nachfolger übergab, führte für Angela Merkel – obwohl keine Ministerin mehr – zu einem Karrieresprung. Wenige Wochen nach der Wahlniederlage der schwarz-gelben Koalition und dem zwangsläufigen Ausscheiden aus der Bundesregierung Anfang November 1998 gelangte Merkel in das Amt der CDU-Generalsekretärin. Diese Aufgabe ist eine der wenigen wirklich interessanten und zugleich überregional profilbildenden Funktionen, die eine Oppositionspartei zu vergeben hat. Auf Vorschlag Schäubles, der weiterhin Vorsitzender der CDU/CSU-Bundestagsfraktion blieb, wurde Angela Merkel mit 874 gegen 68 Stimmen zur neuen Generalsekretärin gewählt. Damit wurde sie Nachfolgerin von Peter Hintze, der dieses Amt seit Mai 1992 ausgeübt hatte. War Angela Merkel die Richtige, um der Partei neue Zuversicht geben zu können? Und welche Gründe veranlassten Schäuble, die damals 44-Jährige zur Generalsekretärin vorzuschlagen? Nach seinem Sturz als Partei- und Fraktionsvorsitzender im Februar 2000 zeigte sich Schäuble »noch immer überzeugt, dass diese Personalauswahl zu den besten Entscheidungen meiner Amtszeit zählt. Ich habe sie jedenfalls zu keinem Zeitpunkt bereut«[559]. Ob er heute diesen Satz noch einmal sagen würde, ist mehr als fraglich.

Bundestagswahl 1998: Neuanfang nach dem Machtwechsel

Schäuble und Merkel traten ihre Aufgaben im Zeichen eines desaströsen Wahlausgangs für die Unionsparteien an. Diese fuhren am 27. September 1998 mit 35,2 Prozent das schlechteste Ergebnis ihrer Geschichte (abgesehen vom Ausnahmejahr 1949, der ersten Bundestagswahl) ein. 1994 waren sie gerade noch auf 41,5 Prozent gekommen und hatten nur noch ganz knapp mit der FDP eine Koalition bilden können. Seit dieser Zeit war eigentlich den kundigen Thebanern klar, dass Helmut Kohl die nächste Wahl mit ziemlicher Sicherheit verlieren würde. Schäuble wollte deshalb seine Ambitionen, Kohl als Bundeskanzler zu beerben, nicht mehr allzu lange hintanstellen. Spätestens seit der Jahreswende 1996/97 wurde er immer unruhiger und thematisierte auffällig oft die Kandidatenfrage – wozu er sich auch der Medien bediente.[560] Im ›Stern‹ ließ er sich die Frage stellen, ob sich »der Mann im Rollstuhl« das Amt des Bundeskanzlers überhaupt zutraue.[561] In der ›Süddeutschen Zeitung‹ erschien ein Artikel, den Kohl ebenfalls als von Schäuble lanciert empfand, wurde doch darin über einen Rücktritt Kohls spekuliert und Schäuble mit den Worten zitiert: »Ich weiß, dass Helmut Kohl öffentliche Ratschläge, insbesondere von seinen Freunden, nicht schätzt. Und deswegen gebe ich ihm keine.«[562] Dieser vorgeblich Kohl-loyale Satz war genau umgekehrt zu verstehen. Schäuble ahnte, dass er immer mehr als »Kronprinz« in eine Art »Prince-Charles-Rolle« gedrängt würde.

Merkel erkannte ebenfalls frühzeitig, dass das Ende der Ära Kohl nahte. Sie orientierte sich an Schäuble, dem die größten Nachfolgechancen zugetraut wurden. Sie wusste um die Gefahr, in der Oppositionszeit als »einfache« Abgeordnete zu den »Hinterbänklern« zurückzufallen. Dies mussten nach dem Regierungswechsel leidvoll die meisten ihrer Bundesministerkollegen erfahren, die in einer personell sich verjüngenden Fraktion kaum noch eine öffentlich sichtbare Rolle spielten. Das traf dann selbst einen so profilierten Mann wie Theodor Waigel, der nach der Abgabe des Parteivorsitzes der CSU kein wirkliches Führungsamt mehr wahrnahm und 2002, wie Helmut Kohl, aus dem Bundestag ausschied. Von Kohls ehemaligen Ministern haben sich 2002 nur noch wenige als Abgeordnete in den Bundestag hinübergerettet. Sie spielen im Leitungsbereich der CDU/ CSU-Fraktion keine herausragende Rolle mehr: Am ehesten war eine solche noch dem profilierten früheren Verteidigungsminister Volker Rühe zugetraut worden; doch entschied sich der Hamburger für eine Ministerpräsidentenkandidatur bei der Landtagswahl am 27. Februar 2000 in Schleswig-Holstein. Bis zur CDU-Spendenaffäre, die wenige Monate vor diesen Wahlen ausbrach, waren ihm gute Chancen eingeräumt worden, Heide Simonis (SPD) abzulösen. Nachdem er im Lichte des CDU-Spendenskandals damit gescheitert war, wurde Rühe von der neuen Partei- und Fraktionsführung nicht mehr richtig »reintegriert« – er hätte es von seinem Format her gemeinsam mit anderen schaffen können, Merkels Ambitionen und ihren Aufstieg einzuschränken. Heute ist er Vorsitzender des Auswärtigen Ausschusses des Bundestages – entgegen der klangvollen Titulatur sind Vorsitzende von Bundestagsausschüssen in ihren jeweiligen Fraktionen allerdings nicht besonders einflussreich.

Schäuble hatte nach der Wahlniederlage 1998 anfänglich noch überlegt, Rühe wegen seiner Erfahrung und seines öffentlichen Profils stärker in die Verantwortung einzubinden. Damit wollte Schäuble aber in erster Linie die Ambitionen auf den Parteivorsitz des ihm einzig gefährlichen Konkurrenten im Keim ersticken. Das mag damals Rühe nicht erkannt haben. Schäuble und Rühe traten am Abend der verlorenen Wahl gemeinsam auf, sie kamen zusammen – obwohl sie nicht eingeladen waren – zum Kanzlerbungalow, um mit Kohl und den anderen dort versammelten deprimierten Kanzlergetreuen über die Konsequenzen aus dem politischen Erdrutsch zu diskutieren. Schäuble zog nach seinen Aussagen Rühe und Merkel in die engere Wahl für die Besetzung des Generalsekretärpostens. Er dachte wohl auch darüber nach, Rühe die Aufgabe eines neu zu schaffenden Ersten Stellvertretenden Vorsitzenden der Partei anzutragen. Einige Zeit sah es so aus, als ob Schäuble und Rühe wie ein Tandem agierten. Rühe jedoch, von 1989 bis 1992 CDU-Generalsekretär unter Kohl, wollte aus prinzipiellen Gründen das Amt nicht ein zweites Mal verwalten. In Wirklichkeit dürfte Schäuble von Anfang an ein Auge auf

Angela Merkel als Generalsekretärin geworfen haben. Rühe, dessen Auftreten recht »ruppig« sein konnte und der gelegentlich als Generalsekretär auf Konfrontationskurs zu Kohl gegangen war, schien Schäuble weniger kalkulierbar zu sein.

Warum wurde Angela Merkel Generalsekretärin?

Drei Gründe bewogen Schäuble zur Berufung Angela Merkels. Erstens dachte er, mit Angela Merkel eine »pflegeleichtere« Generalsekretärin zu haben als mit Rühe. Worin er sich täuschen sollte. Das zweite wesentliche Argument für Merkels Berufung war, dass sich Schäuble in seinem Entfremdungsprozess gegenüber Kohl mit Angela Merkel völlig einig wusste. Journalistischen Vertrauten sagte sie schon vor der Wahlniederlage, die Dominanz der »alten Männer« in der CDU müsse überwunden werden – Kohl, aber nicht nur er, war damit gemeint. Bei dem angeblichen »Mädchen Kohls« hatte schon seit Jahren ein innerer Emanzipationsprozess ihrem eigentlichen Förderer gegenüber eingesetzt. Zeitlich parallel muss sich bei Schäuble, der als einstiger Chefarchitekt des »Systems Kohl« diesen mit seinen Leistungen und Irrungen besser kannte als jeder andere, ein tiefer Groll gegen Kohl festgefressen haben. Nach außen hin tarnte sich Schäuble mit der Maske biederer Loyalität und fleißiger Hausmeiereigenschaft. 1998 wollte er als neuer Vorsitzender und mit Merkels Hilfe den Versuch unternehmen, sich radikal von Kohl abzusetzen, das gelegentlich apostrophierte »Vater-Sohn-Verhältnis« sichtbar abzustreifen. Ausgerechnet in dem Männermagazin ›Playboy‹ kündigte Schäuble seinem langjährigen Mentor Helmut Kohl – und das wenige Tage vor der Bundestagswahl! – die Freundschaft auf. Inwieweit dieses Interview insbesondere auf die Kernwählerschaft der Union gewirkt hat, sei hier nicht weiter ausgeführt. Schäuble ließ die ›Playboy‹-Konsumenten wissen, er habe es für »politisch ungeschickt« gehalten, dass Kohl »schon vor Jahren« gesagt habe, er solle sein Nachfolger werden. »Es gibt in der Demokratie keine Personalentscheidungen auf Vorrat. Sie müssen dann getroffen werden, wenn sie anstehen«, sagte der damalige Fraktionsvorsitzende. Schäuble verwahrte sich auch gegen die Bezeichnung »Männerfreundschaft« für sein Verhältnis zu Kohl: »Wir kommen aus zwei politischen Generationen, schon deshalb kann das keine Männerfreundschaft sein.«[563] Schäuble hatte seine eigene tiefe Verstrickung in die Kohl-Zeit verdrängt – was ihm zum Verhängnis werden sollte und seiner Generalsekretärin zu weiterem Aufstieg verhalf. Zunächst war Schäuble auf dem Bonner Parteitag nach der verlorenen Wahl gegen seine innere Überzeugung gezwungen, Helmut Kohl den Ehrenvorsitz anzutragen. Schäuble und Merkel mussten in den folgenden Monaten schmerzhaft erfahren, dass Kohl die mit dem Ehrenvorsitz verbundenen Rechte (Sitz und Stimme in Präsidium und Bundesvorstand der CDU) rege zu nutzen wusste. Wie eine Art Oberaufseher begleitete Kohl das Wirken seines Nachfolgers und dessen Generalsekretärin.

Der Jurist Schäuble hatte sich – das war sein drittes Motiv für die Wahl Merkels – mit der Naturwissenschaftlerin Merkel bereits in ihrer Umweltministerzeit inhaltlich gut verstanden. Die politische Wesensverwandtschaft der beiden zeigte sich beispielhaft in politisch so umstrittenen Fragen wie der Erhöhung des Benzinpreises und der Einführung einer »Ökosteuer«. Der Beschluss der Grünen auf ihrem Magdeburger Parteitag im März 1998, den Benzinpreis durch drastische Steuerzuschläge mittelfristig auf fünf Mark anzuheben, war seinerzeit das einzige Fremdereignis, das im Wahlkampf den Unionsparteien zugute kam. Die Sympathien für die Grünen halbierten sich in der Bevölkerung innerhalb kurzer Zeit. Doch steuerten Schäuble und Merkel einen gemeinsamen Kurs, da sie sich die Möglichkeiten einer höheren Ökosteuer offen halten wollten.

Nur 17 Monate Generalsekretärin

Merkels Zeit als Generalsekretärin war allerdings nur von kurzer Dauer: siebzehn Monate, realistisch sogar nur zwölf Monate. In dieser Zeit konnte die Union herausragende Wahlsiege in den Bundesländern feiern, vor allem in Hessen, wo am 7. Februar 1999 Roland Koch

Ministerpräsident Hans Eichel aus dem Amt verdrängte: Die CDU erreichte 43,4 Prozent und konnte knapp mit der FDP eine Koalition bilden. Zu einem Regierungswechsel kam es auch im Saarland, wo die Union am 5. September 1999 45,5 Prozent (1994: 38,6 Prozent) erhielt; seitdem kann sie dort allein regieren. Die CDU-geführten Regierungen in Sachsen und Thüringen wurden mit 56,9 bzw. 51 Prozent bestätigt, die CDU in Brandenburg konnte auf einem niedrigen Niveau deutlich zulegen (von 18,7 Prozent im Jahre 1994 auf 26,5 Prozent im Jahr 1999). Die Europawahlen vom 13. Juni 1999 wurden für die CDU zu einem echten Triumph: Die Unionsparteien erhielten 48,7 Prozent (1994: 38,8 Prozent) der abgegebenen Stimmen. Fast schien es so, als habe »der Wähler« ein schlechtes Gewissen, auf Bundesebene zuvor Rot-Grün gewählt zu haben. Diese alles in allem hervorragenden Ergebnisse des Jahres 1999 hatten zur Folge, dass sich die Unionsparteien der trügerischen Hoffnung hingaben, »1998« sei eine Art politischer Betriebsunfall gewesen. Deshalb unterließen die Parteigremien alles, um die wahren Gründe für die Wahlniederlage zu erforschen. Insbesondere Schäuble hatte hieran kein Interesse, wäre doch seine Mitverantwortung für die Wahlniederlage 1998 allzu deutlich geworden. Das Wahlkampfprogramm stammte weitgehend aus seiner Feder.

Für das öffentliche Bild eines Generalsekretärs ist es immer besser, »good news« verkünden zu können. Dazu hatte Angela Merkel in ihren ersten zwölf Monaten reichlich Gelegenheit. Doch sollte sich das bald durch den Kohl-CDU-Spendenskandal ändern. Dieser nahm am 5. November 1999 mit einem Haftbefehl durch das Amtsgericht Augsburg gegen Walter Leisler Kiep, Schatzmeister unter Kohl von 1971 bis 1992, seinen Anfang. Kiep wurde verdächtigt, 1991 von dem kurz zuvor in Kanada festgenommenen Lobbyisten Karlheinz Schreiber eine Million Mark als Schmiergeld erhalten und nicht versteuert zu haben. Das Geld soll im Zusammenhang mit Panzerlieferungen nach Saudi-Arabien und Airbus-Geschäften geflossen sein. Auch gegen andere Personen wurde ermittelt: gegen Thyssen-Manager, gegen Holger Pfahls, einen untergetauchten und mittlerweile verhafteten ehemaligen Verfassungsschutzchef und Staatssekretär im

Verteidigungsministerium, sowie den Strauß-Sohn Max. Kiep legte Dokumente vor, nach denen die Zahlung von einer Million Mark nicht als Provision an ihn persönlich gegangen war, sondern als Parteispende an die CDU. In der Folge wurden immer mehr Einzelheiten der Parteispendenpraxis bekannt. Eine Enthüllung nach der anderen rollte wie eine Lawine auf die CDU zu und beschäftigte die deutsche Öffentlichkeit. Jetzt schlug die »große Stunde« Angela Merkels, sich auch mit »bad news« zu profilieren. Sie nutzte in den folgenden Wochen und Monaten jedes Mikrophon, um als unerbittliche Sauberfrau volle Aufklärung über Spendenvorgänge einzufordern und zwar von einem Mann, den sie einst verehrt hatte, Helmut Kohl. Zunächst erklärte die Generalsekretärin beim Bekanntwerden der Vorwürfe, dass nach Feststellungen eines unabhängigen Wirtschaftsprüfers von der Schreiber-Million keine Mark auf Konten der CDU geflossen sei. Helmut Kohl geriet zunehmend unter Beschuss, doch wies er zu diesem Zeitpunkt noch alle Vorwürfe zurück. Es verdichteten sich indes immer stärker die Mutmaßungen, unter seinem Parteivorsitz sei ein undurchsichtiges Kontensystem angelegt worden. Am 26. November 1999 wird sich Kohl über seinen langjährigen Generalsekretär Heiner Geißler besonders erregt haben, der sich zum Erschrecken seiner eigenen Partei zu der Bemerkung hinreißen ließ: »Es gab den Etat der Bundesgeschäftsstelle und daneben gab es auch andere Konten.« Und weiter: »Diese Konten standen ausschließlich unter der Verantwortung des Bundesvorsitzenden und der Schatzmeisterei.«[564] Mit Geißler hatte erstmals ein hochrangiger CDU-Politiker der Ära Kohl zugegeben, dass es auch eine inoffizielle Buchführung gab. In einem ZDF-Interview gestand Kohl dann am 16. Dezember 1999 ein, bei seinem viele Jahre währenden Umgang mit Spenden einen »Fehler« gemacht zu haben. Die Summe, die er von 1993 bis 1998 entgegen dem Parteispendengesetz angenommen hatte, bezifferte Kohl auf einen Betrag »zwischen anderthalb bis zwei Millionen Mark«[565] und weigerte sich, die angeblichen Spender zu benennen.

Scheidebrief an Kohl

Der Parteispendenskandal sollte die CDU so sehr erschüttern, dass sie, zumindest ein Jahr lang, zur eigentlichen Oppositionsarbeit gar nicht mehr in der Lage war. Jeden Tag kamen neue Ungereimtheiten ans Licht, und es zeigte sich, wie schwierig es für eine Partei ist, wenn der Parteivorsitzende selbst in den Strudel eines Spendenskandals gerät. In jenen Tagen, in denen die Medien fieberhaft nach immer neuen Belegen suchten, lagen die Nerven blank. Wer heute die Stellungnahmen der damaligen Generalsekretärin nachliest, wird feststellen müssen, dass sie – wie von einer inneren Unruhe getrieben – alles unternahm, um Kohl herauszufordern. Sie tat das mit dem Versprechen, lückenlose Aufklärungsarbeit zu leisten. Die Partei beschäftigte sich nur noch mit sich selbst. Da schlug ihr Namensartikel in der ›Frankfurter Allgemeinen Zeitung‹ am 22. Dezember 1999 wie eine Bombe ein; er wird in die CDU-Geschichte eingehen. Denn mit ihrem Beitrag zerstörte Angela Merkel das Verhältnis zwischen Schäuble und Kohl endgültig. Ihre Botschaft lautete im Kern, die Zeit Kohls sei unwiederbringlich vorüber: »Die Partei muss also laufen lernen, muss sich zutrauen, in Zukunft auch ohne ihr altes Schlachtross, wie Helmut Kohl sich oft selbst gerne genannt hat, den Kampf mit dem politischen Gegner aufzunehmen. Sie muss sich wie jemand in der Pubertät von zu Hause lösen, eigene Wege gehen.«[566] Merkel benannte klar den Schaden, den die »von Kohl eingeräumten Vorgänge« der Partei zugefügt hatten. Und zu Kohls »Ehrenwort« bezüglich der Spender schreibt sie: »Ein Wort zu halten und dies über Recht und Gesetz zu stellen, mag vielleicht bei einem rechtmäßigen Vorgang noch verstanden werden, nicht aber bei einem rechtswidrigen Vorgang.« Angela Merkel forderte die eigene Partei zu einer Emanzipation von Helmut Kohl auf.

Interessant ist, wie es zu jenem Artikel in der ›Frankfurter Allgemeinen Zeitung‹ kam. Ursprünglich wurde angenommen, Merkel habe einen sowieso mit der ›FAZ‹-Redaktion vereinbarten Artikel kurzfristig dem Spendenskandal gewidmet. Doch der Vorgang lief wie folgt ab: Am 21. Dezember rief Angela Merkel persönlich bei dem über zwei Jahrzehnte über die CDU berichtenden und kommentierenden Karl Feldmeyer in der Berliner Parlamentsredaktion der ›FAZ‹ an. Sie böte zum Spendenskandal einen Artikel an, wäre aber auch zu einem Interview bereit. Da die ›FAZ‹ nur wenige Wortlautinterviews abdruckt, erklärte sich Feldmeyer mit einem Eigenbeitrag Merkels einverstanden. Der Artikel war, wie sich zeigen sollte, bereits geschrieben, denn er landete fünf Minuten später per Fax auf Feldmeyers Schreibtisch. Dieser Ablauf belegt, dass jener geschichtsmächtige Artikel nicht durch einen Zufallsprozess entstanden ist oder gar auf Anfrage der ›FAZ‹ hin – was manche auch vermutet hatten. Dieser Artikel entsprang klar der Initiative der Generalsekretärin. Sie hatte ihn zu einem Zeitpunkt geschrieben, als der Öffentlichkeit noch nicht die Entgegennahme von mindestens einer Hunderttausend-Mark-Spende durch Schäuble bekannt war; sie kannte aber diesen Sachverhalt bereits und wusste um die Verletzbarkeit von Schäuble in diesem Punkt. Dass der Artikel hinter Schäubles Rücken geschrieben wurde, bestätigte dieser später selbst: Er sei diesbezüglich »völlig ahnungslos« gewesen. Schäuble: »Ich rief Frau Merkel an und gab ihr meine Überraschung und mein Befremden darüber zu verstehen, dass sie diesen Beitrag veröffentlicht hatte, ohne mich zu informieren.«[567] Kohl wollte jedoch Schäubles Version nicht folgen. Ihm schien es völlig »undenkbar, dass Wolfgang Schäuble von dieser Aktion nichts gewusst haben soll«[568]. Mit ihrem Artikel zerstörte Angela Merkel nicht nur endgültig das Verhältnis zwischen Schäuble und Kohl, ihr ›FAZ‹-Beitrag führte auch zu einer übersteigerten Reaktion des Alt-Kanzlers, der emsig begann, Widerstand gegen Schäuble zu organisieren.[569]

In den folgenden Monaten führten beide Herren einen in der deutschen Nachkriegspolitik so noch nie da gewesenen Stellungskrieg. Kohl kämpfte um seine politische Existenz und um seinen Ruf. Sein Image als Kanzler der Einheit sollte nicht durch einen »Fehler«, wie er seine Verstrickung im Spendenskandal immer wieder nannte, nachhaltig beschädigt, sein Denkmal als einer der großen Politiker der Gegenwart nicht unnötig angekratzt werden. Angriffe gegen Schäuble erschienen vornehmlich in der ›Welt‹ und ›Welt am Sonntag‹, wobei zusätzlich auffiel, dass die immer wieder zu hörenden Drohungen Schreibers aus Kanada, er werde noch mit weiteren Details auspacken, sich stets gegen Schäuble, nie jedoch gegen Kohl richteten. So wusste Schäuble auch von einem Fax Schreibers zu berichten, das ihm Kohl im Dezember 1999 gezeigt hatte. Dieses Fax beinhaltete eine kritische Äußerung zu Stoiber.[570] Schäuble hatte sicherlich den Verdacht, Kohl und Schreiber steckten gewissermaßen unter einer Decke, um ihn politisch zu vernichten. Die Auseinandersetzungen zwischen Kohl und Schäuble wurden immer skurriler. Welche emotionale Wirkung der Kohl'sche Verteidigungskampf bei Schäuble hinterließ, brachte ein bei ›Phoenix‹ ausgestrahltes Interview zum Ausdruck. Dass es erst einige Wochen nach dem Aufnahmedatum, nämlich am 7. April 2000, gesendet wurde, erhöhte seine Sprengwirkung. Schäuble sagte, noch einige Wochen vorher hätte er sich nicht vorstellen können, wie intensiv mit dem Kaufmann Schreiber in Kanada telefoniert werde. Solche Gespräche würden »aus diesem Gebäude heraus geführt« – womit nicht klar war, ob er damit den im selben Haus agierenden einstigen Ehrenvorsitzenden Helmut Kohl oder die ehemalige Schatzmeisterin Brigitte Baumeister (oder beide) meinte. Schäuble kam zu dem Schluss: »Und deswegen sage ich, es ist hier jedenfalls – vielleicht war es kein Machtkampf, vielleicht ist es einfach nur eine Intrige – aber dann war es schon eine ziemlich ordentliche Intrige, ich sage, mit kriminellen Elementen. Das Maß, was hier gelogen wird, mit Falschaussagen operiert wird, mit Unterstellungen, wie immer neue Fährten aus dem Handbuch der konspirativen Desinformation getrieben werden, das war dann jedenfalls ein Kampf zur Vernichtung mindestens einer Person, der aber nun gleichzeitig Vorsitzender der CDU Deutschlands und der CDU/CSU-Bundestagsfraktion gewesen ist.«[571]

Merkels Zeitungsartikel und die Folgen: Nie zuvor in der Geschichte der Bundesrepublik hatten sich zwei Männer so öffentlich und ohne alle Form die Freundschaft aufgekündigt, Kohl und Schäuble. Im Verhältnis dazu nahmen sich die Auseinandersetzungen zwischen Schröder und Lafontaine nach dessen Niederlegung des SPD-Vorsitzes hinsichtlich der Intensität der Beteiligten geradezu harmlos aus. Sichtbar wurde diese emotional aufgeladene Auseinandersetzung später dadurch, dass die beiden Rivalen ihre Feindschaft auch auf dem deutschen Buchmarkt austrugen. Als Kohl davon hörte, dass Schäuble seine Version dieser Vorgänge zu veröffentlichen gedachte[572], zog Kohl sofort mit der Veröffentlichung ›Mein Tagebuch 1998–2000‹ nach. Die nicht mehr rational kalkulierenden, sondern scharf emotional geführten Verteidigungskämpfe der beiden einstigen Vertrauten belegen die folgende These: Durch den ›FAZ‹-Artikel Angela Merkels sind beide Herren so sehr in Rage gebracht worden, dass sie bei dem Versuch, jeweils den anderen vom Podest zu reißen, sich gegenseitig mitrissen, weil sie wie mit einer Nabelschnur miteinander verbunden waren. Als der abwesende Kohl am 18. Januar 2000 vom CDU-Präsidium und vom CDU-Bundesvorstand die Aufforderung erhielt, seinen Ehrenvorsitz bis zu einer Veröffentlichung der Spendernamen ruhen zu lassen, und noch am gleichen Tag seinen Rücktritt als Ehrenvorsitzender der CDU erklärte, war ein Tiefpunkt in der Geschichte der CDU erreicht.

Dass Angela Merkel in der fundamentalen Frage eines öffentlichen Angriffs auf den Ehrenvorsitzenden Kohl den Parteivorsitzenden Schäuble vorab nicht informiert hatte, war ein eindeutiger und von ihr klar kalkulierter Regelverstoß – oder um es härter zu sagen: ein Akt der Illoyalität. Denn sie wusste – was zu diesem Zeitpunkt in der Öffentlichkeit noch nicht bekannt war –, dass Schäuble eine 100 000 Mark-Spende von Schreiber entgegengenommen hatte. Noch am 2. Dezember 1999 hatte Schäuble im Deutschen Bundestag diesen Sachverhalt geleugnet – die Annahme des Geldes bestätigte er erst am 10. Januar 2000 in einem ›ARD‹-Interview[573]. Angela Merkel muss klar gewesen sein, dass Schäuble im Deutschen Bundestag beim Bekanntwerden dieses Sachverhalts angesichts seiner unwahren Aussagen als Parteivorsitzender kaum noch zu halten wäre. Was also war das Motiv ihrer Illoyalität? War es ihr ethisch begründeter Standpunkt, für Sauberkeit in der Union zu sorgen? Oder war es die klare Erkenntnis, dass sie bei einem Sturz Schäubles mitstürzen würde? Denn jeder neue Parteivorsitzende sucht sich nach den üblichen Gepflogenheiten »seinen« Generalsekretär aus. Merkel musste wissen, welche gewaltige Wirkung ihr ›FAZ‹-Beitrag auf das Verhältnis von Kohl und Schäuble haben würde. Sollte das ihr Kalkül gewesen sein, ist es in den folgenden Wochen auch aufgegangen. Als Schäuble am 31. Januar 2000 in einem ›ARD‹-Interview dann auch noch zugeben musste, den Lobbyisten Schreiber mindestens noch ein weiteres Mal getroffen zu haben, war die Überraschung doch groß. Auch das immer sichtbarer werdende Zerwürfnis zwischen Schäuble und der damaligen Schatzmeisterin Brigitte Baumeister nahm bizarre Formen an und wurde in der Partei mit zunehmendem Erstaunen und Befremden zur Kenntnis genommen. Merkel war in dieser Zeit nicht die Krisenmanagerin ihres Parteivorsitzenden, sondern sie agierte in ihrem ganz persönlichen Sinne: Sie erschien immer mehr als die einzige Person, die von dem alten System Kohl unbelastet war, mit der am ehesten ein politischer Neuanfang denkbar sei. Schließlich erklärte Wolfgang Schäuble am 16. Februar 2000 vor der CDU/CSU-Bundestagsfraktion seinen Rücktritt als Partei- und Fraktionsvorsitzender mit den zutreffenden Worten: »Die CDU befindet sich in der schwersten Krise ihrer Geschichte.«

In dieser Phase gab es innerparteilich kaum noch ein Gravitationszentrum. In Zeiten der Führungskrise konnte sogar ein Ehrenvorsitzender eine wichtige moderierende Rolle spielen – den gab es nun aber nicht mehr. Wenn jedoch der ehemalige Ehren- und der Parteivorsitzende miteinander im Clinch liegen, ist vor allem die Generalsekretärin gefordert. Merkel kam als glücklicher Umstand entgegen, dass wegen der Spendenkrise neun sogenannte »Regionalkonferenzen« der Partei geplant waren. Solche Konferenzen sind seitdem ein Instrument der Bundesführung, die Parteibasis über ihre Politik zu informieren. Dabei entstehen dann Stimmungsbilder – die Parteiführung bindende Beschlüsse können nicht gefasst werden, denn die personelle Zusammensetzung dieser medialen Ereignisse ist eher zufällig. Wären stattdessen Landesparteitage das Forum zur Erläuterung der Politik der Bundesspitze, könnten die Landes- und Bundesführung verpflichtende Beschlüsse gefasst werden. Politikwissenschaftlich betrachtet sind solche Regionalkonferenzen also eher ein Instrument der Parteiführung denn eine Möglichkeit der Landesverbände und insgesamt der Basis, sich mit ihrem Willen bemerkbar zu machen. Als »Angie« bei den ersten Regionalkonferenzen immer intensiver von der Parteibasis zur Kandidatur als Schäuble-Nachfolgerin aufgefordert wurde, hatten andere Interessenten keine Chance mehr. Interessant ist allerdings, dass in der Partei nicht zugleich die Aufforderung an sie erging, ebenfalls den Fraktionsvorsitz zu übernehmen. Offensichtlich trauten ihr viele in der Partei in dieser Notsituation zwar den Parteivorsitz, nicht jedoch das schwierige Tagesgeschäft einer Fraktionsvorsitzenden zu. Diesen Vorsitz sollte – zunächst – Friedrich Merz übernehmen.

Privatissimum: Merkels zweite Ehe, oder: »Guten Tag, Herr Merkel!«

Schon vor den Wirren des CDU-Spendenskandals hatte ein Ereignis stattgefunden, mit dem zu diesem Zeitpunkt niemand gerechnet hatte, die zweite Heirat Angela Merkels. Über eine unverheiratete, noch dazu in »wilder Ehe« lebende Frau als CDU-Bundesvorsitzende hatten manche Traditionalisten die Nase gerümpft. »Angeblich gibt es ja auch in der jetzigen Regierung eine Ministerin christlicher Couleur, die nicht in einer Ehe lebt«[574], hatte Joachim Kardinal Meisner bereits im August 1993 in der ›Bild‹-Zeitung erklärt. Daraufhin war Angela Merkel zum Kölner Kardinal gefahren und hatte ihm »erklärt, warum ich es für richtig halte, vorsichtig zu sein, wenn man schon mal verheiratet war«.[575] Immer wieder wurde die Ministerin und spätere Generalsekretärin auf ihren fehlenden Ehestand angesprochen: Bevor sie 1991 die Nachfolge von Lothar de Maizière als Stellvertretende CDU-Bundesvorsitzende angetreten hatte, antwortete sie laut ›Bild‹ auf die Frage einer Wiederheirat noch mit einem Nein: »Das hatte ich schon mal.«[576] Irgendwann war es Angela Merkel leid, direkt oder indirekt auf ihr Zusammenleben mit dem Quantenchemiker Joachim Sauer angesprochen zu werden, über den bislang fast nichts bekannt ist. Es kursiert das Gerücht, dass ihr der damalige Fraktionsvorsitzende Schäuble zur Eheschließung geraten habe. Am 30. Dezember 1998 heirateten Angela Merkel und Joachim Sauer. Die beiden Naturwissenschaftler wurden im Standesamt Berlin-Mitte getraut. Nicht einmal die Eltern – so wusste ›Bild‹ zu berichten – waren zugegen.[577] Die Presse rieb sich gleichsam die Augen. Niemand war informiert. Erst eine völlig unscheinbare und schnörkellose Anzeige (»Wir haben geheiratet. Angela Merkel Joachim Sauer – Berlin, Dezember 1998«) in der ›Frankfurter Allgemeinen Zeitung‹ vom 2. Januar 1999 in der Mini-Größe des Boden-Deckels einer Zigarettenschachtel (8,4 mal 2,4 Zentimeter) machte dieses Ereignis öffentlich.

Sauer ist fünf Jahre älter als Angela Merkel. Er wurde 1949 im sächsischen Hoyerswerda als Sohn eines Konditormeisters geboren, nahm 1967 sein Studium an der Humboldt-Universität in Berlin auf, wo er 1972 sein Diplom in Chemie erhielt. An der Humboldt-Universität arbeitete er wissenschaftlich von 1973 bis 1976. Bereits 1974 wurde er zum »Dr. rer.nat.« promoviert. 1977 ging er zur Akademie der Wissenschaften. Die einstige Chemische Gesellschaft der DDR zeichnete Sauer 1982 mit dem Friedrich-Wöhler-Preis aus. 1985 habilitierte er sich an der Akademie der Wissenschaften, konnte sich seitdem »Dr. sc.nat.« nennen.

Sauer war bereits einmal verheiratet. Aus dieser im Jahre 1969 geschlossenen Ehe mit einer einstigen Klassenkameradin, einer diplomierten Chemikerin, gingen zwei Söhne hervor. Seine erste Frau, die lange Jahre wegen der Kindererziehung nicht berufstätig war, arbeitete später als Lektorin. Angela Merkel war zeitweise im Hause Sauer eingeladen. Sauer zog 1983 aus der gemeinsamen Wohnung aus, 1985 erfolgte die Scheidung. Sauer und Merkel waren sich am Zentralinstitut für Physikalische Chemie (ZIPC) der Akademie der Wissenschaften näher gekommen. Die Zeitschrift ›Bunte‹ schrieb, das Brautpaar hätte sich zum Zeitpunkt der Eheschließung schon seit 17 Jahren gekannt.[578] Scheiterte Sauers erste Ehe wegen Angela Merkel? Sie selbst äußert sich verständlicherweise nicht dazu. Sauer, dem Angela Merkel in ihrer im Januar 1986 eingereichten Doktorarbeit für die »kritische Durchsicht des Manuskripts« dankte, hatte sich an der Akademie der Wissenschaften vor allem mit der Quantenchemie befasst. Sauer ist insgesamt in der akademischen Fachwelt – auch über Berlin hinaus – sehr anerkannt, wenngleich er von vielen als »schroff« und »seine Überlegenheit ausspielend« analysiert wird.

Gerhard Öhlmann indes, der bis zur Wendezeit das ZIPC leitete, schwärmt heute noch von seinem einstigen Mitarbeiter, »der auf dem Gebiet der Theoretischen Chemie einer der fähigsten Mitarbeiter überhaupt war. Sowohl hinsichtlich seines Wissens als auch seines analytischen Denkvermögens hat er andere überragt.«[579] In der Akademie selbst war Sauers kritische Einstellung gegenüber dem real existierenden Sozialismus bekannt. Das ehemalige SED-Mitglied Öhlmann weist darauf hin, dass an der Akademie alles in allem eine recht tolerante Atmosphäre herrschte. »Sicher, es gab auch Leute, die die parteiliche Holzhammermethode bevorzugten. Doch man konnte in der Akademie seine Auffassungen sagen, auch wenn sie sich nicht mit der Staatsmeinung deckten.« Andere berichten, Sauer habe während der Debatte um die NATO-Nachrüstung in der Endphase der Kanzlerschaft Helmut Schmidts die Berechtigung des Westens zu einem solchen Schritt hervorgehoben. Die Distanz Sauers und seiner ersten Frau zum DDR-Regime wird auch durch die Tatsache dokumentiert, dass die Stasi in ihrer Wohnung eine »Wanze« angebracht hatte.

Häufig wurde er seitens der Akademie nach Prag »delegiert«, wo ihm Forschungsaufenthalte bei dem bedeutenden tschechischen Wissenschaftler Rudolf Zahradnik vom Heyrovsky-Institut ermöglicht wurden. Sauer und Merkel hatten sich gelegentlich in Prag getroffen: Auch Angela Merkel war sehr häufig bei Zahradnik. Interessant ist ferner, dass Sauer noch zur DDR-Zeit, nämlich 1988 und 1989, für insgesamt sechs Monate ein Forschungsaufenthalt bei Professor Reinhart Ahlrichs vom Institut für Physikalische Chemie der Universität Karlsruhe genehmigt wurde. Einer dieser Aufenthalte sollte just am 4. November 1989 sein. An jenem Tag fand eine Großkundgebung in Ost-Berlin statt, wo mehrere hunderttausend Menschen auf dem Alexanderplatz – zum Teil noch in der Hoffnung auf eine revolutionäre Erneuerung des Sozialismus – für Presse-, Meinungs- und Versammlungsfreiheit sowie für freie Wahlen eintraten. Es sprachen 26 Redner, darunter die Schriftsteller Stefan Heym und Christa Wolf.

Zu diesem Zeitpunkt war Öhlmann ebenfalls auf Dienstreise in Karlsruhe – und saß dort bei einem Abendessen zusammen mit Ahlrichs, Sauer – und Angela Merkel. Öhlmann brach wegen der Ereignisse seine Reise nach Karlsruhe ab – Sauer und mit ihm Merkel blieben noch einige Zeit im Westen. Das war die zweite Westreise Angela Merkels.

Schon unmittelbar in der Wendezeit schaffte Sauer den Sprung in die Vereinigten Staaten von Amerika: Er war im kalifornischen San Diego 1990/1991 in der chemischen Industrie bei BIOSYM Technologies (heute: Accelrys) Deputy Technical Director, wo ihn Angela Merkel besuchte. 1992 kehrte er als Leiter einer von der Max-Planck-Gesellschaft geförderten Arbeitsgruppe zur Quantenchemie nach Berlin an die Humboldt-Universität zurück. Seit 1993 ist Sauer Professor für Physikalische und Theoretische Chemie an der Humboldt-Universität mit dem Forschungsschwerpunkt Quantenchemie; Projekte sind Quantenchemische ab initio-Berechnungen, Heterogene Katalyse (Zeolithe, Oxide). Ausweislich der Vorlesungsverzeichnisse befasst sich Sauer in der Lehre mit Fragen der Quantenmechanik, mit Physikalischer Chemie von Festoberflächen/Katalyse, mit Computergestützter Theoretischer Chemie und mit Quantenmechanischen Rechenverfahren für Festkörper und Oberflächen. Er ist als vortragender Wissenschaftler weltweit gefragt – von Wien bei der Chemisch-Physikalischen Gesellschaft bis hin zum »Sanibel Symposium« in Florida. Sauer gelang es, erhebliche Drittmittel bei der Deutschen Forschungsgemeinschaft (DFG) im Umfang von 4,5 Millionen DM einzuwerben, die über mehrere Jahre verteilt waren.[580] So war er denn auch Sprecher dieses von der Deutschen Forschungsgemeinschaft seit 1999 finanzierten Sonderforschungsbereiches »Struktur, Dynamik und Reaktivität von Übergangsmetalloxid-Aggregaten« an der Humboldt-Universität. 1994 wurde er bei der DFG in die Kommission für Rechenanlagen gewählt.[581]

Seit wann genau Angela Merkel und der zu Hause »Achim« genannte Sauer zusammenleben, ist nicht bekannt. Es fällt auf, dass es nur wenige gemeinsame Fotos des Ehepaars Sauer/Merkel gibt. Am bekanntesten sind die alljährlich bei den Wagner-Festspielen in Bayreuth und manchmal auch in Salzburg geschossenen Bilder. Ein einstiger unmittelbarer Mitarbeiter von Merkel erinnert sich, dass sein erster Arbeitsauftrag darin bestand, »Karten für Bayreuth« zu besorgen; ihr Mann wolle das so. Seitdem gilt auch Angela Merkel als »Wagnerianerin«. Sauer wurde schon zu DDR-Zeiten häufig mit seiner ersten Frau in der Berliner Staatsoper gesichtet. Selbst an Wahlabenden hält sich Sauer im Berliner Konrad-Adenauer-Haus von der Öffentlichkeit fern. Mitgeteilt werden nur die privaten Ereignisse, deren Veröffentlichung nicht vermeidbar ist, wo sie beispielsweise den Urlaub verbringen, und dass beide gerne in den Bergen wandern: »... weil wir dort auch körperlich sehr gefordert sind und schon deshalb nicht unentwegt über Politik nachdenken. Und noch einen Vorteil hat das Wandern in den Bergen: Wir sind für einige Stunden per Handy nicht erreichbar.«[582] Das Ehepaar Sauer/Merkel hält sich öfters zum Wandern in der Schweiz in Pontresina im Engadin auf. Oder es wird eine »wunderbare Kalifornienreise« bekanntgegeben: »Urlaub weit weg von daheim hilft, den Dingen zu entfliehen. In diesen vier Wochen ist es mir gelungen, richtig abzuschalten.«[583] Auch dass Angela Merkel ihren Mann »sehr gerne« bekocht, hat sie preisgegeben: »Eintöpfe, Schnitzel, verschiedene Fischgerichte – das kann ich alles besonders gut. Auch Kuchen backe ich gerne. Bei mir ist noch keiner unzufrieden weggegangen.«[584] Bei mehreren Interviews mit der Fotografin Herlinde Koelbl feiert sie ihre Kunst des Pflaumenkuchen-backens und bekennt 1993: »Das war überhaupt der größte Fortschritt im letzten Jahr. Zweimal habe ich es geschafft. Zweimal Pflaumenkuchen! Leider Bläßlinge, weil ich es nicht schaffe, den Boden braun zu kriegen. Dass ich den Pflaumenkuchen endlich gebacken habe, ist ein Teil der Konsolidierung meines Lebens nach der Wende.«[585] Allerdings ist der Konditor-Sohn Sauer ebenfalls als »Tortenmacher« befähigt, »hinreißend zu backen«, wie sich Familienangehörige erinnern. Am Silvestertag 2001 hat Angela Merkel zu Hause eine Gans gebraten, mit Rotkohl und Salzkartoffeln. Aber auch sonst liebt die CDU-Vorsitzende Deftiges: »Ich bin bei Rouladen ganz firm, koche gern Kartoffelsuppe und Hühnerbrühe.«[586]

Wichtig ist dem Ehepaar ein gelegentlicher Aufenthalt in ihrer »Datsche« in der Nähe von Templin, einem einfachen Häuschen inmitten der herrlichen Natur der Uckermark. Dort war sie auch in Hohenwalde, einem Ort mit sechzig Einwohnern, in der zweiten Hälfte der achtziger Jahre Mitglied eines Anglervereins. Das gab sie auch beim Festakt anlässlich des fünfzigsten Gründungsjubiläums in einer Rede zu Protokoll: »Ich zum Beispiel war, ohne jemals selber einen Fisch geangelt zu haben, trotzdem Mitglied des Anglerverbandes der DDR, weil dort, wo ich lebte, in der Uckermark, das Befahren des nahen Sees nur erlaubt war, wenn man Mitglied des Anglerverbandes war.« Das Anfischen, das Abfischen und das winterliche Fest des Anglerverbandes hat sie dann auch »ein- oder zweimal organisiert«[587]. Aber alles in allem versucht das Paar, sich völlig abzuschirmen. Fotos von einem gemeinsamen Planschbad im Swimmingpool etwa wird man für die nächsten Jahre nicht zu erwarten haben, auch nicht eine medial zu vermittelnde Liebe zu einem Haustier. Die erste wie die zweite Ehe Angela Merkels blieb kinderlos. »Ich habe Kinder nicht ausgeschlossen, es hat sich aber nicht ergeben. Als ich dann in die Politik ging, war ich 35 Jahre alt und da hat sich diese Frage nicht mehr gestellt«[588], sagte sie 2002. Es ist auch nicht auszuschließen, dass Sauer nicht ein weiteres Mal Vater werden wollte. »Vielleicht bedauere ich mit 70, dass ich keine Enkel habe. Ich weiß es nicht«, sagte Merkel schon 2000.[589] Die beiden Sauer-Söhne lebten nach der Trennung bei der Mutter. Gelegentlich verdienten sie sich im Hause Sauer/Merkel etwas Taschengeld, wenn Gäste kamen. Das Ehepaar wohnt in Berlin-Mitte in unmittelbarer Nähe zum Pergamon-Museum – wenige Meter vom Büro des früheren Bundespräsidenten Richard Freiherr von Weizsäcker entfernt. Gelegentlich mokierte man sich in Berlin über die Ruhebedürftigkeit des Ehepaares Merkel/Sauer (oder: Sauer/Merkel?), insbesondere von Sauer. Als die beiden Söhne Sauers noch zu Hause waren, mussten sie »durch dicke gestrickte Strümpfe« jedem Lärm vorbeugen, wie sich Familienmitglieder heute erinnern. Sauer hat nach der zweiten Open-Air-Aufführung von Kleists »Amphitryon« am Pergamon-Museum gegenüber seiner Wohnung am 16. August 2001 beim Umweltamt des Bezirks Mitte Anzeige wegen des Lärms erstattet, was zu einer Verwarnung der Liedermacher führte; eine Lärmmessung wurde angeordnet.[590]

Wer Sauer kennt, hält ihn trotz seiner naturwissenschaftlichen Profession für sehr »politisch«. Vermutlich übt er – der als ein »brillanter Kopf« gilt – mehr politischen Einfluss auf Angela Merkel aus, als bekannt ist oder vermutet wird. Dies wird von Angela Merkel nicht einmal bestritten: »Es heißt oft, dass mein Mann als politischer Berater keine Rolle spiele. Diese Einschätzung entspricht überhaupt nicht den Tatsachen.«[591] Manche haben beobachtet, dass zu Hause, im unmittelbar-privaten Umfeld, Sauer der dominierende sei. Sein in der Fachwelt bekanntes ausgeprägtes Selbstbewusstsein lässt wohl kaum zu, dass er sich über seine Frau definiert. So wurde berichtet, dem FDP-Chef Guido Westerwelle sei ein kaum verzeihlicher Fauxpas unterlaufen, als er den Professor mit »Guten Tag, Herr Merkel« begrüßte. »Der so Angesprochene reagierte wie sein Name – sauer«[592], berichtet die ›Bunte‹. In Deutschland ist zudem die Rolle eines Ehemannes einer bedeutenden und einflussreichen Politikerin eher noch eine ungewohnte. Sauer tut alles, um nicht in die Rolle von Dennis Thatcher, des einst viel belächelten Ehemannes der als Eiserne Lady bekannt gewordenen britischen Premierministerin zu geraten. Angela Merkel vermittelte 2000 in einem Gesellschaftsblatt eine erstaunliche Botschaft: Wenn ihr Mann beispielsweise eine Professur oder einen Forschungsauftrag in Südafrika bekäme, »dann würde sie ihm wohl folgen – und die Politik links liegen lassen«. Dies hätten beide »schon vor längerer Zeit« so vereinbart. Ob dem wirklich so ist? Aber ein deutscher Professor verlässt wohl kaum freiwillig seinen sicheren Lehrstuhl für einen Forschungsauftrag im Ausland.

Auf den Spuren Adenauers und Kohls

»Frau General, übernehmen Sie!«, titelte der ›Stern‹.[593] Sie – obschon »lange als gefügige Ossi-Frau mit bravem Klein-Mädchen-Lächeln« den ›Stern‹-Lesern vertraut – könnte die »letzte Rettung der CDU sein«. In »normalen« Zeiten hätte eine solche Empfehlung des ›Stern‹ in der CDU das genaue Gegenteil bewirkt. Dass sie gleichsam von den Medien »hochgespült« wurde, wird von professionellen Beobachtern bestätigt, so von dem Wahlkampfspezialisten und langjährigen CDU-Bundesgeschäftsführer Peter Radunski: »Angela Merkel setzt seit ihrer Inthronisierung als Parteivorsitzende mehr auf die Medien als auf die Partei. Die Medien haben sie zur Vorsitzenden gemacht. Dieses Erfolgsrezept hat sie nie verlassen.«[594] Die zerstörerische Auseinandersetzung zwischen Kohl und Schäuble bereitete den Weg für Angela Merkel. Gefährlich hätten ihr auf dem Weg zum CDU-Vorsitz nur der bereits im Landtagswahlkampf stehende nordrhein-westfälische Landesvorsitzende Jürgen Rüttgers oder der frühere Verteidigungsminister Volker Rühe werden können. Doch Rühe hatte gerade unter dem Einfluss des CDU-Spendenskandals die Wahlen in Schleswig-Holstein verloren – und Rüttgers wollte im Vorfeld der NRW-Wahl durch eine Kandidatur für den CDU-Vorsitz kein Risiko eingehen. Begeisterung über eine Merkel-Kandidatur war bei den CDU-Granden jedenfalls nicht sichtbar. Die meisten wollten nach dem Schäuble-Rücktritt erst einmal abwarten, bis der Schlachtenlärm abebbte. Als einer der Ersten sprach sich der niedersächsische Oppositionsführer Christian Wulff für Merkel aus. Am 27. Februar 2000, freitags vor der Schleswig-Holstein-Wahl, trafen sich Rühe, Merz und Stoiber im Lübecker Ratskeller, um sich darauf zu verständigen, lieber einen Ministerpräsidenten ins Gespräch zu bringen. So wurde erwogen, den sächsischen Ministerpräsidenten Kurt Biedenkopf zum (Übergangs-)Parteivorsitzenden mit einem zeitlich befristeten Mandat zu wählen. Aus ähnlichen Überlegungen wurde auch der thüringische Ministerpräsident Bernhard Vogel ins Gespräch gebracht (oder er ließ sich ins Gespräch bringen). Vogel erkannte, dass er nicht durchsetzbar war, und erklärte (als ob er nie eine solche Idee für prinzipiell sinnvoll angesehen hätte): »Ich rate keinem, als Übergangsvorsitzender anzutreten.«[595] Auf den Regionalkonferenzen kam es daraufhin zu einem eruptiven Basisvotum für Merkel. Personelle Alternativen wurden gar nicht mehr laut diskutiert. So wurde Merkel dann auf dem CDU-Bundesparteitag am 10. April 2000 in Essen mit 897 von 935 gültigen Stimmen zur CDU-Vorsitzenden gewählt. Damit war sie die erste Frau an der Spitze einer Volkspartei. Und während alle ihre Vorgänger durch ihr zum Teil sehr frühes politisches Engagement sozusagen »organisch« in diese Partei hineingewachsen waren, war Merkel gerade etwas mehr als zehn Jahre Mitglied in ihrer Partei. »Auffällig unauffällig hat Angela Merkel ein Hindernis nach dem anderen überwunden«, fasste Karl Feldmeyer in der ›FAZ‹ Merkels Weg zum Vorsitz zusammen.[596] Der Publizist Warnfried Dettling stellte in der ›tageszeitung‹ die Frage, ob Merkel »Trümmerfrau oder Retterin«[597] sei, und sagte voraus, mit Merkels Wahl »ist die Ära Kohl, seine Macht noch in der Zerstörung, nun endgültig vorbei. Seine Intrigen, der politische Mord an seinem Erben Wolfgang Schäuble, werden nun die paradoxe Folge zeitigen, dass die bleierne Zeit seiner späten Jahre gründlicher abgeschüttelt wird als bei jedem anderen Nachfolger.«[598]

Als Generalsekretär wurde auf Vorschlag Merkels der münsterländische Bundestagsabgeordnete Ruprecht Polenz mit 781 Stimmen (104 Neinstimmen, 52 Enthaltungen) berufen. Die bisherigen Stellvertretenden Vorsitzenden Volker Rühe, Annette Schavan und Christian Wulff wurden wieder in ihre Ämter gewählt, für den ausscheidenden Ex-Minister Norbert Blüm rückte Jürgen Rüttgers nach. Schatzmeister wurde auf Merkels Vorschlag hin das damalige Aufsichtsratsmitglied der Deutschen Bank Ulrich Cartellieri, was sich als eine Fehlentscheidung erweisen sollte: Er hatte keine politische Erfahrung und im Laufe seiner relativ kurzen Amtszeit blieb ihm das Wesen seiner Partei ziemlich fremd. Merkels Vorgänger Schäuble wurde als eines von sieben weiteren Mitgliedern ins Parteipräsidium gewählt. An ihren abwesenden Vor-Vorgänger Kohl richtete Merkel auf dem Essener Parteitag einen Gruß. Ihm sei es sicher nicht leichtgefallen, erstmals seit vierzig Jahren einem Parteitag fernzubleiben. »Wir wissen, dass auch ihm die letzten Wochen und Monate zugesetzt haben, auch wenn genau so klar ist, dass es um der Glaubwürdigkeit der Partei willen keine Alternative zu unserem Kurs der Aufklärung gegeben hat und gibt.«[599]

Schwieriger Start und Pannen

Selbst Angela Merkel dürfte kaum behaupten, dass sie einen glücklichen Start hatte. Zum einen erzielte die CDU bei den besonders wichtigen Landtagswahlen in Nordrhein-Westfalen am 14. Mai 2000 lediglich 37 Prozent (ein leichtes Minus von 0,7 Prozent im Vergleich zu den Landtagswahlen von 1995), was nicht zu einer Koalition mit der Möllemann-FDP reichte, die mit 9,8 Prozent immerhin ein Plus von 5,8 Prozent erreichte. Trotz Stimmenverlusten wurde die rot-grüne Koalition bestätigt. Der Rückgang der Wahlbeteiligung von 64,0 Prozent auf 56,7 Prozent dürfte auch im Zusammenhang mit der Wahlenthaltung potentieller CDU-Wähler stehen, da die von Helmut Kohl zu verantwortende Spendendiskussion immer noch nachwirkte. Die Wahl Angela Merkels mit einem triumphalen Ergebnis auf dem Essener Parteitag hatte sich noch keinesfalls »beruhigend« auf die Wählerschaft ausgewirkt.

Zudem gab es – Angela Merkel war noch keine hundert Tage im Amt – im Zusammenhang mit der Steuerreform schwerste Verwerfungen innerhalb der Unionsparteien, die das taktische Geschick des Bundeskanzlers Schröder und seines Finanzministers Eichel unterschätzt hatten. Schnell war ein bis dahin vorhandener Grundoptimismus in den Unionsparteien dahin. Die Tatsache, dass die unionsgeführten Bundesländer im Bundesrat die Mehrheit hatten, sollte sich als Fluch erweisen. Die im Bundesrat verabschiedete Steuerreform – in der Wochenzeitung ›Die Zeit‹ wurden die Vorgänge hierzu als »eine Schmierenkomödie des Föderalismus«[600] bezeichnet – kam in dieser Form nur zustande, weil das stattfand, was man als »Länderkauf« bezeichnete: Schröder und Eichel gelang es, durch jeweils spezifische Zusagen gerade solche Länder aus einer Ablehnungsfront herauszubrechen, in denen seinerzeit die CDU als Juniorpartner an der Regierung beteiligt war (Bremen, Berlin, Brandenburg). Auch die SPD/PDS-geführte Landesregierung in Mecklenburg-Vorpommern sowie die rheinland-pfälzische Regierung aus SPD und FDP stimmten trotz zahlreicher Bedenken zu. Offensichtlich hatten die CDU-Bundespartei, die Fraktionsführung und der bayerische Ministerpräsident Stoiber, der hinsichtlich der Steuerreform für die »Unionsländer« sprach, unterschätzt, dass durch finanzielle Verlockungen einzelne Länder ihr beabsichtigtes Abstimmungsverhalten ändern könnten. Ein Einknicken einiger von Bundesunterstützung besonders abhängiger Länder, insbesondere von Berlin (Diepgen, Regierender Bürgermeister) und Brandenburg (Schönbohm, Stellvertretender Ministerpräsident), wurde nicht erwartet (hingegen hatte der CDU-Koalitionspartner in Bremen frühzeitig ein Einlenken signalisiert). Gerade bei so grundlegenden Entscheidungen wie einer Steuerreform stellte sich die Frage nach der Oppositionsstrategie in besonderer Weise. Gelingt ein Reformwerk, wird das immer einer Regierung zugute kommen; scheitert ein solches, wird die Opposition schnell mit dem Vorwurf einer »Blockadepolitik« konfrontiert. Hinzu kam, dass das von Eichel vorgelegte Konzept in seinen Grundzügen den Reformplänen Waigels aus den Jahren 1995 und 1997 entsprach. Der Opposition gelang es kaum, die Gründe für ihre Ablehnung plausibel zu machen, zumal die Wirtschaft die Steuererleichterungen euphorisch begrüßte.

Dass sich das Verhältnis zwischen Merkel und dem Fraktionsvorsitzenden Friedrich Merz bald als irreparabel zerrüttet offenbarte, lag auch in der Fehleranalyse dieses großen Reinfalls der Unionsstrategen begründet, die der Bundesregierung mit einer Abstimmungsniederlage im Bundesrat die Grenzen aufzeigen wollten. Der Abstimmung am 14. Juli 2000 im Bundesrat – hier handelte es sich um die letzte Sitzung dieses Verfassungsorgans vor dem Umzug von Bonn nach Berlin – war ein Verfahren im Vermittlungsausschuss des Bundestages und des Bundesrates vorangegangen. Als Parteivorsitzende konnte Merkel in Fragen der Steuerreform wenig bewirken, da die praktische politische Umsetzung beim Fraktionsvorsitzenden lag und die inhaltliche Koordinierung auf Länderebene in Bayern. Merkel schien eher einer Kooperationsstrategie mit der Bundesregierung zuzuneigen. Wenn es aber ein starkes Drängen zum grundsätzlichen Nein aus Bayern gibt und auch die Bundestagsfraktion für eine Verhinderungsstrategie eintritt, ist es für eine Parteivorsitzende schwierig, sich dem zu widersetzen. Gerade ihre Rüge an Merz dürfte bei ihm seinerzeit die Galle zum Überlaufen gebracht haben. Fürderhin, rüffelte Merkel, müssten Absprachen Bestand haben, wenn man Erfolg haben wolle. Die Partei müsse in Zukunft aufpassen, »dass sie ihre Kräfte richtig einschätzt und dass wir uns nicht abermals verheben«, mahnte sie im Blick auf die Strategie und das Vorgehen von Merz.[601] Damit wollte Merkel von ihrer eigenen Verantwortung von diesem Desaster ablenken. Ihre Führungskraft war aber deutlich mit angekratzt. So bemerkte der Brandenburger Schönbohm in der ›Welt‹: Die neue CDU-Führung »braucht eine gewisse Zeit.« Und: »Autorität fällt einem nicht in den Schoß, man muss sie sich erwerben.«[602] Im Jahre 2003 sollte es ebenfalls im Zusammenhang mit der Steuerreform zu einer starken unionsinternen Belastung kommen.

Bereits im Oktober 2000 trennte sich Angela Merkel fünf Monate nach seiner Wahl von ihrem Generalsekretär Ruprecht Polenz. Ohne Vorwarnung bestellte sie ihn zu sich und legte ihm den Rücktritt nahe. Polenz war überrascht, akzeptierte aber schließlich ihre Entscheidung. Polenz schien wie erleichtert. Er selbst hatte sich in diesem Amt nicht als jemand begriffen, der etwa im Stile Geißlers zu einer Polarisierung in der Bevölkerung beitragen wollte. Gerade weil Polenz nicht polemisierte, hatte er in seinem Wahlkreis Münster stets weit mehr Erststimmen als die Partei Zweitstimmen erhalten. Als Merkel ihn gebeten hatte, das Amt zu übernehmen, sagte er, er sei nicht der »Typ, der gerne draufhaut«. Dieser Hinweis schien Merkel zunächst nicht zu stören. Im Grunde war sie nicht an einem »Typ Geißler« interessiert, sondern an jemandem, mit dem sie inhaltlich voll übereinstimmt und der ihre eigene Profilierung nicht zu sehr infrage stellt. Außerdem wollte sie einen Mann aus Nordrhein-Westfalen. Da ihr Verhältnis zum Landesvorsitzenden Rüttgers eher indifferent war, wollte sie durch die Wahl des Generalsekretärs jemanden um sich wissen, der auf den größten CDU-Landesverband aufpasst. »Als Frau Merkel mich um die Übernahme dieser spannenden Aufgabe bat, wollte ich mich nicht in einer Zeit, in der keiner mehr eine Schnitte von der CDU wollte, dem Vorwurf der Bequemlichkeit aussetzen und Nein sagen«, erklärt Polenz heute.[603] Da Merkel selber aus ihrer Zeit als Generalsekretärin um die satzungsmäßigen starken

Möglichkeiten eines solchen Amtes wusste, wollte sie jemanden als ihren ersten Mitarbeiter in der Partei gewinnen, dessen absolute Loyalität bekannt war. Zudem hatte die neue Parteivorsitzende praktisch das gesamte Generalsekretariat bei ihrem Aufstieg zur Vorsitzenden »mitgenommen«, so dass Polenz erst mühselig neue Generalsekretariatsstrukturen aufbauen musste. Ihm war das politische Showbusiness sichtbar fremd. Polenz, der wegen seiner menschlichen Art bei vielen Berliner Journalisten sehr beliebt war, kam alles in allem vom Hochseil eines Generalsekretärs ganz gut herunter. Die Journalistin Susanne Höll schrieb über Polenz: »Der nachdenkliche Polenz ist kein Raufbold, kann Polit-Shows aller Art nichts abgewinnen, galt aber als vergleichsweise berechenbarer Generalsekretär.«[604] Er habe »bis heute ein sehr gutes Verhältnis« zu Merkel, sagt Polenz. »Ich habe ihr nichts übel zu nehmen.«[605] Polenz wurde später einstimmig zum Vorsitzenden des ›ZDF‹-Fernsehrates gewählt, dessen Mitglied er bereits als Generalsekretär war. Merkel honorierte damit, dass Polenz seine Demission loyal getragen hat.

Laurenz Meyer und die Quälerei der Menschen

Merkel bewegte Polenz zu diesem Zeitpunkt zum Rücktritt, weil am 20. November 2000 der Bundesparteiausschuss der CDU im Vorfeld der baden-württembergischen Landtagswahlen in Stuttgart stattfand. Und nur dieser »Kleine Parteitag« konnte eine kommissarische Betrauung des Generalsekretärsamtes bis zum nächsten Bundesparteitag beschließen. Merkel hatte für die Polenz-Nachfolge ihr Auge auf Laurenz Meyer geworfen. Er war zu diesem Zeitpunkt Landtagsvizepräsident in Düsseldorf; zuvor war er CDU-Fraktionsvorsitzender gewesen, hatte aber diesen Platz räumen müssen, als Rüttgers Oppositionsführer in Nordrhein-Westfalen wurde. Meyer wurde in Stuttgart mit 99 von hundert Stimmen bestätigt.[606] Wieder dürfte ein Auswahlkriterium Merkels die Zugehörigkeit Meyers zum nordrhein-westfälischen Landesverband gewesen sein. Überraschend war ihr Personalvorschlag aber insofern, als sie keinen ausgewiesenen

Bundespolitiker mit diesem Amt betrauen wollte. Der in Salzkotten bei Paderborn geborene Meyer wurde in den ersten Wochen als erfrischend angriffslustig wahrgenommen. Schon in Stuttgart machte der Westfale durch markige Worte auf sich aufmerksam, war damit ein Gegenprogramm zu seinem mit Blumen verabschiedeten Vorgänger. »Es muss Schluss sein mit der Quälerei der Menschen«, rief er aus, zur rot-grünen Koalition formulierte er: »Die trampeln auf den Menschen herum.« Und: »Wir müssen nicht alles nachsprechen, was die Stammtische sagen. Aber wir müssen an den Stammtischen verstanden werden.«[607] Zum Vergnügen seiner Parteifreunde verkündete er schließlich: »Die Leute wollen keine Trauerklöße«[608]. Diesem Motto wurde er auch in seinem persönlichen Lebensstil während seiner »Generals«-Zeit gerecht. Meyer verblüffte am 23. Oktober 2000 bei seiner Vorstellung mit der an die Parteivorsitzende gerichteten Äußerung: »Einen zweiten Missgriff können Sie sich nicht leisten«[609]. Nach seiner sofortigen Entschuldigung und in allem Überschwang über die Freude seiner Ernennung versuchte er, seiner Vorsitzenden noch den Arm über die Schulter zu legen – Gesten, die eine körperlich Distanz wahrende Angela Merkel genau so wenig mag wie Diskussionen über ihr Aussehen. Meyer sollte zwar vier Jahre im Amt verbleiben, er war jedoch der erste CDU-Generalsekretär, der wegen einer Affäre zurücktreten musste. Dies geschah am 22. Dezember 2004 und zwar wegen Honorar- und Abfindungszahlungen durch seinen früheren Arbeitgeber RWE.

Meyer mag aber bald festgestellt haben, dass die »Bundesliga« der Politik schwieriger zu bewältigen ist als die Landespolitik, wo er eine gute Rolle gespielt haben soll. Zunächst riet er seiner Partei zu einem »entkrampften Verhältnis« zur PDS – was Empörung in der CDU hervorrief; er fühlte sich missverstanden und wies das Ganze als eine Fehlmeldung zurück. Meyer musste schnell lernen, dass jedes Wort eines Generalsekretärs auf die Goldwaage gelegt wird. Wie ein Schock wirkte die falsche Auswahl eines politischen Plakats. Als Meyer am 23. Januar 2001 ein im Stile eines Fahndungsplakats gestaltetes CDU-Plakat vorstellte, auf dem Bundeskanzler Schröder »Rentenbetrug in Serie« vorgeworfen wurde, empörte sich darüber nicht nur erwartungsgemäß die Regierungskoalition, sondern auch die FDP und die eigene Partei. Nach heftigen Protesten insbesondere aus dem wahlkampfschwangeren Baden-Württemberg wurde tags darauf das Plakat zurückgezogen. Merz sagte damals: Meyer habe schon eine Reihe guter Aktionen begonnen, doch: »Hier ist er etwas über das Ziel hinaus geschossen. Aber das muss einem Generalsekretär auch einmal gestattet sein.«[610] Die Angriffslust Meyers schien nach der Plakataktion deutlich gebremst. Auch wenn Meyer das Plakat auf seine Kappe nahm, die eigentliche Entscheiderin über dieses höchst umstrittene Plakat war Angela Merkel selbst.

Die »Erfindung« der »Neuen Sozialen Marktwirtschaft«

Merkel sollte als frischgebackene CDU-Vorsitzende bald dem Vorwurf begegnen, sie verfüge nicht über ein klares inhaltliches Profil. Zugleich wollte sie sich als Reformerin in die CDU-Geschichte einbringen. Deshalb »erfand« sie die »Neue Soziale Marktwirtschaft«: Unter der Überschrift ›Die Wir-Gesellschaft. Über die Notwendigkeit einer Neuen Sozialen Marktwirtschaft‹ benannte Merkel in einem Grundsatzbeitrag für die ›Frankfurter Allgemeine Zeitung‹ am 18. November 2000 die aus ihrer Sicht wesentlichen Probleme, die sich beim notwendigen Umbau der Sozialen Marktwirtschaft stellten: Erstens müsse es darum gehen, die Arbeitsbeziehungen zwischen Arbeitnehmern und Arbeitgebern den Anforderungen einer globalisierten Gegenwart anzupassen. Zweitens müssten in diesem Zusammenhang die sozialen Sicherungssysteme auf eine ausgewogenere finanzielle Grundlage gestellt werden. Drittens müsse Deutschland seinen marktwirtschaftlichen und sozialpolitischen Blick über den eigenen nationalen Tellerrand hinausrichten, um im Prozess der weltweiten wirtschaftlichen Verflechtungen langfristig bestehen zu können: »Die Soziale Marktwirtschaft hat […] den Widerspruch zwischen Kapital und Arbeit in der Industriegesellschaft aufgelöst. In dem Maße, in dem sich der Charakter der Arbeit in der Wissensgesellschaft verändert, müssen sich auch […] Regeln für die Partnerschaft von Arbeitnehmer und Arbeitgeber verändern. […] Die sozialen Sicherungssysteme sind in Deutschland nahezu ausschließlich als Lohnnebenkosten an die Kosten der Erwerbsarbeit gekoppelt. Hieraus ergibt sich die Notwendigkeit […] die sozialen Sicherungssysteme auf eine breitere Grundlage zu stellen. […] Der internationale Charakter der Neuen Ökonomie verpflichtet uns […] neben den nationalen einen internationalen Ordnungsrahmen zu stellen. Nationale Regelungen werden in vielen Bereichen nicht mehr ausreichen«.[611]

Sie konkretisierte ihre Positionen, indem sie beispielsweise für mehr Beteiligung von Arbeitnehmern am Produktivkapital eines Unternehmens in Form von Aktienoptionen plädierte und für die freie Kraft des Marktes in Form weitreichender Privatisierungen im Verkehrs-, Energie- und Telekommunikationssektor warb. Auch sprach Merkel sich für eine freiwillige, kapitalgedeckte Vorsorge als zusätzlicher Säule der gesetzlichen Rentenversicherung und stärkere Wahlmöglichkeiten im Bereich des Gesundheitswesens aus, ohne allerdings die Frage der Durchsetzbarkeit und Finanzierbarkeit dieser Ansätze genauer zu präzisieren. Zudem forderte sie stärkere Investitionen für das deutsche Bildungssystem und die Einführung eines Familiengeldes für sozial schwache Familien. Allerdings mangelte es an konkreten Hinweisen, wie diese Projekte finanziell zu realisieren seien. Manchmal schien das Schröder-Blair- Papier des Jahres 1999[612] Pate gestanden zu haben: »Wir brauchen Nachhaltigkeit in der Finanzpolitik, der Wirtschaftspolitik und in der Sozialpolitik. Nur so haben künftige Generationen eine uns vergleichbare Chance, ihr Leben zu gestalten.«[613] Das Argument Merkels, dass weder das seinerzeit von Tony Blair vertretene politische Konzept des »Dritten Weges« noch das zu Wahlkampfzeiten 1998 von Gerhard Schröder verfochtene Programm der »Neuen Mitte« zur Lösung der aktuellen Probleme des bundesdeutschen Sozialstaats beitragen könnten, war parteitaktisch geschickt gewählt, aber vor dem Hintergrund der alles in allem doch reichlich unpräzise gebliebenen Ausführungen über den eigenen Entwurf der »Neuen Sozialen Marktwirtschaft« bleibt indes die Frage, woher Angela Merkel im November 2000 eigentlich die Gewissheit nahm, dass »[nur] die Neue Soziale Marktwirtschaft […] die verbindliche Ordnung [sei], die die Veränderungen unserer Zeit in den Dienst der Menschen stellt«.[614] Die von Merkel vorgenommene Umformulierung des in der bundesdeutschen Bevölkerung wohlbekannten und geachteten Begriffs der »Sozialen Marktwirtschaft« in »Neue Soziale Marktwirtschaft« dürfte kommunikationsstrategisch eher ungeschickt gewesen sein, denn etwas »Neues« muss nicht gleichbedeutend direkt als etwas Gutes und Unterstützenswertes wahrgenommen werden; es kann auch Bedrohungen und Ängste wecken. Parteiintern wurde mancherorts befürchtet, Merkel wolle mit der alten »Sozialen Marktwirtschaft« ein Grundprinzip des bundesdeutschen Staatsverständnisses und der CDU-Programmatik zu Grabe tragen und manifestiere mit der Namensgebung »Neue Soziale Marktwirtschaft« zugleich auch eine komplette inhaltliche Neuausrichtung der CDU in der Wirtschafts- und Sozialpolitik. Merkel verfocht im Verlauf des darauffolgenden Jahres 2001 ihr Konzept der ›Neuen Sozialen Marktwirtschaft‹ auch durch das Einsetzen einer CDU-Präsidiumskommission unter ihrem Vorsitz unbeirrt weiter. Ein umfangreiches Diskussionspapier ›Neue Soziale Marktwirtschaft‹ vom 27. August 2001 gut ein Jahr vor der Bundestagswahl 2002 war die Folge.[615] Wenngleich diese Diskussionsgrundlage drei Monate nach ihrer Veröffentlichung im Wesentlichen unverändert auf dem Bundesparteitag der CDU im Dezember 2001 in Dresden verabschiedet und damit offizieller Bestandteil der CDU-Programmatik wurde, gelang es Merkel im Vorfeld des Parteitages nicht, das Papier der CDU-Präsidiumskommission zur »Neuen Sozialen Marktwirtschaft« innerhalb der CDU konsensual zu vermitteln.[616] Auch aus der bayrischen Schwesterpartei CSU kamen kritische Stimmen, die einen Ausverkauf der althergebrachten »Sozialen Marktwirtschaft« befürchteten. Der damalige CSU-Generalsekretär Thomas Goppel entschärfte den Konflikt indes mit dem Hinweis darauf, dass Angela Merkel mit dem von ihr verantworteten Papier nicht bemüht sei, eine neue Marktwirtschaft zu erfinden, sondern im Gegenteil im Rückgriff auf die Grundsätze der »Sozialen Marktwirtschaft« auch neue und gegenwartsgerechte Elemente einbauen wolle.

»Aufs Neue soziale Marktwirtschaft« müsse es demnach richtigerweise heißen, so brückenbildend Goppel.[617]

Die Doppelwahlen am 25. März 2001 in Baden-Württemberg und Rheinland-Pfalz brachten für eine optimistische Stimmung auf Bundesebene nicht den Durchbruch. Einerseits konnte die CDU in Baden-Württemberg mit 44,8 Prozent und einem Plus von 3,5 Prozent den ersten Zuwachs für die Unionsparteien seit dem Spendenskandal für sich verbuchen – dies ging jedoch im Wesentlichen auf das Konto des im Lande beliebten und glaubwürdigen Ministerpräsidenten Erwin Teufel. In Rheinland-Pfalz hingegen hatte sich so etwas wie ein »Bundesschub« nicht bemerkbar gemacht. Der blass gebliebene, eher der Philosophie als dem harten politischen Alltagsgeschäft verbunden wirkende CDU-Kandidat Christoph Böhr zog gegenüber dem populistisch-bacchantischen Ministerpräsidenten Kurt Beck bei einem deutlichen Rückgang der Wahlbeteiligung eindeutig den Kürzeren und kam in diesem einstigen CDU-»Stammland«, in dem Helmut Kohl viele Jahre geherrscht hatte, nur noch auf 35,3 (1996: 38,7) Prozent. Wenige Monate später, am 16. Juni 2001, wurden Eberhard Diepgen und die Berliner CDU von SPD, Grünen und PDS durch ein Misstrauensvotum aus der Regierung gedrängt, Neuwahlen wurden für den 21. Oktober 2001 angesetzt. Bei den parteiinternen Beratungen hinsichtlich der Spitzenkandidatur für die Wahl zum Berliner Abgeordnetenhaus musste Merkel eine empfindliche Niederlage einstecken, als sie ihren offiziellen Vorschlag Schäuble – für ihn war sie erst nach einigem Zögern eingetreten – auch wegen der Schreiber-Barspende in der Berliner Landespartei nicht hatte durchsetzen können. Ein Wechsel Schäubles in die Berliner Landespolitik hätte bedeutet, dass er sie auf ihrer bundespolitischen Bühne kaum noch hätte stören können. Merkel hätte aber wissen müssen, dass der Badener Schäuble »im größten Kommunalwahlkampf in der Bundesrepublik auf dem ihm unbekannten Pflaster ein Fremdkörper bleiben würde«[618]. Und noch jemand anderes setzte alles daran, dass Merkels Wunschkandidat durchfiel und der Berliner Unternehmer Frank Steffel Spitzenkandidat wurde: Helmut Kohl. Er zog im Hintergrund alle Register, um Schäuble zu verhindern. Die verheerende

Wahlniederlage für die CDU in Berlin am 21. Oktober 2001 – sie stürzte um 17 Punkte auf nur noch 23,8 Prozent ab – war deshalb für Angela Merkel ein doppeltes Desaster.

Die K-Frage

Auch ansonsten war das Jahr 2001 für Angela Merkel nicht gerade ein politisches Jubeljahr. Die Frage ihrer Kanzlerkandidatur spielte bei allen Entscheidungen immer eine große Rolle. Als der CDU/CSU-Fraktionsvorsitzende Friedrich Merz am 1. Februar 2001 sich selbst neben Merkel und Stoiber als möglichen Kanzlerkandidaten ins Gespräch brachte (»Es liegt in der Natur der Sache, dass der Fraktionsvorsitzende in Frage kommt«[619]), war die allgemeine Verwirrung groß. Zudem musste die Union am 11. Mai 2001 eine weitere Schlappe im Bundesrat hinnehmen. Wie die Steuerreform brachte die rot-grüne Koalition auch die Rentenreform mit Hilfe der SPD/CDU-regierten Länder Berlin und Brandenburg durch die Länderkammer.[620] Angela Merkel versuchte, grundlegende Gegenpositionen zur Bundesregierung vorzulegen. So präsentierten CDU und CSU am 10. Mai 2001 ein gemeinsames Zuwanderungskonzept; kurze Zeit später, am 7. Juni 2001, beschloss die CDU als erste Volkspartei ein vom saarländischen Ministerpräsidenten Peter Müller erarbeitetes Konzept für die Ausländerpolitik. Am 27. August 2001 billigten die CDU-Spitzengremien das bereits erwähnte Konzept zur »Neuen Sozialen Marktwirtschaft«[621].

Die Suche um bessere und gegenüber der Öffentlichkeit überzeugendere Ergebnisse wurde indes durch ein Abstimmungsverhalten im Bundestag jäh unterbrochen: Hinsichtlich des Bundeswehreinsatzes in Mazedonien, wo es zu bewaffneten Auseinandersetzungen zwischen albanisch-stämmigen bewaffneten Gruppen und mazedonischen Sicherheitskräften gekommen und unter Vermittlung der EU und der Organisation für Sicherheit und Zusammenarbeit in Europa (OSZE) ein Friedensprozess eingeleitet worden war, zeigte sich am 29. August 2001 die Unionsfraktion gespalten: Gegen den Willen der Führung lehnten 68 Abgeordnete eine Militärintervention ab. Dieses Abstimmungsverhalten kam zustande, obwohl der Fraktionsvorsitzende Friedrich Merz in dieser Frage mit Angela Merkel an einem Strang zog; aber auch sie wurde für dieses uneinheitliche Abstimmungsverhalten mit verantwortlich gemacht. Die Tatsache, dass Angela Merkel zuvor die Einladung zu einem Spitzengespräch mit dem Bundeskanzler angenommen hatte, wurde in der Bundestagsfraktion als »Einmischung in Fraktionsangelegenheiten« heftig kritisiert. In der Presse wurde die Frage gestellt: »Wer steht noch hinter Merkel?«[622] Merz zeigte als Fraktionsvorsitzender immer wieder Selbstbewusstsein: »Die Fraktion hat dort eine dienende Funktion, wo es darum geht, die Partei bei der Aufbereitung von Sachfragen zu unterstützen. Die Fraktion ist in diesem Sinne ein Kompetenzzentrum und ein Motor für die ganze Partei.«[623]

Solange die Kandidatenfrage (»K-Frage«) für die Bundestagswahl des Jahres 2002 nicht entschieden war, sollte auch innerhalb der Unionsparteien keine Einigkeit einkehren. Daran änderte es nichts, dass die Parteivorsitzende auf einer Regionalkonferenz am 22. Oktober 2001 in Walsrode ihren innerparteilichen Kritikern drohte und am 10. November 2001 ihren Führungsanspruch in einer kämpferischen Rede auf dem Parteitag der baden-württembergischen CDU in Rust bekräftigte. In diesen Monaten stellte sich heraus, dass die Parteivorsitzende gegenüber der Parteibasis wie auch großen Teilen der Bundestagsfraktion nicht professionell genug zu agieren schien, was sich auch in der Berichterstattung der Medien niederschlug. Die CDU-Granden sahen ihre Skepsis bestätigt, die sie von Anfang an gegen Merkel hegten. Die Auseinandersetzung mit dem hoch angesehenen Merz schadete zwar auch ihm, aber vor allem ihr. Das Vertrauen, dass sie es als Kanzlerkandidatin »packen« könnte, schwand.

Das Frühstück vor dem Putschversuch

Die Entscheidung der Unionsparteien über einen gemeinsamen Kanzlerkandidaten für die Bundestagswahl am 22. September 2002 entwickelte sich immer mehr zu einem Politthriller. Klar war nur von Anfang an, dass Angela Merkel auf diese Kandidatur hinarbeitete. Die große unbekannte Variable in diesem Spiel war der bayerische Ministerpräsident Edmund Stoiber. Er suggerierte lange Zeit, eine Kandidatur ablehnen zu wollen. Nach seiner Wahl auf dem CSU-Parteitag, auf dem er Theodor Waigel als langjährigen CSU-Landesvorsitzenden ablöste, erklärte Stoiber am 16. Januar 1999 zur Kanzlerkandidatur, diese sei »keine Frage, die uns jetzt besonders bedrängt«. In Fußballersprache erklärte er, das Spiel werde »erst im Jahre 2002 abgepfiffen«, doch »die Schlussminuten sind in diesen Fragen entscheidend«.[624] Immer wieder wiesen in den nächsten Monaten Stoiber und mit ihm der damalige CSU-Generalsekretär Goppel darauf hin, die eigentliche Entscheidung werde erst einige Monate vor den Bundestagswahlen 2002 getroffen. Diese Aussage hatte zwei Gründe: Zum einen wurde in der Union der Erfolg Schröders bei der Bundestagswahl 1998 darauf zurückgeführt, dass dieser erst etwa ein halbes Jahr vor den Wahlen als SPD-Kandidat nominiert wurde. Deshalb habe die Union damals nicht mehr genügend Zeit gehabt, ihn als Kandidaten zu »entzaubern«. Je früher ein Unionspolitiker zum Kandidaten gekürt würde, umso eher wäre er unter den heutigen Rahmenbedingungen einer Mediendemokratie der Gefahr ausgesetzt, »zerredet« zu werden. Zum anderen handelte es sich um eine sehr eigennützige Taktik der CSU. Je später ein gemeinsamer Unionskandidat ernannt werden würde – so das Kalkül –, umso größeren Einfluss könnte sich die CSU bewahren. Ein entscheidender Grund war sicher, dass Stoiber selber nicht genau wusste, was er wollte. Politiker lassen sich in der Regel bis zum Schluss alle Optionen offen – zumal solche Entscheidungen gemeinhin auch im Lichte von durch Meinungsumfragen festzustellenden Wahlchancen getroffen werden. Einige wichtige bayerische Politiker drängten zudem Stoiber zu einer Kandidatur, weil dann im Erfolgsfalle in Bayern die Karten neu gemischt würden und schon mehrere Aspiranten für seine Nachfolge bereitstanden. Es musste daher Stoibers Interesse sein, eine Nachfolgediskussion im eigenen Land gar nicht aufkommen zu lassen.

Noch im November 2000 schloss es Stoiber »definitiv« aus, für die Union als Kanzlerkandidat ins Rennen zu gehen: »Sie wissen, dass ich dafür nicht zur Verfügung stehen werde, weil ich Ministerpräsident bin und ich es gerne noch ein bisschen bleiben würde, wenn ich 2003 wiedergewählt werde.«[625] Immer wieder wurde von allen Seiten, auch aus der CDU, darauf hingewiesen, über die Kandidatenfrage werde erst im Frühjahr 2002 entschieden. Auch der CSU-Parteitag am 12./13. Oktober 2001 in Nürnberg, der Stoiber mit 96,6 Prozent als Landesvorsitzenden bestätigte, brachte keine weiteren Erhellungen über Stoibers Absichten. Aber seine CDU-Kollegin Merkel wurde als Gast auf diesem Parteitag nur routinemässig zur Kenntnis genommen und sogar ziemlich unhöflich behandelt. CSU-Generalsekretär Thomas Goppel erklärte in einem Interview mit dem Südwestfunk am 12. Oktober 2001, das Problem bestünde nicht darin, »dass Angela Merkel nicht genügend Profil hat …, sondern dass dahinter nicht alle geschart sind«.[626] Denn während die CSU Geschlossenheit zeigte, war Angela Merkel nicht in der Lage, die führenden CDU-Politiker auf sich zu verpflichten. Manche warteten ab, wie sich die Gemengelage entwickelte. Friedhelm Ost, früherer Regierungssprecher unter Kohl, bescheinigte Merkel: »Sie hat schlicht kein Profil.«[627] Manche Abgeordnete sondierten bereits, ob Merkel nicht zum Rückzug bewegt werden könne. Viele meinten, ein Ministerpräsident habe es leichter, Herausforderer eines Bundeskanzlers zu sein als eine Parteivorsitzende, die über kein staatliches Amt verfügt. Die Tatsache, dass Angela Merkel acht Jahre Bundesministerin war, spielte in dieser Argumentation keine Rolle mehr. Das CDU-Wahldebakel bei den Berliner Abgeordnetenhauswahlen im Oktober 2001 brachte den Zeitplan zusätzlich ins Wanken. Verstärkt wurde jetzt eine rasche Entscheidung der beiden Parteien gefordert.

In dieser unübersichtlichen Situation einer alles überdeckenden K-Frage zog der schlaue Michael Glos einen Joker aus der Tasche. Der CSU-Landesgruppenvorsitzende im Bundestag brachte nämlich neben Merkel und Stoiber Wolfgang Schäuble als Kanzlerkandidaten ins Gespräch: »Für mich ist Schäuble ein denkbarer Bewerber, aber ich weiß nicht, ob er sich bewirbt.«[628] Da die Berliner Journalisten davon ausgehen, Glos könne einen solchen Hinweis nur im Einvernehmen mit Stoiber gemacht haben, setzte eine Diskussion unter dem Motto »Wenn zwei sich streiten ...« ein. Heribert Prantl, der stets freundlich über Schäuble schreibt, sinnierte in der ›Süddeutschen Zeitung‹: »Stoibers Ausweg heißt Schäuble«[629]. Glos machte seine Hinweise in dem Moment, in dem die Staatsanwaltschaft ihr Ermittlungsverfahren gegen Schäuble wegen des Verdachts der uneidlichen Falschaussage über eine 100 000-Mark-Spende des Kaufmanns Schreiber einstellte. Schäuble selber antwortete auf die Frage, wie er seine Nennung als Kanzlerkandidat bewerte, mit der Bemerkung: »Es gibt schlimmere Beleidigungen.«[630] Wer den spröden Humor Schäubles kennt, weiß, wie sehr eine solche verkleidete Aussage eine innere Genugtuung über seine Kandidatenbenennung zum Ausdruck brachte. Im Übrigen bejahte er weder seine Bereitschaft zur Kandidatur, noch verneinte er sie. Durch die Glos-Benennung fühlte er sich eher geehrt. Auch die Tatsache, dass der damalige CDU-Fraktionsvorsitzende im baden-württembergischen Landtag, Günter Oettinger, Schäuble prinzipiell als geeigneten Kandidaten bezeichnete[631], zeigt, dass langsam Hilfstruppen zur Unterstützung Schäubles herbei eilten. Aber Glos sprach nicht für die CSU. Glos könne »allenfalls für die CSU-Landesgruppe sprechen«[632], erläuterte CSU-Generalsekretär Goppel. In Wirklichkeit war die Bemerkung von Glos ein geschickter Schachzug, um Stoiber endlich zur Kanzlerkandidatur zu bewegen. Zugleich bedeutete er eine Schwächung Merkels. Auf einmal gab es in den CDU-Reihen zwei Kandidaten.

Will er nun, will er nicht? In den folgenden Wochen weitete sich die Diskussion über die Frage der tatsächlichen Ambitionen Stoibers aus. Er konnte der Entscheidung bald nicht mehr ausweichen. Es war vor allem die Riege der Ministerpräsidenten, die sich offen für ihren bayerischen Kollegen aussprach. Bekannt war, dass sich die baden-württembergische CDU unter Erwin Teufel und seinem damaligen Generalsekretär Volker Kauder frühzeitig für Stoiber stark machte.[633]

Einen offenen Machtkampf gab es aber nicht auf dem CDU-Bundesparteitag Anfang Dezember 2001 in Dresden. Über diesem Parteitag – so schrieb die ›Neue Zürcher Zeitung‹ zu Recht – »schwebte ein Paradox«[634]: Die Regie wünschte keine Debatte über die Frage, wer 2002 gegen Schröder als Kandidat antreten solle. Offiziell diskutierte man Themen, die die Partei und Öffentlichkeit weit weniger bewegten. Aber natürlich gab es auf dem Parteitag viele Gespräche. Der erste Tag verlief dabei zu Merkels Zufriedenheit. »Und sie kann es doch«, titelte die ›Süddeutsche Zeitung‹ und wies darauf hin, dass Merkel die Delegierten in der Dresdner Messe zu Beifallsstürmen hinriss.[635] Aber auch das Grußwort Stoibers am folgenden Tag war so etwas wie eine Bewerbungsrede. Auch bei ihm wollte der Applaus nicht enden.[636] Offiziell spielte die Kandidatenfrage auf dem Parteitag keine Rolle – eigentlich grotesk, wenn man bedenkt, dass es sich beim Parteitag um das höchste CDU-Parteiorgan handelt. Die etwa tausend Delegierten waren bereit, in dieser Frage nur Statisten zu sein. Denn erst unmittelbar nach dem Parteitag verschärfte sich die Debatte. Stoiber schien zu diesem Zeitpunkt anderen Unions-Spitzenpolitikern zu signalisieren, dass er zu einer Kandidatur bereit sei. Er wollte aber kein Risiko eingehen, sondern erst dann seine Bereitschaft erklären, wenn er sich der vollen Unterstützung durch die Ministerpräsidenten, die in der Regel zugleich CDU-Landesvorsitzende sind, sicher sein konnte.

Der saarländische Ministerpräsident Peter Müller hatte in einem durch eine Indiskretion bekannt gewordenen Hintergrundgespräch mit Journalisten geäußert, eine Reihe führender Unionspolitiker wolle Merkel zum Aufgeben bewegen.[637] Das bestätigte sich in den folgenden Tagen immer mehr. Offensichtlich hatte Angela Merkel daraufhin Müller in einem lautstarken Telefongespräch zurechtgewiesen. Zugleich hatte sie dafür gesorgt, dass diese Zurechtweisung bekannt wurde. Müller sollte als illoyaler und unzuverlässiger Unionspolitiker erscheinen.[638] Allerdings erhielt Müller in den folgenden Tagen mehr und mehr Unterstützung. Wolfgang Bosbach, damals noch Stellvertreter von Merz als Fraktionsvorsitzendem, sagte, die Union solle froh sein, »zwei geeignete Kandidaten zu haben.« Den

Begriff »Putsch« wies er zurück: »Davon kann keine Rede sein. Wenn Peter Müller und andere keinen Hehl daraus machen, dass sie Edmund Stoiber für den erfolgversprechenderen Kandidaten halten, dann ist das kein Putsch gegen Frau Merkel. Dann ist das ein deutlicher Hinweis darauf, dass man mit dem Kandidaten bei der Bundestagswahl antreten sollte, von dem man glaubt, die größten Erfolgsaussichten zu haben.«[639] Offensichtlich hatten führende Politiker auf dem Bundesparteitag eine gemeinsame Strategie gegen Angela Merkel vereinbart. Obwohl sich auch bei den Gesprächen innerhalb der Bundestagsfraktion die Tendenz immer mehr zugunsten von Stoiber neigte, war Merkel nicht zur Aufgabe bereit. Ihre Taktik war klar: Sie wollte abwarten, ob Stoiber nicht doch einknicken würde. Bislang hatte er es abgelehnt, sich öffentlich zu seinen Überlegungen zu äußern. Die unerwartet zähe Haltung Merkels führte dazu, dass sich viele lange Zeit nicht darüber im Klaren waren, ob Stoiber im Falle einer Kampfkandidatur überhaupt antreten wolle. »Ich bin bereit zu einer Kanzlerkandidatur«[640], ließ Merkel die Leser der ›Welt am Sonntag‹ am 6. Januar 2002 wissen, sicher in der Hoffnung, Stoiber zum Aufgeben zu bewegen, der am liebsten die Kandidatur »auf dem silbernen Tablett« angetragen bekommen wollte. Doch das hatte ihm Merkel zunächst vermasselt.

Die Sitzung von CDU-Präsidium und CDU-Bundesvorstand am 11. Januar 2002 im »Herrenkrug« in Magdeburg sollte dann die Entscheidung erzwingen. Vor allem die Ministerpräsidenten – von Koch über Teufel bis hin sogar zu Wulff und unter Einschluss des Stellvertretenden Ministerpräsidenten Schönbohm – wollten eine grundsätzliche Entscheidung für Stoiber herbeiführen. Auf einmal ging alles schneller, als es noch einige Tage vorher erschien. Ein wichtiger Indikator dafür war die Tatsache, dass der hessische Ministerpräsident Koch, dessen intensive Abneigung gegen Angela Merkel hinreichend bekannt ist, entgegen seiner ursprünglichen Planung seinen Urlaub unterbrach, um an der Sitzung teilzunehmen. Unbestreitbar war gegen Angela Merkel so etwas wie ein Putsch im Gange. Nur noch eine Minderheit im Präsidium und im Bundesvorstand war für die eigene CDU-Vorsitzende als Kandidatin, insbesondere die mächtigen Landesfürsten waren – mit Ausnahme des nordrhein-westfälischen Oppositionsführers Jürgen Rüttgers – für Stoiber als Kandidat. Der Aufstand war bereits geplant. Davon hatte Angela Merkel erfahren. Ihre Strategie des »Augen zu und durch« war nicht aufgegangen. Sie zog die Notbremse, ohne dass dies die Vorstandsmitglieder wussten. Sie hatte am Vortag mit Stoiber ein Frühstück in dessen Privathaus im bayerischen Wolfratshausen vereinbart. Stoiber schien zunächst über ihre kurzfristige Anfrage irritiert. Am Vorabend flog sie mit einer Linienmaschine der Lufthansa von Düsseldorf nach München und konnte damit rechtzeitig im Hause Edmund Stoibers sein. Sie überraschte den verdutzten Bayern mit ihrer Bereitschaft, zu seinen Gunsten von der Kandidatur abzusehen. Merkel fuhr dann zur Klausurtagung nach Magdeburg und verkündete: »Ich habe immer gesagt, Kanzlerkandidat der Union soll derjenige werden, der die größten Siegeschancen hat. Was gehört an Kriterien zu den größten Siegeschancen? Neben der Eignung zur Kanzlerkandidatur – und der Bereitschaft selbstverständlich – messe ich dem Kriterium der Geschlossenheit allergrößte Bedeutung zu. Ich glaube, dass die Geschlossenheit der Union mit dem Kanzlerkandidaten Edmund Stoiber hervorragend herzustellen ist ...«[641] Am zweiten Tag der Klausurtagung erschien dann auch Stoiber noch kurzfristig.

Mit dem berühmten Frühstück in Wolfratshausen rettete sich Merkel in letzter Sekunde. Eine Wahl Stoibers gegen Merkels Willen wäre ein Misstrauensvotum gegen die eigene Vorsitzende gewesen. Als eine in den eigenen Gremien unterlegene CDU-Vorsitzende wäre sie zum Rücktritt gezwungen gewesen. So hatte sie sich wieder Handlungsfreiheit erworben – und die meisten waren froh, einer quälenden Entscheidung entgangen zu sein. In gewissem Sinne wiederholte Merkel damit das Beispiel Helmut Kohls: Obwohl der damalige rheinland-pfälzische Ministerpräsident bei den Bundestagswahlen im Jahre 1976 als Kanzlerkandidat 48,6 Prozent erhielt und damit das zweitbeste Ergebnis in der CDU-Geschichte erzielte, war seine Akzeptanz beim bayerischen Ministerpräsidenten Franz Josef Strauß äußerst gering. Kohl verzichtete bei den darauf folgenden Wahlen im Jahre 1980 auf eine eigene Kandidatur, sondern schickte als unionsinternen Gegenkandidaten zu Strauß den niedersächsischen Ministerpräsidenten Ernst Albrecht ins Rennen, der dann in einer Abstimmung in der CDU/CSU-Bundestagsfraktion verlor. Hätte Kohl, was absehbar gewesen war, diese Auseinandersetzung mit Strauß in der Fraktion verloren, wäre er als CDU-Vorsitzender ebenfalls nicht mehr tragbar gewesen. Sein Schritt sollte ihm später den Weg zur Kanzlerschaft ebnen, nachdem Strauß bei der Bundestagswahl 1980 vernichtend geschlagen wurde.

»So viel Union wie heute war nie«

Zweifellos waren die Geschehnisse um den »Herrenkrug« für Angela Merkel eine herbe politische Niederlage – doch sie machte das Beste daraus. Die Partei war geradezu erleichtert, dass sie einlenkte. Bernhard Vogel, seinerzeit noch thüringischer Ministerpräsident, kleidete quasi als Methusalem der Versammlung die generelle Erleichterung in Magdeburg generös in die Worte, Merkel sei eine »souveräne Dame«, die gekämpft habe. »Merkel hat weiter an Statur gewonnen, sie ist gestärkt, weil sie den Mut hatte, hier, auf dieser Klausurtagung diese Entscheidung herbeizuführen und zu verkünden.«[642] In der CDU wurde aber wahrgenommen, wie sehr Merkel an ihrer Kandidatur praktisch bis zur letzten Minute mit eisernem Willen und kühler Berechnung festgehalten hatte, sich sogar noch kurz zuvor von der nordrhein-westfälischen CDU nominieren ließ. Blitzschnell schwenkte sie um, um dann taktisch geschickt eine pragmatische Verständigung mit Stoiber zu suchen. Merkel selbst spielte sofort nach Magdeburg die Niederlage herunter: »Ich bin jetzt nicht verbittert. Ich habe meine Erfahrungen in dieser Kandidaten-Entscheidung gemacht. Es war eine wichtige Erfahrung für mich. Aber jetzt wollen wir eine Wahl gewinnen. Jetzt ist eine neue Zeit«.[643] Sie unternahm in der Folgezeit dann alles, um den gemeinsamen Kanzlerkandidaten Stoiber zu stützen.

»So viel Union wie heute war nie«[644], rief Angela Merkel am 17. Juni 2002 auf dem Bundesparteitag in Frankfurt am Main aus, der die heiße Wahlkampfphase der Union einleitete und auf dem sie selbst und der Kanzlerkandidat Stoiber gleichermaßen gefeiert wurden. Siegeszuversicht hatte sich bis dahin ausgebreitet. Die CDU sah sich auf ihrem Parteitag am Beginn einer neuen Ära,[645] wenngleich Angela Merkel vor Übermut warnte. Sie wandte sich auf dem Parteitag gegen Überlegungen einer Großen Koalition mit der SPD – ein Gedankenspiel, das zur großen Verärgerung der Wahlkampfleiter von Schäuble in Form vorsichtiger Andeutungen ins Gespräch gebracht wurde. Und ein Weiteres fand auf dem Parteitag statt: Helmut Kohl kehrte – wie er es sicher formuliert hätte – in die CDU-Familie zurück. Es hatte sich gut getroffen, dass der Parteitag am 17. Juni stattfand. Kohl konnte so seine Verdienste in der Deutschlandpolitik in einer dreißigminütigen Rede hervorheben. Merkels Regie klappte: Kohl kehrte wieder zurück, doch der Beifall war so, dass er weder den Kanzlerkandidaten Stoiber noch die Parteivorsitzende Merkel in den Schatten stellte, er war »mäßig«.[646] Merkel war es gelungen, Kohl zurückzuholen und insoweit eine Art Schlussstrich unter die Spendenaffäre zu ziehen. Der Ehrenvorsitz wurde ihm aber nicht mehr angetragen.

Mit der Nominierung Stoibers waren die Reihen der Unionsparteien geschlossen. Die Voraussetzungen für einen erfolgreichen Wahlkampf schienen gegeben – und doch gewann die rot-grüne Koalition unter Bundeskanzler Schröder die Wahl nach einem beispiellosen Kopf-an-Kopf-Rennen. Alle Meinungsumfragen prognostizierten noch bis zum Sommer 2002, Stoiber hätte die besten Chancen, nach nur vier Jahren Regierungszeit Schröder aus dem Amt zu verdrängen. Dies hätte eine politische Revolution im Wahlverhalten der Deutschen bedeutet. Bisher hatten alle Erfahrungen dafür gesprochen, dass ein einmal ins Amt Gewählter nochmals bestätigt wird – Wähler werfen sich selber ungern vor, bei einer entscheidenden, zum Wechsel führenden Wahl falsch gewählt zu haben. Offensichtlich rechneten aber selbst Schröder und sein Vize Fischer lange Zeit nicht mit ihrer Wiederwahl. Ein Blick in die Kompetenzanalyse von Meinungsumfragen zeigt zudem, dass in den als besonders wahlentscheidenden Feldern die Union weit vor der SPD lag: 50 Prozent trauten den Unionsparteien zu, den Wirtschaftsstandort Deutschland voranzubringen, lediglich 31 Prozent der SPD. Hierbei muss man bedenken, dass nach allen Umfragen die Bekämpfung der Arbeitslosigkeit im September 2002 mit 85 Prozent als das weitaus »wichtigste politische Thema« angesehen wurde. Die Kategorie »Arbeitsplätze sichern und neue schaffen« ging ebenfalls mit 43 zu 32 Prozentpunkten klar an die Union, noch krasser »Kriminalität und Verbrechen bekämpfen« mit 48 zu 29; selbst in der Bildungspolitik lag sie vorn (41 zu 31). In Umfragen führte die SPD in anderen Themen kurz vor den Wahlen im September 2002: Ihr traute man eher zu, »für soziale Gerechtigkeit« zu sorgen (48 zu 25 Prozent). Auch der »Einsatz für den Frieden« brachte ihr mit 37 zu 23 Prozentpunkten einen deutlich größeren Bonus. Hinsichtlich des Wiederaufbaus der bei der Hochwasserkatastrophe zerstörten Regionen lag die SPD ebenfalls vorn (53 zu 25 Prozent), generell wurde ihr eine verlässlichere Außenpolitik zugesprochen (mit 36 zu 29 Prozentpunkten, 19 Prozentpunkte erhielten die Grünen).[647] Die Wahlen blieben aber bis zum Schluss spannend, da nicht vorherzusehen war, welche der Kompetenzthemen die größte Durchschlagskraft hatten.

Nach der Wahlforschung sind es drei Faktoren, die einen Wahlausgang beeinflussen. Zum einen ist das allgemeine Image einer Partei ein wichtiger Faktor, das sich aus einer langfristigen Einschätzung der Wähler speist und das insbesondere zur Bindung der Stammwähler wichtig ist. Den Unionsparteien kommt zugute, dass sie in einigen Feldern (Wirtschaftspolitik, Staatsverschuldung, Innere Sicherheit; früher: deutsche Einheit, Westbindung, Europapolitik) einen Vorsprung gegenüber ihren Mitbewerbern haben. Auch wenn die Unionsparteien hinsichtlich ihrer traditionellen Wählerklientel nicht im gleichen Ausmaß von der Schnelligkeit des Strukturwandels der Gesellschaft betroffen sind wie die SPD, so hatten auch sie einen Verlust von Stammwählern zu beklagen, zumal das Aufkommen der Grünen einen Einbruch in ihre klassische Wählerschaft der »besser Gebildeten« mit sich brachte.[648] Insgesamt dürfte die Zahl der Wechselwähler inzwischen weit über fünfzig Prozent betragen. Immer mehr Wähler – und das ist der zweite Faktor – entscheiden sich nämlich relativ kurzfristig hinsichtlich ihrer eigenen Interessenlagen, nicht mehr wegen des häufig in Familien und in politischen Milieus mitgegebenen Traditionsverhaltens. Zunehmende Bedeutung hat auch ein – dritter – Faktor, der gemeinhin mit dem Stichwort der »Amerikanisierung« bezeichnet wird – der Trend zur Personalisierung in der Politik. Die Fernsehdebatten zwischen Schröder und Stoiber konnte nach dem unabhängigen Urteil der Beobachter Schröder für sich entscheiden. Insbesondere im zweiten Duell gewann Schröder die Offensive und ließ Stoiber im Wortsinne »alt aussehen«. Deutlich wurde dies, als beide über ihre jeweiligen Frauen sprachen, wobei Schröder mit einem modernen Frauenbild brillierte, in dem sich die Mehrheit der jungen Frauen wiederfand, während Stoiber in der Frage eher hilflos wirkte. Letztlich wurden die Bundestagswahlen durch die Union verloren, weil Schröder trotz seiner höchst umstrittenen politischen Bilanz als der modernere Kandidat galt.

Diese drei Faktoren müssen zusammengenommen werden. Und deshalb musste das Wahlergebnis nicht nur aus Sicht Stoibers, sondern auch aus der Sicht Angela Merkels enttäuschend sein. Zwar hatten die Unionsparteien am 22. September 2002 bei den Bundestagswahlen ein Plus von 3,4 Prozentpunkten erzielt, sie kamen aber nur auf 38,5 Prozent. 1998 hatte Helmut Kohl sogar 6,3 Prozent gegenüber 1994 verloren. Wenigstens diese Prozentpunkte hätten zurückerobert werden müssen. Die Union erreichte ihr drittschlechtestes Ergebnis seit 1949. Vor der Wiedervereinigung lag die Union immer über 44 Prozent. Die SPD verlor zwar (minus 2,4 Prozentpunkte), erhielt aber immer noch 38,5 Prozent. Sie gewann damit nur 6027 Stimmen mehr als ihre Hauptkonkurrentin und konnte gemeinsam mit den Grünen weiterregieren, die mit 8,6 Prozent ein Plus von 1,9 Prozentpunkten verbuchen konnten. Da die PDS die Fünf-Prozent-Hürde verfehlte, war eine erneute rot-grüne Koalition möglich. Die in der Union genährten Hoffnungen, die alte neue Koalition würde schon nach den ersten Monaten zusammenbrechen, zerstob bald.

Bei den Wahlen 2002 stand die CDU voll hinter Edmund Stoiber. Dies war ein Unterschied zu den Wahlen des Jahres 1980, als Strauß der gemeinsame Unionskandidat war. 44,5 Prozent galten damals als ein dürftiges Wahlergebnis der Unionsparteien. Sofort hatten Strauß und sein damaliger engster Mitarbeiter, der CSU-Generalsekretär Stoiber, die Schuldigen parat und bemängelten, dass Teile der norddeutschen Union und der »linke« Flügel nicht voll hinter dem gemeinsamen Kandidaten gestanden hätten. Das war auch für 2002 zunächst die Befürchtung des einstigen Strauß-Adlatus Stoiber. Doch war 2002 nicht 1980. Eine besondere Autorität in diesen Zeiten erlangte Merkel vor allem dadurch, dass sie mit aller Macht die volle Unterstützung der Gesamt-CDU für den Wahlkampf einbrachte. Ähnlich agierte Kohl 1980, dem sie es nachtat. Zweifellos war die Elbeflut in den Augusttagen vor der Bundestagswahl ein wichtiger Grund dafür, dass die Regierung in die Offensive gehen konnte. In Krisenzeiten haben Regierungen immer einen gehörigen Vorsprung gegenüber einer auf dem politischen Parkett weitgehend nur zuschauenden Opposition, auch wenn der Spitzenkandidat in diesem Fall Regierungschef eines wichtigen Bundeslandes war. Zu einem weiteren innenpolitisch gewichtigen Faktor hatte sich aber auch die Frage eines Irak-Krieges entwickelt. Die krasse Absage der Bundesregierung zu jedweder Unterstützung einer amerikanischen Militärintervention im Irak brachte die Unionsparteien in die Defensive. Obwohl die CDU traditionell »atlantisch« geprägt ist, blieb ihre Haltung unklar. Schröder suggerierte eine offizielle (aber nie eingetroffene) Unterstützungsanfrage Washingtons für eine Kriegsteilnahme und äußerte zugleich die in der Bevölkerung insbesondere Ostdeutschlands weit verbreitete Befürchtung, die Unionsparteien wollten Deutschland mit in den Krieg ziehen lassen. Dieses Argument zog vor allem bei der älteren Generation, die noch die Bombennächte des Zweiten Weltkrieges erlebt hatte. Beide Fremdereignisse jedenfalls sorgten dafür, dass die ansonsten so wichtigen innenpolitischen Themen wie die Arbeitslosigkeit in den Hintergrund gedrängt wurden. Wie die Forschungsgruppe Wahlen demoskopisch ermittelte, galt Schröder als »sympathischer« (63 zu 17 Prozentpunkten), eher als »Siegertyp« (61 zu 13 Prozentpunkten), auch wenn in der Kompetenzbewertung der Lösung der Wirtschaftsprobleme Stoiber mit 33 zu 24 Prozentpunkten deutlich vorne lag, hinsichtlich der Schaffung von Arbeitsplätzen sogar mit 33 zu 18 Prozentpunkten (»weiß nicht«: 48 Prozentpunkte!).[649]

Der knappe Zugewinn der Union war fast ausschließlich den stark mobilisierten bayerischen Wählern zu verdanken, wo sich die CSU um 10,9 Prozentpunkte verbesserte – in absoluten Stimmen sind das 86 Prozent aller zusätzlichen Unionsstimmen bei dieser Wahl! Stoibers Zugkraft zeigte sich nur im Süden, auch in Baden-Württemberg, begrenzt noch in Hessen und Rheinland-Pfalz. Es zeigte sich zudem, dass die Union im städtischen Umfeld Probleme hat, wo sie (ausgenommen die Großstädte des Südens: Stuttgart, München, Nürnberg) nur schwache Zuwächse verzeichnen konnte. In Hamburg, Bremen, Hannover, Köln und Leipzig musste sie gegenüber 1998 sogar Verluste hinnehmen. Diese Begründungen, so oft sie zunächst von der CDU-Parteiführung wiederholt wurden, waren aber nur von geringer Relevanz und lenkten von dem eigentlichen Problem ab. Welches Milieu in Großstädten wie wählt, ist sicher für den Wahlerfolg vor Ort wichtig, entscheidend in der Gesamtstatistik ist jedoch das Wahlverhalten der Generationen. Beim genauen Hinsehen zeigte sich, dass es Einbrüche für die Unionsparteien gerade bei ihrer treuesten Klientel, den älteren Wählern, gegeben hatte (vermutlich auch wegen des Irak-Krieges). Statistisch ist diese Frage deshalb von besonderem Belang, weil der Anteil der Wahlberechtigten ab 60 Jahren 2002 fast ein Drittel, nämlich 32,0 Prozent betrug. Die ältere Wählerklientel war teilweise schon 1998 weggebrochen, was sich 2002 wiederholte: »In dieser für die Union relevanten Zielgruppe blieb sie somit erneut deutlich unterhalb ihrer Mobilisierungsmöglichkeiten«.[650] Probleme – das belegen die Zahlen – hatten die Unionsparteien ebenfalls bei den jüngeren Wählern, bei den Frauen und im Osten Deutschlands.

Bei aller Fokussierung auf den Spitzenkandidaten Stoiber wurde bei den parteiinternen Analysen hinter vorgehaltener Hand die Frage gestellt, ob nicht der »Personalfaktor Merkel« einen nachhaltigeren Eindruck in der Wählerschaft hätte haben müssen. So bevorzugten nach der Auswertung der repräsentativen Wahlstatistik des Statistischen Bundesamtes Männer die Union; bei den Frauen lag die SPD mit 40,2 Prozent um 2,4 Prozentpunkte vor den Unionsparteien.[651]

Das beste Zweitstimmenergebnis hatten die Unionsparteien mit 46,4 Prozent bei den über 60-jährigen Männern, das schlechteste bei den Frauen der jüngsten Altersgruppe zwischen 18 und 24 Jahren (30,7 Prozent). Die »Ostdeutsche« Merkel hatte jedenfalls auf das Wahlverhalten in den Neuen Bundesländern und Berlin-Ost keinen Einfluss: In diesem Wahlgebiet erzielte die SPD 39,7 Prozent, die CDU lediglich 28,3 Prozent (gefolgt von PDS mit 16,9 Prozent). Bei den ostdeutschen Frauen erzielte die Union gar nur 27,2 Prozent.

Gleich am Wahlabend kämpfte Angela Merkel, in der Zeitschrift ›Focus‹ deshalb als »Chefin Gnadenlos«[652] verspottet, weiter. Sie wusste, dass sie zur Machtsicherung den von Friedrich Merz besetzten Posten des Fraktionsvorsitzenden der Bundestagsfraktion erobern musste, auch wenn es gut gemeinte Ratschläge gab, die darauf hinwiesen, dass sich angesichts der Knappheit der durch die Opposition zu vergebenden Spitzenämter die Verteilung auf mehrere Personen für die öffentliche Wirkung günstiger darstelle. Nicht nur war Merkels Verhältnis zu Merz angespannt, insgesamt war die Zahl ihr gegenüber Skeptischer in der Fraktion ziemlich hoch. Andererseits erfolgte mit der neuen Bundestagsfraktion eine ungewöhnlich starke Verjüngung. Ein gutes Drittel der Fraktion war neu. Angela Merkel, die um das Defizit hinsichtlich ihrer Unterstützung in der Fraktion wusste, hatte sich bereits im Vorfeld des Bundestagswahlkampfes intensiv um die nachrückenden jungen Abgeordneten gekümmert. Ihr war klar, dass sie nicht nur die Partei, sondern auch die Bundestagsfraktion hinter sich bringen müsste. Ihr erstes Ziel war es, Friedrich Merz aus dem Weg zu räumen. Merz konnte auf große Sympathien in der Fraktion bauen, die personell »konservativer« zusammengesetzt ist als die Bundespartei und in der die Vorbehalte gegen eine im Unionsspektrum eher als »links« geltende Angela Merkel relativ stark waren.

Nach den Regeln der Bundestagsfraktion schlagen die beiden Parteivorsitzenden vor, wer von der Gesamtfraktion zum Vorsitzenden gewählt werden soll. Zunächst widersetzte sich Merz seiner Quasi-Absetzung. Bereits während der Stimmauszählung versammelten sich im sechsten Stock des Adenauer-Hauses Merz, Merkel und Stoiber, um die Frage des Fraktionsvorsitzes zu beraten. Zu diesem Zeitpunkt lagen ihnen schon die ersten Umfragewerte hinsichtlich des zu erwartenden Wahlausgangs vor. Merz hielt seinen Anspruch aufrecht. Am Montagmorgen nach der Wahl trat das CDU-Präsidium zusammen. Merkel erhielt für ihre Position von anderen Präsidiumsmitgliedern Unterstützung. Teilnehmer dieser Sitzung haben sie heute wegen ihrer sibirischen Frostigkeit in Erinnerung. Merz plädierte nicht nur für die Beibehaltung der Trennung von Partei- und Fraktionsvorsitz, sondern stellte letztlich Merkels Fähigkeit zur Führung der Fraktion in Frage. Der hessische Ministerpräsident Koch versuchte noch mit dem Vorschlag, für Merz die Funktion eines »Ersten Stellvertretenden Fraktionsvorsitzenden« einzurichten, eine Brücke zu bauen. Die Sitzung wurde dann unterbrochen. Als im Laufe des Tages Stoiber, aus München kommend, zu den CDU-Beratungen stieß und Merkel für den Fraktionsvorsitz vorschlug, war für sie der Damm gebrochen.

Dies war eine bittere Stunde für Friedrich Merz, der davon überzeugt gewesen sein mag, dass Angela Merkel die Zusage für den Fraktionsvorsitz bereits während des Frühstücks in Wolfratshausen als Bedingung für ihr Nachgeben von Stoiber verlangt und bekommen hatte. Merz beklagte einige Monate später, Angela Merkel (und mit ihr Edmund Stoiber) hätten sich an klare Vereinbarungen einer Besprechung vom Mai 2002 nicht gehalten, nach denen man übereingekommen sei, im Falle einer Wahlniederlage die Frage des Fraktionsvorsitzes im Einvernehmen zu lösen. Vereinbart sei worden, dass nichts vorentschieden werde: Man werde sich nach den Wahlen zu dritt zusammensetzen; es werde nichts gegen den Willen eines der Beteiligten entschieden. Stattdessen habe die Parteivorsitzende in den Wochen vor der Wahl mit fast allen Landesvorsitzenden über seine Ablösung als Fraktionsvorsitzender gesprochen.[653] Merz lehnte es zunächst ab, in den Fraktionsvorstand als Stellvertretender Vorsitzender einzutreten. Er wurde dann doch nach aber einiger Überlegungszeit Stellvertretender Fraktionsvorsitzender mit herausgehobenen Kompetenzen für den Wirtschafts-, Sozial- und Finanzbereich. Von Anfang an war er aber davon überzeugt, dass Merkel ihn eigentlich gar nicht als Stellvertreter hatte haben wollen, sondern dass er ihr von Stoiber und Glos aufgezwungen worden sei: Das war keine gute Basis für ein verträgliches Vorstandswirken, wie sich später noch zeigen sollte. Einige Tage darauf traf sich dann die »neue« und die »alte Fraktion« im Festsaal des Berliner Hotels »Maritim pro Arte«. Die neue Fraktionsvorsitzende verabschiedete Rita Süssmuth, Helmut Kohl und die langjährigen Minister Rudolf Seiters, Theo Waigel, Friedrich Bohl und Carl-Dieter Spranger. Während Merkel über die Union an sich und Helmut Kohl und die deutsche Einheit im Speziellen sprach, saß der Abgeordnete Friedrich Merz am Tisch eines anderen Unterlegenen – bei Wolfgang Schäuble.

Doch Angela Merkel war keine lange Ruhepause gegönnt: Bereits sieben Wochen nach der Bundestagswahl fand in Hannover am 11. und 12. November 2002 ein Bundesparteitag statt, bei dem sich Merkel zur Wiederwahl stellen musste. Er war von ihr schon lange vor der Bundestagswahl mit Absicht auf diesen Termin gelegt worden. Unmittelbar nach Wahlen kann die Parteiführung von einer größeren Loyalität ausgehen. Alle zwei Jahre muss nach den Statuten der Partei der Bundesvorstand (mit Ausnahme des auf vier Jahre gewählten Generalsekretärs) gewählt werden. Nach Essen, wo Merkel ja in einer Art »Ausnahmezustand« der Union gewählt worden war, ging es jetzt darum, ihren Machtanspruch zu verteidigen. Doch blieb der Parteitag insgesamt matt, eine große Aufbruchstimmung ging von ihm nicht aus. Jeder auf dem Parteitag wusste, dass Angela Merkel durch die Übernahme des Fraktionsvorsitzes gestärkt war, Euphorie über die Ablösung des anerkannten Merz war aber nicht zu spüren. Die Stimmung der Delegierten zeigte ihr gegenüber Respekt, aber keine warmherzige Sympathie. Der Kommentator Karl Feldmeyer meinte zum Parteitag, ein Politiker müsste willens und fähig sein, »den Bürgern die Frage zu beantworten, wie er die Zukunft des Landes gestalten will. Gelegenheit dazu hätte Merkels Rede in Hannover geboten. Sie hat diese Möglichkeit nicht genutzt ...« [654] Auch die ›tageszeitung‹ bezeichnete die Rede der von einer Grippe angekränkelten Merkel als »seltsam uninspiriert«[655]. Angela Merkel wurde gleichwohl mit einem sehr guten Ergebnis wiedergewählt. Sie erhielt 746

Ja-Stimmen von 796 und damit 93,7 Prozent. Allerdings betrug die Gesamtzahl der Delegierten 978. Der Tagungspräsident Bernd Neumann aus Bremen habe nicht genügend Zeit gelassen, bis alle Delegierten in den Saal eilen konnten, hieß es dann später.[656] Jedenfalls waren zahlreiche Delegierte nicht im Saal; manche waren auf Parallelveranstaltungen mit ausländischen Gästen, manche tranken Kaffee im Foyer. Stellvertreter von Merkel wurden die Stuttgarter Kultusministerin Annette Schavan, der Niedersachse Christian Wulff, der nordrhein-westfälische Oppositionsführer Jürgen Rüttgers und Christoph Böhr aus Rheinland-Pfalz. Bei den Wahlen für die weiteren Mitglieder des Präsidiums erhielt Friedrich Merz mit 93,6 Prozent (876 Ja-Stimmen) das beste Ergebnis, gefolgt von Roland Koch.

Jetzt erst war Angela Merkel in der Normalität des Alltags einer Parteivorsitzenden angelangt. Zwei Jahre lang hatte sie um Anerkennung als Parteivorsitzende kämpfen müssen. Sie hatte in der Frage der Kanzlerkandidatur zwar eine sichtbare Niederlage erlitten und auch die Wahlniederlage Stoibers war mit ihre Niederlage. Sie hatte zudem den »zweiten Hut« als Fraktionsvorsitzende ergriffen. Die Zweifel nagten an Angela Merkel – aber war das nicht über viele Jahre bei Helmut Kohl genauso? Es gab so kurz nach der Wahl auch keinerlei Putschüberlegungen. Selbst der Hesse Roland Koch kam hierfür nicht in Betracht. Er musste erst noch wenige Monate später, am 2. Februar 2003, die Landtagswahlen gewinnen. Das schien wegen der Verwicklung der hessischen CDU in die Spendenaffäre gar nicht einfach zu sein und verlangte ihm erhebliche »Steherqualitäten« ab. Diese Gesamtsituation wollte Merkel nutzen, um sich fest zu etablieren. Ihr Ziel war eine mit ihrem Namen verbundene programmatische Erneuerung der Union. Sie wusste um das Argument, sie habe ein programmatisches Defizit. Dass sie jedoch etwas von »Macht« verstand, das hatte sie bis zu diesem Zeitpunkt hinlänglich bewiesen.

Nach der hauchdünnen Wiederwahl 2002 hatte die rot-grüne Bundesregierung ein schweres Jahr. Das Jahr 2003 kann Angela Merkel hingegen weitgehend auf ihrer Habenseite verbuchen. Der 2. Februar 2003 vermittelte den Unionsparteien ein mächtiges Auftriebsgefühl. Nicht nur wurde Koch in Hessen wiedergewählt– diesmal sogar mit absoluter Mehrheit der Sitze. Darüber hinaus wurden SPD und Grüne in Niedersachsen, das als »Schröder-Land« bezeichnet wurde, durch eine CDU/FDP-Koalition mit Christian Wulff an der Spitze ersetzt. Langsam aber sicher entwickelte sich Wulff seitdem zu einer Art »shooting star« der Union. Er, der Angela Merkel trotz mancher ihm zugefügter Enttäuschung von Anfang an unterstützt hatte, wird zunehmend als ihr potentieller Konkurrent gesehen. Eine »Ausnahmewahl« für die Union war die Bürgerschaftswahl in Bremen. Diese hatte den Charakter einer Kommunalwahl, in der andere Gesetzmäßigkeiten als in Flächenländern galten und wo der beliebte Bürgermeister Henning Scherf (SPD) die Wahlen gewann. Trotz Verlusten für die CDU und Stimmenzugewinnen für die Grünen blieb die Große Koalition aus SPD und CDU bestehen. Bei den bayerischen Wahlen am 21. September erhielt die CSU eine bisher noch nie erzielte Zwei-Drittel-Mehrheit der Mandate.

Angela Merkel und die USA

Heftige Kontroversen löste Merkels Amerika-Reise im Februar 2003 aus. Der nach den Bundestagswahlen einsetzende Angriff der USA auf das Hussein-Regime im Irak hatte nicht nur die Europäische Union gespalten, sondern auch die bundesdeutsche Politik. Den Kurs einer von der amerikanischen Regierung Bush offensiv betriebenen militärischen Konfrontation mit dem Irak unterstützten innerhalb Europas neben der britischen Regierung Blair vor allem die Regierungen Dänemarks, Italiens, Portugals, Spaniens, Polens, Ungarns und der Tschechischen Republik.[657] Um Frankreich und Deutschland (sogar in einer Allianz mit Moskau und Peking) herum formierte sich indes die Gruppe der Staaten, die eine militärische Intervention um jeden Preis verhindern wollte. So galt der deutsche Bundeskanzler Gerhard Schröder seit dem Bundestagswahlkampf 2002 und im Verlauf der heißen diplomatischen Phase des Konflikts zu Beginn des Jahres 2003 bezüglich eines möglichen Kriegs gegen den Irak als exponierter Vertreter einer kategorischen Verweigerungshaltung.⁶⁵⁸ Deutschland gehörte im weiteren Verlauf ebenso wie Frankreich dann auch nicht zur »Koalition der Willigen«, die im März 2003 auf einer völkerrechtlich umstrittenen Grundlage die bewaffnete Konfrontation mit dem Irak Saddam Husseins suchte. Nicht vergessen werden darf in diesem Kontext allerdings, dass die von den USA und allen maßgeblichen europäischen Staaten bereits am 8. November 2002 verabschiedete UN-Resolution 1441 dem Irak für den Fall einer mangelnden Kooperationsbereitschaft bei der Aufspürung von Massenvernichtungswaffen durch UN-Waffeninspekteure mit »ernsthaften Konsequenzen« gedroht hatte.⁶⁵⁹ Gewann Schröder durch seine Politik des Ausschlusses jedweder Beteiligung an einem militärischen Konflikt mit dem Irak in weiten Teilen der deutschen Bevölkerung große Sympathien, führte seine Festlegung außenpolitisch zu schweren Verstimmungen im traditionell guten deutsch-amerikanischen Verhältnis. Gerade diesen Umstand bemängelte Angela Merkel in der innerdeutschen Irak-Debatte auch immer wieder von neuem. Der Kernvorwurf Merkels war, dass Schröder durch seine einseitige Festlegung das Zustandekommen einer einheitlichen Drohkulisse gegenüber Saddam Hussein ohne Not von vornherein verhindert habe. Das hierdurch erzeugte Bild einer in der Irak-Frage unentschlossenen und zerstritten agierenden Europäischen Union habe Schröder durch sein Verhalten maßgeblich gefördert und eine militärische Konfrontation damit wahrscheinlicher gemacht.⁶⁶⁰ Dadurch, dass Europa nicht mit einer Stimme gesprochen habe, hätte es auf Washington auch keinen Einfluss nehmen können.

Angela Merkel war es bald vergönnt, der amerikanischen Regierung ihre Aufwartung zu machen. Ihre Reise im Februar 2003 ermöglichte ihr ein hochrangiges Programm in der amerikanischen Hauptstadt, doch war für die CDU-Vorsitzende zu diesem Zeitpunkt der Präsident selber nicht zu sprechen; sie sprach aber mit dem Vizepräsidenten Dick Cheney, dem Verteidigungsminister Donald Rumsfeld und seinem Stellvertreter Paul Wolfowitz sowie mit der damaligen Sicherheitsberaterin und heutigen Außenministerin Condoleezza Rice. George W. Bush jun. sollte sie bei seinem Deutschlandbesuch im Februar 2005 in Mainz sehen. Schon seit jeher ist die Reise eines

Oppositionsführers nach Washington ein besonderes Politikum, zumal immer sehr sorgsam entschieden wird, ob ein prestigeträchtiger Besuch beim Präsidenten möglich ist. In ihrer Begleitung war der für Außen- und Sicherheitspolitik zuständige Sprecher der Fraktion, Friedbert Pflüger, ein ausgewiesener Pro-Atlantiker, der auf die Stellungnahmen Merkels während der USA-Reise großen Einfluss genommen haben dürfte. Es fiel auf, dass Merkels Stellvertreter Schäuble nicht mit von der Washington-Partie war. Er hatte fraktionsintern auf eine größere Distanz zu den USA gedrängt[661], doch obsiegte bei Merkel die klare Linie Pflügers. Schäuble musste die Mitnahme Pflügers als einen Affront gegen seine Person verstehen.[662] Ihm sollte damit die Richtlinienkompetenz Merkels in der Irak-Politik verdeutlicht werden. In einem Beitrag für die amerikanische Tageszeitung ›Washington Post‹ wenige Tage vor ihrer Amerikareise griff Merkel die Irak-Politik Schröders unter der Überschrift »Schröder spricht nicht für alle Deutschen« an. Der Bundeskanzler habe in der Irak-Frage einen deutschen Sonderweg beschritten, der den deutschen Interessen schade und die guten transatlantischen Beziehungen zu den USA beeinträchtige. Merkels Artikel wurde in amerikanischen Regierungskreisen wohlwollend zur Kenntnis genommen. Die SPD hingegen argumentierte, sie habe mit diesem Beitrag ein ungeschriebenes Gesetz verletzt, nachdem im Ausland keine offene Kritik an der Politikgestaltung der eigenen Regierung zu üben ist. Der damalige SPD-Generalsekretär Olaf Scholz beanstandete, Merkel habe durch ihr Verhalten dem Ansehen Deutschlands im Ausland geschadet. SPD-Fraktionschef Franz Müntefering warf Merkel gar einen »Bückling gegenüber der US-Administration« vor. Merkel hält bis in die Gegenwart an ihrem Grundvorwurf fest, die Europäer im Allgemeinen und Bundeskanzler Schröder im Besonderen hätten nicht alles unternommen, um den Krieg gegen den Irak zu verhindern. Auch die Tatsache, dass im Irak keine Massenvernichtungswaffen gefunden wurden[663], beirrt die CDU-Chefin nicht in ihrer Argumentationslinie.[664] Vor dem Hintergrund der offensichtlichen amerikanischen Fehleinschätzungen beim Aufbau einer demokratischen Nachkriegsordnung im Irak hat sie die politische Situation um den Irak bisher auffallend milde begleitet. So erklärte Merkel, dass es »offenkundig einen zu großen Optimismus gegeben [habe], dass sich das militärische Eingreifen nahtlos in Demokratie umwandeln würde, dass es also zwischen Saddam Hussein und der Stabilität im Irak keine weiteren Hindernisse geben würde«.[665] Die Berichte von Folterungen im Irak, die durch amerikanische Soldaten verübt wurden, verurteilte Merkel indes auch im Hinblick auf den beabsichtigten Demokratieexport in den Irak entschieden.[666]

Merkels Fokussierung auf europäische Fehleinschätzungen im Verlauf des Irak-Konflikts entspringt ihrem Grundverständnis, dass der Einsatz von Gewalt als letztem Mittel und »ultima ratio« der internationalen Politik in Konfliktfällen zumindest nicht gänzlich ausgeschlossen werden kann und darf, um Schlimmeres zu verhindern. In einem programmatischen Aufsatz über die Außen- und Sicherheitspolitik im 21. Jahrhundert brachte Angela Merkel diese Überzeugung zu Beginn des Jahres 2003 erstmalig mit dem Verweis auf die deutsche Geschichte und den Kosovo-Krieg in dieser Deutlichkeit zum Ausdruck: »Ein Blick zurück in unsere eigene Geschichte mahnt dazu, den Frieden als wertvolles Gut zu erhalten und alles zu tun, um kriegerische Auseinandersetzungen zu vermeiden. […] Ein Blick in die gleiche Geschichte mahnt aber auch, dass ein falsch verstandener radikaler Pazifismus ins Verhängnis führen und der Einsatz von Gewalt – trotz des damit einhergehenden Leides – in letzter Konsequenz unausweichlich sein kann, um noch größeres Übel zu verhindern. Auch die jüngere europäische Geschichte zeigt, dass Krieg im Umgang mit Diktatoren zur »ultima ratio« werden kann. Erst durch den Kosovo-Krieg konnte das unheilvolle Treiben des serbischen Despoten Slobodan Milosevič beendet werden. Beim Kosovo-Krieg hat eine »coalition of the willing« durch den Einsatz von Gewalt noch größeres Leid, nämlich den Genozid an den muslimischen Kosovaren, verhindert.«[667] Aus dieser Erkenntnis leitet sie ab: »Die Amerikaner haben gesagt: Wir wollen die Demokratie, die wir den Deutschen nach dem Zweiten Weltkrieg gebracht haben, auch in den Irak bringen. Aber anders als Nachkriegsdeutschland hat der Irak keine demokratische Tradition, an die man anknüpfen konnte. Dennoch akzeptiere ich nicht, dass es Menschen oder Länder geben soll, die per se nicht für Demokratie geeignet sind. Das wäre zynisch. Einen Standard an Menschenrechten und Stabilität gegen Bedrohung durchzusetzen kann durchaus ein Ziel militärischen Eingreifens sein.«[668]

Ein gewonnenes Jahr

Das Scheitern des Bündnisses für Arbeit am 3. März 2003 markierte, dass die Bundesregierung innenpolitisch immer mehr unter Druck geriet. Schröders Ankündigung einer Reform-»Agenda 2010« am 14. März 2003 brachte die Gewerkschaften weiter gegen die SPD auf. Das Verschieben des Starts der LKW-Maut am 31. Juli 2003 (erst zum 1. Januar 2005 waren die technischen Voraussetzungen geschaffen) entwickelte sich immer mehr zu einem Problem für die Bundesregierung, zumal dem Bund monatlich rund 156 Millionen Euro an Einnahmen entgingen. Die Mehrheit, die die unionsgeführten Bundesländer im Bundesrat erworben hatten, sollte sich aber wieder einmal politisch-strategisch als ein Nachteil erweisen. Indirekt waren nämlich die Unionsparteien heimliche Regierungspartner, die in Mitverantwortung genommen werden konnten. Die Länder – das hatte insbesondere die Steuerreform zwei Jahre zuvor gezeigt – haben ihre eigenen Interessen, selbstbewusste »Landesfürsten« lassen sich nicht ohne weiteres in die Gesamtstrategie einer Bundespartei »einbauen«. Gelegentlich entschuldigen sie sich bei den diese Fragen koordinierenden Präsidiumssitzungen mit anderen wichtigen Terminen, um einer Mitverantwortung zu entgehen. Der hessische Ministerpräsident Koch und sein nordrhein-westfälischer Kollege Peer Steinbrück legten am 30. September 2003 selber eine Subventionsstreichliste vor – sehr zum Missvergnügen des damaligen nordrhein-westfälischen Oppositionsführers Jürgen Rüttgers, der darin eine unnötige Profilierung des NRW-Ministerpräsidenten sah. Eine Parteivorsitzende hat es nicht leicht, weil sie in einer solchen Situation eigentlich nur moderieren kann. Merkel stand zudem in der Gefahr, durch den Bundeskanzler politisch »umarmt« zu werden, dessen wichtigstes

Ziel es sein musste, die Opposition bei unpopulären Entscheidungen mit in die Verantwortung zu nehmen. Andererseits wäre eine generelle Reformblockade, wie sie Oskar Lafontaine in seiner Partei 1997/ 1998 gegenüber der Kohl-Regierung durchgesetzt hatte, für eine »staatstragende« Opposition wie die CDU wenig glaubwürdig gewesen. Zudem musste Merkel Wert auf Abstimmung mit Stoiber legen, der bis Februar 2003 »Kanzlerkandidat« blieb[669]. Letztlich konnte Angela Merkel Stoibers fortdauernde Kanzlerkandidatenrolle sogar recht sein. Solange musste er sich als Integrationsfigur beider Parteien zeigen, ohne Sperrfeuer gegen Merkel und die Schwesterpartei abzuschießen. Mit ihm gemeinsam konnte sie sich am ehesten der CDU-Ministerpräsidentenriege erwehren.

Die zweite Jahreshälfte blieb im Vorfeld des CDU-Bundesparteitages vom Dezember 2003 voller politischer Dramatik, zumal die von Schröder angestoßene Steuerreform sich leicht zu einer politischen Falle hätte entwickeln können. Als Schröder im Frühjahr 2003 aufgrund der schlechten gesamtwirtschaftlichen Lage das Vorziehen der dritten Stufe der im Jahr 2000 verabschiedeten Steuerreform von 2005 auf das Jahr 2004 anregte, wollte Merkel nicht als Blockiererin einer durch das Vorziehen erhofften steuerlichen Entlastung dastehen. Andererseits konnte ihr aber nicht daran gelegen sein, Schröder den Weg für einen neuerlichen öffentlichkeitswirksamen Erfolg in der Steuerfrage zu ebnen. Erst recht galt es zu verhindern, dass die Oppositionsmitglieder wie bereits im Jahr 2000 erneut von der rot-grünen Bundesregierung gegeneinander ausgespielt würden.

Merkel und Stoiber signalisierten am 1. Juli 2003 in einem Brief an Schröder Zustimmung zu raschen Steuersenkungen, lehnten aber eine zu wesentlichen Teilen auf Kredit finanzierte Steuerreform ab. Diese Linie wiederum war dem Hessen Koch ein Dorn im Auge, der einen weiteren Anstieg der Staatsverschuldung befürchtete[670] – und sich deshalb eine harsche Rüge aus Bayern einholte. Zunächst aber einigten sich am 21./22. August 2003 Regierung und Opposition auf einen Entwurf für eine gemeinsam getragene Gesundheitsreform – für Schröder war es schwer genug, für diesen Kompromiss eine »eigene Mehrheit« am 26. September 2003 im Bundestag zu erhalten. Die

Bundesregierung befand sich in einer »brandgefährlichen«[671] Situation. Zu diesem Zeitpunkt lagen die Nerven in den Regierungsparteien besonders blank, die SPD näherte sich laut ›Frankfurter Rundschau‹ »dem Zustand der Hoffnungslosigkeit«[672]. Die Gesundheitsreform sowie Änderungen bei Arbeitslosengeld, Kündigungsschutz und Arbeitszeiten wurden dann bei sechs Gegenstimmen aus den Reihen der SPD und einer Enthaltung der Grünen durchgesetzt. Damit gab es ganz knapp eine »eigene Mehrheit« der Regierungsparteien, doch stimmten auch die Unionsparteien zu. Besonders schwer tat sich Friedrich Merz mit dem von dem CSU-Mann Horst Seehofer ausgehandelten Kompromiss[673], der am 17. Oktober im Bundesrat auch mit den Stimmen der den Unionsparteien angehörenden Ministerpräsidenten angenommen wurde. Es zeichnete sich nach dem Kompromiss bereits ein Konflikt ab, der das Verhältnis zwischen CDU und CSU im folgenden Jahr 2004 prägen sollte: Seehofer beharrte weiterhin auf dem Modell der »Bürgerversicherung«, in die nach seiner Überzeugung auch Selbstständige und Beamte einzahlen müssten.[674] Die Gesundheitsreform sollte hinsichtlich der Reformbemühungen nicht die einzige Veränderung bleiben. Die Bundesratsmehrheit der unionsgeführten Länder – neun von 16 Ministerpräsidenten stellte die Union – zwang dazu, dass am 13. November 2003 Verhandlungen über weitere Reformen im Vermittlungsausschuss zwischen Regierung und Opposition aufgenommen wurden. Damit wurden die Unionsparteien in Mithaftung für unpopuläre Reformen, vor allem für das so genannte »Hartz IV«-Paket genommen. Der Bundestag und die unionsdominierte Länderkammer verabschiedeten in einem Abstimmungsmarathon noch kurz vor Weihnachten ein umfangreiches Gesetzespaket mit Steuer-, Arbeitsmarkt- und Rentenreformen.

Merkels Strategie ging im Dezember 2003 auf, denn die Ergebnisse des letztlich im Vermittlungsausschuss nach nächtelangen Sitzungen erreichten Steuerkompromisses zwischen der rot-grünen Bundesregierung und dem Unionslager erweckten nicht das Bild eines durchsetzungsfähigen und zupackenden Reformers Schröder, sondern vielmehr den Eindruck eines Bundeskanzlers, der sich in wesentlichen Fragen der Hartnäckigkeit und dem Verhandlungsgeschick der Union unter maßgeblicher Führung Angela Merkels beugen musste. CDU und CSU zeigten sich diesmal nicht zerstritten, sondern geschlossen. Angela Merkel avancierte damit zugleich als stille Siegerin eines Verhandlungspokers, den Bundeskanzler Schröder mit der viel sagenden und keineswegs triumphierenden Bemerkung kommentierte, dass man die Machtverhältnisse nun einmal in der Form akzeptieren müsse, wie sie gegenwärtig seien.[675] Die Ergebnisse des Steuerkompromisses vom Dezember 2003 waren eher für die Opposition vorteilhaft, gerade weil das Gesamtergebnis mager ausfiel.[676] So einigte man sich im Vermittlungsausschuss mit der Summe von 7,8 Milliarden Euro auf eine steuerliche Entlastung, die Merkel vom Vorwurf der Blockade freisprach. Andererseits fiel die vorzeitige Entlastung im Vergleich zu der von Schröder ursprünglich beabsichtigten Summe von 15,6 Milliarden Euro deutlich geringer als erwartet aus und konnte vom Regierungslager daher kaum als eigener Erfolg im Sinne eines konjunkturellen Aufschwungprogramms kommuniziert werden.[677]

Im Jahr 2003 wollte Merkel im Wettbewerb um bessere Reformkonzepte die beste, die Klassenprima von einst, sein – auch gegenüber der CSU. Eine Rede Merkels unter dem Titel ›Quo vadis Deutschland‹, gehalten am 1. Oktober 2003, zeigte wenige Monate vor dem Leipziger Bundesparteitag eine vor Selbstbewusstsein strotzende Vorsitzende. Sie wiederholte eingangs eine Antwort auf die Frage eines Journalisten, was der CDU fehlen würde, wenn sie nicht in die Politik gegangen wäre. Sie hatte zunächst nur kurz und knapp »Ich« geantwortet.[678] Mit diesem rhetorischen Einstieg und Formulierungen wie: »… das wird es mit mir nicht geben« signalisierte sie eigenes inhaltliches Profil und Führungskraft. Ihre Ausführungen können als eine Schlüsselrede Merkels gelten, zu der eine Einladung der Konrad-Adenauer-Stiftung in das Berliner Deutsche Historische Museum als Forum diente. Die Rede war – von Merkel selber intensiv begleitet – lange von ihren Mitarbeitern vorbereitet worden. Viele Potentaten der Union lauschten ihrer Vorsitzenden zu einem Zeitpunkt, als ihre Kanzlerkandidatur 2006 von den meisten bereits als höchst wahrscheinlich angesehen wurde. Bei aller Kritik an Schröder waren Merkels Ausführungen eine klare Absage an eine Blockadepolitik der Union in Bundestag wie Bundesrat. Bei den anstehenden Reformthemen dürfe sich die Union nicht verweigern, sie fürchte sich nicht vor einer »Konsensfalle«. Auch mit Komplimenten an Willy Brandt geizte Merkel nicht. »Möglich gemacht« worden sei die deutsche Einheit »durch die Politik Konrad Adenauers, Willy Brandts und Helmut Kohls«. Diese Rede war ihr Versuch, Antworten auf diese Frage zu geben: Wofür steht Angela Merkel? Sie gab nicht nur einen Hinweis auf ihre Einschätzung der deutschen Einheit, sondern plädierte im Verhältnis der drei Grundwerte Freiheit, Gerechtigkeit und Solidarität klar für eine »moderne Leistungsgerechtigkeit«: »Unser Gemeinwesen braucht alle drei Werte«, führte sie aus, aber »wahr« sei: »Unser Gemeinwesen braucht eine Neujustierung dieser drei Werte in ihrem Verhältnis zueinander, und zwar zugunsten der Freiheit. Oder anders gesagt: Damit Solidarität und Gerechtigkeit wieder gelebt werden können, muss die Freiheit in unserer Wertehierarchie wieder deutlich von unten nach oben kommen.« Hier handelt es sich um das eigentliche Credo der CDU-Vorsitzenden.

Die in Merkels Rede aufgefächerte Reformagenda sollte ein Einstieg in den Bundesparteitag der CDU am 1./2. Dezember 2003 in Leipzig sein. Dort beschloss die CDU einen radikalen Kurswechsel in den sozialen Sicherungssystemen (»Prämienmodell« statt »Bürgerversicherung«), vorbereitet durch eine Kommission unter Vorsitz des früheren Bundespräsidenten Roman Herzog. Sie beschloss zugleich ein neues Steuermodell durch den ebenfalls auf diesem Parteitag gefeierten Friedrich Merz. Wer nicht gefeiert wurde, war Edmund Stoiber. Nur knapp neunzig Sekunden applaudierten die rund tausend Delegierten dem Gast aus München, dessen Reden in den vergangenen Jahren die CDU-Basis noch mit minutenlangem und frenetischem Beifall begleitet hatte. Solche Reaktionen auf Parteitagen erfolgen nicht ohne indirekte Regieanweisungen, mag Stoiber vermutet haben. Viele in der CDU waren sauer auf die CSU und Stoiber. Vor allem die Kritik Seehofers an den sozialpolitischen Plänen der CDU und der Herzog-Kommission hatte die Basis erzürnt. Es war bekannt, dass Seehofer zwar zu diesen Kommissionssitzungen eingeladen war, aber den Einladungen nicht mehr Folge leistete. ›Der Spiegel‹ sprach von einer »Demütigung« Stoibers durch die CDU.[679] CSU-Generalsekretär Markus Söder nannte den verhaltenen Empfang Stoibers »kindisch«[680]. Heribert Prantl sah in dem wenig freundlichen Empfang gar eine »Rache für Wolfratshausen«[681]. Das war es gewiss nicht, denn auch die Delegierten, wären sie im Dezember 2001 in Dresden überhaupt gefragt worden, hätten damals in ihrer großen Mehrheit für Stoiber gestimmt. Richtig war aber Prantls Analyse, sie wollten den Bayern spüren lassen, dass er als Kanzlerkandidat ausgedient habe.[682] Gefeiert wurde Merkel, die schon vor dem Parteitag als »auf Augenhöhe mit dem Kanzler« wahrgenommen wurde, in den Medien: »Wie weggeblasen ist die Furcht der CDU-Landesfürsten, Merkel könne den Laden nicht zusammenhalten.«[683] Ihr Hauptziel auf diesem Parteitag, die CDU als die Partei der kraftvollen programmatischen Erneuerung erscheinen zu lassen, hatte Merkel erreicht. In der Berichterstattung erstrahlte sie als die unangefochtene Nummer Eins der CDU: »Plötzlich steht sie ganz oben.«[684] In der Vergangenheit hatte die CSU häufig eine programmatische Vorreiterrolle für sich beansprucht. Nun wurde sichtbar, dass die sehr viel kleinere, weniger vielschichtige und in ihren Entscheidungswegen unkompliziertere CSU mit eigenen Vorstellungen hinterherhinkte – diese Divergenz sollte weitgehend das folgende Jahr 2004 bestimmen.

Ein noch vier Wochen zuvor stattgefundenes und mit aller Leidenschaft diskutiertes Ereignis spielte auf diesem Parteitag kaum eine Rolle, obwohl es das in der CDU-Geschichte noch nie gegeben hatte: der Ausschluss eines Bundestagsabgeordneten. Der Fuldaer Bundestagsabgeordnete Martin Hohmann hatte sich in einer erst später bekannt gewordenen Rede zum 3. Oktober 2003 nicht nur gegen den Generalverdacht gewandt, die Deutschen seien ein »Tätervolk«, sondern er hatte noch einen Vergleich mit dem Judentum gezogen: »Verbindendes Element des Bolschewismus und des Nationalsozialismus war also die religionsfeindliche Ausrichtung und die Gottlosigkeit. Daher sind weder ›die Deutschen‹ noch ›die Juden‹ ein Tätervolk. Mit vollem Recht aber kann man sagen: Die Gottlosen mit ihren gottlosen Ideologien. Sie waren das Tätervolk des letzten blutigen Jahrhunderts.«[685] Zugleich fragte er: »Gibt es auch beim jüdischen Volk, das wir ausschließlich in der Opferrolle wahrnehmen, eine dunkle Seite in der neueren Geschichte, oder waren Juden ausschließlich die Opfer, die Leidtragenden?« Er verwies darauf, Juden hätten die russische Revolution 1917 »stark und nachhaltig« geprägt, was mit einer »gewissen Berechtigung« die Frage nach einer »Täterschaft der Juden« erlaube. Die CDU-Spitze war über solche kruden Aussagen erschüttert. Der »Fall Hohmann« wurde zu einer für Merkel äußerst harten Zerreißprobe. Zunächst forderte sie den katholischen Fuldaer Fundamentalisten, der einem »Kardinal-Höffner-Kreis« in der Fraktion angehörte, auf, sich von seinen Aussagen zu distanzieren und zu entschuldigen. Gleichzeitig verfügte sie, Hohmann solle seinen Sitz im Innenausschuss des Bundestags verlieren, ebenfalls seine Funktion als Berichterstatter für die Entschädigung von NS-Zwangsarbeitern.[686]

Trotz einer Schweigezusage an die Fraktionsführung gab dann Hohmann dem ZDF-Journalisten Friedrich Kurz für ›frontal 21‹ ein Interview, in dem er nicht nur im Wesentlichen seine Kernaussagen wiederholte, sondern wegen der Härte und der Präzision der an ihn gestellten Fragen nicht mehr anders konnte, als auf zustimmende Briefe zu verweisen – die Kamera lichtete dabei ein zustimmendes Schreiben des Bundeswehrgenerals Reinhard Günzel ab. Dieser wurde dann sogleich von seinem Minister Struck als »verwirrter General«[687] bezeichnet und sofort in den Ruhestand versetzt. Dadurch wurde der Fall Hohmann zu einem erneuten Politikum – und Angela Merkel sah sich gezwungen, ihren bislang zurückhaltenden Kurs gegenüber ihrem bisherigen Fraktionskollegen zu korrigieren. Hohmann, der wegen seiner Wesensart bei manchen seiner Fraktionskollegen zwar als »versponnen«, aber ansonsten als ein »netter Kollege« wahrgenommen worden war, erhielt inhaltlich so gut wie keine Unterstützung. Aber die Art des Umgangs mit ihm wurde heftig kritisiert. Vor allem war seinen Abgeordnetenkollegen nicht klar, wieso es zu dem Merkelschen Sinneswandel kam und sie jetzt den Ausschluss aus der Fraktion, nicht jedoch aus der Partei forderte. Bundestagsvizepräsident Norbert Lammert teilte daraufhin mit, er werde unter diesen Umständen den Antrag seiner Vorsitzenden ablehnen. Er halte es für bizarr, einen Abgeordneten im Bundestag zu haben, der zwar CDU-Mitglied sei, aber nicht Fraktionsmitglied.[688] Daraufhin änderte Merkel ihre Haltung und teilte mit, sie werde dann auch seinen Parteiausschluss beantragen. Schwer tat sich auch Merkels innerparteilicher Widersacher Koch, aus dessen Landesverband Hohmann stammt. Er ließ wissen: »Man konnte eine Abwägung treffen, wie man sich in der konkreten Situation verhält. Angela Merkel hat sich jetzt diese Entscheidung vorbehalten, und sie kann auf die Unterstützung des hessischen Landesverbandes rechnen.«[689] Damit übertrug Koch die volle Verantwortung auf seine Vorsitzende. Die Erwartung, dass sich die Fraktion geschlossen hinter Merkel stellen würde, erfüllte sich nicht. Etwa ein Fünftel folgte nicht ihrem Antrag: 195 stimmten für, 28 gegen den Ausschluss, 16 enthielten sich, vier Stimmen waren ungültig. Angela Merkel hatte in dieser Frage keinen klaren Kurs. »Zuerst wollte Frau Merkel es richtigerweise bei einer gelben Karte belassen«, sinnierte der ehemalige SPD-Politiker Lafontaine in der ›Bild‹-Zeitung.[690] Der eigentliche Grund für die Veränderung der Position Merkels im Falle Hohmann dürfte gewesen sein, dass sie den öffentlichen wie nichtöffentlichen Druck unterschätzt hatte. Nicht zuletzt dürfte in dieser Frage Friede Springer, Mehrheitsaktionärin des Axel Springer Verlages, einen großen Einfluss auf Angela Merkel ausgeübt haben. Zwischen beiden Frauen gibt es einen freundschaftlichen Kontakt. Friede Springer setzt als die fünfte und letzte Ehefrau des legendären Verlegers Axel Springer dessen Erbe fort.[691] Er hatte sich gegen jede Form des Antisemitismus engagiert.

So sehr der Leipziger Parteitag für Angela Merkel ein großer politischer Erfolg und eine echte persönliche und inhaltliche Bestätigung gewesen war, so sehr sollten seine Ergebnisse in der Steuer- und Sozialpolitik im kommenden Jahr 2004 die beiden Unionsparteien entzweien. Dies galt zunächst für die Steuerbeschlüsse. Noch in Leipzig bekannte sich die CDU zu einem neuen und einfachen Steuermodell mit nur drei Tarifstufen – weitgehend finanziert durch den Wegfall aller Ausnahmen in Verbindung mit einer Entlastung der Steuerzahler. Schon wenige Wochen nach dem Leipziger Parteitag ahnten die Medien, CDU und CSU, eine »Union der Kleinmütigen«, seien »drauf und dran, einen großen Wurf in der Steuerpolitik zu verspielen.«[692] Nach dem Leipziger Parteitag hatte nämlich die CSU ein eigenes Steuerkonzept vorgelegt, das »im Grunde auf eine Fortschreibung der rot-grünen Finanzpolitik« hinauslief.[693] Die Einigung der beiden Unionsparteien am 7. März 2004 auf ein gemeinsames Steuermodell, dem das CDU-Konzept von Friedrich Merz und das CSU-Modell Kurt Faltlhausers[694] zu Grunde lagen, war im Prinzip eine Beerdigung der von Merz eingebrachten CDU-Steuerpläne des Leipziger Parteitages. Dies wurde damals nur von der Fachwelt wahrgenommen, hatte also in der Öffentlichkeit noch nicht das Bild der Zerstrittenheit vermittelt, wie es in der zweiten Jahreshälfte am Beispiel der Sozialpolitik geschehen sollte. Die CDU war in Leipzig in beiden Feldern mit ihren Beschlüssen vorgeprescht und hatte die CSU dabei nicht »mitgenommen«. Das ursprüngliche Steuerkonzept der CDU sah in seiner Einführungsphase mittelfristig einen dreistufigen Steuertarif mit einheitlichen Steuersätzen von 12, 24 und 36 Prozent vor. Einkommen- und Körperschaftssteuer sollten aufeinander abgestimmt werden. Die Vereinfachung des geltenden Steuerrechts sollte dabei durch die mittelfristige Festlegung auf drei einheitliche, einfache Steuersätze und die definitorische Reduzierung von bisher sieben auf vier mögliche Einkommensarten erreicht werden.[695] Von dem Stufenmodell war in dem CDU-CSU-Kompromiss nur noch wenig zu verspüren, es wurde nur noch als eine mittelfristige Idee angesehen. Die Verwässerung des Steuerkonzeptes führte bei Merz zu spürbarer Enttäuschung. Er fühlte sich in dieser Frage auch von Angela Merkel allein gelassen.

2004 – ein »doppeltes Wendejahr« für die Union

Parteipolitisch hatte insgesamt das Jahr 2004 für Angela Merkel und die Union gut begonnen. Die SPD lag in der Wählergunst weiterhin unten. Die CDU konnte mit großem Optimismus den zahlreichen Landtags- und Kommunalwahlen sowie der Europawahl entgegensehen. Die Entlassung des SPD-Politikers Florian Gerster, auf dessen Umgestaltungspläne der heutigen Bundesagentur für Arbeit die Bundesregierung große Hoffnung gesetzt hatte, symbolisierte, dass sie ihr Versprechen einer drastischen Reduzierung der Arbeitslosenzahl nicht werde einhalten können. Schließlich hatte Gerhard Schröder im Dezember 1998 kurz nach seiner ersten Wahl gesagt: »Wenn wir die Arbeitslosenquote nicht spürbar senken, dann haben wir es nicht verdient, wiedergewählt zu werden.«[696] Am 6. Februar 2004 zog Gerhard Schröder die Konsequenzen aus dem dramatischen Absturz der SPD in der Wählergunst und kündigte nach fünf Jahren als Parteivorsitzender an, sich nur noch auf das Amt des Bundeskanzlers konzentrieren zu wollen. Nachfolger im SPD-Parteivorsitz wurde am 21. März 2004 der SPD-Fraktionsvorsitzende Franz Müntefering. Am 29. Februar eroberte die CDU in Hamburg unter Ole von Beust die Alleinregierung in der Hansestadt – mit einem historischen Zugewinn von fast zwanzig Prozent. Nichts schien mehr den weiteren Aufstieg der Unionsparteien bremsen zu können. Die Wahl des neuen Bundespräsidenten Horst Köhler, der nach einem wochenlangen, spannenden öffentlichen Schlagabtausch mit der SPD-Kandidatin Gesine Schwan bereits im ersten Wahlgang durch die Bundesversammlung in Berlin gewählt worden war, schien manchen schon so etwas wie der Vorbote eines kommenden »Machtwechsels« in der Bundesrepublik zu sein.

Köhlers Wahl als Meisterstück Merkels

Bundespräsidentenwahlen hatten immer schon eine politisch-strategische Bedeutung. Sie sagen einiges über die künftigen politischen Konstellationen auf Bundesebene aus: Ein gemeinsamer Präsidentschaftskandidat der Unionsparteien und der FDP war eine klare Vorentscheidung für eine Koalition dieser Parteien nach der Bundestagswahl 2006. Auch für den FDP-Vorsitzenden Guido Westerwelle stand viel auf dem Spiel. Wer für einen eigenen FDP-Kandidaten plädierte, wollte ihn schwächen und zugleich die Koalitionsfrage für 2006 offen halten.

Zweifelsohne war die »P-Frage« ein Meisterstück Angela Merkels, was aber nicht ohne Blessuren für ihren Vorgänger Wolfgang Schäuble abging. Dieser brachte sich bereits im Oktober 2003 »als Favorit für die Rau-Nachfolge ins Gespräch«[697]. Die CSU hatte ihn im Januar 2004 nach Wildbad Kreuth zur jährlichen Klausur eingeladen, was als eine CSU-Vorentscheidung zugunsten des Badeners gehandelt wurde. Monatelang wurden auf dem Berliner Parkett zahlreiche Namen genannt, darunter auch derjenige Bernhard Vogels. Der setzte alles daran, sich im Gespräch zu halten. Vogel hatte in Thüringen seinem Nachfolger Dieter Althaus das Feld bereitet und hierfür von Angela Merkel die Zusage erzwungen, erneut Vorsitzender der Konrad-Adenauer-Stiftung werden zu können. Als Bundespräsident wäre er im fünften Präsidentenjahr 77 Jahre alt gewesen. Die Ausgangslage für Merkel war sehr schwierig. Die Unionsparteien und die FDP zusammen hatten eine Mehrheit in der Bundesversammlung, doch zierte sich die FDP, so ohne weiteres einen Unionskandidaten zu akzeptieren. Alt-Kanzler Kohl hatte allen sein Rezept empfohlen: Lieber in der Bundespräsidenten-Frage der FDP nachgeben, damit sie sich für eine Koalition mit den Unionsparteien verpflichtet. Sein Rat hatte zugleich zum Ziel, Schäuble zu verhindern. Erst das Herausfallen der FDP aus der Hamburger Bürgerschaft machte die Liberalen gegenüber der Union kleinlauter, ließ die Forderung nach einem eigenen FDP-Kandidaten verstummen. Westerwelle musste aber seiner eigenen Partei gegenüber nachweisen, dass die FDP kein reines Vollzugsorgan von Angela Merkel sei. In der Runde der Parteivorsitzenden wurde Stoiber das Präsidentenamt – möglicherweise in dem Bewusstsein von dessen Ablehnung – angeboten. Wenn ein Parteivorsitzender einer der drei Parteien kandidierte, hätte er den »Erstzugriff«, wurde argumentiert. Dies hätte auch die FDP, jedenfalls in der Gestalt Westerwelles, akzeptiert. Stoiber wollte aber nicht: »Ich bin mit Leib und Seele Ministerpräsident. Ich führe eine große Partei, die drittgrößte in Deutschland. Ich würde die großartige Aufgabe als Parteivorsitzender nie aufgeben.«[698] Stoiber favorisierte eindeutig Schäuble: »Ich schätze seine intellektuelle Kraft. Er hätte den Mut, dem Land, das vor schwer wiegenden Veränderungen steht, Wege zu weisen«[699]. Der Illustrierten ›Bunte‹ sagte Stoiber, Schäuble sei »unter den genannten Kandidaten der beste«[700]. Schäuble vertraute stark auf Stoibers Durchsetzungsmacht. Die Diskussion über weitere Kandidaten wurde breiter.

Der Name Horst Köhler spielte zunächst überhaupt keine Rolle. Noch im Januar 2004 wurde spekuliert, der Auftritt des früheren Umweltministers Klaus Töpfer auf einer Diskussionsveranstaltung der CDU-Bundesgeschäftsstelle sei von Merkel bewusst organisiert worden, um seine Akzeptanz zu testen. Hoffnungen auf eine Präsidentenkandidatur machten sich auch zwei Frauen. So wurde die niedersächsische Sozialministerin Ursula von der Leyen ins Gespräch gebracht und die Merkel-Vertraute Annette Schavan, Kultusministerin in Baden-Württemberg. Viele spekulierten, eine Frau als Bundespräsidentin würde Merkels eigene Chancen für eine Kanzlerkandidatur schmälern. Deshalb könne sie selbst nicht dafür sein. Zwei Frauen an der Spitze des Staates, so wurde argumentiert, wären in Deutschland nicht durchsetzbar. Merkels Strategie indes war klüger. In Wirklichkeit hätte sie eine Frau recht gerne gesehen. Insbesondere für eine Kandidatur der niedersächsischen Sozialministerin oder der baden-württembergischen Kultusministerin hatte sie viel Sympathie. Ihr Kalkül war, dass ein weiblicher Bundespräsident einen guten Beitrag dazu leisten könnte, Vorbehalte gegenüber Frauen in politischen Spitzenämtern abzubauen. Gleichzeitig wartete – zunehmend ungeduldig – Schäuble darauf, endlich für eine Kandidatur benannt zu werden. Schon früh hatten sich Merkels innerparteiliche Gegner – allen voran Koch und Merz – auf Schäuble festgelegt. Dieser war – das ist der Grund für seine heutige Verbitterung – wochenlang davon ausgegangen, sein innerparteiliches Gewicht und die CSU-Unterstützung seien so stark, dass Angela Merkel nicht an ihm vorbeigehen könne. Schäuble wartete wochenlang vergebens auf die Möglichkeit eines Vier-Augen-Gesprächs mit Merkel. Das empörte ihn besonders. Merkel brachte es beispielsweise fertig, hierüber selbst während einer gemeinsamen Reise mit Schäuble in die Türkei im Februar 2004 kein einziges Wort mit ihrem Vorgänger auszutauschen, obwohl er nur darauf wartete. Die ›Bild‹-Zeitung, die die beiden Politiker nach Ankara begleitete, hatte Recht, als sie schrieb, Schäuble »wollte unter vier Augen endlich Klarheit«[701]. Doch die erhielt er nicht. Sie wollte ihm keine Quasi-Zusage machen müssen, von der sie schlecht hätte Abstand nehmen können.

Merkel wusste von frühen Gesprächen mit Westerwelle – so aus Anlass eines Treffens im Haus der Unternehmensberaterin und Politikwissenschaftlerin Margarita Mathiopoulos am 8. Dezember 2003 –, dass Schäuble in der FDP schwerer durchsetzbar wäre. Die Tatsache der Entgegennahme mindestens einer 100 000-Mark-Spende durch den Lobbyisten Schreiber und der Sachverhalt, dass Schäuble in diesem Zusammenhang das Parlament belogen hatte, wären allein schon ein Grund gewesen, ihn nicht für »präsidiabel« zu erklären. Schäuble fühlte sich jedoch durch den Einstellungsbeschluss der Staatsanwaltschaft in dieser Angelegenheit voll rehabilitiert – was allerdings durch den Text der Verfügung in keiner Weise gedeckt ist. Die Staatsanwälte schreiben vielmehr, dass sie seine Darstellung der Vorgänge für höchst unglaubwürdig halten. Wenn man jedenfalls diesen Text analysiert, wundert man sich über die Ignoranz Schäubles in dieser Frage.

Merkel dürfte sich aber schon relativ frühzeitig für Köhler entschieden haben. Ihre Rhetorik war allerdings eine andere. Am 2. März 2004 wurde zunächst aus der CSU bestätigt, Merkel und Stoiber hätten sich auf Wolfgang Schäuble verständigt. Das dementierte Merkel dann. Bei einem Gespräch mit Westerwelle in der Nacht zuvor hatten Merkel und Stoiber Schäuble als gemeinsamen Kandidaten vorgeschlagen, was aber Westerwelle – sicherlich nicht zum Missfallen Merkels – ablehnte. Im Präsidium der CDU kam es dann in der Nacht vom 3. auf den 4. März zu einer regelrechten Entscheidungsschlacht. Starke Kräfte im Präsidentenpoker wollten Schäuble, der sich durch die CSU-Unterstützung Hoffnungen machen zu können glaubte. Zu ihnen gehörten Koch, Merz und Milbradt. Koch sprach zu Beginn der Sitzung wutschnaubend in zahlreiche Fernsehkameras: »Ich bin absolut unzufrieden. Das Verfahren ist sehr chaotisch.«[702] Die Opponenten, unter ihnen auch Schäuble selbst, kritisierten es als schweren Fehler, der FDP die Entscheidung zu überlassen. Es formierten sich aber auch die Merkel-Unterstützer. Einer von ihnen war Bundestagsvize Norbert Lammert aus Nordrhein-Westfalen. Er erinnerte daran, dass durch den Spendenskandal keineswegs alle Stimmen des eigenen Lagers sicher seien. Die Ministerpräsidenten Wulff und Althaus stützten die Position Merkels genauso wie das Präsidiumsmitglied Hildegard Müller, ebenso der Hamburger Bürgermeister Ole von Beust, der sich sehr dafür verwandte, Merkel für ihre Verhandlungen mit den beiden anderen Parteien Spielraum zu geben und sich nicht auf einen einzigen Kandidaten zu versteifen. Parallel zu diesen Beratungen tagten die Präsidien von CSU und FDP, wo man gespannt auf die CDU-Debatte wartete.

Merkel hatte diese Sitzung mit ihren Unterstützern intensiv vorbereitet, denn sie wusste: Eine Benennung Schäubles würde ein Einvernehmen mit der FDP erschweren und diese würde als ein Sieg ihrer Gegner über sie interpretiert. Schließlich war nach langem Hin und Her klar, dass Schäuble keine Mehrheit in den eigenen Reihen fände. Symbolisiert wurde dies dadurch, dass er um 22.30 Uhr die Sitzung verließ. Für die Verhandlungen Merkels mit den beiden Präsidien entschied man sich für eine Dreierliste, auf der Schäuble gar nicht mehr auftauchte. Nummer 1 der Liste war Töpfer. Auf Platz 2 war Annette Schavan gesetzt und erst auf Platz 3 Horst Köhler. Den CSU-Vorsitzenden Stoiber – so eine in Berlin verbreitete Version – führte Merkel dabei aufs Glatteis. Sie tat so, als ob sie für Schavan wäre. Doch diese war für Stoiber genau so wenig akzeptabel wie Töpfer.

Letzterer war ebenfalls der FDP ein Dorn im Auge: Ihm wurden »grüne« Neigungen nachgesagt, was angesichts der Hauptkonkurrenz der Grünen gegenüber der liberalen Partei zu deren Veto führte. So blieb Stoiber nichts anderes übrig, als sich im Endeffekt mit der Nominierung Köhlers einverstanden zu erklären. Ihn erreichte Merkel noch in der Nacht – die Präsidiumssitzungen der beiden Parteien waren längst schon abgebrochen worden, weil man nicht wusste, wie lange sich der Streit in der CDU noch hinzöge. Da Stoiber als Erster von der beschlossenen Dreierliste erfuhr und er sich mit Merkel auf Köhler verständigt hatte, wurde ihm damit sogar die Möglichkeit eingeräumt, Köhler als seinen eigenen Vorschlag zu präsentieren. Das FDP-Präsidium hat dann am Donnerstagmorgen um acht Uhr grünes Licht für den gemeinsamen Kandidaten der Opposition gegeben.

Interessanterweise war es von den Tageszeitungen vor allem die liberale ›Süddeutsche Zeitung‹, die in Gestalt ihres Kommentators Heribert Prantl die Durchsetzung Köhlers durch Merkel in ungewöhnlich scharfer Form kritisierte. Er bezeichnete Merkel als »Angela Machiavelli«, das – damals noch nicht feststehende – Ergebnis der Bundesversammlung als »das traurige Fazit einer unwürdigen und zynischen Veranstaltung«. Unter Bezug auf Machiavelli, dessen Schriften »Falschheit, List und Betrügereien« in die Welt gebracht hätten, heißt es in seinem Kommentar, Merkel stünde »im Mittelpunkt des täppisch-diabolischen Spiels«, in dem ihr Vorgänger Schäuble »um das Amt des deutschen Bundespräsidenten gebracht« worden sei: »Man fragt sich, ob dies das Ergebnis eines Merkelschen Gesamtvorsatzes ist, eines diabolisch-genialen Plans der CDU-Chefin, die ihren intellektuell überlegenen Konkurrenten von vornherein ausschalten wollte.« Sie habe sich »in rücksichtsloser und zynischer Manier durchgesetzt, ohne Rücksicht auf menschlichen Anstand gegenüber Schäuble«. Sie habe ihn »so schäbig, so unehrlich und gemein behandelt, dass ihr das auch diejenigen in der Partei, die nicht zu den Mitgliedern des Fanclubs Schäuble zählen, lange nachtragen werden«.[703] Nun muss man wissen: Schon während der Regierungszeit Kohls war die ›Süddeutsche Zeitung‹ das von Schäuble bevorzugte Organ, wenn er Indiskretionen oder Botschaften in die politische

Welt setzen wollte. Prantl, Jurist wie Schäuble auch, hat immer schon viel von ihm gehalten. Dieser Artikel dürfte ziemlich genau die Seelenlage von Wolfgang Schäuble wiedergeben.

Warum hat die Operation Köhler Merkel so viel Respekt eingebracht? Zunächst: Nichts ist erfolgreicher als der Erfolg, heißt es zu Recht. Dass Köhler bereits im ersten Wahlgang das Rennen machte, war keineswegs eine Selbstverständlichkeit – auch angesichts einer spezifischen Frauenkampagne bei weiblichen Mitgliedern der Bundesversammlung, von denen einige parteilich nicht gebunden waren. Merkel konnte gemeinsam mit der FDP einen Vorschlag präsentieren. Ein zweiter oder gar dritter Wahlgang hätte aus Sicht der Unionsparteien das ganze Verfahren nicht mehr »kontrollierbar« gemacht. Zum anderen schaffte Merkel es, ihren gefährlichsten innerparteilichen Widersacher Schäuble auszubremsen. Die Bedeutung der Entscheidung Merkels für Köhler liegt darin, dass sich Köhler als »Typ« nicht nur stark von seinem unmittelbaren Vorgänger Rau unterscheidet. Im Gegensatz zu seinen Vorgängern war er trotz seines CDU-Parteibuchs nie Parteipolitiker im engeren Sinne. Er war als Finanz-Staatssekretär und als Direktor des Internationalen Währungsfonds IWF in Washington immer ein Fachmann geblieben, während alle seine Vorgänger vor ihrer Präsidentenzeit höchste Ämter, die stark mit Parteipolitik in Verbindung gebracht werden, wahrgenommen hatten (in gewissem Sinne trifft das auch für Roman Herzog zu, selbst wenn seine Tätigkeit als Präsident des Bundesverfassungsgerichts eine parteipolitische Neutralität abverlangte). Köhler war eine gute Wahl: Der frühere Inhaber einer der wichtigsten Positionen in einer globalisierten Welt macht nicht gerade den Eindruck eines Ruheständlers. Angela Merkel stand mit der Bundespräsidentenwahl im Zenit ihres Ansehens. Sie erfuhr höchsten Respekt von der ›Zeit‹ (»Damit ist der Machtwechsel von der Kohl-CDU zur Merkel-CDU und die Zwischengeneration auf die Plätze verwiesen worden ...«[704]) bis zur ›Welt‹ (»In der Union kommt keiner mehr an ihr vorbei«[705]).

Wahlen, Wahlen, Wahlen

Mit der Europawahl am 13. Juni 2004 begann – zunächst langsam – der Sinkflug der Unionsparteien in der Wählergunst. Bei den Europawahlen erreichten die Unionsparteien mit 44,5 Prozent zwar ein beachtliches Ergebnis – doch über vier Prozentpunkte weniger als 1999. Damals erhielten sie 48,7 Prozent. Kaschiert wurde dieses Ergebnis dadurch, dass der Stimmenverlust der SPD noch gravierender war: Die sank in der Wählergunst von 30,7 Prozent auf 21,5 Prozent. Die am gleichen Tag stattfindenden Landtagswahlen in Thüringen brachten der CDU zwar die absolute Mehrheit der Sitze, sie verlor jedoch acht Prozentpunkte und erhielt lediglich 43,0 Prozent; stark gebeutelt wurde auch die SPD, die vier Prozentpunkte verlor, aber nur auf 14,5 Prozent kam, während die PDS mit 26,1 Prozent einen starken Zugewinn erzielen konnte. Glück hatte die Union bei den Landtagswahlen am 5. September im Saarland, wo sie mit einem Plus von zwei Prozent 47,5 Prozent erhielt und damit erneut die Mehrheit der Sitze gewann. Die SPD stürzte von 44,4 Prozent gar auf 30,8 Prozent ab. Die erfolgsverwöhnte Sachsen-Union hingegen musste am 19. September 2004 dramatische Verluste hinnehmen. Statt 56,9 Prozent erhielt sie lediglich 41,1 Prozent und konnte sich kaum damit trösten, dass die SPD sich von 10,7 Prozent auf 9,8 Prozent verschlechterte. Dass drei weitere Fraktionen (FDP, Grüne und die rechtsradikale NPD) ins Parlament einzogen, erschwerte die Koalitionsmöglichkeiten. Beide Wahlverlierer teilen sich nun die Regierung, weil es zu einer bürgerlichen Koalition mit der FDP nicht reichte. Obwohl Sachsen – was auch das Verdienst Milbradts als früherer Finanzminister ist – von allen östlichen Bundesländern die besten Statistiken in der Haushalts-, Finanz- und Wirtschaftspolitik aufweisen konnte, dankten ihm die sächsischen Wähler kaum. Es ist allerdings davon auszugehen, dass die wesentlichen Gründe für diesen bedeutsamen Verlust in Sachsen in der Bundespolitik, vor allem der Zerstrittenheit zwischen CDU und CSU in Fragen der Sozialpolitik, lagen. Alle Erfahrungen zeigen, dass die Landtagswahlen sich zu Testwahlen hinsichtlich der Stimmung im Bund entwickelten. Auch die am gleichen

Tag in Brandenburg stattfindenden Wahlen führten zu Verlusten für die CDU. Sie erlitt in diesem Bundesland mit 19,4 Prozent einen herben Einbruch; fünf Jahre zuvor hatte sie immerhin noch 26,5 Prozent eingefahren. Aber auch in diesem Bundesland, in dem Manfred Stolpe 1994 54,1 Prozent der Stimmen gewonnen hatte, verlor die SPD von Matthias Platzeck 7,4 Prozentpunkte und kam nur noch auf 31,9 Prozent. Die SPD/CDU-Koalition zwischen Platzeck und Jörg Schönbohm wurde fortgesetzt.

Merz – ein Beben geht durch die Partei

Nach den sächsischen Wahlen kündigte Friedrich Merz in einem am 12. Oktober 2004 veröffentlichten Brief an die »liebe Angela« seinen Rückzug aus der Partei- und Fraktionsspitze an. Es zeigte sich erneut, dass die politische Lebenswelt eines Friedrich Merz mit der Angela Merkels kaum zu verbinden war. Eine politische Begründung war für Merz die Verwässerung des von ihm auf dem Leipziger Parteitag durchgesetzten Steuerkonzeptes. Zugleich konnte der Rücktritt von Merz auch als eine kaum verdeckte Provokation und Kampfansage an Angela Merkel verstanden werden, die den wohl versiertesten und fähigsten Finanzpolitiker der Union ziehen lassen musste. Für die neue finanz- und steuerpolitische Doppelspitze der CDU/CSU-Fraktion im Deutschen Bundestag, die seitdem von dem hessischen Diplommathematiker Michael Meister und dem rheinischen Anwalt Ronald Pofalla gebildet wird, wird es schwierig sein, die Merz'sche Kompetenz- und Bekanntheitslücke zu füllen. Ronald Pofalla ist es allerdings mit seinem überraschenden Vorstoß für einen »Pakt für Deutschland« gelungen, die Regierung derart unter Zugzwang zu setzen, dass im März 2005 Schröder schließlich zu einem »Jobgipfel« mit der Unionsspitze gezwungen war. Immerhin führte das Treffen von Bundeskanzler Schröder und dem Vizekanzler Fischer mit den beiden Unionsvorsitzenden Angela Merkel und Edmund Stoiber zu einem gemeinsamen Maßnahmenpaket. Wolfgang Schäuble, den Angela Merkel zunächst zur Übernahme der Merz'schen Funktionen hatte bewegen wollen, lehnte dies dankend ab, nachdem über mehrere Tage hinweg spekuliert worden war, dass er dieses Angebot annehmen würde.[706] Andererseits kann auch die Frage gestellt werden, inwieweit es Schäuble, dem es als für Außen- und Sicherheitspolitik zuständigen Fraktionsvize nicht gelungen war, den bis dato beliebtesten deutschen Politiker, Außenminister Joseph Fischer, politisch zu entzaubern, möglich gewesen wäre, sich als wirtschaftspolitische »Vielzweckwaffe« zu entwickeln. Es setzte dann auch eine Diskussion darüber ein, ob es sich bei dem Merz-Rücktritt, der Schäuble-Verweigerung und Interviews des CSU-Sozialexperten Seehofer nicht sogar um eine »Intrige« handelte, die zumindest Thüringens Ministerpräsident Althaus nicht ausschloss.[707] Der Oppositionsführer aus Mecklenburg-Vorpommern, Rehberg, schloss sich in einem NDR-Interview solchen Vermutungen an: Grund für den Widerstand gegen Merkel sei, dass es »einige nicht verknusen können, dass eine Frau aus den neuen Bundesländern an der Spitze einer großen Volkspartei steht«.[708] Die CDU-Bundestagsabgeordnete Vera Lengsfeld kritisierte in der Bundestagsfraktion den Rücktritt von Merz und sagte der ›Frankfurter Allgemeinen Zeitung‹: »Wenn CDU-Präsidiumsmitglieder anonym zu Protokoll geben, eine Frau, die aus dem Osten stamme, sei im Westen nicht vermittelbar, ist das sehr schädlich.«[709] Merkel, so fuhr die ehemalige Bürgerrechtlerin fort, habe sich in der DDR-Diktatur »anständig und aufrecht« verhalten. Von denen, die sie jetzt kritisierten, wisse man nicht, wie sie sich in einer Diktatur verhalten würden. Wie man sieht, war Angela Merkel in der Lage, insbesondere einige ostdeutsche Unterstützer für sich zu mobilisieren.

Schäuble: ein »verlorenes Jahr«

Warum drehte im Herbst 2004 auf einmal der politische Wind? Zwei Gründe können hierfür genannt werden: Zum einen wurden nunmehr auch die Unionsparteien für die unpopulären »Hartz«-Gesetze in Mithaftung genommen. Schröder gelang es, sich durch seine Konzentration auf das Amt des Bundeskanzlers immer mehr aus dem

Parteienstreit herauszuhalten. Er suchte zudem andere Themen als die einschneidende Sozialgesetzgebung, mit denen er sich profilieren konnte. Vor allem aber gelang ihm das Kunststück zu suggerieren, eine von Angela Merkel geführte Bundesregierung würde noch »härtere« Maßnahmen ergreifen als die SPD und die Grünen. Angela Merkel wurde von ihren politischen Gegnern als eine Politikerin dargestellt, die für die sozialen Nöte der »kleinen Leute« kein Herz habe. Zu diesem Zeitpunkt gab es bundesweit zahlreiche »Montagsdemonstrationen« gegen »Sozialabbau« und die geplante Zusammenlegung von Arbeitslosen- und Sozialhilfe. Oskar Lafontaine forderte im August 2004 den Rücktritt Schröders als Bundeskanzler und drohte mit einem Engagement in einer neuen Linkspartei, sollte Schröder so weitermachen wie bisher.

Der zweite Grund jedoch war hausgemacht. Monatelang stritten sich die Unionsparteien – und dies unmittelbar vor den Sachsen-Wahlen am 19. September 2004! – über die Sozialpolitik. Die CSU und insbesondere der Stellvertretende CSU-Vorsitzende Horst Seehofer sahen die Entscheidungen des Leipziger Parteitags vom Dezember 2003 als einen heftigen Angriff auf die Entscheidungsmacht der CSU. Die Kritik zielte unter anderem darauf ab, dass die von Merkel in Leipzig herbeigeführten Entscheidungen zur Steuer- und zur Sozialpolitik nicht zusammenpassten, beide seien nicht finanzierbar. Zwischen der CSU und der CDU fand das statt, was in den Unionsparteien selten genug ist: ein wirklicher Grundsatzstreit. Dieser schien zunächst nicht lösbar zu sein. Horst Seehofer war mit seiner Fixierung auf die von der CDU abgelehnte »Bürgerversicherung« in der Formulierung der CSU-Positionen so dominant, dass Stoiber – der keinesfalls weniger sozial als sein Sozialfachmann Seehofer erscheinen wollte – in dessen Falle tappte und kaum noch Manövrierraum hatte.[710] Im Fall des unionsinternen Streits über die Gesundheitspolitik zog sich die Auseinandersetzung bis in das Vorfeld des Düsseldorfer CDU-Parteitags im Dezember 2004 hin, von dem ein Signal des Aufbruchs und der Einigkeit ausgehen sollte. Entsprechend dieser indirekten zeitlichen Vorgabe verlief dann auch die politische Dramaturgie, denn die unionsinterne Einigung auf ein Prämienmodell kam erst Mitte November 2004 unter dem Druck des bevorstehenden Parteitags zustande. Die Analyse der Entscheidungsprozesse zum Unionskompromiss in der Gesundheitsfrage belegt dabei einmal mehr, dass im Zwang zum inhaltlichen Konsens zwischen den Schwesterparteien immer auch die Gefahr liegt, eine letztlich unvermeidliche Einigung in Sachfragen soweit hinauszuzögern, wie es eben geht, um so wenig eigene Zugeständnisse wie möglich machen zu müssen.

Die Gründe für die vorangegangen, im Ton teilweise äußerst scharf ausgetragenen, Differenzen lagen in unterschiedlichen Auffassungen über die richtige Ausgestaltung einer Reform der Gesetzlichen Krankenversicherung. Berauscht von zahlreichen gewonnenen Landtagswahlen hatte die CDU auf ihrem Leipziger Reformparteitag Ende des Jahres 2003 beschlossen, einen kompletten Systemwechsel in der Gesetzlichen Krankenversicherung herbeizuführen. Dementsprechend trieb Merkel das Gesundheitsmodell ihrer Partei als inhaltlich maßgeblich bestimmende Person spätestens seit dem Frühjahr des Jahres 2004 offensiv voran. Im Kern sah das Modell der CDU die völlige Abkoppelung der Krankenkassenbeiträge von den Lohnkosten vor. An Stelle der alten Systematik sollte zur Finanzierung der Gesetzlichen Krankenversicherung eine, von der CDU auch in der Öffentlichkeit zunächst so bezeichnete, einheitliche, vom Einkommen unabhängige »Kopfpauschale« treten, die im weiteren Verlauf der Debatte in »solidarische Gesundheitsprämie« umbenannt wurde.[711] Dieser von der CDU befürwortete radikale Systemwechsel in der Gesetzlichen Krankenversicherung hatte in der geschilderten Form von Anfang an keine Chance auf eine unionsinterne Einigung. Allein die Wortwahl einer »Kopfpauschale« war kommunikationspolitisch eine Katastrophe und weckte in der Öffentlichkeit Erinnerungen an die von Margaret Thatcher in Großbritannien zum Ende der 1980er Jahre durchgesetzte Einführung der »Kopfsteuer«.[712] Sie gab der Regierung Schröder zudem eine direkte Steilvorlage für den Vorwurf, die CDU wolle sich unter Merkels Führung vom solidarischen Finanzierungssystem der Gesetzlichen Krankenversicherung zu Lasten der einkommensschwächeren Bevölkerungsschichten verabschieden.[713]

Die durch eigene Kommunikationsfehler verschuldete Diskreditierung des Modells in der Öffentlichkeit war indes zu erheblich, um einfach durch eine Änderung der Begrifflichkeiten in Vergessenheit geraten zu können. Hinzu kam, dass die forsche Vorgehensweise Merkels bei der Ausarbeitung ihres bei großen Teilen der Fachwelt anerkannten Modells die kleine, aber macht- und geltungsbewusste Schwesterpartei CSU nicht eingebunden hatte. Zum einen war der sozialpolitische »Überzeugungstäter« Horst Seehofer, immerhin stellvertretender CSU-Landesvorsitzender, von Anfang an strikt gegen die Gesundheitsprämie. Er lag politisch näher bei der SPD-Sozialministerin Ulla Schmidt als bei Merkel. Stoiber, der sich als »Mann der kleinen Leute« versteht, wollte nicht als weniger sozial erscheinen als sein Stellvertreter. Merkel hätte wissen müssen, dass der mit Zweidrittelmehrheit in Bayern regierende Ministerpräsident Edmund Stoiber bei einer so zentralen Frage wie der Reform des Gesundheitswesens nicht bereit sein würde, sich von ihr den inhaltlichen Taktschritt vorschreiben zu lassen.

So jedoch stellte Stoiber mit entscheidender Unterstützung des CSU-Sozialexperten Horst Seehofer dem CDU-Modell ein eigenes CSU-Konzept entgegen, das keinen kompletten Systemwechsel in der Gesetzlichen Krankenversicherung vorsah und mit dem sich die CSU im Verlauf der unionsinternen Debatte mehr und mehr als soziales Gewissen der Union profilierte.[714] Lange Zeit schien es, als wolle die CSU nicht nachgeben.[715] Schließlich kam es dann – wie bereits erwähnt – im November 2004 noch kurz vor den beiden Parteitagen zu einem Gesundheitskompromiss der beiden Unionsparteien, der den Versuch unternahm, beide Konzepte miteinander zu vereinbaren.[716] In Wirklichkeit weiß jeder, dass dieser Formelkompromiss im Falle einer Regierungsverantwortung nicht umsetzbar ist.[717] Dies alles geschah allerdings um den Preis eines rapiden Verlustes der Union in der Wählergunst und eines, zu Beginn des Jahres 2004 noch kaum für möglich gehaltenen, Wiedererstarkens der rot-grünen Bundesregierung.[718] Inhaltlich betrachtet ist der Unionskompromiss eher ein Erfolg für Merkel als für Stoiber.[719] Dieser konnte zwar sein Gesicht wahren, indem die von ihm angedachte Clearing-Stelle Teil der Vereinbarung wurde. Allerdings opferte er mit Horst Seehofer für das Zustandekommen des Kompromisses auch den anerkanntesten und profiliertesten Gesundheitsexperten der Union, der die erzielten Ergebnisse ablehnte und von seinen Ämtern in der CDU/CSU-Bundestagsfraktion zurücktrat. Angela Merkel setzte sich mit ihrer Festlegung auf einen Systemwechsel bei der Finanzierung der Gesetzlichen Krankenversicherung durch, denn auch der CDU/CSU-Kompromiss sieht im Kern die Einführung einer Gesundheitsprämie vor. Im Falle einer politischen Umsetzung der Beschlüsse wäre das alte Finanzierungssystem ein Stück weit aufgebrochen und auch der von Merkel immer wieder vertretene Grundsatz, dass für jeden Versicherten ein gleich hoher Betrag bei den Kassen eingehen müsse, blieb bestehen. Vor den geschilderten Hintergründen stellt sich indes die Frage, warum der beschriebene Kompromiss nicht schon viel früher erreicht werden konnte, als nach monatelangen, für das Ansehen der Union in der Öffentlichkeit schädlichen Auseinandersetzungen. Hinzu kommt, dass die Gretchenfrage nach der Finanzierung des Unionskompromisses nach wie vor nicht beantwortet ist.

Die Einigung als solche war allerdings bereits ein Wert an sich. Merkel konnte sich bei diesem Kompromiss tendenziell gegenüber Stoiber durchsetzen, der freimütig erklärte: »Das, was wir hier beschließen, legen wir zunächst einmal leider in die Schublade.«[720] Ein Jahr nach dem als inhaltlichen Durchbruch gefeierten Leipziger Parteitag der CDU musste jedoch konstatiert werden, dass die CSU Angela Merkel ihr Bemühen um klare inhaltliche Alternativen aus der Hand geschlagen hatte. Das Modell der Steuerreform war bereits wenige Monate nach dem Leipziger Parteitag verwässert worden, die öffentliche Auseinandersetzung über die Sozialpolitik hatte sich zu einem Super-GAU der beiden Unionsparteien entwickelt. Der Düsseldorfer Parteitag sollte denn auch zu Ergebnissen führen, die Angela Merkel nicht froh gestimmt haben dürften: Sie bekam bei ihrer Wiederwahl ein Stimmergebnis, das dann später als »ehrlich« bezeichnet wurde, das aber keinesfalls als eine völlige Sympathieerklärung interpretiert werden konnte. Angela Merkel erhielt »nur« 88,4 Prozent der Stimmen und damit 5,3 Punkte weniger als 2002. In einem ›Spiegel‹-Interview, das rechtzeitig zum Parteitag erschien, sprach Schäuble von einem »verlorenen Jahr« für die Unionsparteien. Seine weniger werdenden Anhänger beklagten sich, dass er von seiner Vorsitzenden, die in ihrem Rechenschaftsbericht zahlreiche Politiker ihrer eigenen Partei lobend erwähnte, ungenannt blieb.

Überschattet wurde der Parteitag zudem durch die zielgerichtet zum Parteitag lancierte Meldung, dass ausgerechnet der Vertreter des sozialen Gewissens im CDU-Präsidium, Hermann Josef Arentz, seinerzeit Vorsitzender der CDU-Sozialausschüsse, Gehalt ohne Gegenleistung sowie Gratisstrom erhalten hatte. Seine Wiederwahl auf dem CDU-Parteitag in das Präsidium seiner Partei scheiterte, er legte alle Ämter nieder und kandidierte auf Druck des NRW-Spitzenkandidaten Rüttgers auch nicht mehr bei den im Mai 2005 folgenden Landtagswahlen in Nordrhein-Westfalen. Die Delegierten – und vermutlich auch Angela Merkel – ahnten auf dem Parteitag noch nicht, dass sich diese Affäre ausweiten würde. Am 11. Dezember wurde bekannt, dass auch Generalsekretär Laurenz Meyer verbilligten RWE-Strom bezogen hatte. Der Sachverhalt war insofern anders als bei Arentz, weil Meyer von 1975 bis 1999 beim Dortmunder Versorgungsunternehmen VEW, zuletzt als Hauptabteilungsleiter, beschäftigt gewesen war, wobei die VEW im Oktober 2000 vom Essener RWE-Konzern übernommen worden war. Zunächst stärkte das CDU-Präsidium Meyer den Rücken. Kurz vor Weihnachten rückte Merkel von ihrem Generalsekretär dann aber doch ab. Es stellte sich nämlich heraus, dass er neben »begünstigten Energiebezügen« und Darlehen seines einstigen Arbeitgebers sowie »Ausschüttungen« weitere von ihm bis dahin bestrittene Zahlungen erhalten hatte. Ein Bericht der ›Bild am Sonntag‹ meldete, Meyer sei »unter Aufsicht« des Fraktionsvizes Ronald Pofalla gestellt worden.[721] Interessant an diesem Bericht ist, wer ausser Merkel als Teilnehmer an dieser Krisensitzung genannt wurde, weil dies Aufschluss über die Berater Merkels gibt. Hierzu gehörten neben Meyer sein Vor-Vorgänger Peter Hintze, der Saarländer Peter Altmaier, Eckart von Klaeden, Volker Kauder und Ronald Pofalla. Meyer gestand »Fehler« ein, Merkel beließ ihn zunächst auf seinem Posten – was überraschend war. Nachdem jedoch immer mehr

Proteste insbesondere aus den wahlkämpfenden Landesverbänden Schleswig-Holstein und Nordrhein-Westfalen kamen, gab Meyer am 22. Dezember 2004 seinen Rücktritt bekannt.

Ungünstiger konnte das Jahr 2004 für die CDU-Vorsitzende nicht enden: Die neuesten Wahl- und Umfrageergebnisse in der Bevölkerung zeigten eine erhebliche Ernüchterung. Bei aller Kritik an der Bundesregierung wurden die inhaltlichen Alternativen der Unionsparteien nicht wahrgenommen – und die personellen? Der Rücktritt von Merz offenbarte eine Personalnot der Union. Dass Schäuble sich verweigerte, die Merz-Nachfolge anzutreten, war ein offener und klar kalkulierter Affront gegen die Vorsitzende. Der Meyer-Rücktritt erschütterte die Partei. Neue Gesichter geben indes zugleich neue Möglichkeiten, Vertrauen zurückzugewinnen. Der neue Generalsekretär Volker Kauder deckt mehr den konservativen Flügel der Gesellschaft ab. Der bienenfleißige Baden-Württemberger, zuvor Erster Parlamentarischer Geschäftsführer in der Bundestagsfraktion, wird nicht die rhetorische Brillanz vieler seiner Vorgänger erreichen, dafür dürfte er innerhalb der Partei Angela Merkel durch seine Loyalität und politische Erfahrung den Rücken frei halten. Pikant an dieser Berufung ist, dass Kauder in seinem baden-württembergischen Landesverband mit großer Verve für Stoiber als Kanzlerkandidaten votiert hatte – und damit gegen Merkel. Sein Nachfolger in der Bundestagsfraktion ist der bisherige rechtspolitische Sprecher Norbert Röttgen. Der Rheinländer hatte sich in der Rechtspolitik und insbesondere in der Föderalismuskommission des Bundes und der Länder einen guten Namen gemacht und zusätzlich Vertrauen bei Edmund Stoiber erworben.

VIII. Das »System Merkel«

Halbschwester von Parsifal?

Michael Schindhelm, Operndirektor in Basel und einige Jahre lang Arbeitskollege Angela Merkels in der Ost-Berliner Akademie der Wissenschaften, kommt aus dem Staunen nicht heraus: »Die Frau, die seit fünfzehn Jahren in wechselnden bundespolitischen Rollen aufgetreten ist, man kennt sie nicht.«[722] Angela Merkel ist für ihn »ein Rätsel«. Seine interessante Deutung: »Vielleicht ist sie ja eine Halbschwester von Parsifal. Läuft durch den Gefahrenparcours der männerdominierten Politik, und gerade weil sie von Gefahr und Verführung nichts weiß, kommt sie glücklich durch den düsteren deutschen Politikwald.«[723] Viele ehemalige Klassenkameraden, Lehrer, akademische Betreuer oder Arbeitskollegen der Akademie der Wissenschaften vermögen ebenfalls die öffentliche »Angie« der Gegenwart nicht wiederzuerkennen. Schindhelms deutungsfroher Parsifal-Vergleich verkennt jedoch eines ihrer besonderen Talente: ihre Lernfähigkeit. Von Gefahr und Verführung weiß Merkel inzwischen sehr wohl. Vielmehr hat sie sich mit nüchternem Kalkül – nach zermürbenden Erfahrungen mit Selbsttäuschung und Selbstzweifeln – aufgemacht, die Welt der CDU zu erobern, Schritt für Schritt. Hierin wiederum ähnelt sie Parsifal, der in die Artusrunde aufgenommen und schließlich König der Gralsburg wurde, nachdem er nach und nach die moralische Qualität zu diesem Amt erlangt hatte. Sicher hätte Merkel selber unmittelbar nach der Wende nicht daran gedacht, eines Tages Kanzlerkandidatin zu werden, doch Zug um Zug hat sie ihre Machtposition ausgebaut. Am Anfang ihrer politischen Karriere hatte sie vielleicht noch jene Naivität, die Schindhelm als

Voraussetzung ihres Erfolges vermutet. Sie wurde unterschätzt, gefördert, glückliche Umstände kamen ihr entgegen, fast traumwandlerisch nutzte sie ihre Chancen. Aber schon vor ihrer CDU-Karriere, während der Wendezeit, hat sie sehr präzise diejenigen Weichenstellungen mit beeinflusst, die ihr einen politischen Einstieg in der CDU ermöglichten. Einige Jahre darauf hat sie einen inneren Unmut gegen die »alten Herren« in der CDU gespürt, die die Zeichen einer neuen Zeit nicht erkannt hätten. Doch sie hat sich nie aufgelehnt, sondern immer die Gunst der Stunde zu einer jeweiligen Neupositionierung zu nutzen gewusst.

Der unbedingte Wille zur Macht

Erst spät ist Angela Merkels ausgeprägter Wille zur Macht erkannt worden.[724] Sie hat sich Schritt für Schritt durchgeboxt und bekam die Posten ihrer jeweiligen Förderer, die allesamt zurücktreten mussten. Der Erste unter ihnen war Lothar de Maizière, der einst warmherzig von »meiner Angela« sprach, dann aber entnervt den Bonner Politikbetrieb verließ, als ihn Vorwürfe ereilten, er habe unter dem Decknamen »Czerny« für die DDR-Staatssicherheit gearbeitet. Merkel löste de Maizière auf dem Dresdner Parteitag 1991 als Stellvertretende Bundesvorsitzende der CDU ab. Sodann beerbte sie am 20. Juli 1993 den zurückgetretenen Bundesverkehrsminister Günther Krause im CDU-Landesvorsitz in Mecklenburg-Vorpommern. Krause musste, wie aufgezeigt, gehen, weil er eine Langzeitarbeitslose als Zugehfrau angestellt hatte und die dafür rechtlich ausdrücklich vorgesehenen Lohnkostenzuschüsse erhielt.[725] Die ›Bild‹-Zeitung machte hieraus eine gewaltige »Putzfrauen-Affäre«. Die Gerüchte, die Kampagne gegen Krause sei aus dem Kanzleramt angeregt worden, sind nie verstummt. Kohl hielt manche verkehrspolitischen Vorstellungen Krauses für abwegig.[726] Krause hielt sich als Verhandler des Einigungsvertrages fälschlicherweise für unverzichtbar. Angela Merkel sah schweigend zu, wie Krause, dem sie ihr Bundestagsmandat mit zu verdanken hatte und der sie auch später förderte, gestürzt wurde. Dass sie ihren alten Förderer fallen ließ, hat sicherlich auch mit ihrer Einschätzung zu tun, dass Krause zum Problem für die Bundesregierung wurde. Zugleich wurde ihre eigene Position mit einem Schlag wichtiger.

Schließlich erledigte Merkel ihre weiteren Ziehväter Kohl und Schäuble nahezu mit einem Doppelschlag, als sie durch einen Namensbeitrag in der ›Frankfurter Allgemeinen Zeitung‹ die beiden alten Weggefährten so gegeneinander aufbrachte, dass diese sich zu demontieren fortsetzten. »Ihre Sammlung von Skalps kann sich sehen lassen«, hatte der Chronist schon 2001 notiert.[727] Inzwischen sind weitere hinzugekommen, unter anderem Friedrich Merz, der nach den Bundestagswahlen 2002 den Fraktionsvorsitz niederlegen musste und im Oktober 2004 auch sein Amt als Stellvertretender Vorsitzender aufgab. Dabei gehört Friedrich Merz mit Sicherheit zu den wenigen Ausnahmepersönlichkeiten in der CDU, bei denen sich hohe Fachkompetenz und positive öffentliche Wirkung miteinander verbinden.

Merkel und der Alt-Kanzler – ein Vergleich

Helmut Kohl war Merkels Förderer, Idol und politischer Lehrmeister – und zwar der späte Kohl. Gerade weil ihr politischer Weg auch der einer Emanzipation von der so prägenden und geschichtsmächtigen Figur Helmut Kohl ist, lohnt sich ein Vergleich beider Politikstile, ähneln sie sich doch gelegentlich in frappierender Weise. Gelernt hat Merkel von Kohl den unbedingten *Willen zur Macht*. Ihr Machtwille kann sich mit dem von Kohl messen. Wann immer sie ein neues Amt antrat, setzte sie sofort untrügliche Zeichen ihres Durchsetzungswillens. Ihr rücksichtsloses Vorgehen bescherte ihr zwar keine Freunde, wohl aber den notwendigen Respekt. Dem Machterwerb ordnet sie alles unter. Ähnlichkeit besteht zudem im *Übergehen der Parteigremien*, wenn es denn für ihre Machtsicherung notwendig ist. Die Nominierung von Edmund Stoiber im Jahre 2002 wirkt wie die Ausnahme von der Regel. In Wirklichkeit hat sie ihr Machtinstinkt im allerletzten Moment vor einer Kraftprobe mit dem CSU-Vorsitzenden bewahrt, die sie zum damaligen Zeitpunkt mit Sicherheit verloren hätte. Von Kohl hat Merkel auch – trotz ihrer zeitweiligen Gedankenexperimente hinsichtlich schwarz-grüner Bündnisse, die aber eher die FDP verunsicherten – die *Notwendigkeit einer klaren Koalitionsstrategie* gelernt. Denn nur einmal, 1957, war es der Union auf Bundesebene gelungen, eine absolute Mehrheit an Parlamentssitzen zu erringen.

Kohl wie Merkel legen keinen gesteigerten Wert auf eine ausgefeilte, elegante und tiefgründige Sprache. Dennoch lässt sich der wichtigste Unterschied im Politikstil von Kohl und Merkel an ihrer jeweiligen Art zu reden festmachen. Kohl liebt es wolkig-verklärt, er war immer schon ein ausgesprochen schlechter Redner. Schon seine ersten Reden als Fraktionsvorsitzender der CDU im rheinland-pfälzischen Landtag waren eine rhetorische Katastrophe.[728] Im Bundestag sollten zahlreiche weitere folgen. Das fing bei einem schwer erträglichen Satzbau an und betraf schließlich den Inhalt, der nicht selten den Gesetzen der Logik geopfert wurde. Er schaffte es sogar, von klugen Redenschreibern vorbereitete Texte durch seine Art des Vortrags sprachlich zu beschädigen. Eine besondere Fähigkeit entwickelte er aber bei Formulierungen, die den Zuhörer das hören ließen, was er gerade hören wollte. Die Wirkung seiner Rede lag darin, dass viele Menschen ihm gerade wegen seines Sprachduktus unter dem Motto vertrauten: Wer so unbeholfen redet, der muss es ehrlich meinen. Das Volk entdeckte in ihm seine eigene Sprache. Merkel hat hingegen einen absolut prägnanten Sprachstil, der sie von praktisch allen Politikern der Gegenwart unterscheidet. Sicherlich ist das Ausfluss ihrer naturwissenschaftlichen Ausbildung und Denkweise. Ihr Sprachstil hat auch ihren Kraftschluss mit den Journalisten erleichtert, die an Kohls Redestil immer wieder verzweifelten. Sie sagt, was sie will, wie es am schärfsten in ihrem »Scheidebrief« gegenüber Kohl – in Form eines ›FAZ‹-Artikels – zum Ausdruck kam. Gemeinsam ist Kohl wie Merkel indes, dass sie sich hinter ihrer jeweiligen Redeweise verbergen. Wenn Angela Merkel beispielsweise von Grundwerten spricht, dann tut sie dies in einer so charakteristischen Weise, dass niemand nachzufragen wagt, wie diese in die politische Realität umzusetzen sind. Sie fordert einen »Kompass« in der Politik und umgeht dadurch die Frage ihres eigenen Kompasses. Ähnlich Kohl: Er beklagte immer wieder die »Verbonzung« der Partei, doch damit versuchte er davon abzulenken, dass er selber – schon äußerlich – das »Urbild« eines »Oberbonzen« war und für vielfältige Fehlentwicklungen hinsichtlich des demokratisch-partizipativen Charakters seiner Partei verantwortlich war.

Unterschiede zwischen Kohl und Merkel gibt es im Umgang mit den Medien. Kohl nutzte die Presse als Medium, Merkel als Verbündete. Während Kohl sich bei Interviews häufig in Journalistenbeschimpfung erging, sucht Merkel bewusst die Nähe von Journalisten, um sie menschlich zu gewinnen. Kohl ist gegen, Merkel mit der Presse aufgestiegen. Allerdings weiß auch Merkel sehr wohl, wer ihr kritisch gegenüber steht – und sie handelt danach und lässt dies beispielsweise Autoren kritischer Kommentare zu ihrer Politik auch unverblümt wissen. Allerdings hat sie keinerlei prinzipielle Scheu, gerade mit solchen Medien einen sehr freundlichen Umgang zu pflegen, die Helmut Kohl in seinem Freund-Feind-Denken nach Kräften abzublocken suchte, nämlich ›Spiegel‹, ›Stern‹ und ›Zeit‹. Kohl hingegen setzte gerne auf »befreundete« Medien.

Wie Helmut Kohl ist Merkel extrem *misstrauisch*, wenngleich dies bei Kohl nach außen hin weniger sichtbar war. Charakteristisch für diesen Sachverhalt ist die Wagenburgmentalität, die Kohls letzte Amtsjahre prägte. Nur noch mit wenigen Getreuen umgab er sich in dieser Zeit – zu nennen sind vor allem seine Vorzimmerdame Juliane Weber, Kanzleramtsminister Friedrich Bohl und Anton Pfeifer als Staatsminister beim Bundeskanzler. Merkels wichtigste Getreue ist ihre Büroleiterin Beate Baumann, was die Zeitschrift ›Cicero‹ dazu bewog, neben ein Porträt über »Merkels Ehemann« ein Porträt über »Merkels Baumann«[729] zu setzen.

Ein wesentlicher Unterschied zu Kohl besteht darin, dass der Alt-Kanzler über viele Jahrzehnte hinweg in der Lage war, sich ein Netzwerk von Unterstützern zu schaffen, während Merkel lange Zeit den Eindruck einer Einzelkämpferin hinterließ, die es nicht verstand, insbesondere in der Bundestagsfraktion einen aktiven Unterstützerkreis um sich zu scharen. Sie versucht unterdessen, die Basis ihrer Unterstützer auszuweiten. Dabei bedient sie sich eines uralten Instruments, indem sie systematisch ihr wichtig erscheinenden Personen das »Du« anbietet; sie macht das nicht wahllos, in einigen Fällen bleibt sie lieber beim »Sie«. In der 17köpfigen engeren Fraktionsführung duzt sie inzwischen 12 Mitglieder, lediglich fünf nicht – darunter Schäuble. Mit ihrer Duz-Methode unterscheidet sie sich von Helmut Kohl. Er war mit nur ganz wenigen Politikern per Du. Dazu gehörten Schäuble, der seinerzeitige CSU-Landesvorsitzende Theodor Waigel, den Kohl auch menschlich sehr schätzte, und Hans-Dietrich Genscher. Die beiden letzteren zeichneten sich aber auch dadurch aus, dass sie einer anderen Partei angehörten, die Kohl für die Koalitionsbildung dringend benötigte. Mit Waigel konnte er so die CSU und ihre Landesgruppe in Schach halten. Kohl benutzte gerne die süddeutsche »Ihr«-Form und duzte gelegentlich herablassend, wenn er etwa einen Jungpolitiker ansprach: »Na (und dann folgte der Nachname), du alter Gauner«. Das war von ihm als eine echte Auszeichnung gedacht und wurde vielfach auch so wahrgenommen. Merkel, die aus einer eher duzfreundlichen DDR kommt, tut sich mit dieser Form der Ansprache weniger schwer, käme aber nie auf die Idee, in diesem Tonfall mit ihren Mitstreitern zu reden – wobei dies auch eine Altersfrage ist.

Wie Helmut Kohl, aber noch intensiver, nutzt sie das Telefon, vor allem zu »randständigen« Zeiten, also auch an Wochenenden und häufig sehr früh, oder spät abends. Durch SMS-Mitteilungen lässt sie sich in alle Sitzungen hinein jeweils auf den neuesten Stand bringen, manchmal dirigiert sie per SMS oder durch Anruf mit dem Mobiltelefon das argumentative Vorgehen ihrer Unterstützer. War Helmut Kohl einst die dicke Spinne im Netzwerk, so wird sie in ihrer Fähigkeit als Netzwerkerin unterschätzt. Mit der SMS als Instrument holt sie den Zeitverlust auf.

Sie selbst glaubt, ihr Führungsstil sei »direkt«, ihre schnörkellose Sprache suggeriert dies. Aber wie direkt? Selbst ihre Unterstützer wissen nicht immer, wo sie steht. »Sie hat auch viel von Schäuble gelernt. Häufig wusste man nicht, wo er in welcher Sachfrage stand«, heißt es in der Fraktion. Sie hat indes die Erfahrung machen müssen, dass allzu leicht jede politische Frage zu einer Prestigefrage hochstilisiert wird: Wenn eine Partei- und Fraktionsvorsitzende selbst in einer unwichtigen Frage eine Niederlage beigebracht bekommt, führt das leicht zu einer prinzipiellen Diskussion über ihre Durchsetzungsfähigkeit. Dem will sie aus dem Weg gehen. Auch deshalb tut sie sich mit inhaltlichen Festlegungen schwer. Sie gilt bei ihren Unterstützern als berechenbar, wenn man sich auf ihre Systematik einlässt. Sie, die in der DDR das Täuschen und Tarnen gelernt hat, setzt sich mit ihren Zielen durch, auch wenn sie nicht nach außen hin sichtbar führt. Natürlich hat ein Vergleich mit Helmut Kohl auch seine Grenzen, zumal ein amtierender Bundeskanzler besser in der Lage ist, sich mit einer »Aura der Macht« zu umgeben als eine Oppositionsführerin.

Kohl-Merkel: ein frostiges Verhältnis

So sehr Merkel ihre politische Karriere Kohl zu verdanken hatte, so wenig freundschaftliche Gefühle dürfte sie ihrem einstigen Förderer gegenüber empfinden; zu sehr weiß sie um sein Störpotential. Noch hat Kohl – vor allem unter den älteren Parteimitgliedern – viele Anhänger. Seine »Fehler« der Spendengewinnung für die CDU verblassen immer mehr. In einer bürgerlichen Partei wie der CDU nistete sich mit zunehmender Oppositionszeit ein nostalgisch-verklärendes Gefühl der »guten alten« Regierungszeiten unter Kohl ein. Diesem Gefühl konnte Merkel nur wenig entgegensetzen. Zwar betont sie immer wieder, wie »unglaublich« viel sie bei und von Kohl politisch gelernt habe, doch auf die Frage, ob sie ihm dankbar sei, entgegnet sie knapp: »Ich habe Kohl viel zu verdanken, und dennoch finde ich das Wort Dankbarkeit in diesem Zusammenhang nicht passend. Denn ich habe etwas geleistet. Mir wurde nichts geschenkt.«[730] Die Frostigkeit dieser Worte wird Helmut Kohl nicht entgangen sein. Es dauerte lange Zeit, bis Merkel und Kohl nach ihrem Artikel in der ›Frankfurter Allgemeinen Zeitung‹ vom 22. Dezember 1999 wieder »miteinander sprachen«.

Das Jahr 2000 war für Helmut Kohl ein bitteres Jahr. Sein erzwungener Rücktritt vom Ehrenvorsitz der CDU hat ihn tief getroffen. Kohl ist aber bekannt für sein gutes Gedächtnis gerade in Machtfragen. Er wird sich mancher Interviews von Merkel erinnern, in denen sie eine weitere Mitwirkung Kohls in der CDU rundweg ablehnte: »So wie Konrad Adenauer wird auch Helmut Kohl immer zur CDU gehören. Dennoch müssen wir – Angela Merkel und Friedrich Merz – als neue Generation die Zukunft der CDU gestalten. Dabei wird man sicher einmal Helmut Kohl um Rat fragen können, aber die Zeit des aktiven Politikers Helmut Kohl ist vorbei. Die neue Generation muss ihre Geschicke selbst in die Hand nehmen.«[731] Das sagte Merkel noch im August 2000, als bereits Stimmen in der Partei laut wurden, Kohl wieder in die »Familie« zurückzuholen. Kohl wurde weitgehend auf die historische Bühne verbannt. Er durfte schließlich auf zwei Veranstaltungen reden, denen intensive partei- und fraktionsinterne Beratungen[732] vorangegangen waren, zumal bei der offiziellen Zehn-Jahres-Feier zur Deutschen Einheit, die in Absprache mit der Bundesregierung durch den Freistaat Sachsen ausgerichtet wurde. Der damalige Ministerpräsident Kurt Biedenkopf hatte eine Mitwirkung Kohls als Redner nicht vorgesehen. Merkel wurde dadurch gezwungen, mit einer eigenständigen Veranstaltung der Partei zu reagieren, die am 1. Oktober 2000 in Berlin stattfand – obwohl bereits die Konrad-Adenauer-Stiftung zu einer Großveranstaltung am 27./28. September 2000, ebenfalls nach Berlin, einlud. Kohl sprach dort über den Zusammenhang zwischen deutscher und europäischer Einigung. Die Parteiveranstaltung mit Helmut Kohl musste Merkel nachgerade abgetrotzt werden, sodass ihr damaliger Generalsekretär Ruprecht Polenz sich zu der Aussage veranlasst sah, die Position von Merkel sei durch die Auseinandersetzungen in der Partei um Kohls Beteiligung bei den Einheitsfeiern »nicht geschwächt«[733]. Er, Polenz, halte es allerdings für falsch, wenn jetzt von einer »Versöhnung« der CDU mit Kohl gesprochen werde. Einer der profilierteren jüngeren Bundestagsabgeordneten, Friedbert Pflüger, forderte in einem 2000 erschienenen Buch eine »ehrliche Aufarbeitung«, wobei es nicht nur »um schwarze Konten und Schwarzgelder« gehe, sondern »um das Herrschaftssystem Helmut Kohls, den Verlust an innerparteilicher Demokratie, in dessen Folge die Union Kompetenz und Kreativität verlor«.[734] Die von diesem kritischen Geist geforderte Generalabrechnung hat bis heute unveränderte Gültigkeit. Der ›FAZ‹-Mitherausgeber Günther Nonnenmacher erinnerte in einem Buch ebenfalls daran, dass es »neben gesetzlichen Regeln auch sittlicher Maßstäbe bedarf, an die sich Politiker halten müssen«[735]. Kohl hat unter solchen Verdikten sehr gelitten. Es dauerte noch fast zwei volle Jahre, bis Kohl wieder auf einem Bundesparteitag der CDU auftrat. Es traf sich gut, dass dieser am 17. Juni 2002 in Frankfurt stattfand, so dass Kohl über das wenig verfängliche Thema ›Vom 17. Juni 1953 zum 17. Juni 2002 – Vom Volksaufstand zur Europäischen Einigung‹ sprechen konnte.

Merkel-Entdecker Kohl äußert sich Vertrauten gegenüber kritisch bis herablassend über seine Nach-Nachfolgerin – öffentlich hat er sich mit Kritik an ihr weitgehend zurückgehalten. Der Groll über seinen Sturz durch Merkel wird immer in ihm arbeiten. Dabei übersieht er allerdings, dass nur ein einziger Mensch die Macht hatte, ihn zu stürzen. Das war er selbst. Nach der Flick-Affäre hat er sich ein zweites Mal zur Zentralfigur eines Parteispendenskandals gemacht – daran ist er gescheitert, politisch wie menschlich. Hinzu kommt, dass Kohls Lebenswelt in diametralem Verhältnis zu den Sichtweisen der fast ein Vierteljahrhundert jüngeren heutigen CDU-Vorsitzenden steht. In Kohls Veröffentlichung ›Mein Tagebuch 1998–2000‹, das Tagebuchaufzeichnungen bestenfalls rekonstruierte und in erster Linie eine Reaktion auf Schäubles Rechtfertigungsschrift ›Mitten im Leben‹[736] darstellte, kommt Merkel so gut wie gar nicht vor – Missachtung durch Auslassung. Selbst zum angeblichen Tagebucheintrag, der sich auf den Essener Parteitag vom April 2000 bezieht, heißt es zu Merkel lapidar: »Die ohne Gegenkandidat angetretene designierte neue Vorsitzende Angela Merkel erhält mehr als 95 Prozent der Stimmen und übernimmt damit als erste Frau den Parteivorsitz.«[737] Hingegen setzt sich Kohl ausführlich mit Schäuble auseinander: »Und sich als Opfer eines Machtkampfs zwischen ihm und mir darzustellen, kann nur Ergebnis einer fehlgeschlagenen Ursachenforschung für Schäubles Scheitern als Partei- und Fraktionschef sein.«[738] Kohl behauptet sogar: »An Ränkespielen habe ich mich nie beteiligt.«[739] Kohls Strategie wird in dieser Veröffentlichung deutlich: Für seinen Kampf um die Rehabilitation brauchte er die frischgebackene CDU-Vorsitzende, er schonte sie deshalb. Aber wie lange noch? Denn längst ist Kohl wieder in seine Partei zurückgekehrt; er kann sich vor Einladungen zu Auftritten nicht retten. Zu dem Bemühen um seine Rehabilitation gehört sein innigster Wunsch, wieder Ehrenvorsitzender der CDU zu werden. Solange ihm Angela Merkel dies verwehrt, wird es so etwas wie Normalität in ihrem Verhältnis miteinander nicht geben. Es bedurfte einer Feier zum sechzigsten Geburtstag des Kohl-Getreuen und Bremer CDU-Landesvorsitzenden Bernd Neumann am 6. Januar 2002, dass sich Kohl und Merkel in ein Hinterstübchen zurückzogen und erstmalig das Vier-Augen-Gespräch aufnahmen. Sie telefonieren zwar gelegentlich miteinander. Aber Angela Merkel dürfte hierin eine Last sehen und es zur taktischen Absicherung tun. Dies spürt Kohl. Er glaubt aber, Merkel kaum noch zu seiner Rehabilitation zu gebrauchen, zumal er nicht damit rechnet, dass sie ihm jemals wieder den Ehrenvorsitz anträgt.

Die Feierlichkeiten zu Kohls 75. Geburtstag im April 2005[740] wurden auch nicht von der Partei, sondern von der Konrad-Adenauer Stiftung mit einem groß angelegten Festsymposion ausgerichtet. Kohl wird spöttisch als »heimlicher Vorsitzender« dieser parteinahen Stiftung bezeichnet, auch wenn der frühere rheinland-pfälzische und spätere thüringische Ministerpräsident Bernhard Vogel offiziell der Vorsitzende ist. Doch bestätigt sich im Verhältnis Kohl-Vogel die Erfahrung, dass ein früherer Minister seinem früheren Chef – Vogel war Minister im rheinland-pfälzischen Landeskabinett unter Kohl – auch später noch immer in der Art eines Untergebenen gegenübertritt. Hinzu kommt, dass dem »engeren Vorstand« der Stiftung mehrere Kohl-Getreue angehören, so vor allem dessen einstiger Kanzleramtsminister Anton Pfeifer und der Schatzmeister Franz Schoser, einst Geschäftsführer des Deutschen Industrie- und Handelstags. Merkel tut sich mit ihrem Einfluss auf die Konrad-Adenauer-Stiftung sichtbar schwer. Kohl, der seit Jahrzehnten, also schon während seiner Zeit als Bundeskanzler, in den Vorstand dieser Stiftung gewählt wurde und diesem bis heute als gewähltes Mitglied angehört, nutzt die Stiftung rege – und er braucht die Stiftung mehr als die Parteivorsitzende. Zum einen geht es Kohl um die Pflege seines historischen Erbes. Der Historiker Kohl wollte immer schon auf den Inhalt der Geschichtsbücher Einfluss nehmen: Seine Rolle als »Kanzler der Einheit« soll nicht – wie er immer sagt – von den »Sozis umgeschrieben« werden. Die Konrad-Adenauer-Stiftung ist ihm dafür ein äußerst wichtiges Instrument. Zum anderen bietet die Stiftung dem Alt-Kanzler ein wichtiges Forum für seine internationalen Aktivitäten. Bei seinen Reisen etwa nach Washington, Peking oder in die europäischen Hauptstädte stellt die gemeinnützige Stiftung ihre organisatorischen wie finanziellen Ressourcen zur Verfügung. Im Ausland kann sich der geschichtsträchtige Kohl nach wie vor äußerst wohlwollender Aufnahme sicher sein. Merkel sieht das alles, doch erst nach und nach versucht sie, einige ihrer Unterstützer in den Stiftungsvorstand zu hieven. Doch wegen der Konrad-Adenauer-Stiftung, obwohl mit einem Jahresetat von etwa 100 Millionen Euro von beträchtlichem Einfluss in der deutschen wie weltweiten politischen Landschaft, will sie mit ihrem Vorgänger keinen Machtkampf.

Ein verbitterter Schäuble

Ähnlich wie Kohl sinnt Merkels Vorgänger Schäuble auf Rehabilitation, auch wenn er als für Außenpolitik zuständiger Stellvertretender Fraktionsvorsitzender beträchtlichen Einfluss auf die Fraktionsarbeit behielt, den er sich allerdings mit dem Sprecher für Außen- und Sicherheitspolitik, Friedbert Pflüger, teilen muss. Eine Lüge vor dem Deutschen Bundestag wegen der Annahme von Spenden des »Kaufmannes« Schreiber führte zum Rücktritt vom Partei- und Fraktionsvorsitz. Schon bald wurde Schäuble mit seiner Nachfolgerin immer unzufriedener. Mehrfach fühlte er sich von ihr im Stich gelassen. Er rechnet ihr nicht nur kritisch den ›FAZ‹-Artikel vom Dezember 1999 an, sondern wenigstens drei weitere Beispiele: So wollte er – erstens –

gerne Vorsitzender der Konrad-Adenauer-Stiftung werden. Schäubles konzeptionelle Fähigkeiten hätten der Stiftung manche Impulse geben können. Allerdings bestritt Schäuble, dass es sein eigener Wunsch war: »Ich bin nicht auf Jobsuche. Es war ein Wunsch von vielen – einschließlich Frau Merkel –, dass ich zur Adenauer-Stiftung gehe. Ich habe dies aber nie gewollt. Das hätte so ein bisschen den Beigeschmack einer Abschiebung auf das Altenteil gehabt. Außerdem würden dort nur wieder alte Konflikte aufbrechen.«[741] Mit Letzterem hatte er sicher Recht, sitzt doch Kohl im Stiftungsvorstand. Ob Merkel sich wegen Schäuble mit Kohl angelegt hätte? In Wirklichkeit hätte Schäuble gerne eine solche reizvolle und zugleich bezahlte Aufgabe übernommen. Als behauptet wurde, er sei auf »Jobsuche« und wolle Stiftungsvorsitzender werden, musste Schäuble sofort die Vermutung haben, sein Wunsch sei durch eine gezielte Indiskretion »durchgestochen« worden. Da er sich nur mit Merkel hierüber unterhalten hatte, stieg in ihm ein Verdacht hinsichtlich der Quelle der Indiskretion auf. Er nimmt Merkel übel, dass nicht er, sondern der frühere thüringische Ministerpräsident Bernhard Vogel diesen Posten erhielt. Dieser hatte noch im September 2000 erklärt: »Ich bin und bleibe Ministerpräsident von Thüringen.«[742] Die ›Thüringer Allgemeine‹ konnte dann mit Blick auf die Wahl Vogels am 30. März 2001 melden: »Das Altenteil ist gesichert«[743]. Merkel wurde von Vogel bedrängt. Er wollte den Stiftungsvorsitz unbedingt noch ein zweites Mal übernehmen. Auch Kohl plädierte für seinen einstigen rheinland-pfälzischen Kultusminister. Außerdem wollte Merkel sicherstellen, dass Vogel rechtzeitig vor der thüringischen Landtagswahl seinem designierten Nachfolger Dieter Althaus das Amt des Ministerpräsidenten freimachte. Sodann wollte Schäuble – zweitens – Kandidat für das Amt des Regierenden Bürgermeisters in Berlin werden. Merkel unterstützte dies – mehr getrieben als überzeugt – nach einigem Zögern. Ihr war aber klar, dass sich ihre Berliner Parteifreunde niemanden »von außen« aufdrängen lassen wollten. Außerdem hatte Kohl alles daran gesetzt, Schäuble zu verhindern.[744] Schäuble beklagt sich auch in dieser Frage über mangelnde Unterstützung Merkels. Besonders verbittert ist er aber wegen des dritten Beispiels: Schäuble wollte 2004

Bundespräsident werden. Hätte Merkel nur »des lieben Friedens wegen« dem Wunsch Schäubles nachgegeben, wäre es wohl kaum gelungen, schon im ersten Wahlgang einen Unionskandidaten durchzusetzen. Sie wusste um die FDP-Widerstände gegen Schäuble – und die knappe Mehrheit von einer Stimme für Köhler in der Bundesversammlung gab ihr Recht.

Schäuble sieht sich um eine weitere erstklassige Rehabilitationschance geprellt. Sein Verhältnis zu Merkel scheint irreversibel gestört – er versuchte deshalb eine Anti-Merkel-Bündnispolitik mit Hilfe der CSU, von Roland Koch und Friedrich Merz. Doch nachdem letzterer Ende 2004 seinen Stellvertreter-Posten in der Unionsfraktion aufgab, ist Schäuble mit seiner innerfraktionellen Opposition ziemlich isoliert. Er weiß das inzwischen, lässt aber dennoch kaum eine Gelegenheit aus, sich mehr oder weniger sichtbar von seiner Nachfolgerin zu distanzieren.

Fordert Merkel als »Nahziel« einen Ständigen Sitz für die Bundesrepublik im Sicherheitsrat der Vereinten Nationen – nachdem Bundeskanzler Schröder offen für einen deutschen Sitz wirbt –, kommt das Echo Schäubles: Er sieht in dieser Forderung »altes Denken«.[745] Es sei »falsch«, wenn sich die Bundesregierung – und implizit Merkel – um einen veto-berechtigten nationalen Sitz im Weltsicherheitsrat bemühe, das sei »widersprüchlich, rückwärtsgewandt und in Wahrheit ausschließlich auf die Innenpolitik gemünzt«[746], wiederholte er im Bewusstsein eines politischen Kontrastes zu seiner Vorsitzenden. Er plädierte für einen »europäischen Sitz im Sicherheitsrat«[747]. Als sich Merkel im Oktober 2004 überraschend dem Vorschlag von Michael Glos hinsichtlich einer Unterschriftenaktion gegen einen EU-Beitritt der Türkei anschloss, gehörte ihr Stellvertreter Schäuble zu den Ersten, die ihr ein klares Nein in das Stammbuch schrieben – nicht in einem Interview, sondern in einem Namensartikel: Debatten gehörten ins Parlament, äußerte Schäuble. Er rechtfertigte zwar wortreich eine vergleichbare Unterschriftensammlung im hessischen CDU-Landesverband gegen die doppelte Staatsbürgerschaft, zumal die rot-grüne Koalition ihr Vorhaben aufgegeben habe, doch schließlich schrieb er: »Hinsichtlich der bevorstehenden Entscheidung des Europäischen

Rats ist die Lage eine andere, und deshalb ist Debatte und Entscheidung im Bundestag jetzt der richtige Weg.«[748] Schäuble wollte argumentativ seinem Kombattanten Koch nicht schaden, wohl aber seiner Vorsitzenden, die dann recht bald aufgrund allseitigen Protestes aus der CDU ihren demonstrativen Schulterschluss mit Glos beenden musste. Diese plötzlich entdeckte Gemeinsamkeit Merkels mit dem CSU-Landesgruppenvorsitzenden Glos war eher ein taktisches Bemühen, um von den Wirrnissen um die Sozialpolitik abzulenken, in der es im Herbst 2004 mit der CSU und vor allem mit Seehofer zu einem Dauerkonflikt kam.

Der Höhepunkt Schäuble'scher Verweigerung kam im Oktober 2004, als Friedrich Merz seinen Rücktritt vom Amt des Stellvertretenden Fraktionsvorsitzenden ankündigte. Merkel bot Schäuble den vakant gewordenen Bereich für Wirtschafts-, Steuer-, Finanz- und Haushaltspolitik an. Der, seinerzeit zu Besuch in Weißrussland, ließ im Bewusstsein, dass die Öffentlichkeit von einer Annahme dieses Angebots ausging, seine Vorsitzende ein ganzes Wochenende auf seine Entscheidung warten.[749] »Schäuble ist ein Mensch, der sich in die Pflicht nehmen lässt – aber nicht mehr von dieser Partei- und Fraktionschefin«[750], resümierte die ›Süddeutsche Zeitung‹: »Und er ist ein so alter Fuchs in Partei- und Fraktionsdingen, dass er weiß, wie seine Absage an Merkel von der politischen Klasse gewertet wird. Er will nicht der Mohr sein, der erst gegangen wird und danach seine Schuldigkeit tun soll.«[751] Das ist Originalton Schäuble. Dass Schäuble in einem rechtzeitig zum Düsseldorfer Parteitag im Dezember 2004 erschienenen ›Spiegel‹-Interview das ablaufende Jahr als »ein verlorenes Jahr«[752] bezeichnete, bestätigt die vollständige Zerrüttung des Verhältnisses zwischen Schäuble und Merkel. Engsten Vertrauten gegenüber erläutert Schäuble, die Partei werde sich noch nach Helmut Kohl »zurücksehnen«. Eine größere intellektuelle Selbstkasteiung als diese Aussage Schäubles kann es eigentlich nicht geben, wenn man sein gebrochenes Verhältnis zu Kohl bedenkt.

Merz »schmeißt die Brocken hin«

Ein Brief von Friedrich Merz an die »sehr geehrte Frau Vorsitzende, liebe Angela« führte im Oktober 2004 zu einem Beben in der Partei. Merz schrieb, er habe sich nach reiflicher Überlegung entschieden, auf dem CDU-Parteitag im Dezember 2004 nicht wieder für das Parteipräsidium zu kandidieren und zum Jahresende den Stellvertretenden Vorsitz in der Bundestagsfraktion niederzulegen. Er wolle sie weiterhin nach Kräften unterstützen, um die auf dem CDU-Parteitag in Leipzig verabschiedeten Reformbeschlüsse zur sozialen Sicherung durchzusetzen, und dann heißt es: »Dies wird nach meiner Einschätzung umso besser gelingen, je weniger einzelne Sachfragen von Personalfragen überlagert sind.«[753] »Hat Angela Merkel das Glück verlassen?«[754], fragte daraufhin besorgt die ›Bild‹-Zeitung: »Es gibt Tage so wie gestern, da müsste CDU-Chefin Angela Merkel eigentlich verzweifeln: Am Morgen das verheerende Presseecho zur Türkei-Debatte (…); noch immer kein Kompromiss im Gesundheitsstreit – und mitten in dem Ärger schmeißt auch noch Finanz-Superhirn Friedrich Merz die Brocken hin!« Angela Merkel stürzte für einige Tage in eine tiefe Krise, sie war auf einmal »Konkurrenz los«[755], wie der Berliner ›Tagesspiegel‹ titelte. Das Gerücht des Rückzugs von Merz will Merkel durch die ›Bild‹-Zeitung erfahren haben. Merz dürfte Schäuble und Koch von seinem beabsichtigten Rücktritt vorab informiert haben. Glos war zu diesem Zeitpunkt im Ausland. Merkel verlor Merz zu einem für die Imagebildung der Partei höchst ungünstigen Zeitpunkt. Da Merkel auf Regionalkonferenzen unterwegs war, konnten beide nur miteinander telefonieren, bevor der Brief der Öffentlichkeit bekannt wurde. Viele wollen auf einmal gewusst haben, der Merz-Rücktritt käme für sie nicht überraschend – für Merkel war er es auf jeden Fall. Sie hatte sich darauf nicht eingestellt. In der gesamten Union gab es – einschließlich der CSU – ein außerordentliches Bedauern über die Merz-Entscheidung. Die CDU-Vorsitzende wurde auch in der CSU kritisiert: Es wäre Merkels Aufgabe gewesen, einen unbequemen, aber kantigen und profilierten Kopf wie Merz besser einzubinden, wurde argumentiert.[756]

Was waren nun die Merz'schen Gründe für seine freiwillige Demission? Seit Merkel und Stoiber Merz, der den bayerischen Ministerpräsidenten als Kanzlerkandidaten unterstützt hatte, den Fraktionsvorsitz wegnahmen, war sein Verhältnis zu Merkel nachhaltig gestört, ein Vertrauensverhältnis konnte sich gar nicht mehr entwickeln. Er fühlte sich von Merkel und Stoiber gemeinsam überfahren. Ein weiterer Grund für seinen Rücktritt ist, dass die Reformpolitik der CDU nach seiner Analyse nicht mehr konturiert war[757]; insbesondere die »Beerdigung« der steuerpolitischen Beschlüsse des Leipziger Parteitags durch ein ziemlich verwässertes gemeinsames Modell mit der CSU erregte seinen Unmut. Schließlich wollte er nicht weiterhin für den Arbeitsbereich Wirtschaft, Steuern, Haushalt und Finanzen verantwortlich sein, wenn eine potenzielle Kanzlerkandidatin Merkel bei einem Wahlsieg die Verantwortung für diesen Aufgabenbereich eher einem »Superminister« Edmund Stoiber als ihm übertrüge, sollte dieser in ein Kabinett Merkel eintreten wollen. Angela Merkel erklärte in der Öffentlichkeit, der Schritt von Merz sei zu »bedauern«, sie sei »auch ein wenig traurig«[758]. Wie traurig sie tatsächlich war, sei dahingestellt, gab ihr doch der Rücktritt von Merz die Gelegenheit, ihn gleich durch zwei Persönlichkeiten ihres Vertrauens zu ersetzen. Zum einen handelt es sich für den Bereich der Wirtschaftspolitik um den mächtigen Bezirksvorsitzenden und Juristen Ronald Pofalla, der als Justitiar der Bundestagsfraktion bereits der engeren Fraktionsführung im Bundestag angehörte, und um den finanzpolitischen Sprecher der Fraktion, den hessischen Abgeordneten und Diplommathematiker Michael Meister, der zum für den Bereich »Finanzen« zuständigen Stellvertretenden Fraktionsvorsitzenden aufrückte. Der Verlust des scharfzüngigen, beredten und selbstbewussten Friedrich Merz wurde aus ihrer Sicht gleich mit zwei Nachfolgern wettgemacht, was im engeren Fraktionsvorstand, wo sie bis dahin keine klare Mehrheit hatte, zu einer Stärkung ihrer Machtposition führte – erst recht, nachdem der unbequeme Horst Seehofer ebenfalls das Amt eines Stellvertretenden Vorsitzenden niederlegte und durch einen in Fragen der Sozialpolitik sehr viel kompromissgeneigteren CSU-Politiker Wolfgang Zöller ersetzt wurde.

»Pacto andino« – ein Männerbund

Für Angela Merkel ist es zweifellos ein biographischer Nachteil, dass sie nicht über eine jahrzehntelange parteipolitische Sozialisation verfügt. Die »Seele der Partei« kennenzulernen – schließlich repräsentiert sie als Bundesvorsitzende diese –, das ist kein mechanistischer Akt, sondern ein jahrzehntelanges Eintrainieren; das gibt Sicherheit auch in schwierigen politischen Situationen. Auch trifft es schon zu, dass innerhalb der CDU ein heimlicher »Kulturkampf« stattfindet: nämlich zwischen der ostdeutsch-protestantischen Angela Merkel und ihren westdeutsch geprägten Altersgenossen, die mehr und mehr in die Führung der CDU einrücken. Gemeint ist ein Herrenclub inzwischen gealterter Funktionsträger der Jungen Union, die in den siebziger Jahren das gemeinsame Vergnügen hatten, gelegentlich mit ihrem damaligen Bundesvorsitzenden Matthias Wissmann auf Reisen gehen zu dürfen. Dieser informelle Club gründete sich im Juli 1979 mehr aus einer Laune heraus, als sich die damaligen Jungpolitiker in Lateinamerika aufhielten. Wenn man sich auf der Liste des »pacto andino« ansieht, wer damals und später alles mit von der Flug- und Landpartie war, erhält man einen Beleg von der Bedeutung des »networking«, das die damaligen christdemokratischen Jungpolitiker von Helmut Kohl abgeguckt hatten. Die Existenz dieses Paktes, der mit dem Braunschweiger Wirtschaftsanwalt Bernd Huck sogar über einen »Generalsekretär« verfügt, war der Parteichefin Merkel lange Zeit völlig unbekannt. Doch als sie die Namen der Mitglieder erfuhr, wurde ihr so manches über Strippenziehen im Hintergrund klar: Drei Ministerpräsidenten gehörten zum Zeitpunkt ihrer Entdeckung diesem Club an: Roland Koch, Christian Wulff, Peter Müller; später kam Günther Oettinger hinzu, der im Mai 2005 Ministerpräsident von Baden-Württemberg wurde. Aus der Bundestagsfraktion gehört neben Matthias Wissmann der außenpolitische Sprecher Friedbert Pflüger dieser Runde an, ferner Landesvorsitzender Christoph Böhr aus Rheinland-Pfalz, zugleich Merkels eigener Parteivize, sowie die beiden hessischen Politiker Volker Bouffier (Innenminister) und Fraktionschef Franz Josef Jung. Nun wird zwar gelegentlich der praktisch-politische Einfluss dieser Männerrunde – zu der bei bis in die heutige Zeit stattfindenden gemeinsamen Reisen nur die Ehefrauen dazu stoßen – eher überschätzt, möglicherweise auch von Angela Merkel. Aber die seit einem Vierteljahrhundert gewachsenen gegenseitigen Vertrautheiten, wie sie sich insbesondere bei den jährlichen Auslandsreisen entwickeln, brachten eines hervor, was als politischer Wert für die Beteiligten nicht zu unterschätzen ist: Diese »heterogene Reisegemeinschaft« geht trotz aller unterschiedlichen eigenen Interessen parteiintern wie -extern pfleglich miteinander um. Es handelt sich hier um Menschen, die sich besser kennen und deshalb Konflikte besser austragen können – für alle Beteiligten ein ordentliches Kapital. Das konnte Koch spüren, als er wegen der Spendenpraxis der hessischen CDU unter heftigen Druck kam und sich seine Paktfreunde solidarisch mit ihm zeigten.

Zunächst war dieser Club arrivierter Mitstreiter zum besonderen Vorteil von Roland Koch, war er doch der erste »Aufsteiger«, der aus der Runde die Ministerpräsidentenwürde erhielt. Er entwickelte sich zum profiliertesten Merkel-Skeptiker und -Kritiker unter den Ministerpräsidenten.[759] Noch im Juli 2004 war es im Zusammenhang mit der Reformdebatte zur Gesundheitspolitik zu einem öffentlich sichtbaren Dissens gekommen, der sich nicht so sehr auf die Sache als auf den Stil des Vorgehens von Merkel bezog – wie sich überhaupt in vielen inhaltlichen Fragen vor allem der Wirtschaftspolitik Merkel und Koch kaum unterscheiden. Koch verbat sich aber den Hinweis Merkels hinsichtlich ihrer Forderung nach Geschlossenheit – eine Methode, derer sich auch Helmut Kohl immer bediente, nämlich »Geschlossenheit«, sozusagen als Wert an sich, zu verlangen. Lösungen »ließen sich nicht mit Befehl und Gehorsam, sondern nur mit heftiger Auseinandersetzung und intellektuellem Ringen erreichen«,[760] donnerte er der CDU-Bundesvorsitzenden in der ›Hannoverschen Neuen Presse‹ entgegen. Aber seit Herbst 2004 hält er sich hinsichtlich offener Kritik an seiner Bundesvorsitzenden zurück, sagte in einem ›Focus‹-Interview – im Vorfeld des CDU-Bundesparteitags in Düsseldorf, Merkel »wird die klare Nummer eins bleiben«.[761] In diesem Interview sprach er ein Grundproblem der Politik an: Journalisten versuchten, »jede inhaltliche Diskussion in der Partei als Personal- und machtfrage zu verkaufen.« Dies sei eine »Hysterie der Medien«, »eines der größten Kreativitätshemmnisse deutscher Politik«.

Als Christian Wulff an die Spitze des Landes Niedersachsen rückte, zeigte sich, dass sich auch in diesem Kreis eine Konkurrenzsituation herausbilden kann. Seit Januar 2005 ist in Meinungsumfragen der Niedersachse Wulff »beliebtester« deutscher Politiker, er verdrängte Joseph Fischer von diesem Platz. Wäre Angela Merkel in ihrem Bemühen um die Kanzlerkandidatur gescheitert, wäre er sicher ein Anwärter für eine solche Aufgabe gewesen, denn eine bürgerliche Partei wie die CDU schaut vor allem auf die Chancen eines jeweiligen Kandidaten, nicht nur auf sein politisches Profil. Koch, der von seinem Biographen Hajo Schumacher als »ein Schwarzenegger der deutschen Politik« bezeichnet wird, gilt als »konservativer« als der »liberale« Wulff und hält sich prinzipiell gleichfalls für einen geeigneten Kandidaten für eine Kanzlerkandidatur, auch wenn er kokettierend auf einer Veranstaltung der ›Stuttgarter Nachrichten‹ erklärt, er wolle nicht Herausforderer von Schröder werden, die Kanzlerkandidatur stehe Merkel zu. »Sie ist viel länger dabei und kann es viel besser. Mir fehlt der unbedingte Wille zur Macht.« Wer Koch kennt hält, diesen Satz für eine arge Untertreibung, aber solche Sätze machen ihn so beliebt. Koch ist der geheime Favorit von Helmut Kohl. Koch hat sich mit Angela Merkel schon manche Schlacht – öffentlich wie nichtöffentlich – geliefert; ihre Reaktionen auf die Angriffe des Hessen führten indes zu Kochs Image eines eher polarisierenden Angreifers, während Wulff »smarter«, verbindlicher wirkt und sich – trotz mancher Enttäuschungen, die er bei Merkel erlitt – auch in bedrängten Situationen stets hinter die Bundesvorsitzende stellte. Entgegen allen eigenen ablehnenden Erklärungen[762] hält sich Wulff aber durchaus für einen potentiellen Kanzlerkandidaten, der seismographisch den Stand der parteiinternen Verankerung Merkels registriert. Der »pacto«-Zusammenschluss ist keineswegs ein reiner Theorie- und Reiseclub. Bis heute trifft er sich zu Beginn eines jeden Bundesparteitags zu einem Gedankenaustausch. Das kann einer Parteivorsitzenden nicht ganz geheuer sein.

Die beiden der CDU/CSU-Bundestagsfraktion angehörenden Pakt-Mitglieder Wissmann und Pflüger traten dafür ein, dass Angela Merkel von der Existenz dieses Kreises erfährt – was bei anderen Mitgliedern, unter anderem bei Koch, auf wenig Sympathie stieß. Eine solche Runde kann nur Wirkung entfalten, wenn ihre Existenz als solche nicht zu einem Politikum wird, argumentierten sie. Sie waren wenig glücklich, als Wissmann Merkel zu einer Sitzung einlud. Bis heute wird in dem weiterhin die Klandestinität pflegenden Kreis darüber gerätselt, wer dessen Existenz dann dem ›Spiegel‹[763] verraten hat. Christian Wulff vermutet, Angela Merkel habe dies getan, um diesen Kreis zu entzaubern. Wenn seine politisch informierende und gelegentlich koordinierende Rolle bekannt würde, wäre es mit der Wirksamkeit des »Anden-Pakts« dahin – dies sei das Ziel einer aus dieser Quelle kommenden Indiskretion gewesen. Genau das wird aber aus dem Kreis um Angela Merkel heftig bestritten.

Das neue Netzwerk

Wie dem auch sei, der »pacto« zeigt den Wert gewachsener Strukturen, bei denen Merkel nicht mithalten kann. Manchmal, so scheint es, stellt der Pakt so etwas wie eine traumatische Erfahrung für die Parteivorsitzende dar, die aufmerksam alles registriert, was auch in anderen Gesprächskreisen und Hintergrundrunden gesagt und getan wird. Sie will schnell jeden Funken von Verschwörung austreten können. Gelegentlich ruft sie einzelne Teilnehmer solcher Runden an, um sich entsprechend informieren zu lassen – das ist Teil ihrer Herrschaftspraxis in der Union. Merkel weiß um ihr Defizit, versucht, einen Kreis eigener Vertrauter zu gewinnen. Ein »rising star« ist der Königswinterer Bundestagsabgeordnete und Jurist Norbert Röttgen, seit er im Januar 2005 Parlamentarischer Geschäftsführer der Fraktion und insofern »rechte Hand« Merkels wurde. Er ist in allen operativen Fragen der Bundestagsfraktion »am dichtesten« an Merkel »dran«. In der Bundestagsfraktion gibt es neben ihm eine Riege jüngerer Abgeordneter, die besonders loyal zu ihr stehen. Neben Röttgen gehören dazu der Saarländer Peter Altmaier, Justitiar und zugleich einer der intellektuellsten Köpfe seiner Fraktion; ferner Eckart (»Ecki«) von Klaeden, Unionssprecher im »Visa-Untersuchungsausschuss«, der Wirtschaftsspezialist Ronald Pofalla, zudem der ehemalige CDU-Generalsekretär und Europapolitiker Peter Hintze, Merkels erster Parlamentarischer Staatssekretär. Beide »gehörten zu den ersten Sherpas der jungen Ministerin Merkel auf ihrem bundespolitischen Weg«, wusste die ›Frankfurter Allgemeine Zeitung‹ zu berichten[764], zum »Talentschuppen«[765]. Eine loyale Stütze ist auch Wolfgang Bosbach, für Fragen der Innenpolitik zuständiger Stellvertretender Fraktionsvorsitzender, der diese Aufgabe bereits unter Merz ausfüllte. Dabei fällt die nordrhein-westfälische Herkunft vieler dieser Abgeordneten besonders auf. Auch gehört der Niedersachse Friedbert Pflüger insbesondere in außenpolitischen Fragen zu ihren Ratgebern, nicht immer zur Erbauung Schäubles. Er wird auf Dauer Schäuble, der formal höher positioniert ist, den Rang ablaufen.

Volker Kauder, bereits der dritte CDU-Generalsekretär in der noch relativ kurzen Amtszeit Merkels, spielt eine besonders wichtige Rolle. Auch innerparteilich wird er als »anderes Kaliber« als sein Vorgänger Laurenz Meyer wahrgenommen. Kauder merkt man seine langjährige parlamentarische Zugehörigkeit und Erfahrung an. Er ist vom Typ her kein begnadeter »Intellektueller« mit dem Image eines Perspektivdenkers, wohl aber ein geradliniger Parteimann, der durch seine vielfältigen Erfahrungen – sowohl als langjähriger Generalsekretär der CDU Baden-Württemberg als auch als kampferprobtes Mitglied des Vermittlungsausschusses des Bundestags und des Bundesrats – zu den erfahrensten Abgeordneten gehört. Er ist relativ uneitel und verfügt als »Konservativer« über eine erhebliche Basisverwurzelung in Partei wie Fraktion. Mit Interesse wird zu vermerken sein, ob es ihm gelingt, der CDU-Bundesgeschäftsstelle in der Berliner Klingelhöferstraße wieder einen stärkeren Einfluss zu verschaffen, nachdem das Adenauer-Haus durch die Übernahme des Fraktionsvorsitzes von Merkel einen Bedeutungsverlust hinnehmen musste.

Selbstredend spielt Michael Glos als Erster Stellvertretender Vorsitzender der Unionsfraktion und Vorsitzender der CSU-Landesgruppe eine sehr einflussreiche Rolle. Er ist von Merkel unabhängig. Offiziell strebt er keine Ministerwürden an – und sollte er es doch tun, bestimmt darüber die CSU als selbstständige Partei. Er ist allerdings auch so etwas wie ein Seismograph des Verhältnisses Merkel – Stoiber. Dabei versteht er es geschickt, die Interessen der CSU-Landesgruppe auch gegenüber der bayerischen Landesregierung und Edmund Stoiber zu wahren. Glos verfügt über eine provozierende Formulierungsgabe, die »seiner« Fraktionsvorsitzenden auch immer wieder seinen Stellenwert verdeutlicht.

Die wichtigste Neuentdeckung Angela Merkels im Lager der Politikerinnen war die niedersächsische Ministerin Ursula von der Leyen, Tochter des früheren niedersächsischen Ministerpräsidenten Ernst Albrecht. Sie dient im niedersächsischen Landeskabinett unter Christian Wulff als Ministerin für Soziales, Frauen, Familie und Gesundheit und war zeitweilig auch als Kandidatin für das Amt des Bundespräsidenten im Gespräch. Die Ärztin und Mutter von sieben Kindern verfügt über eine Ausstrahlung, die vielen kinderlosen Junggesellinnen in der Politik fehlt. Im Falle einer Kabinettsbildung durch Merkel dürfte sie für Merkel geradezu eine Idealbesetzung für ein Ministeramt darstellen, weil sie als »Familienfrau« in einem positiven Sinne konservativ und für die Medien attraktiv wirkt. Merkel vertraute ihr den Vorsitz der CDU-Familienkommission an. Seit Dezember 2004 ist sie auch Präsidiumsmitglied der CDU. Eine weitere zentrale Figur im Personalpoker der CDU-Vorsitzenden dürfte die baden-württembergische Kultusministerin Annette Schavan sein, die in einem »Kabinett Merkel« mit dem Wissenschaftsressort rechnen könnte. Obwohl sie indirekt von Merkel unterstützt wurde, hat sie den Kampf um das Amt des Ministerpräsidenten von Baden-Württemberg verloren. Sie bleibt aber für Merkel aus einem besonderen Grund wichtig: Schavan deckt als Vizepräsidentin des Zentralkomitees der Deutschen Katholiken die für die Protestantin Angela Merkel wichtige katholische Flanke ab. Eine verlässliche Merkel-Stütze im CDU-Präsidium ist die Bundestagsabgeordnete Hildegard Müller, die bei einem von Merkel zu beeinflussenden Personaltableau auch einen Platz finden dürfte. Eine wichtige Unterstützerfunktion in der Bundestagsfraktion kommt ferner dem westfälischen Bundestagsabgeordneten Reinhard Göhner zu, der zugleich Hauptgeschäftsführer der Bundesvereinigung der Deutschen Arbeitgeberverbände (BDA) und damit einer ihrer Kontaktmänner zur Wirtschaft ist. Bundestagsvizepräsident Norbert Lammert aus Bochum, seit 1996 einflussreicher Vorsitzender der nordrhein-westfälischen CDU-Landesgruppe, ist ein ausgesprochener Netzwerker Merkels. Er dürfte unter ihrer Ägide weiterhin eine wichtige Rolle spielen. Auch die frühere Bundestagsabgeordnete Tanja Gönner muss man im Blick halten, die im Kabinett Oettinger Umweltministerin ist, sich im Vorfeld seiner Wahl zum Ministerpräsidenten aber massiv für dessen Konkurrentin Schavan engagierte. Es könnte sein, dass Merkel die Juristin nach Berlin rettet. Unter den jungen Frauen im Merkel-Unterstützerkreis dürften in Zukunft eine wichtige Rolle spielen: die forschungspolitische Sprecherin Katherina Reiche aus Potsdam, die gesundheitspolitische Sprecherin Annette Widmann-Mauz aus dem baden-württembergischen Balingen, die stellvertretende niedersächsische CDU-Vorsitzende Martina Krogmann aus Stade und die stellvertretende CDU-Landesvorsitzende in Nordrhein-Westfalen Ursula Heinen aus Köln. Merkel schätzt den Rat des Bremer CDU-Landesvorsitzenden Bernd Neumann, der seit 1987 Bundestagsabgeordneter und insoweit ein »Rückgrat« der Fraktion ist. Neumann, der Kohl zudem in schwierigsten Zeiten unterstützte, bildet auch eine Brücke Merkels zum Alt-Kanzler.

Wie könnte ein »Kabinett Merkel« aussehen?

Die in Unionsinterna meistens gut informierte ›Bild‹-Zeitung stellte bereits am 18. April 2005 eine mögliche Liste eines Kabinetts Merkel vor, die in ihrer Schlüssigkeit verblüfft: Merkels unionsinterner Widerstreiter von 2002, Edmund Stoiber, soll ein Superministerium für Wirtschaft und Finanzen erhalten. Durch seine Stellung als CSU-Vorsitzender wäre er der zweitmächtigste Mann im Kabinett. Merkels Erster Stellvertretender Vorsitzender in der Fraktion, Michael

Glos, wird als Verteidigungsminister genannt, was vom protokollarischen Rang her für einen Landesgruppenchef der CSU angemessen ist. Der bayerische Innenminister Günther Beckstein ist in dieser Liste insoweit ein Joker, denn er gilt auch als ein denkbarer Nachfolger Stoibers in Bayern. Auffällig ist, dass schon vor der auf dem Kölner FDP-Parteitag vom Mai 2005 umjubelten Rede Wolfgang Gerhardts zur Außenpolitik dieser und nicht FDP-Chef Guido Westerwelle für das Amt des Außenministers genannt wird. Nach der ›Bild‹-Liste soll Westerwelle das klassische FDP-Ressort Justiz besetzen. Für ihn wäre das eine Zwischenstation auf dem Weg zum Gipfel. Vom Lebensalter her könnte er später ins Auswärtige Amt aufrücken. Die Westerwelle-Vertraute Silvana Koch-Mehrin taucht in dieser Liste als Europaministerin auf. Auch damit könnte Westerwelle der vorläufige Verzicht auf das Außenministeramt erleichtert werden. In der Riege der CDU-Politiker wird die Vielzweck-Waffe Volker Kauder, Generalsekretär der CDU, als Kanzleramtsminister genannt, eine Aufgabe, die er mit viel Effizienz leisten könnte. Einer seiner Vorgänger, Merkels Parlamentarischer Staatssekretär im Bundesministerium für Frauen und Jugend, Peter Hintze, ebenfalls ein Merkel-Vertrauter, soll das Entwicklungshilfe-Ministerium übernehmen. Merkels baden-württembergische Mitstreiterin Annette Schavan soll zur Bundesbildungsministerin aufrücken und damit ihrer unbequemen Position im Kabinett Oettinger entfliehen können. Merkels niedersächsische Entdeckung Ursula von der Leyen soll schließlich einen warmherzigen Familientouch ins Kabinett einbringen. Die Ärztin soll Gesundheitsministerin werden. Mit dem Saarländer Peter Müller würde Merkel einen erfolgreichen Ministerpräsidenten gewinnen, der für Arbeit und Soziales zuständig sein soll. Für Verkehr und Aufbau Ost wurde Thomas de Maizière genannt, der in Mecklenburg-Vorpommern und Sachsen in verschiedenen Kabinetten Kompetenz und Profil bewiesen hat. Wer Merkel im Falle einer Kanzlerschaft im Fraktionsvorsitz folgen könnte, bleibt offen. Die Stellvertretenden Fraktionsvorsitzenden Wolfgang Bosbach und Ronald Pofalla kommen dafür in Frage, ebenso ihr Parlamentarischer Geschäftsführer Norbert Röttgen oder auch Volker Kauder, Merkels wichtigster Mann für schwierige Fälle.

Baumann und andere

Wenn man den in der Tat erstaunlichen Einfluss insbesondere von Beate Baumann auf Angela Merkel anspricht, heißt es allgemein: »Hier haben sich zwei gefunden.« Baumanns Einfluss geht weit über alle genannten Ratgeber Merkels hinaus. Die 1963 in Osnabrück geborene Baumann hat Anglistik und Germanistik in Münster studiert und war für ein Jahr in Cambridge. Ihr Staatsexamen machte sie über das Thema ›Die temporären Konjunktionen im Deutschen‹. Zur Politik kam sie Mitte der achtziger Jahre, als sie in ihrer Heimatstadt Osnabrück in die Junge Union eintrat und dort Christian Wulff kennen lernte. Zeitweilig gehörte sie dem niedersächsischen JU-Landesvorstand sowie dem CDU-Bezirksvorstand Osnabrück-Emsland an. Im Januar 1992 ereilte sie ein Anruf von Christian Wulff. Er hatte von Angela Merkel gehört, sie benötige interimistisch Zuarbeit für ihr kleines Büro in der neunten Etage des Konrad-Adenauer-Hauses: Merkel war im Dezember 1991 zur (einzigen) Stellvertretenden CDU-Bundesvorsitzenden und damit zur Stellvertreterin Kohls gewählt worden. Geplant war ein Arbeitsverhältnis für ein halbes Jahr. Baumann erhielt einen befristeten Vertrag, eigentlich wollte sie weiterstudieren; irgendwann wollte sie promoviert werden. Ihre diesbezüglichen Pläne hängte sie dann an den Nagel, als Merkel ihr im April 1993 anbot, Persönliche Referentin zu werden; ab 1995 wurde sie als Nachfolgerin von Peter Rösgen Leiterin des Ministerbüros von Merkel. Eigentlich, so behauptet Baumann heute, wäre sie gerne im Umweltministerium geblieben. Aber als Merkel überraschenderweise CDU-Generalsekretärin wurde, wollte sie sich Merkels Wunsch, mit ihr mitzugehen, nicht verschließen. Sie hatte sich unentbehrlich gemacht. Baumann wurde durch den Aufstieg ihrer Chefin zur Parteivorsitzenden Leiterin des Büros der Parteivorsitzenden. Eine spannende Zeit dürfte sie erlebt haben, als sie zusätzlich in Personalunion Leiterin der »Stabsstelle Wahlkampf, Politische Planung, Strategie« wurde, die für eine effiziente Kooperation zwischen CDU, CSU und dem »Stoiber-Team« im Konrad-Adenauer-Haus eingerichtet wurde. Im Wesentlichen hatte die Stabsstelle die Aufgabe, die Kommunikation zwischen Merkel und Stoiber sicherzustellen, währenddessen das »Stoiber-Team« zur Vermarktung des Spitzenkandidaten geschaffen wurde. Der Bundestagswahlkampf 2002 verlief ohne besondere Friktionen mit der CSU – eine Verzahnung zwischen beiden Parteien wurde hergestellt, die 1980, als mit Franz Josef Strauß ebenfalls ein CSU-Mann Unionskanzlerkandidat war, so nicht gelang. Diese Stabsstelle war der Parteivorsitzenden wie dem Generalsekretär zugeordnet – was faktisch eine teilweise Entmachtung des Generalsekretärs Laurenz Meyer darstellte.

Eine neue Herausforderung war es für Baumann, dass sie nach Merkels Übernahme des Fraktionsvorsitzes die Leitung des Büros der Fraktionsvorsitzenden übernahm – und faktisch das Büro der Vorsitzenden im Konrad-Adenauer-Haus weiter dirigierte. Wenn der Begriff der »grauen Eminenz«, der für eine im Hintergrund wirkende, einflussreiche Persönlichkeit gebraucht wird, berechtigt ist, dann für Baumann. Sie selbst lehnt für sich diesen Begriff ab. Doch es gibt niemanden, der einen solchen Einfluss auf Angela Merkel hat wie Baumann. Sie tut alles, um im Hintergrund zu bleiben. Gelegentlich gibt es zwischen beiden Frauen sogar lautstarke Auseinandersetzungen[766], weil Baumann sehr präzise Vorstellungen vom Wirken ihrer Chefin hat. Sie ist für Merkel unersetzbar, sie weiß ihre Chefin einzuordnen, gibt ihr bis in Stil- und Ausdrucksformen hinein Anregungen. Als »Gebärdendolmetscherin« wurde sie von Mitarbeitern des Konrad-Adenauer-Hauses verspottet, als Merkel Generalsekretärin wurde: Hatte Merkel einen öffentlichen Auftritt etwa im Rahmen einer Pressekonferenz, schaute sie immer auf ihre engste Mitarbeiterin Baumann, die durch Gesichts- und Zeichensprache ihrer Vorgesetzten deutliche Hinweise für ihre Ausführungen gab. Gelegentlich unternehmen Merkel und Baumann eigene Klausurtagungen, bei denen auch über politische Inhalte gesprochen und entschieden wird. Baumann ist insbesondere für die Mitarbeiter von Fraktion und Partei ein wichtiger – und gefürchteter – Ansprechpartner.

Über Einfluss verfügt auch Eva Christiansen, die zunächst Merkels Parteisprecherin war und jetzt ihre Fraktionssprecherin ist. Christiansen ist ihre wichtige Vertraute in allen Medienfragen. Ihre Stärke liegt in ihrer Fähigkeit, Journalisten richtig einzuschätzen, und als »spin doctor« Merkels Ideen erfolgreich zu verkaufen. Mit der Übernahme des Fraktionsvorsitzes durch Angela Merkel verlagerte Christiansen sofort ihren Hauptwirkungsort in die Fraktion. Die Bedeutung des Konrad-Adenauer-Hauses in der Berliner Klingelhöfer-Straße nahm deutlich ab, auch wenn die Doppelvorsitzende dort weiterhin über ihr eigenes Büro, das von Ralf Gebel geleitet wird, verfügt. Er hat aber weitaus weniger Einfluss als seine Vorgängerin Baumann, die mit Merkel in die Fraktion zog. Auch wenn die Pressestelle durch Claus Zemke geleitet wird, so blieb Eva Christiansen die Sprecherin der CDU-Vorsitzenden. Das Trio Merkel/Baumann/Christiansen wird in den Medien als »girls camp« charakterisiert. Jedenfalls handelt es sich hier um ein ziemlich schlagkräftiges Team, vielleicht um das schlagkräftigste Team seit dem Untergang der Amazonenherrschaft.

Der Bundesgeschäftsführer Johannes von Thadden und die Bereichsleiter Klaus Schüler (Internes Management und Wahlkämpfe), Heiner Lueg (Politische Programme und Analysen), Stefan Hennewig (Marketing und interne Kommunikation), Ulf Leisner (Eventmanagement und Logistik) und Michael Thielen (Strategische Planung) sind die wichtigsten Mitarbeiter der Geschäftstelle, die in der Regel nur einen durch Baumann gefilterten Zugang zur Vorsitzenden Merkel haben. Alle – mit Ausnahme des seit etwa dreißig Jahren in der Bundesgeschäftsstelle tätigen und seit vielen Jahren zugleich als Stellvertretender Bundesgeschäftsführer wirkenden Lueg – sind von Merkel und nicht mehr von Kohl eingestellt worden. Zu den »Playern« in der Parteizentrale gehört auch der Leiter des Büros des Generalsekretärs, Kay Scheller, den Kauder von seinem Fraktionsbüro »mitnahm«. Der langjährige Bundesgeschäftsführer Hausmann wird von Merkel weiterhin mit Sonderaufgaben (Beratung bei Landtagswahlkämpfen, Medienpolitik) betraut.

Angela Merkel verfügt über einen aus der wissenschaftlichen Erfahrung heraus geborenen Politikstil, sie »hat den Hörsaal nach draußen verlegt«[767]. Sie versucht, aufgrund konkreter politischer Erfahrungen Lösungskonzepte zu entwickeln. Sie bedient sich dabei eines

Beratungsgremiums, dem so gut wie keine Politiker angehören, sondern Fachleute aus den unterschiedlichsten Bereichen von Ökonomie und Wissenschaft. In dieser »2020« genannten Gruppe, die sich von Zeit zu Zeit sonntagabends in Berlin trifft, wurden zahlreiche grundsätzliche Fragen in Feldern der demographischen Entwicklung und sozialer Sicherung erörtert. Diesem Kreis gehören unter anderen an: Tanja Gönner (heute Sozialministerin in Baden-Württemberg), Florian Illies (Publizist der »Generation Golf«), Jürgen Kluge (Deutschlandchef des Beratungsunternehmens McKinsey), Hildegard Müller (Bundestagsabgeordnete, Mitglied des CDU-Präsidiums), Ulf Redanz (früher bei McKinsey, heute im Vorstand der Hamburg-Mannheimer Versicherungs-AG), Christa Thoben (ehemalige Staatssekretärin und Berliner Senatorin) und Stefanie Wahl (Institut für Wirtschaft und Gesellschaft Bonn).

Die Unternehmensberatung McKinsey in Gestalt ihres Deutschland-Chefs Jürgen Kluge hat auf Angela Merkel großen Einfluss. Kluge ist wie Merkel Chemiker. Ihm und seinen Mitarbeitern kam hinsichtlich der Arbeit der »Herzog-Kommission« zur Vorbereitung des Leipziger Parteitags eine Schlüsselrolle zu, denn McKinsey lieferte für den Entwurf des Sozialkonzepts das Zahlenmaterial. »Wer über die Zahlen bestimmt, bestimmt auch die Inhalte«[768], merkte damals der CSU-Sozialexperte Horst Seehofer kritisch an, der zeitweilig in der Kommission mitwirkte. »So nehmen die Berater der Politik allmählich das Geschäft ab, und irgendwann werden wir uns fragen: Wozu eigentlich noch Politik?« In der Tat ist die Beratung von Parteien in politischen Fragen durch ein Unternehmen wie McKinsey in der Praxis politischer Parteien noch ein Novum und sicher ein Spezifikum der »wissenschaftlichen Herangehensweise« Merkels an die Politik. Sodann lässt sich Merkel auch durch Einzelpersonen beraten, so durch Thomas Heilmann, Mitinhaber der Berliner Agentur Scholz & Friends. Er war zeitweilig Internetbeauftragter der Partei. Heilmann, der zu den Großen der deutschen PR-Szene zählt, bringt naturgemäß Sachverstand in wichtigen Fragen der Öffentlichkeitsstrategie für Angela Merkel ein.

IX. Wer ist Angela Merkel? Eine Deutung

Als auf die Schreibtische von Unionspolitikern und anderen Prominenten im Juni 2004 eine Einladung zu einer Tagung unter dem Titel ›Das Gehirn: Ein Beispiel zur Selbstorganisation komplexer Systeme‹ flatterte, wollten einige sofort absagen. Als Referent wurde der Frankfurter Hirnforscher Wolf Singer angekündigt. Der Wissenschaftler ist in seinem Fachgebiet eine Kapazität. Aber das wusste nicht jeder. Warum sollen wir uns auf einmal mit den Thesen zur Hirnforschung auseinandersetzen? Das haben sich manche gefragt. Dann aber stellten einige beim Lesen des Kleingedruckten fest, dass es sich um so etwas wie eine Feier zum fünfzigsten Geburtstag von Angela Merkel am 17. Juli handelte. Und es kamen doch viele Potentaten aus der Republik, von Karl Kardinal Lehmann bis zu Edmund Stoiber – auch der Liberale Guido Westerwelle. Letzterer ergänzte den privaten Charakter dieser als wissenschaftliche Tagung daherkommenden Feier durch die erstmalige Mitnahme seines Lebensgefährten[769] und machte das damit verbundene Outing zu einem öffentlichen Ereignis. Die Geburtstagsreden nach dem Singer-Vortrag sah Merkel wohl eher als unvermeidlich an. Westerwelle gratulierte: »Sie ist weder Kohls Mädchen noch die Machiavella aus Mecklenburg-Vorpommern.«[770]

Auch Stoiber beglückwünschte die CDU-Vorsitzende: »Die Schwester aus München ist immer an Ihrer Seite – wir werden es gemeinsam schaffen.«[771] Auf Wunsch seiner Kollegin hatte er für das Neubrandenburger Hospiz gespendet, ihr das bayerische Wappentier, den Löwen, aus Porzellan geschenkt und sie zu einem Abendessen bei dem bayerischen Sterne-Koch Alfons Schuhbeck eingeladen.[772] Angela Merkels Fraktionsvize Michael Glos sagte in seiner unnachahmlich-launigen Art, eine Serie von Politikern der CDU seien durch sie »von der zweiten bis zur hintersten Reihe« verwiesen worden: »Eines der Geheimnisse des Erfolges von Angela Merkel ist ihr geschickter Umgang mit eitlen Männern. Sie weiß: Auerhähne schießt man am besten beim Balzen. Angela Merkel ist die geduldige Jägerin der balzenden Auerhähne. Mit engelsgleicher Langmut wartet sie, bis sie am Zuge ist.«[773] Um der Veranstaltung wenigstens den Hauch einer Feier zu verleihen, gab es anschließend noch etwas zu trinken und zu essen, Rollmöpse und Häppchen.

Interessant an dieser Zusammenkunft war nicht nur der Versuch Angela Merkels, sich selbst durch den Charakter der Veranstaltung zurückzunehmen – das erinnert an die Art der alle überraschenden Nebenbei-Mitteilung, als sie im Dezember 1998 ihren langjährigen Lebensgefährten Joachim Sauer heiratete. Sie unterstrich durch die Wahl Singers als Hauptreferenten auch ihren intellektuellen Habitus als Physikerin in der Politik. Wenige von ihnen gibt es in der deutschen Politik. Aufgefallen ist bisher nur Oskar Lafontaine.

Der Hirnforscher Singer gab den geistig stark geforderten Zuhörern mit auf den Weg, dass bis zur Pubertät »die Hardware« im Gehirn festgelegt werde. »Danach muss man mit dem leben, was man hat.«[774] Sodann konstatierte er, dass Politik unplanbar sei: »Nichts ist prognostizierbar. Wir wissen nicht, was in fünf Jahren sein wird.«[775] Merkel ging mit der Einladung Singers ein Risiko ein. Denn seine Thesen[776] werden von seinen Kritikern so interpretiert, als sei der Mensch in seinem Tun durch die Abläufe chemischer Prozesse in seinem Gehirn in seinem freien Willen, in der Entscheidung zwischen Gut und Böse festgelegt, zumindest aber stark eingeschränkt.[777] Im menschlichen Hirn, so die Botschaft Singers, gebe es keinen für die Entscheidungen zuständigen Dirigenten. Singer bestreitet in letzter Konsequenz, dass der Mensch über einen freien Willen verfügt. Der Mensch sitze einer Illusion auf, wenn er meine, er sei in seinen Entscheidungen frei – in Wirklichkeit werde er von Neuronen gesteuert. Kritiker sagen: Diese biologistische Anthropologie stellt die christliche Sicht von einem fehlerhaften, schuldbeladenen, aber zugleich die Freiheit gestaltenden und eigene Verantwortung tragenden

Menschen und damit die geistigen Grundlagen einer christlich-demokratischen Partei von den Füßen auf den Kopf. Vielleicht war das der Grund, weshalb Kardinal Lehmann erst während der Singer-Rede eintraf? Jedenfalls war im Feuilleton der ›Frankfurter Allgemeinen Zeitung‹ zu lesen: »Dass ein Festredner der CDU das Christentum zu einer überholten Denkform erklärt, ist ein historisches Datum.«[778]

Immerhin: Die Veranstaltung war im Politikbetrieb der Berliner Republik wegen ihres intellektuellen Niveaus etwas Außergewöhnliches und zugleich Typisches für Angela Merkel. Sie lässt sich ungern befeiern. Sie hat eine immer noch erstaunliche Scheu vor Würdigungen ihrer Person. Vor diesem Ereignis beging Angela Merkel ihren Geburtstag im kleinsten Kreis: »Es war mein größter Wunsch, nur mit der engsten Familie gemütlich zu Hause zu feiern.«[779] Dort zog sie bei frischen Forellen eine »positive Bilanz« zu ihrem Fünfzigsten: »Ich bin persönlich mit mir viel mehr im Reinen als früher. Da habe ich oft mit mir gehadert: Warum kannst du dies oder jenes nicht, was andere können?« Mit »nagenden Selbstzweifeln« habe sie sich »viele Jahre ihres Lebens rumgequält«.[780] »Die Lebenserfahrung, die man im Laufe der Jahre gewinnt, macht immer sicherer und stärker. Das ist sehr schön. Und es stellt sich die Erkenntnis ein, dass es gar nicht so erstrebenswert ist, immer jemand anderer sein zu wollen, sondern dass man glücklicher wird, sich so anzunehmen, wie man ist.«[781] Zweifellos war der Fünfzigste ein Einschnitt im Leben Angela Merkels. Zu diesem Zeitpunkt war sie auf dem bisherigen Höhepunkt des ihr gegenüber erwiesenen Respekts angekommen, die Meinungsumfragen standen positiv für ihre Partei. Die Tatsache, dass sie Horst Köhler als Bundespräsidenten hatte durchsetzen können, unterstrich dieses Stimmungsbild. Ihre Chancen für die erstrebte Kanzlerkandidatur standen nicht schlecht. »Ich gehöre jetzt zu den Älteren. Mit 40 war das noch anders, da konnte man sich ein bisschen um das Älterwerden herummogeln (…) Ich stelle fest, dass ich schon verdammt viel erlebt habe. 15 Jahre Politik – damit gehöre ich zu den Erfahrenen. Es ist doch frappierend, wie sich die Zeiten ändern.«[782] Wer aber fünfzig ist, bei dem haben sich die Grundkonstanten seiner Persönlichkeit so »ausgewachsen«, dass große Veränderungen der Persönlichkeitsstrukturen kaum noch zu erwarten sind.

Das Psychologisieren um ihre Person – damit kann und will Angela Merkel nichts anfangen. Jeder Mensch hat ein Recht auf Privatheit – selbst ein Politiker oder sogar eine Politikerin? Ja sicher! Auch ihr wird man zubilligen müssen, dass es Grenzen dessen gibt, was die Öffentlichkeit, die Wähler wissen müssen. Trotzdem: Wer sich bedeckt hält, hat dafür Gründe: Sie will sich und ihren psychischen Haushalt selber schützen. Das Interesse an ihrer Person, an ihrer Familie ist aber, in Maßen, legitim: Wer höchste Staatsämter anstrebt, von dem will man schon wissen, um welche Persönlichkeit es sich handelt. Warum ist es Angela Merkel augenscheinlich so unangenehm, wenn man mehr von ihr wissen will? Dabei ist es verständlich, dass sich ein Spitzenpolitiker gerne in ein »rechtes Licht« rücken lassen und sich gegen psychologisierende Erklärungen immunisieren will. Sicher, wegen ihres hypothetischen Charakters sind solche immer gewagt und anfechtbar.

In Wirklichkeit gibt es so etwas wie zwei Leben der Angela Merkel, das offizielle und wortreich von ihr dargestellte – und den privaten Menschen mit seinen Emotionen, Selbstzweifeln und Irrungen, Ehrgeizhaftem, Spitzbübischem und Lebensfrohem. Die Gesetze der Politik und die Erwartungshaltung der Bevölkerung verleiten Politiker zu der Vorstellung, sie müssten eine angebliche Fehlerfreiheit suggerieren, als ob sie Idealfiguren wären. Wie sehr ruht Angela Merkel in sich selbst? Die blitzgescheite und schnell erfassende Angela Merkel ist eine Persönlichkeit, die sich als Spätankommerin in der Bonner und heute in der Berliner Republik noch immer im Zustand des permanenten Lernens befindet, deren Lebensweg das in der Fremdheit Tastende einer Persönlichkeit aufzeigt, die im Osten Deutschlands aufwuchs, dort (verständlicherweise) Karriere machen wollte – und wegen ihrer geistigen Ablehnung des Kommunismus doch nicht so richtig zur DDR-Gesellschaft gehörte. In Gesamtdeutschland angekommen, stellte sie fest, wie schwer es trotz ihrer hohen und höchsten Ämter ist, wirklich voll »dazuzugehören«, von der westdeutschen »Nomenklatura« als eine der ihren aufgenommen zu werden. Aber genau das wollte und will sie, die schon seit ihrer Schulzeit immer zu den Besten gehörte. Genauso will sie heute das, was sie macht, perfekt machen – und dabei übersieht sie gelegentlich, dass Politik oftmals keine rationale, nur nach naturwissenschaftlichen Gesetzen ablaufende Veranstaltung ist. In der durch Erfahrungen mit einer Diktatur gespaltenen und heute noch polarisierten Gesellschaft in der ehemaligen DDR andererseits gilt sie kaum noch als dazugehörig. Den einen ist sie zu »ostdeutsch«, den anderen schon zu »westdeutsch«. Sie ist gleichsam fremd im eigenen, nunmehr wiedervereinigten Land geblieben, auch in der eigenen Partei. Da Merkel das spürt, speist sich hieraus ihre gelegentlich feststellbare Unsicherheit, ihr Mangel an situativer Intuition. Ein Meister darin ist im Gegensatz zu ihr Gerhard Schröder.

In zehn Thesen sei der Versuch unternommen, die Persönlichkeit Angela Merkels zu deuten:

These 1:
Angela Merkel hat den unbedingten Willen zur Macht. Das hat sie mit Kohl und Schröder gemeinsam. Sie setzt mit Hartnäckigkeit alles daran, sich durch Spitzenleistung zu verwirklichen. Das ist ihre Lebenserfüllung. Sie sucht Selbstbestätigung in der von anderen anerkannten Leistung.

Wo Angela Merkel hingestellt wird, will sie die Beste sein – wie schon in ihrer Schülerzeit. Angela Merkel ist inzwischen ein ausgeprägter Machtmensch mit wenigen »normalen« sozialen Kontakten, vielleicht sogar ein häufig einsamer Mensch. Sie hat Freude an der Macht gefunden. Aber sie gibt es – wie die wenigsten »Mächtigen« – nicht zu; sie nennt das »Gestaltung«. »Früher wollte ich auch Macht – die über die Moleküle. Es geht mir um Gestaltung. Das mache ich jetzt auf einem ganz anderen Feld.«[786] Macht macht aber einsam. Vielleicht ist sie jetzt schon so einsam, wie Helmut Kohl es nach acht Jahren Kanzlerschaft war? Merkel gesteht das indirekt ein, etwa mit dem Hinweis, dass es für sie bei abendlichen stundenlangen Nachhausefahrten auf der Autobahn »so etwas wie Momente der Einsamkeit«[787] gibt. Deutlich über 15 Jahre hat sie die Anormalität des Daseins einer Spitzenpolitikerin gelebt und dies 1996 sogar selbst als »eine Art ständiger Ausnahmezustand«[788] beschrieben. Angela Merkel hat früh die Wirkung der Droge »Macht« erfahren. Sie ist eine »Politaholic«[789]. 7 Tage, 24 Stunden Politik – das ist ihr Leben.

»Ich muss härter werden, sonst läuft gar nichts«[790], gestand sie Ende 1993 dem ›Spiegel‹-Reporter Jürgen Leinemann. Szenen ihrer ersten Ministerjahre, in denen sie ihre Tränen nicht verbergen konnte, gehören der Vergangenheit an. Heiner Geißler konstatierte, ihre Konfliktfähigkeit sei »zunehmend größer geworden«: »Wegen der Demütigungen des ehemaligen Bundeskanzlers am Telefon und im Kabinett würde Angela Merkel heute nicht mehr weinen.«[791] Wenn sie sich Ziele gesetzt hat, agiert sie mit Nervenstärke und beeindruckt die Männerwelt, so dass sie bei allen Umwegen und taktischen Begradigungen ihr jeweiliges Hauptziel doch erreicht. Einmal, bereits im Mai 1995, gab sie preis, wie wenig ihr an einer Einhaltung formaler Regeln liegt, wie sehr der Zweck die Mittel heiligen kann: »Denn eigentlich gewinnt immer der, der sich nicht an die Spielregeln hält. Das wollte ich lange nicht glauben, aber es ist so.«[792] Deshalb hatte sie keine Hemmungen, ihren Artikel vom 22. Dezember 1999 in der ›Frankfurter Allgemeinen Zeitung‹ zu schreiben, der ein Akt der Illoyalität und Regelverletzung gegenüber ihrem damaligen Parteivorsitzenden Schäuble war.

These 2:
Die »ideologiefreie« Naturwissenschaftlerin Merkel ist Generalistin ohne historische Fixierung. Sie geht von der Notwendigkeit des effizienten »Funktionierens« einer Gesellschaft aus und unterschätzt dabei allzu leicht die Bedeutung lang tradierter Erfahrungen und Verhaltensmuster, die sich dem rationalen Denken entziehen.

Angela Merkels politisches Weltbild ist stark von der Rationalität des Denkens einer Naturwissenschaftlerin geprägt. Im Gegensatz zu Helmut Kohl versteht sie sich nicht als jemand, der ein Geschichtsbild entfaltet. Ihre Leidenschaft gehört keinem bestimmten Politikbereich. So hatte sie mit der Umweltpolitik weder politisch noch emotional etwas im Sinn: Hätte Helmut Kohl sie stattdessen zur Entwicklungsministerin gemacht, hätte sie sich genauso mit der gleichen Empathie für Somalia eingesetzt wie einst für den Transport der »Castor«-Behälter. Merkel ist im Gegensatz zu vielen ihrer westdeutschen Mitstreiter und Konkurrenten ausgesprochen unideologisch. Ihre von vielen wahrgenommene »Fremdheit« resultiert gerade aus dieser »Ideologiefreiheit«: Als Wanderin zwischen der östlichen und der westlichen Welt hat sie andere Wurzeln als die Mehrheitskultur im Westen Deutschlands. Ihre machtfixierte und unideologische Herangehensweise an die politischen Probleme macht sie aber auch freier für neue und konsequente Lösungen. Wer weniger Wurzeln – wie der häufig als »Eiche« beschriebene Kohl – hat, kann sich auch leichter von solchen Wurzelwerken losreißen. Angela Merkels Mentor Kohl war die Ökonomie des ausgehenden zwanzigsten Jahrhunderts fremd, die technologische Revolution, der Siegeszug des Internet und der Datenautobahnen, die Globalisierung – all das hat er nicht mehr richtig verstanden. Merkels Politikstil von »Versuch und Irrtum« (trial and error), verbunden mit der Fähigkeit zur schnellen Korrektur, würde vermutlich solche Kohl'schen Fehler vermeiden helfen. In ihrer Ideologiefreiheit kann auch eine Stärke liegen.

Merkels Politikansatz wird weniger durch eine grundsätzliche Idee definiert, sondern entwickelt sich aus der Lösung konkreter Fragen. Ein Bild der Zukunft hat sie nicht. Da kommt sie mit Gerhard Schröder gleich. Die Entwurfslosigkeit, mit der sie an die Politik herangeht, dient dabei der Fehlervermeidung. Allerdings erkennt sie rational den ihr gemachten Vorwurf an, nicht über eine »Vision« für die künftige Gesellschaft der Bundesrepublik Deutschland zu verfügen. Dem versuchte sie – auch mit Hilfe der »Herzog-Kommission« dadurch zu begegnen, dass sie ihrer Partei auf dem Leipziger Parteitag im Dezember 2003 durch weitreichende Entscheidungen in der Wirtschafts- und Sozialpolitik ihren Stempel aufdrückte. Sie wollte detailreiche, perfekte Papiere. Doch zugleich schlug dieser Versuch wie ein Bumerang auf sie zurück. Zum einen forderte sie die CSU heraus, die nichts von grundsätzlichen, mit ihr nicht abgestimmten Entscheidungen hält. Zum anderen luden diese auf Perfektionismus getrimmten Beschlüsse den politischen Gegner zur Kritik ein. Hätte Angela Merkel in diesen wichtigen politischen Feldern nur allgemeine Leitlinien verkünden lassen, wären diese zum Beispiel durch die Gewerkschaften weniger angreifbar gewesen.

Angela Merkel ist in einem gewissen Sinn Repräsentantin eines heute sichtbaren Trends, demzufolge Politiker der großen Parteien häufig als austauschbar erscheinen. Paradoxerweise hat ihr Bemühen um ein scharfes Profil etwa in der Sozialpolitik oder der Außenpolitik für die meisten Bürger nicht dazu geführt, dass die Frage nach der grundsätzlichen Unterscheidbarkeit politischer Parteien beantwortet wäre. Viele von Merkels Entscheidungen erscheinen als lediglich taktisch und zweckrational begründet. Mit ihrem Politikstil, der gar nichts mit den herkömmlichen, wertorientierten und häufig betulichen Ausdrucksformen klassischer CDU-Politik zu tun hat, entspricht Angela Merkel eher dem »modernen« Typus eines Politikers, der sich weniger von grundsätzlichen und tradierten Überlegungen leiten lässt, sondern eher an Kriterien von Effizienz und Rationalität orientiert. Vieles scheint dabei allerdings angelesen oder – schlimmer noch – aufgeschrieben. Ein Beispiel ist ihr Debattenbeitrag zur 68er Revolte im Deutschen Bundestag über den »Straßenkämpfer« Joseph (»Joschka«) Fischer am 17. Januar 2001.[795] Ihre Argumentationsweise war deshalb so umstritten, weil sie eben nicht von ihrer ostdeutschen Erfahrung heraus argumentierte, sondern so, als hätte sie immer schon in Westdeutschland gelebt. Der aufgrund dieser Rede entstandene – und übrigens beim genauen Nachlesen so nicht berechtigte – Eindruck, sie wolle damit die gesamte Generation der »Alt-68er« mit den Aktivitäten eines früheren Straßenkämpfers[796] in einen politischen Topf werfen, war verheerend. Sie hätte wissen müssen, dass viele der Kommentatoren während der Studentenrevolte ihre politische Sozialisation erfahren haben. Ihre Rede wirkte jedenfalls nicht authentisch, sondern vorgelesen. Sie bezeichnete später die Frage, woher sie wisse, dass die Bundesrepublik Deutschland »seit 1949 ununterbrochen eine freiheitliche, solidarische, weltoffene Republik gewesen« war, »auf die wir stolz sein können«, als ein »perfides Argument, indirekt zu sagen: Die kennt uns gar nicht! Sie weiß nicht, was Feminismus ist, was Kernkraft ist und was ›68‹ ist. Ich glaube, dass ich als jemand aus dem anderen Teil Deutschlands, wo die im Westen gesicherten Freiheitswerte nicht galten, die Differenz sehr gut ermessen kann.«[797]

Die Tatsache, dass sie sich mit traditionellen Werten und Verhaltensmustern so schwer tut, entfremdet sie von Teilen der klassischen CDU-Klientel. Helmut Kohl hat es sehr viel besser verstanden, »emotio« mit seinem politischen Führungsanspruch zu verbinden, zugleich eine vermeintliche Wertgebundenheit seines Handelns zu vermitteln. Eine naturwissenschaftlich-mechanistische Betrachtungsweise von Politik unterschätzt leicht traditionelle Einstellungen und Interessen von Menschen, ihre Emotionen. Dies führt zu der Einstellung, Angela Merkel sei »eiskalt« – was Merkel in ihrer Selbstwahrnehmung und nach Meinung ihrer früheren Freunde nicht ist.

These 3:
Das Leben Angela Merkels ist von ihrem Verhältnis zu ihrem Vater geprägt. Er dominierte die Familie, sein »unnahbares« Wesen, seine Strenge, sein Absolutheitsanspruch haben die Tochter, die die Liebe des Vaters suchte, besonders gezeichnet. Das heutige Leben Angela Merkels ist eine politische Emanzipation von ihrem in das DDR-System tief verstrickten Vater. Und dennoch arbeitet sie sich an ihrem Vater ab, will sich ihm gegenüber beweisen.

Angela Merkel hat sich weit von ihrem eigenen Elternhaus entfernt, jedenfalls von ihrem Vater. Natürlich hat sie ihre familiäre Herkunft am stärksten geprägt. Dies ist bei allen Menschen so – auch wenn der Familienhintergrund häufig unterschätzt wird –, doch in Angela Merkels Fall in besonderer Weise. Bei der Aufforderung, sich selbst zu beschreiben, kommt sie spontan stets auf ihre Mutter, von der sie in liebevoller Weise spricht: »Ich sehe mich selbst als fröhlichen Menschen, erzähle gerne Witze, bin von Haus aus ein Optimist. Das habe ich auch von meiner Mutter (…), die eine sehr spontane, gastfreundliche, unverzagte und offene Frau ist.«[783] Auch von ihrer Schwester spricht Angela Merkel mit viel Gefühl. Bei ihrem Vater ist das anders. Er ist für sie sehr wichtig, aber sie spricht nicht über ihn.

Das Leben in einem Pfarrhaus in der kirchenfeindlichen DDR prägte auch die Kasner-Kinder in besonderer Weise. Der Pfarrer war so etwas wie ein Vorbild, moralische Autorität, aber auch staatlich beargwöhnter Abweichler. Angela Merkels Vater Horst Kasner repräsentierte die in der DDR nicht mehr gewollte »Bürgerlichkeit«. Zugleich versuchte er einen Spagat: Er wollte als Mann der Kirche erscheinen, deren Dienst er alles unterordnete – auch seine Familie. Wie häufig wird ihm seine Tochter, wenn vielleicht auch nur unterschwellig, vorgeworfen haben: Wäre er 1954 nicht freiwillig in die DDR zurückgekehrt, wäre ihr ein Leben in einer Diktatur erspart geblieben! Durch die Leitung des Pastoralkollegs war Kasner in der Berlin-Brandenburgischen Kirche in einer Schlüsselposition, die er genoss. Als intellektueller Pfarrer ließ er gerne seine geistige Überlegenheit spüren. Viele stieß er dadurch vor den Kopf. Kasner dürfte aber auch darunter gelitten haben, dass er weder die akademischen Würden der Promotion erhalten noch Chancen für ein hohes kirchliches Amt gehabt hatte.

So sehr er alles, was er beruflich wurde, der Kirche zu verdanken hatte, so sehr wurde seitens der DDR-Obrigkeit versucht, ihn als Mann des Staates in der Kirche zu instrumentalisieren. Dafür sprechen viele Belege, nicht nur die Tatsache, dass Horst Kasner dem Führungskreis des offensichtlich auch von der Stasi stark beeinflussten »Weißenseer Arbeitskreises« angehörte, der theologisch und kirchenpolitisch »linke« Positionen vertrat: Als führender Mann dieser »Bruderschaft« wirkte er innerkirchlich stark auf die Spaltung der Evangelischen Kirche in Deutschland und der Berlin-Brandenburgischen Kirche hin. Obschon das von ihm geleitete Pastoralkolleg finanzielle Unterstützung durch die westdeutschen Landeskirchen erhielt, war Horst Kasner ganz und gar auf die DDR-Staatlichkeit fixiert. Angela Merkel deutet gelegentlich in ihren Interviews »linke« politische Positionen ihres Vaters an, doch ist das volle Ausmaß seiner Rolle bislang unbekannt geblieben. Er wollte beides sein: Mann der Kirche und loyaler Bürger der DDR – und er verstrickte sich dabei in eine politische Haltung, die bis in die Gegenwart in diametralem Gegensatz zum Handeln und Tun der heutigen CDU-Vorsitzenden steht. So hat er auf Synoden mit Vehemenz Positionen vertreten, die im machtpolitischen Interesse der SED waren. Diese Verstrickungen sind der tiefere Grund, warum Angela Merkel so wenig über ihren Vater spricht – und warum er inzwischen Interviews ablehnt.

Wieweit Vater Kasner schon zu Beginn seines kirchlichen Wirkens seine »linken« politischen Positionen hatte, sei dahingestellt. Dass aber der 13. August 1961 ein für die Familie Kasner mit ihrer weitverzweigten westdeutschen Verwandtschaft wichtiges Datum war und auch für die politische Haltung des Familienvaters besonders einschneidend, scheint klar. Es sieht so aus, als habe ihm der Mauerbau endgültig klargemacht, dass seine politische Loyalität künftig dem Staat DDR zu gelten hatte. Die Option einer bis dahin theoretisch möglichen Rückkehr nach Westdeutschland war ihm und seiner Familie genommen. Inwieweit nicht auch ein Erpressungsversuch der Staatssicherheit gegenüber Merkels Vater eine Rolle gespielt hat, soll hier nicht weiter erörtert werden. Jedenfalls wirkte der Mauerbau paradoxerweise insoweit »befreiend«, als damit die theoretische Möglichkeit einer Ausreise verbaut war. Manche Entscheidungen des als »roter Kasner« bekannten Templiner Theologen ließen einige Kirchenleute die Nase rümpfen. Er trieb seine nach außen sichtbar werdenden Kompromisse mit dem Staat allerdings nicht so weit, dass er für die Kirche untragbar geworden wäre und damit seine Funktion als Leiter des Pastoralkollegs ernsthaft gefährdet hätte. Dem stand auch entgegen, dass er zur Kirchenleitung guten Kontakt hatte. Zwar erhielt seine Tochter Angela nicht die Jugendweihe, wohl aber ihr drei Jahre jüngerer Bruder Marcus. Dies rief in der Kirche helle Empörung hervor. Daraufhin wurde die Tochter Irene von der Jugendweihe ausgenommen.

Allein die Tatsache, dass die Kasner-Kinder bei den Jungen Pionieren und der FDJ mitmachen konnten, war gegenüber vielen anderen Kirchenleuten nicht einfach zu vertreten. Allerdings hatten viele Kinder widerspenstiger Pfarrer erhebliche Schwierigkeiten hinsichtlich des Besuchs der Erweiterten Oberschule oder gar des Studiums. Vater Kasner mag sich zusätzlich gesagt haben, seine Haltung gegenüber dem SED-System ermögliche seinen Kindern gleiche Chancen gegenüber den in der DDR bevorzugten Arbeiterkindern. Begünstigt wurde Kasners Spagat dadurch, dass er viele Privilegien genoss, die letztlich auch seiner Tochter Angela zugute kamen. Deshalb war ihr Studium nicht ernsthaft gefährdet. Er konnte viele Westreisen unternehmen, übrigens auch seine Frau, die bis nach Amerika fuhr. Horst Kasner warb bei seinen Reisen in den Westen für die Deutschlandpolitik der DDR. Personen, die seitens der DDR-Obrigkeit mit Kasner zu tun hatten, hatten die klare Order, nach Möglichkeit allen Wünschen Kasners zu entsprechen. Dies zeigte sich auch daran, dass an Kasner gerichtete Buchsendungen aus dem Westen nicht konfisziert werden sollten. Wenn das doch einmal geschah, wurde es in der Regel wieder rückgängig gemacht. Kasner gelang es, westdeutsche Vortragende nach Templin zu bekommen. Dies verschuf ihm innerkirchlich den Ruf, im Pastoralkolleg werde auf hohem Niveau und auf der Höhe der theologischen Zeit in liberaler Atmosphäre diskutiert. Zugleich war das Pastoralkolleg ein Ort, dem das besondere Interesse der Staatssicherheit galt.

Angela Merkel muss irgendwann, vielleicht in ihrer Zeit bei der Akademie der Wissenschaften, die Doppelgesichtigkeit im Leben ihres Vaters erkannt haben. Sie hielt schon während ihres Studiums eher mit Kommunismus-kritischen Personen Kontakt. Das fällt übrigens auch bei der Wahl ihrer akademischen Lehrer auf. Nichts spricht für die gelegentlich geäußerte Vermutung, gute Kontakte ihres Vaters zu dem kirchlich engagierten Lothar de Maizière hätten ihr erst die Möglichkeit geschaffen, stellvertretende Regierungssprecherin in der letzten DDR-Regierung zu werden. Sie hat sich – möglicherweise auch unter dem Einfluss ihres als DDR-kritisch bekannten heutigen Ehemannes Joachim Sauer, den sie schon sehr früh in der Akademie der Wissenschaften kennengelernt hatte – zu einer grundsätzlich anderen politischen Haltung als der ihres Vaters durchgerungen. Sicher, ihre heutigen politischen Positionierungen sind nicht identisch mit denjenigen während ihres Eintritts Ende Dezember 1989 in den

»Demokratischen Aufbruch«. In ihrem Freundeskreis dominierten Überzeugungen, die von einem »dritten Weg« zwischen Kommunismus und Kapitalismus ausgingen und die den Sozialismus mit menschlichem Antlitz eines Alexander Dubček für richtig hielten. Sie hielt sich in DDR-kritischen Kreisen auf, wenngleich sie alles unterließ, was ihr berufliches Fortkommen ernsthaft hätte gefährden können. In diesem Bemühen war sie nicht die Einzige.

Als Widerstandskämpferin hat sie sich selbst nie beschrieben. Natürlich war der Weg ihrer politischen Entwicklung durch einen Prozess der Veränderungen ihrer Überzeugungen beeinflusst – und durch Wunsch nach weiterer Karriere in Gesamtdeutschland. Dass sie diesen Weg mit der inneren Billigung ihres Vaters gegangen ist, davon ist kaum auszugehen. Er hält bis heute an seinem kritischen Blick auf die bundesdeutsche Politik fest – und vermeidet es, auf Fotos mit seiner Tochter im Zusammenhang mit ihrer politischen Rolle abgelichtet zu werden. In Stellungnahmen der Gegenwart zeigt er sich als kapitalismuskritisch und skeptisch gegenüber den Grundfesten des wiedervereinigten Deutschland. Er will als glaubwürdig erscheinen und hält deshalb an seinen während der DDR-Zeit erworbenen theologischen wie politischen Positionen so weit als möglich fest. Nicht einmal an der von der CDU ausgerichteten Geburtstagsfeier für seine Tochter nahm er teil – im Gegensatz zu seiner einst in der SPD aktiven Frau, die ihrer Tochter auch auf einer CDU-Wahlkundgebung in Templin zuhörte. Ein Grund mag darin liegen, dass Kasner gar nicht erst ins Visier der Öffentlichkeit gelangen möchte.

Auch wenn sie dem Folgenden widersprechen: Angela Merkel dürfte die Welt des protestantischen Pfarrhauses im kleinstädtischen Milieu, trotz oder wegen aller intellektueller Brillanz ihres Vaters, als eher bedrückend empfunden haben. Sie hatte zwar alles in allem eine glückliche Jugend und eine warmherzige Mutter, aber sie dürfte irgendwann die Unerreichbarkeit der von ihrem Vater verkündeten hohen Moralität gesehen und mit zunehmendem Alter die politischen Grundannahmen ihres Vaters als falsch erkannt haben. Vielleicht sind manche Grundentscheidungen Angela Merkels sogar mehr als nur eine politische Distanzierung zu ihrem Vater. Es fällt jedenfalls auf, dass sie niemals den Gedanken hatte, Theologie zu studieren, und mit ihrem Physik-Studienwunsch ihre Eltern überraschte. Viele Pfarrerskinder in der DDR traten in die Fußstapfen ihrer Eltern. Dass Angela Merkel nach der Scheidung von ihrem ersten Mann nicht mehr ihren ursprünglichen Familiennamen annahm, kann kaum der Tatsache geschuldet sein, dass sie als angehende Wissenschaftlerin bereits über eine weitreichende Liste von Veröffentlichungen verfügte. War ihre Entscheidung, den Namen beizubehalten, vielleicht ein indirekter Abnabelungsprozess von der Familie? Dass Angela Merkel sich politisch so völlig anders entwickelte, als es der Ideenwelt ihres Vaters entspricht, heißt nicht, dass sie es ihm nicht indirekt nachtut. Vielleicht will sie ihm sogar beweisen, dass sie es zu etwas gebracht hat. Jenes Diktum ihres Vaters an ihrem dreißigsten Geburtstag »Weit hast du es noch nicht gebracht!«[785], als er sie in ihrer Berliner Wohnung besuchte, dürfte einer der Schlüsselsätze ihres Lebens sein. Ihrem Vater will sie auch heute noch zeigen, dass sie »es kann«.

These 4:
Ihre Unfähigkeit, sich mitzuteilen, Einblick in das eigene Ich zu geben und damit zugleich so etwas wie eine Verlässlichkeit, einen inneren Kompass zu vermitteln und emotionale Bindungen entstehen zu lassen, hängt mit den grundlegenden Erfahrungen einer DDR-Bürgerin zusammen, die früh lernte, ihre private Gedankenwelt und die offiziöse Welt der Staatsloyalität klar zu trennen.

Angela Merkel sucht ihre private Welt zu verbergen. Sie hat eine beredte Sprachlosigkeit, indem sie viel über sich erzählt und trotzdem wenig mitzuteilen scheint. Damit hat sie ihr Wesen zu verbergen gewusst. Die Fotografin Herlinde Koelbl wünschte Angela Merkel zum fünfzigsten Geburtstag, dass »die öffentliche Maske, die Sie inzwischen perfekt zu tragen verstehen, nicht deckungsgleich mit der privaten Angela«[793] werde. Schon in der Schule lernte sie das Leben in zwei unterschiedlichen Welten. Angela Merkel hatte von ihren Eltern mit auf den Weg bekommen, gegenüber Lehrern, manchen Klassenkameraden oder Repräsentanten des Staates nie zu offenbaren, was sie wirklich denkt. Dieses Element der Gefahrenvermeidung lernt in einer Diktatur jeder, der die Abhängigkeit seines Fortkommens von Partei, Geheimdienst und vom Staat erkennt. So auch Angela Merkel, die dies heute noch bei ihren Interviews selber immer wieder anspricht. Ein solches zur Perfektion getriebenes Verhaltensmuster macht nicht nur gegenüber anderen misstrauisch, es führt zu einer starken Zurückhaltung, sich gegenüber Dritten über alles auszutauschen, was privaten Charakter hat. Gerade private Hinweise sind es aber, die den Charakter eines Menschen erkennen lassen. Es gibt viele Menschen, von Arbeitskollegen in der Akademie der Wissenschaften bis hin zu ehemaligen Bundesministern, die mit Angela Merkel in ihren unterschiedlichsten Lebensphasen viele Stunden, manche sogar Jahre verbracht haben – und dennoch nichts über den »Menschen Merkel« wissen. Dies ist das eigentliche Phänomen an ihr: Sie schafft es, vieles über sich zu erzählen, ohne dass gegenseitige Vertrautheit entsteht, ohne die selbst die Politik nicht auskommt. Die Doppelung ihrer zwei Welten, der Innen- und Außenwelt, wirkt auf Dritte häufig wenig anziehend und weckt in ihnen das Gefühl: Vorsicht! Weil Angela Merkel es gelernt hat, Individualität für sich zu bewahren, sich aber zum Schutz anzupassen, ist die Folge eine scheinbare Unpersönlichkeit. Sie ist in ihren Emotionen außerordentlich kontrolliert. Dies macht sie für viele fremd, schwer kalkulierbar, sphinxhaft.

Wenn Merkel eines Tages einmal in oder an der Politik scheitern sollte, wird genau dies der Grund sein: dass sie es nicht geschafft hat, sich mit ihrem Bild vom Menschen mitzuteilen und sich damit ein wirkliches Netzwerk an guten Freunden oder wenigstens Vertrauten zu schaffen, die umgekehrt darauf hoffen können, eines Tages die Vertrautheit honoriert zu erhalten. Ein guter Politiker schafft sich einen Kreis von guten Freunden und überzeugten Unterstützern, die auch in schwierigen Krisenzeiten für einen »durch dick und dünn« gehen. Diese viele Jahre gültige Erfolgsmethode des jungen Kohl hat Angela Merkel, die nur den »späten Kohl« erlebt hat, nie richtig verinnerlicht. Angela Merkels rational geprägter Verstand geht von der Logik gegenseitiger Interessen aus, nicht von über den Tag und die eigene Nützlichkeit hinausreichenden Bindungen mit anderen. Autorität kommt aber nicht nur aus der Beherrschung der Techniken, sondern durch persönliche Ausstrahlung, Macht nicht nur aus Furcht und Achtung, sondern auch aus Sympathie, die bei einer »scheinbaren Unpersönlichkeit« und kühler Berechnung nur schwer aufkommt. Die Erfahrung gegenseitiger Treue, auch von oben nach unten, bleibt noch abzuwarten. Sonst entsteht die Gefahr der Vereinzelung bei schwindendem Erfolg und des brüchigen Rückhalts im Sturm.

Einer der wenigen Freunde Merkels, der Stralsunder Oberbürgermeister Harald Lastovka, hält die Beobachtung, Angela Merkel verfüge nicht über Netzwerke, für »richtig«, gibt dieser Tatsache aber eine positive Note: »Um Angela Merkel gibt es kein Beziehungsgeflecht, keine Seilschaft, keine Strippen, an denen man ziehen könnte. Sie will sich nicht in Abhängigkeiten von anderen begeben, sondern frei bleiben, ohne auf die Interessen anderer Rücksicht nehmen zu müssen. Wer anderen etwas verspricht, muss das auch einhalten. Angela Merkel verspricht niemandem eine Karriere, so bleibt sie in ihren Entscheidungen souverän.«[794] Gleichwohl hat Angela Merkel durchaus – so bei ihrem Bemühen um eine Kanzlerkandidatur 2002 – einzelnen, für sie wichtigen Politikern Posten angeboten. Sie selber hat in ihren frühen Interviews bekundet, wie misstrauisch sie gegenüber all den Menschen ist, die sich ihr gegenüber freundlich verhalten, weil sie nun einmal in einflussreichen Positionen ist. Mit ihrem rationalen Verstand vermutet sie, solche Verhaltensmuster wären allein der Tatsache ihrer herausgehobenen Stellung geschuldet. Sie bewertet andere Menschen in der Politik danach, welchen Nützlichkeitscharakter diese für sie haben. Ihre Distanz gegenüber anderen wird sicht- und spürbar.

These 5:
Angela Merkels Überzeugungen sind Gegenbilder, die sich speisen aus der Erfahrung mit dem real existierenden Sozialismus, aus der Mangelwirtschaft und der zur Rhetorik entarteten ideologischen Überhöhung des Lebens in der DDR durch den Marxismus-Leni-

nismus. Sie denkt in Kategorien individueller Freiheit und Verantwortung. Dem entspricht ihr positives Amerikabild.

Sie setzt nicht auf den im Westen traditionellen »rheinischen Kapitalismus« mit dessen nur sanften Zumutungen an die Bürger, sondern auf das deutliche Gegenbild zu dem von ihr erlittenen Sozialismus. Die CDU hatte als Volkspartei deshalb viele Jahre in der deutschen Bevölkerung eine so starke Stellung, weil sie sich mit dem Durchschnitt der Bevölkerung eins wissen konnte, so lange sie in der Arbeitsmarktpolitik und in der Sozialpolitik nie »harte«, einschneidende Positionen umsetzte, sondern den Sozialstaat weiter ausbaute und insgesamt auf den Konsens zwischen Arbeitgebern und Arbeitnehmern setzte. Angela Merkel hingegen – und dies wird ihr als »soziale Kälte« ausgelegt – ist davon überzeugt, dass die Bundesrepublik nur durch eine Reform an Haupt und Gliedern überlebensfähig ist.

So ist Angela Merkels wirtschaftspolitisches Credo eher eine von Maßstäben der Effizienz geleitete Marktwirtschaft. Wenn sie sich überhaupt auf christdemokratische »Kirchenväter« bezieht, dann nennt sie eher den Wirtschaftsfachmann Ludwig Erhard als den ersten Kanzler der Bundesrepublik, Konrad Adenauer. Auch um den Preis, in Mithaftung für unpopuläre Entscheidungen der Bundesregierung genommen zu werden, hat sie sich nicht für eine Blockadepolitik gegenüber der rot-grünen Bundesregierung entschieden. Die Unionsparteien verhinderten trotz ihrer Rolle als Opposition nicht die von der rot-grünen Bundesregierung angestoßene Zusammenlegung von Arbeitslosen- und Sozialhilfe, weil es sich hier letztlich um alte Forderungen von Union (und FDP) handelte. Die entsprechenden, in der Öffentlichkeit unter dem Stichwort »Hartz IV« wohlbekannten Regelungen konnten auf diese Weise zum 1. Januar 2005 in Kraft treten, auch wenn Merkel nicht mit harter Kritik zurückhielt.[798] Die Hartz IV-Vereinbarungen würden nur einen ersten, kleinen Schritt in die richtige Richtung darstellen und gingen keineswegs weit genug, um die strukturellen, arbeitsmarktpolitischen Probleme des Standortes Deutschland langfristig zu beheben. Mit aller Deutlichkeit vertrat sie diesen Standpunkt selbst vor den für die

Union wichtigen Landtagswahlen in Sachsen im September 2004.[799] Deshalb konnte die Bundesregierung unterschwellig argumentieren: Seht her, wenn ihr die Union wählt, dann wird alles noch schmerzhafter. Ein arbeitsmarktpolitischer Leitantrag, den die CDU im Dezember 2004 auf ihrem Bundesparteitag in Düsseldorf verabschiedete, benennt weitreichende Veränderungen über »Hartz-IV« hinaus.[800] Unionsinterner Streit entbrannte insbesondere an der Frage der Neuregelung des Kündigungsschutzes.[801] Die mediale Resonanz auf eine vermutete Abkehr von sozialen Positionen fiel gerade in Teilen der CDU-Stammklientel negativ aus. So titelte die katholische ›Tagespost‹ am 30. September 2004:»Neoliberale Konzepte bringen keinen Wahlsieg« und fragte provokativ:»Hat das christlich-soziale Erbe in der Union ausgedient«?[802] Warum, so ist zu fragen, hatte sich Angela Merkel mit ihrem »Prämienmodell« trotz des zu erwartenden Kurses der CSU so sehr im Detail festgelegt? Sie wäre klüger beraten gewesen, hätte sie auf dem Leipziger Parteitag kein detailreiches und ausgefeiltes Gegenmodell zur Sozialpolitik der Bundesregierung, sondern lediglich generelle Leitlinien einer Oppositionspolitik vorgelegt.

Der Politikstil Helmut Kohls war ein anderer. Zwar hätte auch er den Eindruck eines angeblich klaren politischen Kurses zu vermitteln versucht. Er hätte aber Einzelpersonen oder Kommissionen beauftragt und sich selbst erst dann – auch im Verhältnis zur CSU – konkret entschieden, wenn die Mehrheiten gesichert gewesen wären. Durch die Tatsache, dass sich Angela Merkel selbst an die Spitze eines konkreten Reformmodells gestellt hat, gewann sie zwar inhaltliches Profil – dies aber um den Preis gewaltiger Zerstrittenheit mit der CSU. Je mehr sich eine Oppositionspartei – und dies ist in der Tat ein Grunddilemma – auf ein konkretes Modell der Sozialpolitik mit allen in die Tiefe gehenden Details festlegt, umso angreifbarer wird sie nicht nur durch Bundesregierung und Regierungsparteien, sondern auch durch Verbände, etwa die Gewerkschaften. Die Regierung kann dadurch gut von ihren eigenen Entscheidungsschwierigkeiten ablenken. Genau das tat sie auch im Streit um Fragen der Sozialversicherung. Einzelne Politiker von SPD und den Grünen haben zwar laut nach einer »Bürgerversicherung« gerufen – aber dann wurde entschieden, ein solch gravierendes Reformwerk erst nach den für 2006 geplanten Bundestagswahlen in Angriff zu nehmen. Das muss man erst einmal schaffen: Nicht die Regierung stand infolge des Merkel'schen Politikstils viele Monate hinsichtlich der Sozialpolitik in der Kritik der Öffentlichkeit, sondern die Opposition. Wähler honorieren zudem nicht Streit in politischen Parteien, auch nicht den Streit zwischen den beiden Unionsparteien.

Zu Merkels Profilierungsbemühen nach den Bundestagswahlen 2002 gehörte auch die Amerika- und Irakpolitik, weshalb sie in den Medien als »eine Amerikanerin in Deutschland«[803] verspottet wurde. In den entscheidenden Wochen vor diesen Wahlen war die Haltung der Unionsparteien und des Kanzlerkandidaten Stoiber noch merkwürdig indifferent gewesen, die traditionell pro-atlantische CDU hatte keinen klaren Kurs. Und der von Schäuble als Mitglied des »Stoiber-Teams« beratene Kanzlerkandidat Stoiber stellte sogar für einige Stunden die – vertraglich klar festgelegten – Überflugrechte amerikanischer Bomber in Frage[804]. Merkels Sorge über die dramatische Verschlechterung der deutsch-amerikanischen Beziehungen im Zuge der Irak-Krise kann durchaus als authentisch bewertet werden. Sie hat zwar entgegen mancher Unterstellungen nie einen Einsatz deutscher Truppen als Teil einer »Koalition der Willigen« verlangt, wohl aber durch ihre heftige Kritik an der Bundesregierung den Eindruck einer generellen Unterstützung der amerikanischen Politik vermittelt. Gerade ihre DDR-Sozialisation und die hiermit verbundene tagtägliche Auseinandersetzung mit den Lebensbedingungen im real existierenden Sozialismus haben bei Angela Merkel nach dem Fall der Mauer ein positives transatlantisches Bewusstsein geprägt. Sie hat in Erinnerung, dass ohne die entschiedene Haltung des damaligen amerikanischen Präsidenten George Bush sen. die Deutsche Einheit nicht oder nicht so schnell gekommen wäre. Merkel, die die Vereinigten Staaten erstmals während ihrer Zeit als Jugend- und Frauenministerin besuchte, sieht die USA als ein Gegenbild zur traurigen Welt des Kommunismus und dürfte von daher prinzipiell proamerikanisch eingestellt sein – wie viele andere mittel- und osteuropäische Politiker. Sie weiß inzwischen, dass ein vertrauensvolles deutsch-amerikanisches Verhältnis zum traditionellen »Markenkern« der Union gehört. Zugleich wollte die »Ostdeutsche« Merkel mit ihrer proamerikanischen Haltung dem indirekt geäußerten Verdacht, sie sei »weniger proamerikanisch« als die westdeutsch geprägten Unionspolitiker, entgegenwirken. Jedenfalls hat sie durch ihre klare Haltung zur Irak- und Amerikapolitik, zu der angesichts der Stimmungslage in Deutschland Mut gehörte, an Profil gewonnen. Eine besondere Erfahrung aus der DDR-Zeit prägt Angela Merkel noch heute.

These 6:
Allem, was nach Reglementierung einer Gesellschaft ausschaut, steht Merkel eher skeptisch gegenüber. »Im Zweifel für die Freiheit«, könnte ihr Motto lauten. Mit ihrem intensiven Individualismus ist sie in gesellschaftspolitischen Fragen innerhalb ihrer eigenen Partei vielfach in der Minderheit.

Merkels Grunderfahrungen führen dazu, dass sie in spezifischen, innerhalb der CDU zum Fundament klassischer Überzeugungen gehörenden Fragen eher eine Minderheitenposition vertritt. Hinzu kommt dabei noch ein häufig naturwissenschaftlicher Blick, der anders ist als beispielsweise der des historisierenden Gefühlsmenschen Kohl oder des rational wirkenden Juristen Schäuble. Wie die Debatte um den Paragraphen 218 zeigte, tat sie sich schwer mit den Mehrheitspositionen in ihrer Partei, betonte aber immer wieder, dass der freie Wille der Frau ein wichtiger Grundfaktor ihres Denkens sei. Auch wenn sie sich heute kraftvoll für eine privilegierte Rolle von Ehe und Familie einsetzt – man kann sich kaum des Eindrucks erwehren, dass sie in diesen Fragen »liberaler« denkt als die Mehrheit ihrer Partei. Das Gleiche wird man in Fragen von Gentechnik und Bioethik sagen können. Die Naturwissenschaftlerin Merkel dürfte eher den »liberalen« Positionen des Juristen Schäuble, des evangelischen Theologen Hintze und der Potsdamer Bundestagsabgeordneten Katherina Reiche zugestimmt haben, als es 2001 in Partei und Fraktion zu einer Diskussion über Präimplantationsdiagnostik (PID), embryonale Stammzellen und therapeutisches Klonen kam. Als Parteivorsitzende konnte und wollte sie sich nicht auf eine Seite schlagen. Also fuhr sie einen Mittelweg und unterstützte das später im Bundestag mit Mehrheit beschlossene Modell, Forschung an embryonalen Stammzelllinien nur dann zuzulassen, wenn sie vor einem bestimmten Stichtag etabliert waren. Bei der PID ließ sie erkennen, dass sie für die Auflösung des Elternkonfliktes mit Hilfe dieser medizinischen Methode Verständnis aufbringt: »Eltern mit bereits schwer erbkranken Kindern PID einfach zu verbieten, aber gleichzeitig zu wissen, dass bei einer Schwangerschaft die Entscheidung gegen das Kind aufgrund einer medizinischen Indikation möglich ist, macht mir ein glattes Nein aber recht schwer.«[805]

Auch dürfte sie »neuen« Lebensformen wie der sogenannten »Homo-Ehe« positiver gegenüber stehen als viele in ihrer Partei. Im Gegensatz zu Merkel hätte Helmut Kohl nie im Traum daran gedacht, vor der Vereinigung »Lesben und Schwule in der Union« (LSU) zu sprechen. Kurz nach der Bundestagswahl 2002 warnte Jörg Schönbohm, CDU-Präsidiumsmitglied und brandenburgischer Stellvertretender Ministerpräsident, seine Parteivorsitzende, die CDU dürfe »das konservative Tafelsilber nicht verscheuern«[806]. Er hielt die vom ›Spiegel‹ zitierte Aussage Merkels für falsch, nach der sie es für ein Problem halte, dass der CDU in der Bevölkerung eine »Präferenz für bestimmte Lebensformen« unterstellt werde. »Wir sind für die Vereinbarkeit von Familie und Beruf. Aber natürlich haben wir eine Präferenz. Wenn eine Mutter sagt, sie möchte ihre Kinder erziehen, dann ist das ihr gutes Recht.«[807] Merkel reagierte mit der Bemerkung darauf, es gehe nicht darum, »unser Tafelsilber zu verschleudern, sondern es aufzupolieren, damit es schöner glänzt«.[808] Mit der alten »bürgerlichen« und westdeutschen CDU kann Angela Merkel jedenfalls wenig anfangen. Sie wird sie vermutlich eher als spießig empfinden.

These 7:
Merkels Einsatz für politische Ziele entspricht – neben dem jeden Politiker prägenden Kalkül von Machterwerb und Machterhalt –

mehr rationaler Einsicht als tradierten christlich-demokratischen Grundpositionen. Manchmal scheint es, die CDU-Vorsitzende fühle sich so etwas wie innerlich heimatlos in ihrer eigenen Partei.

Die alte CDU war – sieht man von wenigen Feldern wie dem Kampf für Freiheit und gegen Kommunismus sowie dem Schutz des Lebens ab – nie eine ideologische Partei. Sie wollte nie radikal-reformistische Pläne eines politischen Umbaus entwickeln, wie das etwa Angela Merkel auf dem Leipziger Parteitag im Dezember 2003 versuchte und – zumindest vorerst – damit scheiterte. Das Erfolgsgeheimnis der Union war immer ihr politischer Pragmatismus, das Gegenteil von einer alles überwölbenden Ideologisierung, immer die »Nähe zum Menschen«. Die stark von dem Patriarchen Konrad Adenauer geformte CDU verstand sich viele Jahrzehnte mehr als eine Sammlungsbewegung denn als eine klassische Partei, also als eine »Union«. In ihr fanden Katholiken, Protestanten, Mittelständler, Arbeiter, Bauern, Norddeutsche wie Süddeutsche, Christlich-Soziale, Deutschnationale wie Liberale eine politische Heimat – fest zusammengehalten durch einen alles überwölbenden Antikommunismus und durch programmatische Unschärfe, nicht jedenfalls durch eine Vision von einer »neuen« Gesellschaft. Insbesondere auf das katholische Milieu konnte sich die CDU viele Jahre verlassen. Im Gegensatz zur Sozialdemokratie verstand sich die CDU als eine stark »mittelständisch« geprägte Partei und zugleich als »bürgerlich« mit Worten wie persönliche Tüchtigkeit, Zuverlässigkeit, Disziplin, Verantwortung, Gesetzestreue, »Staatsernst« im Sinne Dolf Sternbergers[809]. Als CDU-Vorsitzender baute Kohl nach 1973 die einstige Honoratiorenpartei zu einer Mitgliederpartei um. Er war der erste Parteiführer der Union, der so konsequent die Partei zur Absicherung der Macht nutzte – aber zugleich wurde die Partei damit ein Stück weit »entbürgerlicht«. Adenauer war noch Repräsentant des alten Bürgertums, er stützte sich im Wesentlichen auf die Bundestagsfraktion – und auf Honoratioren. Kohls Führungskraft hingegen basierte auf Männerfreundschaften und Kumpanei, neudeutsch: Seilschaften.

Je mehr von der alten Honoratiorenpartei Abschied genommen

wurde, desto mehr wirkten in der Union Persönlichkeiten mit, für die »Politik« die Möglichkeit des sozialen Aufstiegs bot. Das Ergebnis ist bekannt: In der Unionsfraktion gibt es kaum noch Repräsentanten jener bürgerlichen Milieus, die dieser Partei in ihren Anfangsjahren ihre besondere Prägekraft gaben. Ausdrucksstarke Protestanten wie Hermann Ehlers, Eugen Gerstenmaier oder Wilhelm Hahn fehlen der Union genauso wie Bildungsbürger vom Schlag eines Heinrich von Brentano, Kurt Georg Kiesinger oder Roman Herzog, Wirtschaftsmanager wie Kurt Birrenbach und Hans Dichgans oder »Konservative« vom Format des früheren Außenministers Gerhard Schröder, Kai-Uwe von Hassel und Alfred Dregger. Auch die dem katholischen Milieu entstammenden Politiker wie Heinrich Krone, Franz-Josef Wuermeling, Paul Mikat oder Hans Katzer sind als christdemokratische Species ausgestorben. Sie alle waren unverwechselbare Zeitgenossen, »Bürger«, die der Union ihr Gesicht gaben. Sicher: Wir leben in einer anderen Zeit; die politische Elitenauswahl ist zugleich ein Ausdruck der Zeit. Der politische Konservatismus ist in Deutschland jedoch in der Krise – er war es schon vor Angela Merkel. Ist sich die CDU und an ihrer Spitze ihre Vorsitzende der Krise der politischen Idee des Konservatismus bewusst?

Zwar wird man die CDU aufgrund ihrer sozialen und liberalen Wurzeln nie als eine »konservative« Partei in Reinform bezeichnen können, doch sind sich viele Beobachter einig, dass sich Konservative »nach Hitler« nicht mehr »zur Lust an der Macht zu bekennen« trauen: »Hinter der lächelnden Maske der CDU wird schnell etwas anderes sichtbar: ein orientierungslos gewordener Konservatismus, der mal grau und mal zu grell ist, der immer noch hohl tönt, wenn er das Vaterland bemüht, und der die Lust auf Zukunft zwar behaupten, aber nicht vorleben kann.«[810] Merkels Antrieb der CDU zum Eintritt in die Moderne, ihre Vermutung von der Planbarkeit der Politik war klassischen Konservativen wie auch katholischen Denkern stets ein Dorn im Auge. Hierin liegt der Kern der Skepsis des in einer Zeit der Säkularisierung schwächer gewordenen politischen Katholizismus gegenüber der ostdeutschen Protestantin Merkel: Ihr Pathos der Modernität und des Individualismus ist ihnen fremd. Sie sehen in der gelegentlichen Betonung des aus der katholischen Soziallehre stammenden Prinzips der Subsidiarität[811] eher ein Lippenbekenntnis der CDU denn gelebte Politik. Sie kritisieren, dass der Grundwert der Solidarität einen inzwischen sehr viel geringeren Stellenwert einnimmt als früher. Wenn Angela Merkel in ihren Reden so stark das »Individuum« und die »Freiheit« betont, dann sehen sie darin eine Abkehr von klassischen christdemokratischen Grundsätzen – und damit eine Verschmelzung mit dem Liberalismus.

Auch der »national-konservative« Flügel der Union sieht sich durch Merkel wenig repräsentiert: Im Gegensatz zu Helmut Kohl versteht sie es kaum, den national-konservativen Flügel in ihrer Partei zu integrieren. Der leidenschaftlich für die Europäische Integration plädierende Kohl schaffte einen bemerkenswerten Spagat hin zum national-konservativen Flügel in der Gesellschaft, indem er auf die Notwendigkeit eines gelebten Patriotismus hinwies. In diesem dürfe sich die Union von keiner politischen Kraft übertreffen lassen, betonte er immer wieder. Merkel kündigte zwar im Gefolge der Auseinandersetzungen um Thesen des später aus Partei und Fraktion ausgeschlossenen CDU-Abgeordneten Hohmann eine Patriotismus-Debatte an, doch sie tat sich schwer damit. Entsprechende Aussagen auf dem Düsseldorfer Parteitag im Dezember 2004 sind unterdessen wieder verpufft. Sie konnte auch mit der weiland von Friedrich Merz angestoßenen »Leitkultur«-Debatte nichts anfangen und erklärte das damit, dass sie diesen Begriff vorher nicht in ihrem »aktiven Sprachschatz hatte«[812]. Sie sagt zwar von sich selbst: »Ich bin konservativ, was Patriotismus und Heimatliebe anbelangt. Ich habe einen Stolz auf das eigene Land, was vielleicht auch daher rührt, dass ich von der DDR ja immer davon abgehalten wurde, froh über und stolz auf Deutschland zu sein.«[813] Aber wie merkt man ihren Stolz? Auf die Frage der ›Bild‹-Zeitung »Welches Empfinden weckt Deutschland noch in Ihnen?« antwortet sie – wie hinzugefügt wird: »schmunzelnd«: »Ich denke an dichte Fenster! Kein anderes Land kann so dichte und so schöne Fenster bauen. Ich denke auch an eine bodenständige und herzhafte Küche. Ich denke an Laubbäume, an Buchen und Eichen. Ich denke an bestimmte Vögel, z. B. an Kraniche, Störche.«[814] Ob damit der patriotischen Seelenlage vieler Deutscher entsprochen wird? Sie lehnte zwar entschieden den Vorschlag Gerhard Schröders ab, den Tag der Deutschen Einheit auf den jeweils ersten Oktober-Sonntag zu verlegen. Aber kommt Merkels »Patriotismus« von Herzen? Überhaupt tut sich Merkel mit allem Gefühlsmäßigen schwer. Wie gefährlich eine Wertedebatte sein kann, musste allerdings auch Helmut Kohl erleben, dessen Ankündigung einer »geistig-moralischen Wende« ihm um die Ohren gehauen wurde: »Nie war die Bundesrepublik liberaler, hedonistischer, multikultureller als in den Jahren seiner Kanzlerschaft.«[815]

These 8:
Die Wahrnehmung von Frauen in einer immer noch männerdominierten Politik ist schonungslos und von Vorbehalten geprägt – übrigens gerade auch bei Frauen. Merkels stark von der einstigen DDR geprägtes Frauenbild schuf Distanz zu den westdeutschen Frauenpolitikerinnen.

An Angela Merkel als Frau in der Politik scheiden sich die Geister. Sie hat es schwerer, sich in der Politik durchzusetzen – weil sie »östlicher« und zugleich eine Frau ist.

Das Phänomen, dass Frauen in Führungsfunktionen unter besonderer Beobachtung stehen, gibt es auch außerhalb der Politik, so in der nach wie vor stark von Männern durchwirkten Welt der Ökonomie oder der Wissenschaft. Trotz mancher Quotierungen ist die Politik eine Männerdomäne geblieben. Alice Schwarzer sieht in Merkels »Anwesenheit im Männerclub schon eine herzerfrischende Provokation«.[816] Angela Merkel hat sich selber nie – im Deutsch der Herrenriege der Partei – als eine »Emanze« verstanden. So wie sie zu parteiinternen soziologischen Gruppen wie dem Mittelstand oder der Arbeitnehmerschaft Distanz gehalten hat, war sie – obschon Frauenministerin – gegenüber der Frauen-Union ebenfalls zurückhaltend. Sie konnte nichts mit dem bei den Unions-Frauen vorherrschenden Frauenbild anfangen, war sie doch zu Beginn der für sie neuen Republik eher von den Erfahrungen mit der sozialistischen Gleichberechtigungspolitik in der einstigen DDR geprägt, von einem sozialistischen Frauenbild, das von gleichen anthropologischen Grundannahmen für Männer und Frauen ausging. Jedenfalls steht sie nicht in der Tradition der westlichen Frauenbewegung. Über »Feminismus« sagte sie 1991: »Es ist kein wohlklingendes Wort.«[817]

Deshalb tat sie sich mit allen Frauenpolitikerinnen in der CDU so schwer – selbst mit einer so liberalen und frauenpolitisch fortschrittlichen Persönlichkeit wie Rita Süssmuth, der sie bei einer Jubiläumsveranstaltung sogar bescheinigte, »wie schwer« sie »gelitten«[818] habe – gemeint war unter dem Patriarchen Helmut Kohl. Insbesondere von der katholischen Frauenbewegung trennen Merkel Welten – vielleicht auch deshalb, weil sie selber kein Mutterdasein erleben wollte, durfte oder konnte. Jedenfalls tat sie alles, um nicht als »Frauenpolitikerin« abgestempelt zu werden – ein Kunststück angesichts der Tatsache, dass sie gerade für dieses Feld in ihren ersten Ministerjahren zuständig war. In der Frauen-Union wurde ihr auch übel genommen, dass sie sich nicht vehement für eine Frauenquote einsetzte – was ihr als eine blinde Gefolgschaft zu Helmut Kohl angekreidet wurde. Inzwischen äußert sich Merkel zur Quote positiver; heute sehe sie sehr wohl, »dass das Quorum die Frauen in der CDU vorangebracht hat«, sagte sie 2000.[819] Sie mag im Lauf der Jahre erfahren haben, dass bei Kohl das Wort einer Frau weniger Gewicht hatte als das eines Mannes – »dass Kohl nur auf Männer hörte«, wie es heute noch bei engagierten Politikerinnen der Union heißt.

Angela Merkel hat die schmerzhafte Erfahrung machen müssen, dass bei Frauen sehr viel mehr auf das »Äußere« geachtet wird als bei Männern. Sie lehnt »Leistung durch Styling« ab, versucht erst gar nicht – wie es in männlichen Kreisen heißt –, »die Zusatzwaffen einer Frau einzusetzen«. Ähnlich wie Helmut Kohl, der hinsichtlich seines Auftretens unter dem Motto »Ich bin ich« agierte, wollte Merkel sich nicht in ihre Privatsphäre hineinreden lassen. Trotzig wollte sie über Jahre durch ihre Kleidung, ihre Frisur signalisieren, dass ihr Körper ihr gehört, nicht der Öffentlichkeit. Vielleicht wollte sie auch in einer männerdominierten Politik »männlich angepasst«, unauffällig wirken. Gelegentlich erhielt sie von Frauen Unterstützung: So machte die aus Ostdeutschland stammende Schriftstellerin Monika Maron darauf aufmerksam, in der allgemeinen Wahrnehmung hätten ostdeutsche Frauen nur »Haare«, Westfrauen hingegen hätten eine »Frisur«.[820] Und sie deutet weiter: »Wer über Jahrzehnte seine halbe Lebenskraft gebraucht hat, sich als Person zu behaupten und sein Gesicht zu wahren, empfindet vielleicht weniger Lust an der Verkleidung als an seinem Sosein und beharrt auf seiner schmucklosen Haartracht und seinem angeborenen Gesicht wie auf seinem Charakter.«[821] Eindrucksvoll trotzte Merkel viele Jahre allen Aufforderungen, mehr »Chic« zu zeigen – eine Forderung, die auch von Frauen erhoben wird. Der frühere CDU-Generalsekretär Heiner Geißler forderte sie in Interviews zu einem »gefälligeren Outfit« auf. Ihm sei »völlig schleierhaft, wer ihr zu den Kleidern rät, die sie anzieht«.[822] Merkel brauchte Zeit zu erkennen, wie wahlentscheidend Äußerlichkeiten in einer medial geprägten Demokratie sein können.

Sie hat inzwischen gelernt, dass bei Politikerinnen Frisuren ein wichtiges öffentliches Thema sind: »Ja, meine Haare sind getönt«[823], erläuterte sie der ›Bild‹-Zeitung – wohl auch eine indirekte politische Reaktion auf die in der Bevölkerung geführte Diskussion über die Haarfarbe des Kanzlers. Die ›Bild am Sonntag‹ fragte im Zusammenhang mit einem Europawahl-Plakat: »Wer hat Frau Merkel so schön gemacht?«[824] Und der Berliner »Starfriseur« Udo Walz macht Werbung für sich, wenn er in den Medien mitteilt, dass Angela Merkel von ihm ihre Frisur auflockern lässt. In der Kölner Tageszeitung ›Express‹ erläuterte er 2003: »Die Endfrisur in einigen Monaten wird ein gestufter Pagenkopf sein, mit Pony, der zur Seite geföhnt wird und luftiger ist.«[825] Eigentlich hätte Merkel ihren Friseur wechseln müssen, denn solche Indiskretion liebt sie gar nicht. Es entspricht den Mediengesetzen, wenn sich dann auch die Konkurrenz der Haarstylisten äußert, so etwa Lee Stafford: »Dieser sehr stumpfe Bob und der gerade Pony sind für Frau Merkel zu streng, zu aggressiv. Ein weicherer Look, etwas Durchgestuftes mit längeren Fransen, würde ihrem Gesicht mehr schmeicheln. Auch diese Haarfarbe – überhaupt nicht sexy. Ich empfehle ihr unbedingt blonde Highlights und etwas Spray-Wax als zeitgemäßes Finish.«[826] Wir leben in einer anderen

Zeit: Unvorstellbar, dass sich die Medien so mit dem Haupthaar eines Helmut Kohl beschäftigt hätten. Ob die Haare seines Nachfolgers Gerhard Schröder gefärbt wurden, darum gab es sogar einen juristischen Streit.

Sicher fand es Merkel unfair, dass an Frauen andere Anforderungen als an Männer gestellt werden: CDU-Männer brauchen in der Politik eigentlich nur mit einem grauen oder blauen Anzug und einem dazu passenden oder auch nicht passenden Hemd daherzukommen. Die von einem besonderen Geschmack geprägte Krawattenwelt eines Helmut Kohl zeugte davon (zu dem Gerhard Schröder insoweit ein Gegenbild ist). Aber Angela Merkel hat gelernt: Ihre Frisur wurde »moderner«, sie versucht, mehr Farbe in ihre Garderobe zu bringen. Doch das Spitzbübische, das ihr Gesicht noch zu Beginn ihrer politischen Karriere auszeichnete, ist einem strengen Gesichtszug gewichen, dem man die permanente Überarbeitung ansehen kann. Das Dauerengagement ohne längere Pausen wirkt sich auf die Gesamterscheinung Angela Merkels aus. Die Fotografin Herlinde Koelbl umschrieb dies anlässlich des fünfzigsten Geburtstages der von ihr so oft Portraitierten: »Zum ersten Mal in Deutschland ist eine Frau, sind Sie Vorsitzende und Fraktionsvorsitzende einer großen Partei geworden. Diese Positionen sind Ihnen nicht in den Schoß gefallen. Ihr Gesicht erzählt von den dabei gemachten Erfahrungen.«[827] Koelbl gab Angela Merkel mit auf den Weg, für sie sei es ein »Vorteil«, dass »Sie nicht blond sind und keine langen Beine haben. Sie haben nie Ihre Weiblichkeit betont und befinden sich damit in der sehr kurzen Reihe weniger Frauen der Welt, die höchste Machtspitzen erreicht haben. Nicht weit entfernt von Maggie Thatcher oder Golda Meir.«[828]

Genau jenen Vergleich mit der einstigen britischen Premierministerin scheut Merkel wie der Teufel das Weihwasser.[829] Der ›Stern‹ hatte sie als »die neue Maggie«[830] bezeichnet. Merkel grenzt sich von Thatcher ab; im Gegensatz zur britischen Premierministerin sei sie Anhängerin der Deutschen Einheit gewesen. Merkel fürchtet, allzu sehr mit der britischen Politikerin verglichen zu werden, die mit ihren unpopulären Entscheidungen wie keine andere Persönlichkeit in diesem Jahrhundert Großbritannien wirtschafts- und sozialpolitisch ihren Stempel aufgedrückt hat. Thatcher habe zwar »in einer Krisensituation für Großbritannien mutige Entscheidungen gefällt«, was Merkel als etwas »sehr Gutes« bezeichnete, aber auf die Frage, ob Margret Thatcher ein politisches Vorbild für sie sei, antwortete sie: »Nein, ich habe im engen Sinne keine politischen Vorbilder. Ich gehe meinen eigenen Weg. Ich bin ich.«[831] Merkel will in kein Schema passen, gerade nicht in das einer »typischen Frau«. Auch mit anderen Frauen wie Indira Gandhi oder Golda Meir will sie nicht verglichen werden.

Frauen tun sich nicht nur schwerer, sich Netzwerke zu schaffen – sie sind von manchen Ritualen der Männerwelt, wozu insbesondere auf Reisen das gemeinsame Trinken gehören kann, ausgeschlossen. Bei Auslandsreisen haben sie nicht immer die gleiche Bewegungsfreiheit. Angela Merkel hat zudem selber erkannt, dass die weibliche Stimmgewalt eine andere ist als die tieferen Männerstimmen. Sie können durch die hochkomplexen Lautsprecheranlagen besser ausgesteuert werden als Frauenstimmen, die häufig »übersteuert« werden. Aber sie weiß auch ihren »Frauenbonus« auszuspielen – nämlich bei anderen Frauen, die häufig genug die Männerdominanz in ihrem eigenen Bereich haben erfahren müssen. So werden ihr besonders gute Kontakte zu Friede Springer, Liz Mohn wie auch zur Verlegergattin Gudrun Bauer[832] nachgesagt. Sie haben Einfluss auf Medienimperien. Aber auch mit der Talkshow-Moderatorin Sabine Christiansen oder der ›Emma‹-Gründerin Alice Schwarzer versteht Merkel sich gut.

These 9:
Angela Merkel verkörpert gesamtdeutsche Geschichte wie keiner vor ihr

Deutschland ist wie kein anderes Land der Welt einem doppelten Problemdruck ausgesetzt, nämlich der Modernisierung des Westens und der Transformation des Ostens in eine marktwirtschaftliche Ordnung. Der als »Kanzler der Einheit« gefeierte Helmut Kohl hatte ein mehr paternalistisches Verständnis für die »Landsleute« aus dem

Osten, für die er politisch alles in Bewegung zu setzen suchte – in der Hoffnung, die Soziale Marktwirtschaft werde in den neuen Bundesländern die gleiche Kraft entfalten wie seinerzeit nach dem Zweiten Weltkrieg in der alten Bundesrepublik. Den ungeheuren Subventionssog, den diese Politik produzierte und der bis heute anhält, hat er maßlos unterschätzt. Und Kohls Nachfolger Schröder? Er hatte als junger niedersächsischer Ministerpräsident gemeinsam mit dem Saarländer Oskar Lafontaine im Bundesrat gegen die Währungsunion gestimmt. Auch als Kanzler war ihm die Deutsche Einheit keine emotionale Regung wert. Merkels Biographie hingegen ist gelebter Ausdruck des Prozesses des Zusammenwachsens der Deutschen. Die politische Distanz zum ansonsten von ihr respektierten Vater ehrt sie und beweist den Vorrang für die Freiheit und die Begrenzung der Anpassung. Ihr Leben als Symbol der Selbstbehauptung in Ost und West führt Stärke und Spannung vor. Dass Angela Merkel im vereinten Deutschland so weit aufsteigen konnte, macht die Einheit selbstverständlicher.

These 10:
Angela Merkel kann als erste Frau deutsche Kanzlerin werden. Im Kampf um die Macht verfügt sie über ganz besondere Waffen.

In einem Duell Merkel – Schröder treffen zwei unterschiedliche Politikertypen aufeinander. 2002 war die Herausforderung durch Stoiber ein Duell der Gleichen: ein Ministerpräsident gegen einen ehemaligen Ministerpräsidenten, ein Jurist gegen einen anderen Juristen – zwei Politiker, die bei aller Unterschiedlichkeit doch Gleiche waren. Schröders Geschick bei der großen Flut im Osten, seine »Modernität« und seine Wirkung im Fernsehen brachten die Entscheidung. Ganz anders sieht es bei einem Kampf Merkel gegen Schröder aus: Bei diesem Duell der Verschiedenen kommen auf der Verteidigerseite ebenfalls alle Möglichkeiten eines Kanzlers zum Einsatz. Schröder, der bei der Bundestagswahl 2002 seine Fähigkeit bewiesen hat, eine ausweglos erscheinende Situation noch einmal zu meistern, kann seinen Amtsbonus ausspielen und alle Mittel der medialen

Macht einsetzen. Sein Coup, am Abend der für die SPD desaströsen nordrhein-westfälischen Landtagswahlen am 22. Mai 2005 Neuwahlen noch im Herbst 2005 auszurufen, schien für einen kurzen Augenblick Wirkung zu entfalten. Aber schon nach wenigen Tagen wurde deutlich, dass er die Geister, die er rief, nicht mehr beherrschte. Wie selbstverständlich bereitete sich das Deutschland des Frühsommers 2005 auf eine Kanzlerin Angela Merkel vor, die am 30. Mai von den Präsidien der beiden Unionsparteien nominiert wurde. Schröder hat sie unterschätzt, er hat ihr möglicherweise einen Trumpf in die Hände gespielt, dem er nur wenig entgegenzusetzen hat: Seine Herausforderin ist Naturwissenschaftlerin. Sie verfügt über eine klare Sprache. Sie ist durch DDR-Diktatur, durch Kohl-Kabinett und die Eroberung der Doppelspitze aus Partei und Fraktion für die finale Auseinandersetzung gehärtet. Eine ihrer Stärken im politischen Kampf ist ein hohes Maß an Beweglichkeit, was seine tiefe Begründung in den Brüchen ihres Lebens – man könnte auch sagen: in ihrer politischen Wurzellosigkeit – hat. Sie verfügt über die Fähigkeit, vertraute Systeme radikal in Frage zu stellen. Hierin liegt ihre Chance – und ihr Risiko: Auf der einen Seite klammern sich viele Menschen an das Vertraute, auf der anderen Seite wächst die Erkenntnis, dass systemimmanente Reparaturen und Korrekturen – etwa im Bereich der Gesundheits-, Renten- und Arbeitsmarktpolitik – nicht mehr ausreichen. Bei diesen Themen verfügt sie über den gefährlichen Mut zur »Wahrheit«. Auf ihrem Lebensweg entschied sie sich stets für den hohen Einsatz. Sie kann alles gewinnen oder alles verlieren. Bisher hat sie alles gewonnen.

Interview mit Angela Merkel am 25. Februar 2005

Haben Sie darunter gelitten, in einer kirchenfeindlichen Umwelt Pfarrerstochter zu sein, und hatte das darin liegende Besondere nicht sogar einen prägenden Reiz?

Ich denke, beides ist richtig. Sie haben als Kind immer Phasen, wo Sie es auch mal als Beschwernis empfinden, dass Sie immer in besonderer Weise angeschaut oder angesprochen werden. Diese Phasen waren aber viel kürzer als die Phasen, in denen ich völlig mit mir im Reinen war und oft gemerkt habe, dass andere Mitschüler durchaus neugierig waren. Ich hab auch nie darunter gelitten, deshalb keine Freunde zu haben. Also unterm Strich: Diese Phase war viel positiver als dass sie beschwerlich war.

Gab es in Ihrer Schulklasse politisch unterschiedliche Haltungen und Reaktionen oder auch aus politischen Gründen so was wie Gruppenbildungen?

Sicherlich ab der 7./8. Klasse. Zum Beispiel beim Einmarsch der Sowjetarmee damals in die Tschechoslowakei 1968 – das war das Schuljahr, in dem ich in die 8. Klasse kam –, da war vollkommen klar, dass es eine Gruppe sehr unpolitischer Schüler gab, wenige, die wirklich von dem offiziellen Kurs überzeugt waren, und eine kleinere Gruppe, die schon damals sehr ausgeprägt kritisch zur DDR war und dann auch genau wusste, was man in der Schule sagen darf und soll, ohne sich nun vollkommen zu verraten, und was man sagt, wenn man untereinander ist.

Und wie war die Reaktion auf den Einmarsch in die Tschechoslowakei?

Das war meine erste Erfahrung, wo Lehrer – ich weiß gar nicht mehr, welche Lehrer das waren – teilweise sehr hart reagierten. Es wurde ganz klar, dass keinerlei Sympathiekundgebungen mit den Prager Demonstranten geduldet wurden. Ich war mit meinen Eltern in dem Jahr im Riesengebirge auf der tschechischen Seite in Urlaub gewesen und hatte deshalb auch sehr viele persönliche Erlebnisse vom Dubček-Aufbruch. Es war vollkommen klar, dass die Lehrer alles unterbunden haben, wenn man davon erzählt hat. Die Bewegung von Dubček sollte und durfte nicht sympathisch erscheinen. Und diejenigen, die älter waren, die schon auf der Erweiterten Oberschule waren, wurden zum Teil sehr hart rangenommen. Es gab auch Schulverweise, aber das war in den jüngeren Klassen.

Wie lautet Ihr Konfirmationsspruch und welche persönliche Bedeutung hat dieser für Sie?
Mein Konfirmationsspruch lautet: »Nun aber bleiben Glaube, Hoffnung, Liebe. Diese drei. Aber die Liebe ist die größte unter ihnen.« (1. Korinther 13, 13). Ich habe mir den damals selber ausgesucht und ich finde, dass in diesem Spruch zum Ausdruck kommt, dass die Hinwendung der Menschen zueinander oder eines Menschen zu einem anderen eigentlich das ist, was das Leben prägen sollte, nicht Abneigung oder immer das Schlechte, sondern das Gute im Menschen suchen. Das war auch immer meine Lebensmaxime.

Die Frage, die Ihnen schon häufiger gestellt wurde: Warum wollten Sie nicht den Weg Ihres Vaters gehen und Theologie studieren?
Ja, Sie könnten genauso fragen, warum ich nicht den Weg meiner Mutter gehen und Lehrerin werden wollte? Denn der lag mir sogar fast näher. Man kann sich ja für einen Weg seiner Eltern entscheiden. Ganz ehrlich gesagt: ich hab den Beruf meines Vater immer schön gefunden, aber ich hab es auch angenehm empfunden, als Christ außerhalb des amtlichen Christentums tätig zu sein. Sehr viele Pfarrerskinder wurden Theologen. Sie studierten Theologie, weil sie zum Beispiel kein Abitur machen konnten. Wenn ich Pfarrer geworden wäre, hätte ich das aus eigenem Impetus heraus gemacht, und da war mir die Berufswahl meiner Mutter innerlich näher.

Jetzt kommen wir zur Phase des Studiums: Welches Ereignis hat Sie in dieser Zeit besonders geprägt?
Das Studium war zunächst der erste bewusste Schritt weg von zu Hause. Ich hätte ja sehr viel heimatnäher in Berlin studieren können.

Ich wollte das aber nicht, sondern ich wollte gerne ein Stück weiter weg und auch selbstständig werden. Mich haben damals im Grunde verschiedene Aspekte geprägt. Das eine ist das harte Lernen im Physikstudium – ich hatte mich in der Schule nicht so anstrengen müssen, aber das Physikstudium hat mich durchaus an die Grenzen meiner Erkenntnisfähigkeit gebracht. Ich war keine schlechte Studentin, aber ich musste oft auch viel arbeiten. Zweitens war für mich die Evangelische Studentengemeinde prägend. Das war der Ort, an dem man auch sehr viel Freiheit hatte und auch gute Diskussionen, dies fakultätsübergreifend, führen konnte. Eines der für mich prägendsten Erlebnisse war ein Wochenende auf Schloss Mansfeld mit Reiner Kunze zusammen, der nach der Biermann-Ausweisung während meines Studiums eine sehr große Rolle spielte. Er verließ dann später selber die DDR. Er sprach ganz leise und war erkennbar bedrückt, aber trotzdem wiederum voller Hoffnung. Und das Dritte war natürlich, dass ich meinen damaligen Mann kennen lernte, also zum ersten Mal auch eine feste Bindung eingegangen bin. Und damit ändert sich ja auch das eigene Leben.

Kommen wir gleich zu Biermann: Besaßen Sie Schallplatten von Wolf Biermann? Vermutlich ja. Wie haben Sie auf seine Ausbürgerung reagiert?

Schallplatten habe ich nicht gehabt, wir hatten Tonbänder. Das war damals das Medium. Man hat sich praktisch immer alles weiter überspielt. Schallplatten hätte man ja aus dem Westen haben müssen. Als Biermanns Ausbürgerung kam, hatten wir alle einen unendlichen Schock. Wir haben das nicht erwartet und es hat ja dann auch eine Welle weiterer Ausbürgerungen und Ausreisen nach sich gezogen. In Leipzig herrschte an der Physik-Sektion eigentlich ein vergleichsweise liberales Klima. Wir wurden da nicht weiter indoktriniert zum Fall Biermann, aber einmal zusammengerufen. Das war ernüchternd. Wir hatten ja der DDR sowieso nichts Gutes zugetraut, aber ich war dann doch immer wieder überrascht, was tatsächlich möglich war.

Sie wurden von der FDJ zusammengetrommelt oder von wem?
Wir hatten Seminargruppendozenten, die verantwortlich waren, wenn etwas Außergewöhnliches passierte. Der hat uns dann einen gewissen Vortrag gehalten. Ihm war erkennbar auch ein bisschen unwohl.

Sie waren an der Hochschule zwar in der FDJ, aber wie Sie eben auch sagten, in der Evangelischen Studentengemeinde. Nun wurde Ihnen dort das Angebot gemacht, Vertrauensstudentin zu werden. Können Sie etwas dazu und auch zum Leben in der ESG sagen?
Ich habe das Angebot einer Vertrauensstudentin damals nicht angenommen, weil unser Studium relativ anspruchsvoll war, also nicht, weil ich nicht wollte. Ich hatte noch »Nebenbetätigungen« in unserer Seminargruppe. Wir haben immer Disco gemacht. Die männlichen Kommilitonen haben selber ihre Verstärker und Anlagen aufgebaut und ich habe da als »Bardame« mitgemacht. Man konnte sich nur eine gewisse Zahl von Nebenbeschäftigungen erlauben – und Vertrauensstudentin zu sein, hätte mich mindestens ein Semester sehr gebunden, was mit dem Physikstudium für mich nicht so einfach zu vereinbaren war. Die ESG war ein Ort des geistigen Austausches und Auftankens. Das Studium war bei uns sehr fakultäts- oder wie es damals hieß – sektionsbezogen. Diese Sektionsbezogenheit hat mich im Grunde allenfalls mit Leuten zusammengebracht, die noch im gleichen Studentenwohnheim wohnten. Für mich war die Studentengemeinde eine gute Möglichkeit, beispielsweise mit Theologiestudenten oder Geschichtsstudenten zu sprechen, natürlich dort auch Vorträge zu hören oder zu diskutieren. Allerdings wurden die gelegentlich prägenden Diskussionen dort wiederum nur in den kleineren Gruppen geführt und nicht vor hundert Mann. Da waren natürlich immer hinreichend viele Spitzel dabei. Aber es war eine sehr angenehme Atmosphäre, eine andere Atmosphäre als in der Sektion. Ich habe ab und zu an Wochenendtagungen teilgenommen, so wie ich es von zu Hause oder auch von der Jungen Gemeinde her kannte.

Wie sah das Leben in der ESG aus? Wie viele Studenten waren denn damals an solchen Aktivitäten beteiligt? Es war ja immerhin ein Bekenntnis, das in einem atheistischen Staat nicht selbstverständlich war.

An Wochenenden hatten die immer eher zu viele Teilnehmer als zu wenig. Vielleicht waren so achtzig, hundert Leute dabei. Und zu den Abendveranstaltungen, die sie ja zweischichtig gemacht hatten – ich bin immer donnerstags dorthin gegangen – kamen sicherlich 100 bis 150 Leute.

Die nächste Frage bezieht sich auf die Akademie der Wissenschaften: Welche Ereignisse an der Akademie der Wissenschaften haben Sie am meisten geprägt?

Im Vordergrund stand auch dort die Arbeit. Für mich war das dann wieder ein weiterer Schritt in die Selbstständigkeit. Ich habe in einer theoretischen Arbeitsgruppe gearbeitet. Meine Arbeit begann damit, dass vor mir ein Buch lag, das ich mir durchlesen sollte. Danach sollte ich mich mit einer Kollegin, die Experimente machte, dazu austauschen und ihre Experimente durch Rechnungen interpretieren. Ich konnte mich nicht an ein bestehendes Forschungsprojekt anschließen, sondern es wurde praktisch ein neues Forschungsprojekt kreiert, so dass ich auch relativ lange zur Promotion gebraucht habe. Ich musste mir sehr, sehr viel selber erarbeiten. Besonders prägend waren für mich die Prag-Aufenthalte, ich war dreimal, viermal bei Professor Rudolf Zahradnik. Er ist ein sehr beeindruckender Mensch und hat mich auch in vielen Dingen sehr geprägt. Zum Sozialismus sagte er: Dieses Experiment wird nie gelingen, aber das ist noch nicht allen klar und deshalb müssen wir jetzt noch eine Weile damit leben. Er hatte also eine abgeklärte Distanz zum Sozialismus und das war für mich durchaus prägend. Prägend waren auch die internationalen Konferenzen. Ich durfte ja nicht ins westliche Ausland reisen, aber hatte oft Konferenzen, an denen westliche Ausländer teilnahmen, in Polen oder in der Tschechoslowakei oder in der DDR. Dabei habe ich auch sehr gute Freunde kennen gelernt.

Kommen wir jetzt zu den mehr politischen Fragen: Wie würden Sie Ihr politisches Weltbild in dieser Zeit beschreiben? Da Sie ja innerlich kritisch zum DDR-Regime standen, haben Sie über Alternativen, auch vielleicht systemimmanente Alternativen zum real existierenden Sozialismus nachgedacht? Und wenn ja, wie sahen diese Alternativen konkret aus?

Ich habe damals mit einer Gruppe von Freunden das Buch von Bahro ›Die Alternative‹ relativ wissenschaftlich studiert. Wir hatten uns mehrere Abende zusammengesetzt und über einzelne Kapitel diskutiert. Ich weiß noch genau, dass mich die Analyse total fasziniert hat. Bahros Alternativen aber waren eine romantisch-sozialistische Utopie. Und da war ich, von den vier Leuten, die sein Werk studiert hatten, diejenige, die mit seinen Theorien überhaupt nichts anfangen konnte und ihn schärfstens kritisierte. Sicherlich wusste ich damals nicht, wie ich mir die Welt vorstelle. Man ist ja beim Denken auch immer wieder stecken geblieben. Es hat sich ja auch nicht praktisch aufgedrängt, dass man sofort wissen musste, wie man die Welt gestalten möchte. Aber für mich waren immer nur handfeste politische Systeme etwas. Dazu gehörten eben auch ein Grundvertrauen in die Struktur von Volksparteien und ein gewisses Misstrauen zu den – sagen wir mal – sehr basisdemokratisch organisierten Formen. Im Grund hatte ich außerdem immer eine zwar nicht richtig ausgesprochene, aber doch vorhandene geistige Sympathie für Soziale Marktwirtschaft.

Sie hatten Kontakt zu Robert Havemann. Und auch die Frage des Dritten Weges der Konvergenztheorie spielte ja damals im Osten wie im Westen eine große Rolle, dass die beiden Systeme irgendwie systemimmanent zusammenwachsen würden.

Über Havemann haben wir oft gesagt: Er ist Dissident und ein mutiger Mann, doch von seinen Visionen war ich nie begeistert. Manche haben gesagt, er sei eben doch eigentlich ein Kommunist, zumindest im guten intellektuellen Sinne. Ich habe gegenüber dem Konvergenzdenken immer eher Skepsis gehabt.

Aber war nicht Ihr Umfeld von einem Dritten Weg, von so etwas wie einem Sozialismus mit menschlichem Antlitz als Zielsetzung ausgegangen? Hat Sie während Ihres Studiums dieses Denken nicht auch ein Stück weit mit erfasst?

Ich will hier jetzt nicht als der Besserwisser dastehen, aber ich habe mich zum Beispiel auch viel mit meinem Vater darüber unterhalten und von einem Dritten Weg, von einem Sozialismus mit menschlichem Antlitz, nie etwas gehalten.

Aber was hat Ihr Vater denn dann dazu gesagt?

Das hat immer spannende Diskussionen gegeben. Mein Vater ist jemand, der anders argumentierte als ich. Er war aber damals zum Beispiel von der lateinamerikanischen Befreiungstheologie sehr begeistert, wie auch sicherlich von dem Versuch Dubčeks, in der Tschechoslowakei etwas zu bewegen, er ging also idealistischer an die Sachen heran. Das waren immer spannende Diskussionen in meiner Familie.

Nochmals zur Akademie der Wissenschaften: Welche Persönlichkeiten Ihres Umfeldes haben Sie damals besonders geprägt?

Da ist zunächst »Utz« Havemann zu nennen, Stiefsohn von Robert Havemann. Er hat mir sehr viel Einblick in die Kreise um Havemann gegeben, die ich von Haus aus nicht kannte. Ich wusste immer, wann wo welcher Schriftsteller welche Lesung hielt, und es war ein gutes Miteinander. Ich hatte einen immer sehr gut informierten Zimmerkollegen, ein SED-Mitglied, mit dem ich auch sehr viel gesprochen habe. Es hat sich später jedoch herausgestellt, dass er inoffizieller Stasi-Mitarbeiter war. Und dann gab es prägende Persönlichkeiten am Institut, vor allem Professor Radeglia. Es gab also durchaus sehr aufrechte Leute, die erkennbar keine Karriere machen konnten, aber fachlich einfach sehr gut waren.

Während Ihrer Schulzeit, aber auch an der Akademie der Wissenschaften haben Sie sich intensiv mit der Politik der Bundesrepublik auseinandergesetzt. Gab es für Sie damals einen westdeutschen Lieblingspolitiker?

Ich habe verschiedene Phasen durchlebt. Ich habe zum Beispiel die legendäre Bundespräsidentenwahl von Heinemann mit einem Radio auf der Schultoilette verfolgt. Ich war damals für Heinemann. Da war ich in der 8. Klasse. Auch Willy Brandt war für uns eine wichtige Persönlichkeit. Und Franz Josef Strauß hat mit seinem Milliardenkredit die ostdeutschen Gemüter sehr beschäftigt. Helmut Kohl ist in mein Blickfeld im Grunde erst bei dem Besuch von Honecker getreten. Sie müssen Folgendes wissen: Während des Studiums konnten wir praktisch kein Westfernsehen sehen. Die Jahre 1973 bis 1978 sind für mich fernsehtechnisch deshalb ziemlich gelöscht, außer irgendwelchen Fußballspielen. Nachher konnte ich wieder mehr Westfernsehen sehen.

Aber Helmut Kohl, als er an die Politik kam: Haben Sie damals gedacht, dass dann deutschlandpolitisch die Eiszeit ausbrechen würde?
Ich habe Reagans Weg immer für richtig gehalten. Ein einziges Mal in meinem Leben habe ich aber gedacht, dass er jetzt vielleicht doch zu weit gegangen ist. Das war in Rejkjavik das Treffen mit Gorbatschow und Reagan, das sehr kühl endete. Damals ging der Parteisekretär durch alle Zimmer des Instituts und sagte, es bestünde eine große Gefahr, dass jetzt Krieg losbrechen würde. Als ich dann nach Hause gekommen bin, hat mein jetziger Mann zu mir gesagt, ich solle mir mal jetzt keine Sorgen machen. Mit Gorbatschow müsse man hart verhandeln, das sei alles o. k. Ich habe die Nachrüstung auch richtig gefunden. Vor allen Dingen habe ich es als eine unglaubliche Bedrohung empfunden, also richtig als eine Selbstbedrohung, als die Erfassungsstelle für DDR-Unrecht in Salzgitter geschlossen werden und die DDR-Staatsbürgerschaft anerkannt werden sollte. Mir war aus meinen Reisen in die Tschechoslowakei klar: Die Tschechen konnten zwar überallhin reisen, aber nirgendwo bleiben, falls sie dort nicht die Staatsbürgerschaft erhielten. Das war unser großer Vorteil als Deutsche aus der DDR.

In Ihrem Dienstzimmer in der Fraktion hängt ein Portrait Konrad Adenauers. Konnten Sie mit ihm damals positiv etwas anfangen oder war er in Ihrer Sicht, wie bei vielen DDR-Bürgern, so etwas wie ein Spalter Deutschlands?

Adenauers Amtszeit war zu Ende, als ich in die Schule kam. Insofern habe ich mich jetzt nicht mein ganzes Leben lang mit Konrad Adenauer beschäftigt. Ich hatte aber den Eindruck, dass durch seine Kanzlerschaft für Deutschland die richtigen Weichenstellungen vorgenommen wurden. Ich habe die Teilung als etwas von der Sowjetunion verursachtes Ungerechtes empfunden.

Haben Sie gehadert, im Osten Deutschlands gelebt zu haben? Sie sind ja in Westdeutschland geboren.

Ich habe mich viel damit auseinandergesetzt, allein schon, weil meine Mutter oft mit mir darüber gesprochen hat. Und es war dann so, dass jährlich meine Cousinen mit ihrer Tante kamen, also mit der Schwester meiner Mutter. Ich habe die Sommerferien immer zum Vergleich genutzt und geschaut, ob Kinder im Westen glücklicher sind als im Osten. Ich bin für mich eigentlich zu einer befriedigenden Bilanz gekommen. Deren Eltern haben auch mal geschimpft und waren auch mal nervenschwach. Die Kinder hatten zwar Sachen, die ich nicht hatte, aber wir hatten Wälder und Seen – und sie haben sich bei uns immer sehr wohl gefühlt. Unter dem Strich, aus der Kinderperspektive: ich bin nicht verhärmt zurückgeblieben, sondern habe mir gedacht, du hast es eigentlich auch gut. Ich glaube, dass das heute noch ein Punkt ist, der mir auch ein gutes Selbstbewusstsein gibt. Nicht irgendwie dauernd darüber zu spekulieren, was mir alles verloren gegangen ist, sondern eigentlich froh zu sein, auch unter schwierigen Bedingungen.

Haben Sie aber nicht trotzdem gelegentlich Ihrem Vater Vorwürfe gemacht, dass er Sie sozusagen zwangsweise, ohne Ihren Willen in die DDR verbracht hat?

Nein, Vorwürfe habe ich ihm nicht gemacht. Ich habe aber in Gesprächen mit meinen Eltern für mich immer reklamiert, dass ich mir die Freiheit nehmen würde, wenn ich in der Bredouille bin, umgekehrt in den Westen auszureisen. Ich habe keine Aufgabe für mich darin gesehen, in der DDR zu sein. Ich habe meinen Eltern gesagt: Ihr habt eure Entscheidung getroffen, die ich auch in Ordnung fand, denn ich konnte verstehen, dass Christen in der DDR auch Pfarrer brauchen, das ist eine Aufgabe. Aber ich habe für mich daraus gar nicht abgeleitet, dass ich in dieser Tradition irgendwie auch eine Aufgabe in der DDR finden muss.

Sie bringen sich mit dem Begriff der Renitenz in Verbindung[834]. Wie renitent waren Sie in praxi gegenüber dem DDR-System?
Ich habe mein Leben so geführt, dass ich wirklich keine aktive Widerstandskämpferin war, den Eindruck habe ich auch nie erweckt. Ich habe aber, glaube ich, klug agiert und entschieden, mich nicht über die Maßen zu verbiegen. Das implizierte aber, dass ich an manchen Stellen auch geschwiegen habe, wo man mühelos gegen den Stachel hätte löcken können oder aus Sicht mancher auch hätte müssen.

Zur Renitenz: »Renitent« bedeutet, sichtbar seinen Protest zum Ausdruck zu bringen.
Ganz trivial: Als Schüler hatte man, wenn man keine Jeans anziehen durfte, aber trotzdem welche getragen hat, schon sehr vieles ausprobiert und durchaus Probleme bekommen. Ich bin auch mal aus der Marxismusvorlesung rausgeflogen, weil ich dort statt Marxismus meine Physikübungsaufgaben gemacht habe. So habe ich bestimmte Zeichen an den Tag gelegt, aus denen man mangelnde Begeisterung herauslesen konnte. Trotzdem war ich keine Widerstandskämpferin. Leichte Provokation, das hat mir zuzeiten Spaß gemacht, um die eigene Seele zu befriedigen und keine Magengeschwüre zu bekommen.

Und »Schwerter zu Pflugscharen« lag Ihnen nicht?
Manchmal bin ich zu den Friedensmessen von Rainer Eppelmann gegangen, der Pfarrer in der Samariter-Kirche war. Ich bin da hingegangen, weil ich fand, dass es ein Zeichen gegen die DDR war, aber

es war nicht meine politische Welt; auch nicht die Anti-Atom-Bewegung oder die »Schwerter zu Pflugscharen«. Wenn ich dennoch dort auftauchte, dann um zu zeigen, dass ich auch gegen die DDR bin.

Wie viele Westreisen haben Sie gemacht?
Ich habe zu Zeiten der DDR nur eine gemacht.

Zwei, nach meiner Kenntnis.
Wenn Sie es ganz genau nehmen, haben Sie Recht, wobei die zweite schon ganz zum Ende der DDR war, und zwar meiner Erinnerung nach am 4. November 1989, also fünf Tage vor der Öffnung der Mauer und Wochen nach der Öffnung der Grenzen in Ungarn und Prag. Meine Tante Emmi, eine Großtante, feierte ihren 75. Geburtstag in Hamburg.

Ich hörte, dass Sie bei der zweiten Reise in Karlsruhe waren.
Richtig, ich war auch in Karlsruhe und nicht nur in Hamburg. In Karlsruhe war mein jetziger Mann, der seine erste Westreise an die Uni in Karlsruhe machen konnte. Da war ein Professor, den ich auch schon 1986 bei meiner ersten Reise in Karlsruhe besucht hatte.

Stichwort Wahlen in der DDR: Ich gehe davon aus, dass Sie daran teilgenommen haben, vermutlich auch an den Kommunalwahlen von 1989. Mit welchem Gefühl haben Sie sich denn damals an den Wahlen beteiligt?
Ich bin immer in die Wahlkabine gegangen und habe meine Kreuze auch so gemacht, wie ich es für richtig hielt. Mit welchem Gefühl? Mit dem Gefühl, dass man jetzt zu der kleinen Minderheit gehört, die nicht offen wählte, sondern in eine Wahlkabine ging. Als ich Kind war, musste ich an die Tür gehen, wenn die Wahlhelfer klingelten und fragten, ob meine Eltern nicht gleich hier mit der sog. fliegenden Wahlurne abstimmen wollten. Ich sagte, meine Eltern entschieden später, ob sie gingen oder nicht. Sie machten gerade Mittagsschlaf. Das war ja eine offene »bürgerliche Unsitte«. Und insofern waren wir

auf dieses Katz- und Maus-Spiel eingestellt. Ich selbst habe also später daran teilgenommen, bin in die Wahlkabine gegangen und habe die Wahlen natürlich trotzdem für eine Farce gehalten.

Zur Wendezeit, zu Ihrem Engagement im Demokratischen Aufbruch: Wann traten Sie diesem bei? Und: hatten Sie Ihr Engagement im DA mit Ihrer Familie, Vater, Mutter, Geschwistern besprochen und was war Ihr leitendes Motiv zu diesem Engagement?
Besprochen hatte ich es nicht. Ich war ja erwachsen. Ich näherte mich dem 35. Lebensjahr. In den Demokratischen Aufbruch bin ich im Dezember 1989 eingetreten, den Tag kann ich nicht mehr sagen. Hingekommen bin ich dadurch, dass mein damaliger Chef Dr. Ulbricht und ich uns vorgenommen hatten, uns jetzt beide politisch zu betätigen. Wir wussten aber nicht genau, welcher Partei wir uns anschließen wollten. Er ist bei den Sozialdemokraten geblieben, bei der SDP. Ich bin weitergezogen und beim DA angekommen, wo es etwas chaotisch zuging. Das hat mir aber irgendwie gefallen. Ich habe gespürt, hier kannst du noch was bewirken.

Dieses gemeinsame Erlebnis mit Ulbricht war am 14. Dezember.
Das weiß ich nicht mehr auf den Tag genau. Ich habe eine relativ intensive Suche nach Parteien durchgeführt.

Waren Sie dann auch noch bei anderen Parteien?
Nein, beim Demokratischen Aufbruch bin ich hängen geblieben. »Demokratie Jetzt« war mir zu links und das Neue Forum passte mir organisationsmäßig überhaupt nicht.

Sind Sie denn erst beim Landesverband des DA gelandet?
Das weiß ich nicht. Vom Landesverband habe ich nie etwas mitbekommen.

Jedenfalls traten Sie in den Demokratischen Aufbruch wenige Tage später ein, nachdem Sie mit Herrn Ulbricht bei der SDP waren. Diese Frage ist wichtig.

Ich kann es Ihnen wirklich nicht mehr auf den Tag genau sagen. Das mag für Sie wichtig sein. Wir dagegen waren in den damaligen Umbruchtagen erfüllt von dem Gedanken, wir müssen jetzt irgendwas tun.

Herr Ulbricht sagte sinngemäß, Sie wären dann noch mal zu ihm gekommen und hätten ihn gefragt, was er von einem Engagement im DA hielte.
Ja, ich war etwas unglücklich darüber, dass wir uns auseinander entwickelt hatten. Wir haben aber dann beide festgestellt, dass wir doch jetzt gerade die Pluralität wollten. Ich war mir sicher, dass ich auf keinen Fall bei der SDP bleiben wollte.

Und warum? Da waren doch teilweise sehr vernünftige Leute!
Ja, da war etwa Angelika Barbe, aber zum Beispiel eines der Hauptthemen, die Kommunalpolitik, war nicht mein Metier. Dann haben sich alle, die von West-Berlin zur Unterstützung rübergekommen waren, mit »Du« angeredet. Ich wollte so etwas nicht. Es sind ja manchmal auch Stimmungssachen in solchen entscheidenden Augenblicken.

Als Sie in den DA eintraten, was haben Sie damals von Helmut Kohl gedacht? Und hätten Sie sich zum Zeitpunkt Ihres DA-Beitritts vorstellen können, eines Tages der Partei Helmut Kohls anzugehören?
Es kam ganz schnell die Frage der Bildung der »Allianz für Deutschland« auf, das war Anfang Februar 1990. In den Bundesvorstandssitzungen des Demokratischen Aufbruchs habe ich sehr gut die Auseinandersetzung verfolgt, die es zum Thema schnelle deutsche Einheit, Währungsunion, Soziale Marktwirtschaft gab. Ich war klar bei dem Flügel, der der CDU-West zuneigte. Mit der Bildung der Allianz für Deutschland Anfang Februar war ja auch vollkommen klar, dass man sich natürlich auch vorstellen konnte, später zur CDU-West zu gehören.

Einem Vorstandsprotokoll des DA ist aber zu entnehmen, dass Sie sich sehr früh für eine Zusammenarbeit des DA mit der Ost-CDU ausgesprochen hatten.

Ich war für die Allianz für Deutschland, bestehend aus DA, DSU und CDU, die bis zur Einheit im Oktober eben die Ost-CDU in der DDR war.

Stimmt, aber nach den Wahlen im März ging es ja um die Frage: Was wird aus dem DA?

Das war im August 1990. Aufgrund des Einigungsvertrages und nach westdeutschem Recht konnte nur eine Partei, nämlich eine CDU-Ost mit der CDU-West fusionieren. Der Hamburger Parteitag war dann am 1./2. Oktober 1990. Und dazu mussten wir die Vorbereitungen treffen. Das haben wir, glaube ich, Ende August gemacht, in jedem Fall im Sommer. Das war eine sehr komplizierte Situation, weil Teile des DA das nicht wollten. Ich aber habe mich vehement dafür eingesetzt.

Im August jedenfalls haben Sie sich, ausweislich der Protokolle, klarer als andere Ihrer Vorstandskollegen für ein Zusammengehen des DA mit der Ost-CDU ausgesprochen.

Richtig, weil für mich klar war, dass das als erster Schritt ein notwendiger Rechtsakt ist, um die deutsche Einheit auf Parteiebene vernünftig vollziehen zu können. Da die deutsche Einheit für mich aber sowieso in Blickweite war, habe ich mich nicht geistig mit der Ost-CDU fusioniert, sondern ich habe es von Beginn an als Vorbereitung für die Fusion mit der gesamtdeutschen CDU gesehen.

Wann traten Sie ganz persönlich denn dann in die CDU ein?

Am 1. Oktober 1990.

Es gibt dazu unterschiedliche Daten: Im Handbuch des Deutschen Bundestages steht aber, dass Sie erst im Dezember 1990 in die CDU eingetreten sind.

Das weiß ich nicht. Die Mitgliederdatei der CDU führt mich seit dem 1. Oktober 1990. Mitglied der gesamtdeutschen CDU bin ich somit seit dem Fusionsparteitag am 1./2. Oktober 1990.

Über einen solchen rechtlichen Automatismus bin ich mir gar nicht sicher.
Rechtlich kann ich das nicht bewerten, ich sage nur, wie es war.

Wer hat Sie als Stellvertretende Regierungssprecherin entdeckt?
Ich denke, das war Lothar de Maizière von der CDU. Und mit Thomas de Maizière hatte ich damals zwischendurch gesprochen, noch am Abend der Volkskammerwahl. Beide haben sich dann auch sicherlich mit Hans-Christian Maaß unterhalten, wo man Personal hernehmen kann. Und da ich Sprecherin vom DA war, war das für sie eine Option.

Sie behaupten, dass Sie am Vorabend der Volkskammerwahl bei der Wahlparty der CDU gewesen seien, was anders bestätigt ist. Sie wären gar nicht reingekommen.
Das hat mir heute der Journalist Detjen erzählt. Darüber will ich gar nicht streiten, aber ich erinnere mich, dass ich in dem »Ahornblatt« war, wo die CDU ihren Wahlsieg feierte. Ich bin dann wohl durch einen anderen Eingang gegangen. Nach meiner Erinnerung bin ich jedenfalls in diesen Raum reingekommen. Ich bin dann früher wieder weggegangen, als de Maizière in den Palast der Republik kam.

Wie war die Reaktion Ihres Elternhauses auf Ihren Eintritt in die CDU?
Tolerant.

Sie sind ja eine Familie, die plural ist.
Also tolerant, aber nie irgendwie himmelhoch jauchzend, man ging damals in Parteien, meine Mutter ging in die SPD, ich ging in die CDU und das war o.k.

Hat Ihr heutiger Mann Sie in diesem Schritt bestärkt?
Ja. Wir haben damals darüber gesprochen, für ihn war das unheimlich schön, jetzt Wissenschaft im wirklich umfassenden Sinne machen zu können. Aber wir waren uns darüber einig, dass es neuer Leute in der Politik bedurfte. Und er hat das damals auch sehr bewusst unterstützt. Einmal hat er auch sehr praktische Hilfe geleistet, nämlich an dem Tag, als der DA-Vorsitzende Schnur wenige Tage vor der Volkskammerwahl als Stasi-Spitzel enttarnt wurde. Da war ein Tohuwabohu im Haus der Demokratie, weshalb ich meinen Mann in der Akademie der Wissenschaften angerufen und ihn gebeten habe, mir bei der Presseerklärung zu helfen, weil er einen klaren Kopf hatte und Ruhe bewahrte. Er hat mir sehr geholfen.

Sind Sie Günther Krause heute noch dankbar, dass er Ihnen zur Bundestagskandidatur verholfen hat?
Ja, das bin ich.

Wer waren zur Zeit der Bundesministerin die Persönlichkeiten, die Ihnen in Bonn am meisten geholfen haben, Politik zu »erlernen«?
Helmut Kohl hat sich auf eine bestimmte Art und Weise immer sehr gekümmert. Ich habe dann sehr viel beobachtet. Mir hatte außerdem Hans-Christian Maaß zwei Leute empfohlen, von denen ich einen eingestellt habe, Peter Rösgen. Er wurde mein erster Büroleiter. Er hat mir praktisch alles erzählt von der Pike auf, wie man Akten führt und so weiter. Dann hat mir Willi Hausmann, der nach dem Tod von Herrn Chory mein beamteter Staatssekretär wurde, sehr geholfen. Auch Peter Hintze, mein Parlamentarischer Staatssekretär, hat mir sehr geholfen. Ich hatte dann auch einen guten Kontakt mit Rudolf Seiters, Wolfgang Schäuble – das waren alles Leute, die sehr aufmerksam waren, und wenn man Fragen hatte, mich auch sehr unterstützt haben.

Ihre Haltung in Sachen Paragraph 218 brachte Ihnen Respekt wegen Ihres Mutes zur abweichenden Haltung. Doch viele kritisierten Ihre Haltung als unklar. Würden Sie – heute repräsentieren Sie die Gesamtpartei – noch einmal so abstimmen wie seinerzeit?

Ich war damals sehr unglücklich, weil ich das Gesetz der SPD abgelehnt habe, aber selbst eine Vorstellung entwickelt hatte, die im Übrigen der heutigen Rechtslage, wie wir sie später eingebracht haben, sehr nahe gekommen war. Doch das, was wir in der ersten Form verabschiedet haben, entsprach nicht dem, was ich mir vorgestellt hatte. Insofern kann ich die Bewertung des Unklaren nicht nachvollziehen, weil ich eine sehr strikte Beratungslösung unterstützt habe, also weit entfernt war vom Gros der SPD, aber umgekehrt auch die Bestrafung für zu hart gehalten habe. Mich hat aber der Vorwurf, ich hätte keine klare Haltung, ohnehin nicht getroffen, denn ich hatte einen eigenen Gesetzentwurf in der Tasche.

Sie argumentieren, Sie hätten sich der Klage beim Bundesverfassungsgericht der 248 Bundestagsabgeordneten angeschlossen.
Habe ich auch.

Ich habe aber Ihren Namen auf der Klageschrift nicht gefunden.
Mag sein, weiß ich nicht mehr, unterstützt habe ich die Klage politisch immer.

Nein, Ihren Namen habe ich nicht gefunden.
Noch einmal: Das mag ja sein, ich weiß das nicht mehr, aber entscheidend ist etwas anderes: ich weiß noch, wie der Fraktionsvorsitzende Wolfgang Schäuble – weil ich ja damals so abgestimmt hatte – zu mir kam und fragte, ob ich etwas dagegen hätte, dass geklagt würde. Da habe ich geantwortet, dass ich das unterstützte. Politisch habe ich das voll unterstützt, weil ich der festen Überzeugung war, dass das, was die SPD wollte, verfassungswidrig war.

Was war während Ihrer Bundesministerzeit Ihr größter Erfolg und was war Ihre größte Enttäuschung?
Mein größter Erfolg waren mit Sicherheit die Umweltverhandlungen zum Kyoto-Protokoll und vorher zum Berliner Mandat. Die größte Enttäuschung war zum Schluss die Debatte um die Grenzwertüberschreitungen im Zusammenhang mit den Castor-Transporten.

Konnte das Gleichstellungsgesetz nicht auch als besonderer Erfolg Ihrer Ministertätigkeit angesehen werden?

In der Tat, aber mehr ein handwerklicher Erfolg, weil ich damit gelernt hatte: Wie bringe ich ein Gesetz durch? Der größte Erfolg in der Jugendministerzeit war aus meiner Sicht die Durchsetzung des Rechtsanspruchs auf einen Kindergartenplatz und der Aufbau einer freien Jugendhilfe in der DDR. Es hat mir großen Spaß gemacht, Verbände zu fördern.

Empfinden Sie Helmut Kohl gegenüber so etwas wie Dankbarkeit?

Ja, zunächst aber empfinde ich, dass ich sehr, sehr viel von Helmut Kohl gelernt habe. Ich habe ihn zum Beispiel sehr dafür bewundert, über welche Themen er immer nachgedacht hat, die oft gar nicht so im Fokus des tagespolitischen Geschehens standen, und zweitens: Er hat die unglaubliche Fähigkeit gehabt, einen, wenn man mal eine gute Phase hatte und so ein bisschen über den Wolken schwebte, immer wieder auf den Boden der Tatsachen zurückzubringen. Insofern bin ich unterm Strich dankbar dafür, dass ich in dem Kabinett einer solchen Persönlichkeit arbeiten konnte.

Und heute?

Heute bleibt genau diese Erfahrung im Vordergrund, und zwar trotz der Differenzen, die wir ja auch in der Spendenzeit hatten: Wenn man meinen FAZ-Artikel von 1999 liest, dann endet er ja damit, dass, je länger die Zeit vergeht, umso klarer Kohls Verdienste für alle erkennbar werden. Der Artikel war damals in einer von vielen vielleicht nicht erkannten, aber doch starken inneren Verbundenheit geschrieben, aber auch in der Überzeugung, eine notwendige Auseinandersetzung in einer Sache zu führen.

Warum hatten Sie Schäuble vom dem FAZ-Artikel nicht vorab informiert?

Ich bin davon ausgegangen, dass er den Artikel nicht für richtig hält.

Wie charakterisieren Sie Ihren Politikstil im Vergleich zum Politikstil eines Helmut Kohl?

Ich glaube, dass ich von meiner ganzen Ausbildung her eher das Problem hatte, mich manchmal in Details zu verlieren, nicht immer die großen Linien zu sehen. Das gelingt, je länger ich Politik mache, umso besser. Je generellere Aufgaben ich habe, umso weniger kann ich natürlich in jedes Detail einsteigen. Ich habe inzwischen das, was Helmut Kohl immer hatte, nämlich feste Freundschaftsverbindungen. Ich achte auch darauf, denn Vertrauen ist noch wichtiger als intellektuelle Brillanz. Ansonsten ist es für mich sehr schwer, meinen Politikstil mit dem Helmut Kohls zu vergleichen, weil ich Helmut Kohl erst in der zweiten Hälfte seiner Kanzlerzeit kennen gelernt habe. Ich glaube, dass heute der Politikstil durch die Handys, durch die moderne Kommunikation etwas direkter geworden ist. Und mir empfiehlt man, dass ich daran arbeiten muss, auch eine »Aura der Macht« zu entwickeln. Insofern gibt es Unterschiede zu Kohl. Aber ich sage auch, dass mein Leben – wir verbringen ja jeden Tag 15 Stunden mit der Politik – noch ein bisschen Spaß machen muss. Darauf achte ich auch.

Wir alle sind jetzt Gesamtdeutsche. Doch sind Sie mehr Ost- oder Westdeutsche? Wie viel DDR steckt in Ihnen noch?

Es ist meine Jugend gewesen, ich lebte in der DDR bis zum 35. Lebensjahr. Und wenn man sich meine prägenden Phasen anguckt, dann sind die natürlich unter den Bedingungen der DDR erfolgt. Ich habe mich immer auch mit der freiheitlichen Gesellschaft auseinandergesetzt und ich glaube, dass ich zu den gesamtdeutschesten Menschen gehöre, die es gibt. Es gibt die Westdeutschen, die jetzt sehr viel Erfahrung mit dem Osten haben, es gibt die Ostdeutschen, die sehr viel Erfahrung mit dem Westen haben. Das ist aber in der Summe immer noch eine kleine Gruppe. Und insofern bin ich in der Jugend von der DDR geprägt, aber inzwischen bin ich in Gesamtdeutschland mit dem Herzen und im Verstand voll angekommen.

In einem Interview mit der ›Berliner Morgenpost‹ vom 12. Januar 2003 sprachen Sie über kulturelle Unterschiede zwischen Ost und West. Welche kulturellen Unterschiede sehen Sie?
Ich sehe folgende Unterschiede: In der DDR konnten Sie ganz schnell auffallen. Im Westen müssen Sie sich geradezu darum bemühen, sich von anderen zu unterscheiden. Sie müssen mit härteren Worten sprechen, größere Unterscheidungsmerkmale benennen. Und da bin ich natürlich erst mal von Haus aus eher von der leiseren Methode geprägt worden. Ich bin davon geprägt, schon sehr früh die Konsequenzen bestimmten Handelns zu überlegen, also sehr vom Ende her zu denken, was sich im Übrigen in der Politik nicht als der größte Fehler herausstellt. Zum Beispiel war es in der DDR gefährlich, etwas zuzusagen oder nicht zuzusagen oder zu sagen »das mach ich nicht«, ohne sich genau überlegt zu haben: machst du es wirklich nicht? Denn nichts hatte die Stasi und das ganze politische System mehr genutzt, als Menschen dabei zu ertappen, dass sie in einer Laune mutig etwas zugesagt haben, um dann anschließend einzuknicken. Und deshalb bin ich manchmal in einer Entscheidungsphase vorsichtig und sage noch nicht, wie ich es genau mache, was mir vielleicht auch als Schwäche ausgelegt wird; ich mache das aber lieber, um nicht etwas Falsches zu versprechen. Es gibt ja viele, die das Blaue vom Himmel versprechen und es nachher, in der Stunde der Not, wenn es darauf ankommt, nicht halten. Ich kann mir also die Stunde der Not, die Stunde der Entscheidung, relativ gut vorstellen und kann auch meine Kräfte relativ realistisch einschätzen.

Was ist Ihr persönlicher Lebensentwurf, Ihr Menschenbild, Ihre Philosophie von der Welt, in der wir leben?
Ich bin ein optimistischer Mensch. Ich glaube, dass durch Bildung Menschen zu neuem Verhalten zu bewegen sind. Und weil ich aber auch ein optimistischer Mensch bin, bin ich ein Mensch, der Vertrauen in die Zukunft, vielleicht auch so etwas wie ein Stück Gottvertrauen hat. Ich bin kein Haderer, kein Pessimist, der immer nur düstere Prognosen macht, sondern ich versuche eigentlich immer, den Weg und auch den Ausweg zu finden. Aus diesem Optimismus he-

raus glaube ich, dass Menschen im Grunde gerne Bindungen eingehen. Ich würde zum Beispiel nie davon ausgehen, dass alle, die geschieden sind, jetzt irgendwie daraus eine Philosophie machen, sondern würde es eher schlicht und einfach als ein Scheitern einer Beziehung sehen. Ich glaube, dass sich menschliches Geben auf gar keinen Fall auf Ökonomie reduzieren lässt, aber dass ökonomische Anreize eine politische Ordnung gestaltbarer machen. Ich glaube, dass die Diskussions- und Debattenkultur in unserer Gesellschaft nicht gut ist. Wenn ich über etwas nach der deutschen Einheit enttäuscht bin, dann darüber, dass in der Demokratie keine gute Debattenkultur existiert, dass so vieles sofort mit dem Persönlichen vermischt wird, dass also die geistige Auseinandersetzung nicht in der Disputation geführt wird. Ich glaube, wir brauchten gerade in der Zeit der Globalisierung viel mehr davon, dass wir wirklich nach dem besten Weg suchen. Ich bin ein Mensch, der zutiefst davon überzeugt ist, dass menschliches Leben evolutionär geht, das heißt, dass wir uns immer verändern und verändern müssen. Ich finde Veränderungen nichts Schreckliches. Ich glaube, dass Deutschland auch aufgrund seiner geschichtlichen Erfahrungen heraus sehr, sehr gute Voraussetzungen hat, um in der Globalisierung seine Stärken zu zeigen. Ich bin im Grunde todunglücklich darüber, dass wir uns so schwer tun damit, dass wir nicht sehen, wo unsere Verbündeten stehen, dass wir etwas zu veränderungsscheu sind. Ich würde sehr, sehr gerne dazu beitragen, dass Deutschland ein Land wird, das nicht über und nicht unter anderen steht, sondern das sein Maß findet, ein guter Nachbar und ein guter Freund anderer Länder ist.

Das Interview führte der Autor.

Anmerkungen

Einleitung

1. Eine Beantwortung dieser Frage versuchte der in Halle lebende Psychotherapeut Hans-Joachim Maaz in Cicero, Dezember 2004, S. 62 ff.
2. Interview Angela Merkels mit dem Stern, 18. November 2004.
3. Michael Haas, Warum kennen wir Angela Merkel nicht?, in: Süddeutsche Zeitung – Magazin, Nr. 18, 3. Mai 1991.
4. Detlef Ahlers, Wert-Konservative, Die Welt, 3. Januar 1991.
5. Margrit Gerste, Die junge Frau von Helmut Kohl ›Die Zeit‹ 12. September 1991.
6. Margarete van Ackeren, Lady Eisenherz, Rheinische Post, 1. April 2000.
7. Claus Jacobi, Die Ikone der Aufklärung, Welt am Sonntag, 9. Juli 2000.
8. Eckhard Fuhr, Die nicht dressierte Frau, 17. Juni 2000.
9. Tyll Schönemann, Die Langstreckenläuferin, Die Woche, 23. Juni 2000.
10. Gisela M. Freisinger, Eine heißkalte Frau, Capital 15/2000, 13. Juli 2000.
11. Susanne Höll, Die Frau mit der Maske, 7. Mai 2001 (unter Bezug auf eine Buchbesprechung des Buches von Jacqueline Boysen, Angela Merkel. Eine deutschdeutsche Biographie, München 2001).
12. Jutta Falke/Hartmut Kühne, Die Unterschätzte, Rheinischer Merkur, 6. April 2001.
13. Jörg Thomann, Das einsame Mädchen, Frankfurter Allgemeine Zeitung, 12. Juni 2001.
14. Hans Borchert, Dr. Angela Seltsam, in: Woche, 6. April 2001.
15. Stefan Schmitz, Die Misstrauische, Stern, 29. Mai 2002.
16. Eva Kohlrusch, Die Mathematikerin der Macht, Bunte, 2. Oktober 2002.
17. Henning Krumrey, Managerin der Macht, Focus, 8. Dezember 2003.
18. Hans Peter Schütz, Die neue Maggie, Stern, 30. Oktober 2003.
19. Der Spiegel, Nr. 42/2003, 13. November 2003.
20. Verena Köttker/Henning Krumrey, Königin der Macht, Focus Nr. 28, 5. Juli 2004.
21. Hans-Ulrich Jörges, Die Physikerin der Macht, Stern, 11. März 2004.

Kapitel II

[22] Zit. nach: Wolfgang Stock, Angela Merkel. Eine politische Biographie, München 2000, S. 19.

[23] Die Angaben schwanken von drei bis acht Wochen nach der Geburt; vgl. Evelyn Roll, Das Mädchen und die Macht. Angela Merkels demokratischer Aufbruch, Berlin 2001 (zit.: »Macht«), S. 18, sowie Jacqueline Boysen, Angela Merkel. Eine deutsch-deutsche Biographie, München 2001, S. 11.

[24] Gerhard Wettig, Phasen des DDR-Sozialismus, in: Rainer Eppelmann/Horst Möller/Günter Nooke/Dorothee Wilms (Hrsg.): Lexikon des DDR-Sozialismus. Das Staats- und Gesellschaftssystem der Deutschen Demokratischen Republik, Paderborn 1996, S. 22.

[25] Vgl. Wilhelm Bleek/Kurt Sontheimer: Grundzüge des politischen Systems der Bundesrepublik Deutschland, 11. Auflage, München 1999, S. 76.

[26] Georg Kotowski: Geschichte Berlins seit dem Zweiten Weltkrieg, in: Gerd Langguth (Hrsg.): Berlin. Vom Brennpunkt der Teilung zur Brücke der Einheit, Bonn 1990, S. 48 ff.

[27] Eine kompakte Einführung über die Geschichte der Bundesrepublik Deutschland bietet beispielsweise: Manfred Görtemaker: Kleine Geschichte der Bundesrepublik Deutschland, Bonn 2002.

[28] Siehe ausführlicher: Gerd Langguth: Die deutsche Frage und die Europäische Gemeinschaft, in: Karl Dietrich Bracher/Manfred Funke/Hans-Peter Schwarz (Hrsg.): Deutschland zwischen Krieg und Frieden, Bonn 1990, S. 246 ff.

[29] Auch die Korea-Krise hielt die Welt in Atem, als am 25. Juni 1950 nordkoreanische Truppen, unterstützt durch rotchinesisches Militär, den 38. Breitengrad überschritten. Süd-Korea konnte sich in diesem blutigen Krieg nur mit Hilfe von UNO-Truppen, vor allem der USA, verteidigen. Erst am 27. Juli 1953 kam es zu einem Waffenstillstand.

[30] In der Literatur wird zumeist von *der* »Stalin-Note« gesprochen, obwohl es sich um einen Notenwechsel handelte.

[31] Es war lange Zeit umstritten, ja gar ein »zählebiger Mythos«, inwiefern dieser Notenwechsel eine verpasste Chance darstellte oder es sich nur um ein taktisches Störmanöver Josef Stalins handelte, mit dem die militärische Integration der Bundesrepublik in den Westen verhindert werden sollte. Es ist inzwischen so gut wie unumstritten, dass letzteres der Fall war; G. Wettig: Bereitschaft zu Einheit in Freiheit? Die sowjetische Deutschland-Politik 1945–1955, München 1999.

[32] Gregor Schöllgen: Die Außenpolitik der Bundesrepublik Deutschland, München 1999, S. 34.

[33] Siehe hierzu die Entscheidungen der 2. Parteikonferenz der Sozialistischen Einheitspartei Deutschlands vom 9. bis 12. Juli 1995 (Hermann Weber: DDR – Grundriss der Geschichte 1945–1990, Hannover 1991, S. 40).

[34] Gerhard Wettig, Phasen des DDR-Sozialismus, in: Rainer Eppelmann/Horst Möller/Günter Nooke/Dorothee Wilms (Hrsg.), Lexikon des DDR-Sozialismus.

Das Staats- und Gesellschaftssystem der Deutschen Demokratischen Republik, Paderborn-München-Wien-Zürich 1996, S. 22.

35 Nach einer späteren SED-Darstellung fand bereits 1950 »der Prozess der Errichtung der Arbeiter- und Bauern-Macht als einer Staatsmacht vom Typ der Diktatur des Proletariats im Wesentlichen seinen Abschluss« (DDR. Werden und Wachsen. Berlin (Ost) 1974, S. 160; zit. nach Weber, a. a. O., S. 45).

36 Siehe ausführlicher: Gerd Langguth (Hrsg.), Berlin – vom Brennpunkt der Teilung zur Brücke der Einheit, Köln 1990.

37 Siehe Hinweise hierzu in: Manfred Agethen, Der Volksaufstand vom 17. Juni 1953 in der DDR, in:Historisch-Politische Mitteilungen, 11. Jahrgang, 2004, S. 351 ff.

38 Zit. nach: Hartmut Zimmermann: DDR: Geschichte, in: Karl-Rudolf Korte/ Werner Weidenfeld (Hrsg.): Handbuch zur deutschen Einheit. 1949 – 1989 – 1999, 2. Auflage, Bonn 1999, S. 150–163, S. 154.

39 Mit den am 23. Oktober 1954 in Paris unterzeichneten, durch die Bundesrepublik am 24. März 1955 ratifizierten und zusammen mit dem Deutschlandvertrag vom 5. Mai 1955 in Kraft getretenen »Pariser Verträgen« zwischen den drei Westalliierten und der Bundesrepublik Deutschland wurde die Bundesrepublik weitgehend souverän. Die drei Hauptsiegermächte behielten sich Rechte, Deutschland als Ganzes betreffend, vor.

40 Dem Verteidigungsbündnis der North Atlantic Treaty Organization (NATO) gehörten damals neben den USA Belgien, Dänemark, Frankreich, Großbritannien, Island, Italien, Kanada, Luxemburg, die Niederlande, Norwegen und Portugal an. Die »Dienststelle Blank«, die bis dahin die konzeptionelle und personelle Planung eines Aufbaus der Bundeswehr vorbereitet hatte, wurde in das Bundesministerium der Verteidigung umgewandelt; Bundeskanzler Adenauer, der bis zu diesem Zeitpunkt das Amt eines Außenministers verwaltete, übertrug am 8. Juni 1955 diese Aufgabe Heinrich von Brentano (Daten nach: Presse- und Informationsamt der Bundesregierung (Hrsg.): Politische Zeittafel 1949–1979, Bonn 1981).

41 Am 5. Mai 1955 trat der WEU-Vertrag in Kraft: An diesem Tag hinterlegten in Brüssel die Bundesrepublik Deutschland, Frankreich und Großbritannien die Ratifizierungsurkunden zum Vertrag über die Gründung der WEU. Da die anderen Mitgliedstaaten Belgien, Italien, Luxemburg und die Niederlande ihre Urkunden bereits hinterlegt hatten, trat dieser Vertrag nunmehr in Kraft.

42 Wegen des Pro-China-Kurses der albanischen Führung unter Enver Hodscha wurde die Mitgliedschaft 1962 suspendiert und 1968 gekündigt.

43 Die Stadt Perleberg mit all ihren Ortsteilen umfasst insgesamt rund 14 100 Einwohner; vgl. Perleberg – Kreisstadt der Prignitz, [www.stadt-perleberg.de/infoseite/body_infoseite.html] (09.09.2004).

44 So ermahnte in dem Jahr vor dem Amtsantritt Kasners der Bischof der Kirchenprovinz Sachsen, Ludolf Müller, in einem Brief an die »Brüder im Amte«, die Pfarrerschaft möge angesichts vieler Selbstmorde bei den unter Druck gesetzten Bauern »mit Ernst gerade denen nach(zu)gehen, die darin angefochten sind« (Maser, a. a. O., S. 40).

45 Auskünfte durch Johannes Guhl und Hermann Neumann, beide aus Quitzow.
46 Vgl. Jacqueline Boysen, a. a. O., S. 12.
47 Herlinde Koelbl: Spuren der Macht. Die Verwandlung des Menschen durch das Amt. Eine Langzeitstudie, München 1999, S. 48.
48 Siehe ausführlich: Peter Maser, Kirchen und Religionsgemeinschaften in der DDR 1949–1989, Konstanz 1992.
49 Zit. nach: Peter Maser, Kirchen und Religionsgemeinschaften, a. a. O., S. 37.
50 So heißt es in einer Stellungnahme der EKD vom 22. Januar 1953: »Wir bitten die Regierung der DDR, unverzüglich dafür zu sorgen, dass die Angriffe gegen die Jugendarbeit der Kirche aufhören, dass die polizeilichen Behinderungen unterbleiben, dass die Jugendlichen, insbesondere die in den Oberschulen, in ihrer Glaubensfreiheit geschützt werden, dass die Jugendlichen um ihrer kirchlichen Betätigung willen keine Nachteile erleiden, dass die Lizenz für die Stafette (= kirchliche Jugendzeitschrift) wieder erteilt wird. Wir sind unsererseits darum bemüht, Missverständnisse, die auftreten können, aus dem Wege zu räumen. Wir haben bereits die Kirchen gebeten, den Begriff Freizeit, der missverstanden werden könnte, ganz fallen zu lassen und nur noch von Bibelrüstzeiten, die das Wesen der Sache treffen, zu sprechen.« (zit. nach: Maser, a. a. O., S. 39 f.)
51 Angela Merkel selbst spricht, ohne sich dabei auf einen bestimmten Zeitraum festzulegen, von »600 Mark«, die »ein Pfarrer damals (erhielt)«; Angela Merkel, a. a. O., S. 48.
52 Eine auf Leipzig fokussierte, zwischen nationalsozialistischer und sozialistischer Diktatur vergleichende Einführung in den staatlichen Kampf gegen die Kirche findet sich beispielsweise in: Georg Wilhelm: Kirchenpolitik im Nationalsozialismus und in der SBZ/DDR am Beispiel Leipzigs bis 1958, in: Günther Heydemann/Heinrich Oberreuter (Hrsg.): Diktaturen in Deutschland – Vergleichsaspekte. Strukturen, Institutionen und Verhaltensweisen, Bonn 2003, S. 506–533.
53 Vgl. Jacqueline Boysen, a. a. O., S. 11.
54 Angela Merkel, Mein Weg, Angela Merkel im Gespräch mit Hugo Müller-Vogg (zit.: Angela Merkel), Hamburg 2004.
55 Gespräch des Verfassers mit Altbischof Albrecht Schönherr, 8. September 2004.
56 Vgl. Evelyn Roll, »An den Westpaketen hing unsere ganze Hoffnung«, in: Süddeutsche Zeitung 29. September 2004 (zit.: »Westpakete«).
57 Vgl. Templin in Zahlen und Fakten, [www.templin.de] (aufgerufen am 9. September 2004).
58 Zit. nach: Evelyn Roll, Macht, S. 14.
59 Gespräch des Verfassers mit Ulrich Schoeneich, 14. September 2004
60 Besucher des Waldhofs, die sich heute zurück erinnern, beschrieben, dass die Situation der Behinderten trotz der idyllischen Umgebung deprimierend auf sie wirkte; vgl. Jacqueline Boysen, a. a. O., S. 16.
61 Vgl. Martin S. Lambeck/Annabelle Stamp: Es gibt kein Recht auf Glück, in: Bild am Sonntag, 10. Juni 2001.
62 Vgl. Angela Merkel, a. a. O., S. 38.

63 Zit. nach: Nina Hermann: Das Mädchen Angela und ihre Freundinnen, in: Berliner Zeitung, 20. Februar 2000.
64 Vgl. Evelyn Roll, Macht, S. 21.
65 Zit. nach: Herlinde Koelbl, a. a. O., S. 52.
66 Evelyn Roll, Macht, a. a. O., S. 21.
67 Vgl. Jacqueline Boysen, a. a. O., S. 15.
68 Zit. nach: Herlinde Koelbl, a. a. O., S. 48.
69 Angela Merkel, a. a. O., S. 44.
70 Siehe: Helga Haftendorn: Deutsche Außenpolitik zwischen Selbstbeschränkung und Selbstbehauptung, 1945–2000, Stuttgart-München, 2001, S. 173 ff.
71 Vgl. Peter Maser: Kirchen, in: Karl-Rudolf Korte/Werner Weidenfeld (Hrsg.), a. a. O., S. 486–501, S. 488.
72 Vgl. ebd., S. 489.
73 Albrecht Schönherr, Gratwanderung. Gedanken über den Weg des Bundes der evangelischen Kirchen in der Deutschen Demokratischen Republik, Leipzig 1992, S. 15.
74 Siehe hierzu u. a.: Günter Wirth, Kirche im Osten nach dem 13. August, www.berlinische-monatsschrift.de/bms/bmstx01/0106proh.htm.
75 Zit. nach Maser, a. a. O., S. 492.
76 Gespräch des Verfassers mit Altbischof Albrecht Schönherr, 8. September 2004.
77 Zit. nach Ehrhart Neubert, Geschichte der Opposition in der DDR 1949–1989, Bonn 1997, S. 172.
78 Zit. nach ebd., S. 173 f.
79 Ebd., S. 175.
80 Gespräch des Verfassers mit Altbischof Albrecht Schönherr, 8. September 2004.
81 Albrecht Schönherr, Kein Krieg mehr von deutschem Boden. Referat bei der Jahrestagung der Gustav-Heinemann-Initiative in Rastatt am 22. Mai 1982, aus: www.kirche-ahrenshagen.de/frie6.htm.
82 Pahnke engagierte sich in der kirchlichen Jugendarbeit und war 1972 bis 1982 Pfarrer im Prenzlauer Berg, hatte vielfältige Kontakte zu Dissidentengruppen und oppositionellen Schriftstellern, beteiligte sich 1982 am »Berliner Appell«, während der Wendezeit trat er für einige Zeit in den »Demokratischen Aufbruch« ein, den er nach dem DA-Parteitag wegen der Stasi-Tätigkeit des Vorsitzenden Wolfgang Schnur am 16. Dezember 1989 wieder verließ.
83 Vgl. Alexander Osang: Das eiserne Mädchen, in: Der Spiegel, 1. März 2000 [siehe auch: www.radioeins.de/_/sendungen/apparat/ticker/200107/200107062 15211_jsp.html] (16.09.2004).
84 Wolfgang Stock, a. a. O., S. 50.
85 Horst Kasner, Kirche als Gemeinschaft von Lernenden, in: Heinz Blauert (Hrsg.), Die Zeichen der Zeit, 29. Jahrgang 1975, S. 11–18.
86 Der Begriff der Kirche als »Lerngemeinschaft« war innerkirchlich heftig umstritten. Wie christliche Kinder und ihre Eltern in der Freiheit des Glaubens und des Gewissens leben können und wie die evangelische Kirche auf den staatlichen

Druck ihnen gegenüber reagieren sollte, war auf den Synoden der evangelischen Kirche ein ständiger Gesprächsgegenstand. Der Weimarer Arbeitskreis unter der Leitung des Gothaer Superintendenten Helmut Kramer erklärte in einer Eingabe an das Präsidium der Synode 1974: »Kirche ist die Gemeinschaft von Gläubigen, die sich, ergriffen vom Geschenk der Gnade, um Wort und Sakrament sammelt; sie ist keine Lerngemeinschaft, in der pluralistische Interessen ihrer Mitglieder erfragt würden.« (zit. nach: Martin Steinhäuser, »Kirche als Lerngemeinschaft« – eine praktisch-ekklesiologische Leitformel der Gemeindepädagogik in kritischer Rekonstruktion; in: epd-Dokumentation Nr. 1/2000, S. 3–10.

87 Gespräch des Verfassers mit Albrecht Schönherr, 8. September 2004.
88 Otto Dibelius, Obrigkeit, Stuttgart 1963; siehe insbesondere S. 72 ff.
89 Siehe Einschätzung des Ministeriums für Staatssicherheit, Rolle und Aufbau oppositioneller Gruppierungen in den evangelischen Kirchen Westdeutschlands und der Deutschen Demokratischen Republik, 12. August 1960 (BStU, MfS-HA XX/4 3331).
90 Peter Maser, Kirchen und Kirchenpolitik, in: Eppelmann/Möller/Nooke/Wilms, a. a. O., S. 329 ff.
91 Ehrhart Neubert, a. a. O., S. 679.
92 Vgl. Angela Merkel, a. a. O., S. 45.
93 Angela Merkel, a. a. O., S. 42.
94 Vgl. Evelyn Roll, Macht, a. a. O., S. 24.
95 Vgl. Jacqueline Boysen, a. a. O., S. 13.
96 Vgl. ebd., S. 14.
97 Rainer Eppelmann, Fremd im eigenen Haus. Mein Leben im anderen Deutschland, Köln 1993, S. 105.
98 Eppelmann geht in seiner Kritik an Kasner sogar so weit, dass er seine damals nicht offen geäußerte Meinung zu diesem theoretischen Konstrukt im Nachhinein folgendermaßen beschreibt: »Da dachte ich damals natürlich, du Arsch. Ich fand das arrogant und herzlos.«; zit. nach: Evelyn Roll, Macht, S. 25.
99 Rainer Eppelmann, a. a. O., S. 91 ff.
100 Gespräch des Verfassers mit Günter Nooke, 27. Oktober 2004.
101 Gespräch des Verfassers mit Ulrich Schoeneich, 14. September 2004.
102 Ebd.
103 Zit. nach: Evelyn Roll, Macht, S. 19.
104 Ebd., S. 28.
105 Vgl. ebd., S. 29 f.
106 Vgl. Angela Merkel, a. a. O., S. 44.
107 Brief Horst Kasners vom 18. Dezember 2004 an den Verfasser.
108 Ihre aus SED-Sicht wichtige Bedeutung fand ihren Niederschlag in Art. 3 der DDR-Verfassung von 1968: »Das Bündnis aller Kräfte des Volkes findet in der Nationalen Front des demokratischen Deutschland seinen organisierten Ausdruck.«
109 Abschrift, Vortrag des Pfarrers Kasner, Templin, Waldhof, über seine Italienreisen 1974 und 1975 mit Dia-Bildern, 12. Dezember 1975; archiviert bei der Bundes-

beauftragten für die Unterlagen des Staatssicherheitsdienstes der ehemaligen Deutschen Demokratischen Republik.
110 Gespräch mit dem emeritierten Theologieprofessor an der Humboldt-Universität Jürgen Henkys, 31. August 2004.
111 Brief Horst Kasners vom 18. Dezember 2004 an den Verfasser.
112 siehe hierzu: Ulrich Mählert/Gerd-Rüdiger Stephan, Blaue Hemden – Rote Fahnen. Die Geschichte der Freien Deutschen Jugend, Opladen 1996, S. 92 ff.
113 Text des neuen Gelöbnisses 1968/1969.
114 Gespräch des Verfassers mit Werner Schulz, 15. September 2004.
115 Gespräch des Verfassers mit Hartmut Hohensee, 20. Dezember 2004.
116 siehe hierzu: Roll, a. a. O., S. 28 ff.
117 Die enge Verbindung Kasners mit Schönherr kommt auch in der Tatsache zum Ausdruck, dass in der Festschrift aus Anlass des siebzigsten Geburtstags des Bischofs Kasner einen theologischen Beitrag (»Bemerkungen zum paulinischen Verständnis von Kirche als ›Leib Christi‹«, S. 149 ff.) zum Auftrag der Kirche »unter den Bedingungen der sozialistischen Gesellschaftsordnung in der DDR« (S. 150) veröffentlichte. Wie die Herausgeber Gottfried Forck und Jürgen Henkys in dem Vorwort betonten, gehöre Kasner zur »Schar derer, die mit Bischof Schönherr in den einzelnen Arbeitszweigen der Berlin-Brandenburgischen Kirche besonders verbunden sind«:, S. 11, in: Gottfried Forck/Jürgen Henkys (Hrsg.), Brüderliche Kirche – menschliche Welt, Berlin 1971.
118 Gespräch des Verfassers mit Wolf Donath, 29. Oktober 2004.
119 Gespräch des Verfassers mit Harald Löschke, 15. September 2004.
120 Gespräch des Verfassers mit Rudi Pahnke, 9. September 2004.
121 Ebd.
122 Vgl. Peter Gärtner: »Sie war mit Abstand die Beste«, in: Deutsches Allgemeines Sonntagsblatt, 7. April 2000.
123 Gespräch des Verfassers mit dem einstigen Kreisschulrat Wolf Donath, 29. Oktober 2004; vgl. auch: Heike Kowitz: »Über ihren Aufstieg staunen wir alle«. Angela Merkels Heimatstadt Templin: Spurensuche bei Freunden und Eltern der Angela Kasner, in: Berliner Morgenpost 27. Februar 2000.
124 Gespräch des Verfassers mit Wolf Donath, 29. Oktober 2004.
125 Vgl. Angela Merkel, a. a. O., S. 37.
126 Manuskript der auf dem Bundesparteitag am 6. Dezember 2004 gehaltenen und verteilten Rede (»Bericht der Vorsitzenden der CDU Deutschlands und der Vorsitzenden der CDU/CSU-Fraktion im Deutschen Bundestag«), Seite 23.
127 Vgl. Jacqueline Boysen, a. a. O., S. 17.
128 Vgl. Herlinde Koelbl, a. a. O., S. 48.
129 Vgl. Evelyn Roll, Westpakete, a. a. O.
130 Vgl. Franziska Reich, »Graue Maus« kommt ganz groß raus, in: Der Stern 26. September 2002.
131 Vgl. Angela Merkel, a. a. O., S. 37.
132 Ebd.

[133] Angela Merkel, a. a. O., S. 40 f.
[134] Vgl. Wolfgang Büscher/Peter Dausend: Nicht besser. Nicht schlechter. Anders, in: Berliner Morgenpost, 12. Januar 2003.
[135] Vgl. Angela Merkel, a. a. O., S. 39.
[136] Zit. nach: Alexander Osang, a. a. O.
[137] Vgl. Wolfgang Stock/Dieter Bauer: Nie mehr Mauerblümchen, in: Focus, 3. April 2000, S. 120.
[138] Zit. nach: Jacqueline Boysen, a. a. O., S. 18.
[139] Vgl. Angela Merkel, a. a. O., S. 43 f.
[140] Angela Merkel, a. a. O., S. 44.
[141] So ein Ausspruch Horst Kasners, als er beschreiben sollte, warum er wieder zurück in seine Heimat gegangen ist. Zit. nach: Alexander Osang, a. a. O.
[142] Vgl. Angela Merkel, a. a. O., S. 48.
[143] Vgl. Nina Hermann, a. a. O.
[144] Vgl. Franziska Reich, a. a. O.
[145] Vgl. Nina Hermann, a. a. O.
[146] Jacqueline Boysen, a. a. O., S. 17; ähnlich im Gespräch des Verfassers mit Bodo Ihrke, 31. August 2004.
[147] Angela Merkel, a. a. O., S. 51.
[148] Gespräch des Verfassers mit Siegfried Kinzel, 14. September 2004.
[149] Vgl. Herlinde Koelbl, a. a. O., S. 49.
[150] »Ich muß härter werden«, Interview mit Jürgen Leinemann, Der Spiegel, 3. Januar 1994.
[151] Vgl. Nina Hermann, a. a. O.
[152] Vgl. Martin S. Lambeck/Annabelle Stamp, a. a. O.
[153] Zit. nach: ebd.
[154] Zit. nach: Peter Gärtner, a. a. O.
[155] Zit. nach: Franziska Reich, a. a. O.
[156] Zit. nach: Ulrike Hofsähs: »Angela war schon immer ein ehrlicher Typ« – Templin erinnert sich, dpa, 11. April 2000.
[157] Gespräch des Verfassers mit Hans-Jürgen Beeskow, 29. Juli 2004.
[158] Beeskow, a. a. O.
[159] Interview des Verfassers mit Siegfried Kinzel, 14. September 2004.
[160] Zit. nach: Alexander Osang, a. a. O.
[161] Angela Merkel, a. a. O., S. 53.
[162] Hermann Matern (1893–1971) war ein hoher SED-Funktionär, der schon 1918 an der Novemberrevolution beteiligt und 1919 in die Kommunistische Partei Deutschlands (KPD) eingetreten war; vgl. Michael F. Scholz: Matern, Hermann, in: Dieter Hoffmann/Helmut Müller-Enbergs/Jan Wielgohs (Hrsg.): Wer war wer in der DDR? Ein biographisches Lexikon, Bonn 2001, S. 557.
[163] Freie Erde, 31. Mai 1972.
[164] Hier handelte es sich um die erste Ehefrau des damaligen Kreisschulrats Flemming.

165 Freie Erde, 31. Mai 1972.
166 Gespräch des Verfassers mit der Waldhof-Schulleiterin Marita Delander, 29. Oktober 2004.
167 Udo Margedant: Bildungswesen und Bildungspolitik, in: Rainer Eppelmann/ Horst Möller/Günter Nooke/Dorothee Wilms (Hrsg.), Lexikon des DDR-Sozialismus, a. a. O., S. 121. Der frühere Kreisschulrat Klaus Flemming geht jedoch davon aus, dass seinerzeit 18 Prozent eines Jahrgangs in die EOS gingen (Gespräch des Verfassers mit Klaus Flemming, 20. Oktober 2004).
168 Gespräch des Verfassers mit Klaus Flemming, 20. Oktober 2004.
169 Interview des Verfassers mit Harald Löschke, 15. September 2004.
170 Vgl. Evelyn Roll, Macht, S. 38.
171 Vgl. Angela Merkel, a. a. O., S. 47.
172 Zit. nach: Evelyn Roll, Macht, S. 35.
173 Zit. nach: ebd; siehe auch Gespräch des Verfassers mit Bodo Ihrke, 31. August 2004.
174 Monika Maron: Wer ist Angela Merkel, in: Frankfurter Allgemeine Zeitung, 25. Februar 2000.
175 Zit. nach: Peter Gärtner, a. a. O.
176 Gespräch des Verfassers mit Harald Löschke, 15. September 2004.
177 Zit. nach: Arno Luik/Olaf Heine, a. a. O., S. 46.
178 Vgl. Moritz von Uslar: Hundert Fragen an … Angela Merkel., Köln 2004, S. 109.
179 Vgl. Angela Merkel, a. a. O., S. 49.
180 Vgl. ebd.
181 Gespräch des Verfassers mit Siegfried Kinzel, 14. September 2004.
182 »Klassentreffen – Angela Merkel« vom 20. Juni 1992, Zweites Deutsches Fernsehen.
183 Gespräch des Verfassers mit Wolf Donath, 29. Oktober 2004.
184 So Hartmut Hohensee, heute Kardiologe in Dresden, in einer im Juni 1992 im ZDF inszenierten Fernsehsendung »Klassentreffen« mit Teilen der einstigen Schulklasse (»Klassentreffen – Angela Merkel« vom 20. Juni 1992, Zweites Deutsches Fernsehen).
185 Vgl. Arno Luik/Olaf Heine, a. a. O., S. 46.
186 Angela Merkel, Interview mit dem Stern, 30/2000.
187 Vgl. ebd., S. 22.
188 Zit. nach: Franziska Reich, a. a. O.
189 Zit. nach: Gabriele Bärtels, Russisch-Olympiade, 1. Platz, in: Cicero 12/2004, S. 68.
190 Zit. nach: ebd.
191 Ebd., S. 45; vgl. o. V.: Angela Merkel. Gespräch vom 28. Oktober 1991, in: o. Hrsg.: Neue Porträts in Frage und Antwort. Günter Gaus im Gespräch mit Heinrich Fink, Wolfgang Thierse, Volker Braun, Hans-Jochen Vogel, Wolfgang Ullmann, Stefanie Spira, Regine Hildebrandt, Angela Merkel, Joachim Gauck, Hans Bentzien, Berlin 1992, S. 167–189, S. 174.

[192] Zit. nach: Evelyn Roll, Macht, S. 57.
[193] Zit. nach: ebd.
[194] Gespräch des Verfassers mit Ehepaar Gabriel, 14. September 2004.
[195] Ebd.
[196] Wolfgang Stock und Evelyn Roll berichten übereinstimmend von 1972: Wolfgang Stock, a. a. O., S. 189 und Evelyn Roll, Macht, S. 39; tatsächlich fand das »Kulturprogramm« im April 1973 statt; siehe auch: Merkel, a. a. O., S. 53.
[197] Zur Geschichte der Studentenrevolte beispielsweise: Gerd Koenen: Das rote Jahrzehnt. Unsere kleine deutsche Kulturrevolution. 1967–1977, Frankfurt am Main 2002; Gerd Langguth: Mythos '68. Die Gewaltphilosophie von Rudi Dutschke – Ursachen und Folgen der Studentenbewegung, München 2001; Michael Schmidtke: Der Aufbruch der jungen Intelligenz. Die 68er Jahre in der Bundesrepublik und den USA, Frankfurt am Main 2003.
[198] Gespräch des Verfassers mit dem Ehepaar Gabriel, 14. September 2004.
[199] Vgl. Jacqueline Boysen, a. a. O., S. 25.
[200] Gespräch des Verfassers mit dem Ehepaar Gabriel, 14. September 2004.
[201] Vgl. Angela Merkel, a. a. O., S. 53.
[202] Vgl. Evelyn Roll, Macht, S. 40.

Kapitel III

[203] Christian Morgenstern, Alle Galgenlieder, Wiesbaden 1958, S. 195.
[204] Zit. nach: Evelyn Roll, Macht, S. 40.
[205] Gespräch des Verfassers mit Klaus Flemming, 20. Oktober 2004.
[206] So Cornelia Wegener (geb. Gnewkow) am 21. Oktober 2004.
[207] Gespräch des Verfassers mit Klaus Flemming, 20. Oktober 2004.
[208] Gespräch des Verfassers mit dem Ehepaar Gabriel, 14. September 2004.
[209] Zit. nach: Osang, a. a. O.
[210] Angela Merkel, a. a. O., S. 54.
[211] Vgl. ebd.
[212] Kopie liegt dem Verfasser vor.
[213] Vgl. Evelyn Roll, Macht, S. 41.
[214] Zit. nach: Alexander Osang, a. a. O.
[215] Evelyn Roll, Macht, S. 38.
[216] Alexander Osang, a. a. O.
[217] Gespräch des Verfassers mit Hartmut Hohensee, 20. Dezember 2004.
[218] Gespräch des Verfassers mit dem Ehepaar Gabriel, 14. September 2004.
[219] Zit. nach: Hugo Müller-Vogg: »Sie war schon immer intelligenter als alle anderen«, in: Bild 15. Juli 2004.
[220] Gespräch des Verfassers mit dem Ehepaar Gabriel, 14. September 2004.
[221] Vgl. Osang, a. a. O.
[222] Vgl. Jacqueline Boysen, a. a. O., S. 27.

223 Vgl. ebd.
224 Vgl. Angela Merkel, a. a. O., S. 48.
225 Gespräch des Verfassers mit Hartmut Hohensee, 20. Dezember 2004.
226 Vgl. Wolfgang Büscher/Peter Dausend, a. a. O.
227 Vgl. ebd., S. 51.
228 Vgl. Evelyn Roll, Macht, S. 37.
229 Vgl. ebd.
230 Vgl. Arno Luik/Olaf Heine: »Das Leben ist erbarmungslos – es deformiert«, in: Stern 20. Juli 2000, S. 46.
231 Vgl. Martin S. Lambeck/Annabelle Stamp, a. a. O.
232 Vgl. Ulrike Hofsähs, a. a. O.
233 Zit. nach: ebd.
234 Interview des Verfassers mit Harald Löschke, 15. September 2004.
235 Gespräch mit dem Verfasser, 20. Dezember 2004.
236 Zit. nach: Peter Gärtner, a. a. O.
237 Gespräch des Verfassers mit Bodo Ihrke, 31. August 2004.
238 Ebd.
239 Zit. nach: Evelyn Roll, Macht, S. 37.
240 Gespräch des Verfassers mit Bodo Ihrke, 31. August 2004.
241 Ebd.
242 Zit. nach: Heike Kowitz, a. a. O.
243 Zit. nach: Evelyn Roll, Macht, S. 36.
244 Zit. nach: ebd.
245 Angela Merkel, a. a. O., S. 51.
246 Zit. nach: Arno Luik/Olaf Heine, a. a. O., S. 43.
247 Manuskript der auf dem Bundesparteitag am 6. Dezember 2004 gehaltenen und verteilten Rede (»Bericht der Vorsitzenden der CDU Deutschlands und der Vorsitzenden der CDU/CSU-Fraktion im Deutschen Bundestag«), Seite 23.
248 Zit. nach: Evelyn Roll, Macht, S. 26.
249 Seine »Vorträge und Aufsätze aus der Alten DDR« sind dem Buch Richard Schröder, Denken im Zwielicht, Tübingen 1990, zu entnehmen, siehe insbesondere den Aufsatz »Was kann ›Kirche im Sozialismus‹ sinnvoll heißen?« (ebd., S. 49 ff.), der nach einer Veröffentlichung im Evangelischen Pressedienst vom 23. August 1988 (Nr. 157) zu internen Reaktionen der Staatssicherheit führte.
250 Richard Schröder, Brief an den Verfasser, 31. Oktober 2004.
251 Angela Merkel, a. a. O., S. 42.
252 Kasner war weder zu einem Gespräch mit dem Verfasser noch zur Beantwortung von schriftlich eingereichten Fragen bereit. So sieht er sich veranlasst, »zur Kenntnis zu geben, dass wir Personen und Institutionen gegenüber, die an Veröffentlichungen über unsere Tochter Frau Dr. Angela Merkel interessiert sind, grundsätzlich keine Auskünfte über unsere persönlichen und familiären Belange erteilen, und dies schon gar nicht, wenn keine ausdrückliche Zustimmung unserer Tochter vorliegt.« Er bringt in seinem Absageschreiben die Hoffnung zum Ausdruck (»… darf ich

doch annehmen«), als »medienkundiger Autor« habe man »für unser Verhalten Verständnis«. Und weiter: »Betreffend Ihres umfänglichen Fragenkatalogs erlaube ich mir anzumerken, dass die Beantwortung einiger Ihrer Fragen einer differenzierenden Darstellung bedürfte, was freilich das Maß des Zumutbaren überschreiten würde.« (Brief von Pfarrer Horst Kasner an den Verfasser, 18. Dezember 2004).

253 Brief des Weißenseer Arbeitskreises an die Kirchenleitung der Evangelischen Kirche Berlin-Brandenburg, 13. Juni 1966 (Abschrift).
254 Zit. nach: Gerhard Besier, Der SED-Staat und die Kirche. Der Weg in die Anpassung, München 1993, S. 602.
255 Gerhard Besier, Der SED-Staat und die Kirche. Der Weg in die Anpassung, München 1993, S. 605.
256 Institut für Geschichte der Arbeiterbewegung, Zentrales Parteiarchiv der SED (IV A2/14/2), Information vom 18. Februar 1966, zit. nach: Gerhard Besier: Der SED-Staat und die Kirche. Der Weg in die Anpassung, München 1993, S. 607.
257 Ulrich Kluge, Die Legende von der schweigenden Kirche. Katholische Nachrichtenagentur (KNA), 22. Oktober 1991.
258 Zit. n. Kluge, a. a. O., Professor Müller ist Hanfried Müller, der führend im Weißenseer Arbeitskreis auch heute noch tätig ist; Clemens de Maizière ist der Vater des letzten DDR-Ministerpräsidenten.
259 Vgl. In der Aula trug sie auch mal das FDJ-Hemd, in: Berliner Zeitung, 20. März 2000 [im Internet abrufbar unter: www.berlinonline.de/berliner-zeitung/archiv/. bin/dump.fcgi/2000/0320/lokales…] (16.09.2004).
260 Gespräch des Verfassers mit Wolf Donath, 29. Oktober 2004.
261 Gespräch des Verfassers mit Ulrich Schoeneich am 14. September 2004.
262 Siehe mit zahlreichen neuen Erkenntnissen: Daniel Sturm, Uneinig in die Einheit. Die Sozialdemokratie und die Vereinigung Deutschlands 1989/90, Dissertation, Seminar für Politische Wissenschaft, Universität Bonn, 2005.
263 Gespräch des Verfassers mit Hans-Jürgen Beeskow am 29. Juli 2004.
264 Evelyn Roll, Macht, S. 24.
265 Alexander Osang, a. a. O.
266 Vgl. Heike Kowitz, a. a. O.
267 Markus C. Hurek, Prediger gegen die Gier, in: Cicero, Dezember 2004, S. 70 f.
268 Vgl. Teilnehmerrekord bei Ostermarsch, in: Märkische Allgemeine, 1. April 2002 [im Internet abrufbar unter: www.friedenskooperative.de/themen/om02–102. htm] (abgerufen am 16. September 2004).
269 Horst Kasner, »Im Vergessen liegt die Zukunft« (www.provieh.de/s2489.html – 22. Januar 2005).
270 Die Kirche, Nr. 33, 16. August 1992, S. 4.
271 Ebd.
272 Ansprache von Horst Kasner anlässlich der Protestwanderung am 4. September 1994 in der Kirche von Flecken Zechlin, Dokument 10, in: Susanne Hoch/Hermann Nehls (Hrsg.), Bürgerinitiative Freie Heide. Bombodrom – nein danke!, Berlin 2000, S. 297 f.

273 Evelyn Roll, Macht, S. 23.
274 Zit. nach: Heike Kowitz, a. a. O.
275 Vgl. ebd.
276 Zit. nach: Heike Kowitz, a. a. O.
277 Gespräch des Verfassers mit Hans-Ulrich Beeskow, 29. Juli 2004.
278 Ebd.
279 Gespräch des Verfassers mit Ulrich Schoeneich, 14. September 2004.
280 Gespräch des Verfassers mit Hans-Ulrich Beeskow, 29. Juli 2004.
281 Vgl. Heike Kowitz, a. a. O.
282 Vgl. Evelyn Roll, Macht, S. 42.
283 Vgl. Elke Hagenau: »Wer grüßt mich denn später noch?«, in: Märkische Oderzeitung 2. Dezember 1992.
284 Vgl. Angela Merkel, a. a. O., S. 41.
285 Vgl. Herlinde Koelbl, a. a. O., S. 49.
286 Vgl. Martin S. Lambeck/Annabelle Stamp, a. a. O.
287 Vgl. Angela Merkel, a. a. O., S. 50; siehe auch Interview des Autors mit Angela Merkel in diesem Buch.
288 Zit. nach: Andreas Petzold/Franziska Reich/Frank Thomsen: »Ich wollte Eiskunstläuferin werden«, in: Stern 13. Mai 2004, S. 46.
289 Vgl. Angela Merkel, a. a. O., S. 41.
290 Ebd., S. 44.
291 Zit. nach: Hugo Müller-Vogg, Bild-Zeitung, 15. Juli 2004.
292 Zit. nach: Arno Luik/Olaf Heine, a. a. O., S. 46.
293 Angela Merkel, a. a. O., S. 55.
294 Studienführer der Universität Leipzig 1972/73, Dokument, Universitätsarchiv Leipzig, Signatur UAL, Studienführer 1972/73, S. 110.
295 Angela Merkel, a. a. O., S. 50.
296 Ebd., S. 41.
297 Günter Gaus, Neue Porträts in Frage und Antwort, Günter Gaus im Gespräch mit Heinrich Fink, Wolfgang Thierse, Volker Braun, Hans-Jochen Vogel, Wolfgang Ullmann, Stefanie Spira, Regine Hildebrandt, Angela Merkel, Joachim Gauck, Hans Bentzien, Berlin 1992, S. 175.
298 Prof. Dr. Gerald Wiemers, Direktor des Universitätsarchivs, in einem Brief vom 10. Dezember 2004 an den Verfasser.
299 http://www.uni-protokolle.de/Lexikon/Karl-Marx-Universität.html (aufgerufen am 25. März 2005).
300 Studienführer der Universität Leipzig 1972/73, Dokument, Universitätsarchiv Leipzig, Signatur UAL, Studienführer 1972/73, S. 107.
301 Sonntagszeitung, Frankfurter Allgemeine Zeitung, 15. September 1991 (Interview).
302 Ebd.
303 Leipziger Volkszeitung, 18. Mai 1993.
304 Teilplan 1, Aufgaben der klassenmäßigen Erziehung, Aus- und Weiterbildung, Dokument, Universitätsarchiv Leipzig, Signatur UAL, ZM 10059.

305 Ebd.
306 Ebd.
307 Ulrich Mählert/Gerd-Rüdiger Stephan: Blaue Hemden Rote Fahnen. Die Geschichte der Freien Deutschen Jugend, Opladen 1996, S. 207.
308 Neues Deutschland, 17. November 1976.
309 Zum Verhältnis zwischen DDR-Literaten und der Staatsmacht siehe grundlegend: Günther Rüther: Nur ein »Tanz in Ketten«? DDR-Literatur zwischen Vereinnahmung und Selbstbehauptung, in: Günther Rüther (Hrsg.),Literatur in der Diktatur. Schreiben im Nationalsozialismus und DDR-Sozialismus, Paderborn 1997, S. 249 ff.
310 SAPMO-BArch, DY 24/11 230 (zit. nach Mählert/Stephan, a. a. O., S. 213).
311 Ebd.
312 Angela Merkel, a. a. O., S. 56.
313 Leipziger Volkszeitung, 18. Mai 1993.
314 Siehe Beckmann-Sendungen in der ARD vom 7. Januar 2002 und 30. September 2002.
315 Jacqueline Boysen, a. a. O., S. 29.
316 Erika Hoentsch in einer Mail vom 8. November 2004 an den Verfasser.
317 Ebd.
318 Siehe die Reportage von Alexander Osang, Die letzten Trümmerfrauen, in: Der Spiegel, 49/2004.
319 Hugo Müller-Vogg, Bild-Zeitung, 16. Juli 2004.
320 Gespräch des Verfassers mit Reinhard Wulfert, 11. November 2004.
321 Zit. nach Boysen, a. a. O., S. 44.
322 Ebd., S. 53.
323 Angela Merkel, a. a. O., S. 59.
324 Ulrich Merkel in einem Interview mit dem »Focus« vom 5. Juli 2004.
325 Ebd.
326 Angela Merkel, a. a. O., S. 56.
327 Angela Merkel, a. a. O., S. 56 f.
328 Herlinde Koelbl, Spuren der Macht, München 2002, S. 49.
329 Focus, 5. Juli 2004.
330 Focus, 29. April 2000.
331 Focus, 29. April 2000.
332 Angela Merkel, a. a. O., S. 55.
333 Jacqueline Boysen, a. a. O., S. 32.
334 Gemeinsam mit R. Der, H. J. Czerwon bzw. R. Haberlandt, in Chemical Physics, Nr. 53, 1980, S. 427–435 und 437–432.
335 Gespräch des Verfassers mit Reinhold Haberlandt, 1. Dezember 2004.
336 Gespräch des Verfassers mit Ralf Der, 26. Oktober 2004.
337 Gespräch des Verfassers mit Reinhard Wulfert, 11. November 2004.
338 Ebd.
339 Ebd.

Kapitel IV

340 Zit. nach: Berliner Morgenpost, 10. Mai 1998.
341 Vertrag zwischen der Bundesrepublik Deutschland und der Deutschen Demokratischen Republik über die Herstellung der Einheit Deutschlands – Einigungsvertrag – vom 31. August 1990 (BGBl.II S. 889).
342 Interview mit Moritz von Uslar, veröffentlicht in 100 Fragen an ..., Köln 2004, S. 107.
343 Michael Schindhelm, Roberts Reise, Stuttgart-München 2000, S. 286.
344 Ebda., S. 285 f.
345 Ebda., a. a. O., S. 284.
346 Ebda., a. a. O., S. 284.
347 Stock, a. a. O., S. 49.
348 Siehe hierzu: Werner Scheler, Von der Deutschen Akademie der Wissenschaften zu Berlin zur Akademie der Wissenschaften der DDR. Abriss zur Genese und Transformation der Akademie, Berlin 2000.
349 Zunächst war schon kurz nach dem Zweiten Weltkrieg am 21. Juni 1945 die Preußische Akademie der Wissenschaften zu Berlin gegründet worden, die sich ebenfalls in der Tradition der von Leibniz erfolgten Gründung sah (siehe: Satzung der Preußischen Akademie der Wissenschaften zu Berlin vom 21. Juni 1945, in: Andreas Malycha, Geplante Wissenschaft. Eine Quellenedition zur DDR-Wissenschaftsgeschichte 1945–1961, o. O., 2003, S. 98 ff.); siehe ferner: Bernhard Marquardt, Akademien, in: Eppelmann u. a., Lexikon des DDR-Sozialismus, a. a. O., S. 46–48.
350 Marquardt, a. a. O., S. 47.
351 Angela Merkel, a. a. O., S. 59.
352 Ebd., S. 59.
353 Indes führt sie auf die Frage »Das Wort Widerstand würden Sie nicht für sich in Anspruch nehmen?« des Journalisten Müller-Vogg aus: »Kommt darauf an, was damit gemeint ist. Ich habe keiner Widerstandsorganisation angehört, und ich war keine Bürgerrechtlerin. Aber ich habe mich doch in einer stetigen und stetig zunehmenden, sehr kritischen Auseinandersetzung mit der DDR befunden.« (Angela Merkel, a. a. O., S. 71).
354 Siehe hierzu: Anke Silomon, »Schwerter zu Pflugscharen« und die DDR. Die Friedensarbeit der evangelischen Kirchen in der DDR im Rahmen der Friedensdekaden 1980–1982, Göttingen 1999.
355 Michael Schindhelm, Zweimal täglich Mokka mit Angela, in: Berliner Morgenpost, 8. März 2000.
356 Ebda.
357 Dem Ehrenrat gehörten die früheren DDR-Bürgerrechtler Ulrike Poppe und Wolfgang Templin, der Schriftsteller Lutz Rathenow sowie der Präsident des Berliner Abgeordnetenhauses, Walter Momper, an (siehe: spiegel online, 21. Dezember 2004, www.spiegel.de/kultur/gesellschaft/0,1518,333 980,00.html).
358 Interview der Süddeutschen Zeitung mit Michael Schindhelm: Die Akten und die

Roten. Der Theaterintendant Michael Schindhelm über seine Stasikontakte, die schwierige Wahrheit und das Gefühl des Ausgeliefertseins, in: Süddeutsche Zeitung, 13. Januar 2001.

359 Axel Brüggemann/Reinhard Wengierek, Ideologische Bauchschmerzen. Die Gauck-Akten liegen auf dem Tisch: Theaterdirektor Michael Schindhelm ist kein Denunziant, in: Die Welt, 23. Januar 2001.

360 Ebd.

361 Interview mit der Berliner Morgenpost, 8. März 2002.

362 »Ich habe Angela Merkel nicht verraten«. Die Vergangenheit holt den Theaterdirektor Michael Schindhelm ein: Eine Akte dokumentiert seine einstigen Stasi-Kontakte (Autor: Peter von Becker), in: Der Tagesspiegel, 12. Januar 2001.

363 Angela Merkel, a. a. O., S 64.

364 Ebd., S. 64 f.

365 Ausführlicher hierzu: Wolfgang Stock, a. a. O., S. 56 f. (Die folgenden Zitate sind alle bei Stock entnommen.)

366 Die Westreise war 1986; die Scheidung von ihrem ersten Mann war 1982 vollzogen worden. Erst 1998 heiratete sie ihren zweiten Mann. Folglich dürfte sich der Hemdenkauf auf ihren zweiten Mann Joachim Sauer beziehen.

367 Stock, a. a. O., S. 57.

368 Zit. nach Boysen, a. a. O., S. 55.

369 Gespräch des Verfassers mit Ulrich Havemann, 28. Juli 2004.

370 Zit. nach Boysen, a. a. O., S. 55 f.; siehe auch: Christoph Seils, »Ich war gerne in der FDJ«, in: Cicero 12/2004, S. 72 f.

371 Dieses Zitat bestätigte Angela Merkel in einem Interview mit dem Stern (»Das Leben ist erbarmungslos – es deformiert«), in: Stern, Nr. 30/2000, S. 46.

372 Gespräch des Verfassers mit Hans-Jörg Osten, 15. September 2004.

373 Siehe auch: Christoph Seils, »Ich war gerne in der FDJ«, in: Cicero, Dezember 2004, S. 72 ff.

374 Gespräch des Verfassers mit Hans-Jörg Osten, 15. September 2004.

375 Angela Merkel, a. a. O., S. 60.

376 Ebd., S. 59.

377 Ebd., S. 61.

378 Günter Gaus, Neue Porträts in Frage und Antwort, Günter Gaus im Gespräch mit Heinrich Fink, Wolfgang Thierse, Volker Braun, Hans-Jochen Vogel, Wolfgang Ullmann, Stefanie Spira, Regine Hildebrandt, Angela Merkel, Joachim Gauck, Hans Bentzien, Berlin 1992, S. 175.

379 Ebd., S. 175.

380 Michael Schindhelm, Zweimal täglich Mokka mit Angela, in: Berliner Morgenpost, 8. März 2000.

381 Angela Merkel, Untersuchung des Mechanismus von Zerfallsreaktionen mit einfachem Bindungsbruch und Berechnung ihrer Geschwindigkeitskonstanten auf der Grundlage quantenchemischer und statistischer Methoden, Dissertation zur Erlangung des akademischen Grades. Doktor eines Wissenschaftszweiges (Dr.rer.

nat.), eingereicht bei der Akademie der Wissenschaften der DDR, Forschungsbereich Chemie, Zentralinstitut für physikalische Chemie, Berlin, 8. Januar 1986, S. 1.
[382] Angela Merkel, a. a. O., S. 62.
[383] Ebd.
[384] Gespräch mit Klaus Ulbricht, 9. September 2004.
[385] Ebd.
[386] Interview Angela Merkels mit der Berliner Morgenpost, 12. Januar 2003.

Kapitel V

[387] Siehe Kapitel II, S. 30.
[388] Siehe eine SU-kritische Analyse des russischen Politikwissenschaftlers Nikolai Pawlow, Die deutsche Vereinigung aus sowjet-russischer Perspektive, Frankfurt 1996.
[389] Ausführlich hierzu: Karl-Rudolf Korte, Deutschlandpolitik in Helmut Kohls Kanzlerschaft. Regierungsstil und Entscheidungen 1982–1989, Stuttgart 1998, S. 191.
[390] Karl-Rudolf Korte, Deutschlandpolitik in Helmut Kohls Kanzlerschaft. a. a. O., S. 265 ff.
[391] Ebd., S. 228 ff.
[392] Siehe hierzu u. a.: Enquete Kommission »Aufarbeitung von Geschichte und Folgen der SED-Diktatur in Deutschland (Bände VII,1 und VII, 2, Widerstand, Opposition, Revolution), Baden-Baden 1995; Eberhard Kuhrt (in Verbindung mit Hannsjörg F. Buck und Gunter Holzweißig): Opposition in der DDR von den 70er Jahren bis zum Zusammenbruch der SED-Herrschaft, Opladen 1999; Ehrhardt Neubert: Geschichte der Opposition in der DDR 1949–1989, Bonn 2000.
[393] Neues Deutschland, 11. September 1987.
[394] Karl-Rudolf Korte, Die Chance genutzt? Die Politik zur Einheit Deutschlands, Frankfurt-New York 1994, S. 40.
[395] Siehe Mählert/Stephan, a. a. O., S. 241 ff.
[396] Stefan Wolle, Der Weg in den Zusammenbruch: Die DDR vom Januar bis zum Oktober 1989, in: Eckhard Jesse/Armin Mitter (Hrsg.): Die Gestaltung der deutschen Einheit, Bonn 1992, S. 83.
[397] Zur Bedeutung dieser Rede siehe: Daniel Sturm Uneinig in die Einheit. Die Sozialdemokratie und die Vereinigung Deutschlands 1989/90. Diss. phil. Bonn, 2005, S. 94.
[398] Zit. nach: Peter Schindler: Datenhandbuch zur Geschichte des Deutschen Bundestages 1949 bis 1999, Band II, Bonn 1999, S. 1502.
[399] Siehe ausführlicher: Karsten Timmer, Vom Aufbruch zum Umbruch. Die Bürgerbewegung in der DDR, Göttingen 2000.
[400] Die Zahlen differieren gelegentlich; siehe genauer die Homepage der Deutschen Botschaft in Prag: www.deutsche-botschaft.cz/DE/BOTSCHAFT/FLUECHTL/

Allerdings wird in dieser Darstellung nur die Rolle des damaligen Außenministers Genscher gewürdigt, nicht die des für humanitäre Fragen zuständigen und anwesenden Ministers Rudolf Seiters.

[401] Siehe hierzu u. a.: Alexander von Plato, Die Vereinigung Deutschlands – ein weltpolitisches Machtspiel, Bonn 2003, S. 54 ff.

[402] Der damalige »Bild«-Chefreporter Peter Brinkmann überliefert ein interessantes Bild jener Zeit, die er als Augenzeuge erlebte, in seinem Buch Schlagzeilenjagd, Bergisch Gladbach 1993, S. 76 ff. (Kapitel: »Drei Schritte hinter Gorbatschow«).

[403] Zit. nach Schindler, a. a. O., S. 1507.

[404] Horst Teltschik, 329 Tage. Innenansichten der Einigung, Berlin 1991, S. 42.

[405] Ebd. (Tagebucheintrag zum 10. November 1998), S. 20.

[406] Rainer Eppelmann, Fremd im eigenen Haus. Mein Leben im anderen Deutschland, Köln 1993, S. 341 f.

[407] Angela Merkel, a. a. O., S. 72

[408] Ebd.

[409] Ebd., S. 72 f.

[410] Ebd., S. 73.

[411] Interview von Angela Merkel mit der Berliner Morgenpost, 12. Januar 2003.

[412] Angela Merkel, a. a. O., S. 73.

[413] Interview von Angela Merkel mit der Berliner Morgenpost, 12. Januar 2003.

[414] Angela Merkel, a. a. O., S. 73 f.

[415] Albrecht Hinze, Demokratischer Aufbruch im Tumult, in: Süddeutsche Zeitung, 19. Dezember 1989.

[416] Angela Merkel, a. a. O., S. 77.

[417] Gespräch des Verfassers mit Klaus Ulbricht, 9. September 2004.

[418] Mitteilung von Klaus Ulbricht an den Verfasser, 5. Januar 2005.

[419] Angela Merkel, a. a. O., S. 77.

[420] Siehe Sturm, a. a. O., S. 114 ff.

[421] Siehe Auskünfte im Gespräch des Verfassers mit Angela Merkel, 25. Februar 2005; s. auch Stock, a. a. O., S. 24.

[422] Neubert: a. a. O., S. 838 f.

[423] Neubert: a. a. O., S. 839.

[424] Zit. nach: Zeitschrift zur politischen Bildung/Eichholz-Brief, Juni 1991, S. 60.

[425] Steffen Kammradt: Der Demokratische Aufbruch. Profil einer jungen Partei am Ende der DDR, Frankfurt 1997, S. 80.

[426] Albrecht Hinze, Demokratischer Aufbruch im Tumult, Süddeutsche Zeitung, 19. Dezember 1989.

[427] Berliner Zeitung, 18. Dezember 1989; zit. nach Kammradt, a. a. O., S. 90.

[428] Sturm, a. a. O., S. 118.

[429] Kammradt, a. a. O., S. 90 f.

[430] Zit. nach: Heinrich August Winkler: Der lange Weg nach Westen, 2. Band. Deutsche Geschichte vom »Dritten Reich« bis zur Wiedervereinigung, München 2000, S. 534 f.

[431] Horst Teltschik, 329 Tage. Innenansichten der Einigung, Berlin 1991, S. 42 ff.
[432] Ebd., S. 137 ff.
[433] Steffen Kammradt, a. a. O., S. 88
[434] Ein solches Dokument liegt auch nicht im Archiv für Christlich-Demokratische Politik der Konrad-Adenauer-Stiftung, wo Teile des schriftlichen DA-Nachlasses lagern (Auskunft von Manfred Agethen).
[435] Telefongespräch mit Andreas Apelt, 12. November 2004; zuvor Gespräch am 1. September 2004.
[436] Gespräch des Verfassers mit Claus Detjen, 4. September 2004.
[437] Ebd.
[438] Angela Merkel, a. a. O., S. 79.
[439] Gespräch des Verfassers mit Wolfgang Schnur, 19. Januar 2005.
[440] Gespräch des Verfassers mit Stefan Schwarz, 26. August 2004.
[441] Angela Merkel, a. a. O., S. 70 f. (siehe auch Interview in diesem Buch).
[442] Frankfurter Rundschau, 13. April 1991.
[443] Angela Merkel, a. a. O., S. 78.
[444] Ebd.
[445] So berichtete das Neue Deutschland vom 7. Februar 1990, dass Angela Merkel zusammen mit dem damaligen CDU-Landesvorsitzenden Eberhard Diepgen, dem amtierenden Ost-CDU-Bezirksvorsitzenden für Berlin, Dr. Eberhard Engler, und dem Vorsitzenden des Landesverbandes Berlin der Deutschen Sozialen Union (DSU), Stefan Sabottka, eine »Gemeinsame Berliner Erklärung« zur Gründung einer »Allianz für Berlin« unterzeichnete. Interessanterweise erinnert sich Angela Merkel indes nicht mehr an ihr Engagement für den DA-Landesverband Berlin (Vgl. Interview im Anhang).
[446] Brinkmann, a. a. O., S. 204.
[447] Daniel Friedrich Sturm, Mühsamer Abschied vom Sozialismus, in: Die Welt, 2. Oktober 1999.
[448] Frankfurter Allgemeine Zeitung, 18. Dezember 1991.
[449] Peter Schindler, Datenhandbuch zur Geschichte des Deutschen Bundestags 1949 bis 1999, Band III, Baden-Baden 1999, S. 3887.
[450] Angela Merkel, a. a. O., S. 81.
[451] Peter Schindler, a. a. O., S. 3816.
[452] Sturm, a. a. O., S. 286.
[453] Gespräch des Verfassers mit Thomas de Maizière, 5. April 2005.
[454] Gespräch des Verfassers mit Lothar de Maizière, 1. September 2004.
[455] Gespräch des Verfassers mit Matthias Gehler, 2. September 2004.
[456] Ebd.
[457] Peter Schindler, a. a. O., S. 3921
[458] Die Welt, 3. Januar 1991.
[459] Neues Deutschland, 19. Januar 1991.
[460] Gespräch des Verfassers mit Lothar de Maizière, 1. September 2004.
[461] Ebd.

462 »Da Herr Gehler nicht gerne geflogen ist, habe ich auch viele Auslandsreisen mitgemacht« (Angela Merkel, a. a. O., S. 82).
463 Auskünfte durch Thilo Steinbach, 26. Januar 2005.
464 Er wurde für diese Eigenschaft als Regierungsvertreter von der Bundesbank offiziell freigestellt.
465 So gewährte im Zusammenhang mit diesem Abkommen die Bundesrepublik Zuschüsse zum Haushalt der DDR. Bonn subventionierte fortan den Aufbau der Renten-, Kranken- und Arbeitslosenversicherung. Außerdem übernahm die DDR darüber hinaus zahlreiche bundesdeutsche Bestimmungen, Gesetze und Verordnungen.
466 Siehe ausführlicher: Rafael Biermann, Zwischen Kreml und Kanzleramt. Wie Moskau mit der deutschen Einheit rang, Paderborn 1997; siehe insbesondere S. 774 ff.
467 Gerd Langguth, Suche nach Sicherheiten. Ein Psychogramm der Deutschen, Stuttgart, S. 149.
468 Siehe ausführlich und grundlegend zur internationalen Situation im Zusammenhang mit der Deutschen Frage: Werner Weidenfeld: Außenpolitik für die deutsche Einheit. Die Entscheidungsjahre 1989/90, Stuttgart 1998; Stefan Fröhlich: Helmut Kohl und die deutsche Außenpolitik. Persönliches Regiment und Regierungshandeln vom Amtsantritt bis zur Wiedervereinigung, Paderborn 2001; Eckhard Jesse/Armin Mitter(Hrsg.): Die Gestaltung der deutschen Einheit, Bonn 1992.
469 Gespräch mit Lothar de Maizière, 1. September 2004.
470 Gespräch mit Johannes Leithäuser, 15. September 2004.
471 Johannes Leithäuser, Nach der Unterzeichnung nehmen die Minister die Füllfederhalter mit, in: Frankfurter Allgemeine Zeitung, 13. September 1990.
472 Frankfurter Allgemeine Zeitung, 16. März 1990.
473 Ulrich Deupmann, Eppelmann an die Spitze gewählt, Süddeutsche Zeitung, 23. April 1990.
474 Protokoll der Vorstandssitzung des DA vom 21. April 1990.
475 Protokoll Sonderparteitag des DA, 22. April 1990, Schwerin.
476 Protokoll der Vorstandssitzung vom 13. Mai 1990.
477 Protokoll der Vorstandssitzung vom 28. Mai 1990.
478 Protokoll der Vorstands- und Hauptausschusssitzung des DA vom 30. Juni 1990, Potsdam.
479 Frankfurter Rundschau, 6. August 1990.
480 Protokoll der Vorstandssitzung vom 10. August 1990.
481 Protokoll des 1. Parteitags der Christlich-Demokratischen Union Deutschlands, Hamburg, 1.– 2. Oktober 1990, S. 62 f.
482 Protokoll der Hauptausschusssitzung des DA vom 31. August 1990.
483 Charima Reinhardt, Streiten will die Ministerin schon, aber auf die sanfte Tour, Frankfurter Rundschau, 13. April 1991.
484 Kürschners Volkshandbuch, Deutscher Bundestag, 15. Wahlperiode, Stand 15. Januar 2003, Rheinbreitbach 2003, S. 172.

485 Telefonische Auskunft Beate Baumann, 24. März 2005 (siehe auch Interview des Verfassers mit Angela Merkel in diesem Buch).
486 Protokoll des 1. Parteitags der Christlich-Demokratischen Union Deutschlands, Hamburg, 1.-2. Oktober 1990, S. 62.
487 Vertrag zwischen der Bundesrepublik Deutschland und der Deutschen Demokratischen Republik über die Herstellung der Einheit Deutschlands – Einigungsvertrag – vom 31. August 1990 (BGBl. II S. 889).
488 Frankfurter Allgemeine Sonntagszeitung, 3. Oktober 2004.
489 Gespräch des Verfassers mit Günther Krause, 29. September 2004.
490 Grund für diesen Rücktritt waren nicht Vorgänge, die Krause im Zusammenhang mit seiner Firma »Aufbau Investitionen GmbH« vor Gericht führten: Krause setzte Spielgeld für zweifelhafte Währungsspekulationen ein, was ihm eine Anklage wegen Untreue eintrug. Das Landgericht Rostock verurteilte ihn 2002 zu einer Haftstrafe; der Bundesgerichtshof hob jedoch das Urteil auf (Frankfurter Allgemeine Sonntagszeitung, 3. Oktober 2004).
491 Telefonat des Verfassers mit Herbert Schmülling, seinerzeit Amtschef des Bundespresse- und Informationsamtes der Bundesregierung, 31. März 2005.
492 Gespräch des Verfassers mit Günther Krause, 29. September 2004.
493 Kölner Stadt-Anzeiger, 21. Februar 1991.
494 Mitteilung des Bundeswahlleiters, umgerechnet auf die Wahlkreiseinteilung 1998. (www.bundeswahlleiter.de/wahlen/ergeb94/d/t/wk94 267.htm).
495 Merkels SPD-Gegenkandidat kam ihr mit 31,1 Prozent schon recht nahe.
496 Eine Wahlkreisreform war erforderlich geworden: Das Bundesgebiet war seit 1990 insgesamt in 328 Wahlkreise aufgeteilt. Im Hinblick auf die Bundestagswahl im Jahre 2002 war die Zahl der Wahlkreise auf 299 reduziert worden. Hinsichtlich der Parteiliste wurde es sehr eng, denn die SPD hatte nur 0,1 Prozent weniger Stimmen als die CDU erhalten.

Kapitel VI

497 Gespräch des Verfassers mit Hans Geisler, 21. Dezember 2004
498 Merkel, a. a. O., S. 85.
499 Gespräch des Verfassers mit Lothar de Maizière, 1. September 2004; mit Günther Krause, 29. September 2004.
500 Gespräch des Verfassers mit Detlev Ahlers, heute Stellvertretender Chefredakteur der Südwest-Presse Ulm, 19. November 2004.
501 Merkel, a. a. O., S. 86.
502 Ebd., S. 88.
503 Burkhard von Pappenheim, Überzeugt davon, dass Jammern einfach »nischt hilft«, Stuttgarter Zeitung, 9. September 1991.
504 Günter Bannas, Die Jüngste in Kohls Kabinett raucht noch in der Öffentlichkeit, in: Frankfurter Allgemeine Zeitung, 3. April 1991.

505 Angela Merkel, a. a. O., S. 86 f.
506 Interview der Woche, Deutschlandfunk, 23. Juni 1991.
507 Elke Hagenau, »Wer grüßt mich denn später noch?«, Märkische Oderzeitung, 2. Dezember 1992.
508 Ebd.
509 Monika Zimmermann, »Die brauchen so etwas wie mich«, Neue Zeit, 13. September 1991.
510 Jörg Bischoff, Zwei Revolutionäre von einst im Kampf mit Bonns Bürokraten, in: Der Tagesspiegel, 3. Juli 1991; ähnlich: Gisbert Kuhn, Von Hühnern und Hähnen im geeinten Deutschland, Augsburger Allgemeine, 3. Juli 1991.
511 Gespräch des Verfassers mit Katharina Schöllgen, 16. November 2004.
512 Gespräch des Verfassers mit Hartwig Moebes und Udo Kollenberg, 16. September 2004.
513 Jörg Bremer, Jugendliche Neugier bei der zweiten Auslandsreise der Ministerin, in: Frankfurter Allgemeine Zeitung, 10. April 1991.
514 Burkhard von Pappenheim, Die junge Generation soll Scherben kitten, in: Stuttgarter Zeitung, 15. April 1991.
515 Frank Rafalski, Angela Merkel auf USA-Tour. Im Schlepptau des Kanzlers, in: Stuttgarter Nachrichten, 17. September 1991.
516 Ebd.
517 Express, 22. Januar 1992
518 Frankfurter Rundschau, 19. November 1991.
519 Interview mit Der Tagesspiegel Berlin, 23. November 1991.
520 dpa-Meldung, 6. November 1991.
521 dpa-Meldung, 23. November 1991.
522 Karl Feldmeyer, Der CDU-Vorsitzende schweigt, in: Frankfurter Allgemeine Zeitung, 17. März 1992 (die Bezeichnung »Gesundheit« war irrtümlich; Merkel war für Frauen und Jugend zuständig).
523 Süddeutsche Zeitung, 21. Februar 1992.
524 Der Spiegel, 45/2002.
525 dpa-Meldung, 16. Mai 1993.
526 In der Bundesrepublik Deutschland hatte der Deutsche Bundestag erstmalig im Mai 1973 über eine Reform des Paragraphen 218 des Strafgesetzbuchs, der seit dem Reichsstrafgesetzbuch von 1871 einen Schwangerschaftsabbruch generell unter Strafe stellte, beraten. Im April 1974 beschloss der Deutsche Bundestag hieraufhin einen von der damaligen sozial-liberalen SPD/FDP-Koalition eingebrachten Gesetzentwurf, wonach die Frau innerhalb der ersten drei Schwangerschaftsmonate allein über einen Abbruch hätte entscheiden können. Gegen diese Fristenregelung erließ das Bundesverfassungsgericht zunächst auf Antrag des Landes Baden-Württemberg im Juni 1974 eine Einstweilige Anordnung und erklärte sie schließlich Ende Februar 1975 für verfassungswidrig. Zuvor hatten 193 Abgeordnete der CDU/CSU-Fraktion und fünf unionsregierte Bundesländer eine Normenkontrollklage gegen die Fristenregelung eingereicht. Daraufhin nahm

auch die SPD/FDP-Koalition von einem solchen Modell Abstand und brachte einen neuen Gesetzentwurf in den Bundestag ein.

527 Für Westdeutschland galt der 1976 verabschiedete Paragraph 218, der vier Indikationen vorsah, nach denen ein Schwangerschaftsabbruch – unter anderem bei einer sozialen Notlage – straffrei bleiben sollte. Im am 3. Oktober 1990 in Kraft getretenen »Einigungsvertrag« wurde der Gesetzgeber dementsprechend dazu verpflichtet, bis zum 31. Dezember 1992 eine gesamtdeutsche Regelung zu treffen, die den Schutz vorgeburtlichen Lebens und die verfassungskonforme Bewältigung von Konfliktsituationen schwangerer Frauen »besser gewährleistet, als dies in beiden Teilen Deutschlands derzeit der Fall ist« (Vertrag zwischen der Bundesrepublik Deutschland und der Deutschen Demokratischen Republik über die Herstellung der Einheit Deutschlands – Einigungsvertrag – vom 31. August 1990 [BGBl.II S. 889], Art. 31,4).

528 »[...] in der Debatte [haben wir] immer wieder betont, dass es uns in erster Linie um Hilfe und nicht um Strafe geht. Dies haben wir aus der Erkenntnis heraus getan, dass Strafrecht [...] noch zu keiner Zeit die Abtreibung ungewollter Schwangerschaften verhindern konnte. Als neue Bundesbürgerin möchte ich sagen, dass die Diskussion über § 218 für mich zu Beginn ungewohnt war, dass ich viel über unsere grundgesetzliche Ordnung gelernt habe, dass sie mich über weite Strecken aber auch beschwert hat [...], weil wir oft über den strafrechtlichen Schutz des ungeborenen Lebens gesprochen haben, zugleich aber weniger darüber, dass dieses Leben nur mit der Frau und nicht gegen sie zu schützen ist. [...] Deshalb kann für mich [...] nur eine Abwägung zwischen der Notlage der Frau und dem schützenswerten ungeborenen Leben einen Schwangerschaftsabbruch rechtfertigen. Ich habe in meiner Fraktion am Mehrheitsentwurf mitgearbeitet, und ich stehe dazu, [denn er stellt] prinzipiell klar, dass für die Beurteilung einer psycho-sozialen Notlage vorrangig subjektive Gesichtspunkte von Bedeutung sind.« (Deutscher Bundestag, Stenographischer Bericht, 25. Juni 1992, 8244 f.; siehe auch: Deutscher Bundestag, Stenographischer Bericht, 26. September 1991).

529 »Ich habe für den CDU/CSU-Mehrheitsentwurf gestimmt und habe [...] mich [dann] entschlossen, diese Lösung des Gruppenantrags zu respektieren. Ich hatte mich dann in den letzten Abstimmungen der Stimme enthalten, weil für mich auch im Vordergrund stand, dass wir ein Gesetz verabschieden. Es ist nicht das, was ich mir als Ideal vorgestellt hätte, aber ich glaube, ich kann damit leben. Ich glaube, dass auch die Erarbeiter des Gruppenantrags natürlich sich Gedanken gemacht haben [...]: Wie kann man den Lebensschutz noch deutlich machen? Ich würde weiterhin sagen, dass uns dies im CDU/CSU-Mehrheitsentwurf deutlicher gelungen ist, aber ich glaube auch, dass diese völlige Gegenüberstellung – Indikationslösung, dort Fristlösung und dazwischen unüberwindliche Gräben –, dass die für mich sowieso ein wenig zweifelhaft ist«.(Südwestfunk, 26. Juni 1992).

530 »Die Rechtsprechung des Bundesverfassungsgerichts entsprach [...] ganz genau meinen Vorstellungen. Ich hätte mir nur gewünscht, die Politik hätte das zustan-

de gebracht und nicht erst wieder ein Urteil gebraucht. [...] Wenn ich wirklich das Ziel habe, die Zahl der Schwangerschaftsabbrüche zu vermeiden, dann ist die Pflichtberatung der Frau dazu am besten geeignet.« (Angela Merkel, a. a. O., S. 91).

531 Südwestfunk, 26. Juni 1992.
532 Angela Merkel, a. a. O., S. 91.
533 In den Koalitionsverhandlungen zwischen CDU/CSU und FDP war dieses Gesetz Ende des Jahres 1990 vereinbart worden. Hierfür hatte Merkel regierungsintern die Federführung. Damit war sie im Vergleich zur Debatte um den Paragraphen 218 in einer komfortableren Situation. Merkel war dabei an der Ausarbeitung eines Artikelgesetzes gelegen, das die bis dahin geltenden Richtlinien zur Frauenförderung im Öffentlichen Dienst des Bundes ersetzen sollte. In diesem Zusammenhang strebte sie in erster Linie eine generelle Verbesserung der beruflichen Frauenförderung an. Konkret wollte Merkel beispielsweise die berufliche Gleichberechtigung von Frauen bei Stellenausschreibungen und Teilzeitarbeit gesetzlich verankern. Zusätzlich plante sie auch eine Änderung des Betriebsverfassungsgesetzes, um auf diese Weise die Mitwirkung von Betriebsräten bei Frauenförderplänen zu verbessern.
534 »Die Chancengleichheit in der Gesellschaft ist weder in den alten Bundesländern noch in den neuen Bundesländern in den wesentlichen Punkten [...] gewährleistet. Ich glaube, dass wir in den beiden Teilen Deutschlands sehr unterschiedliche Entwicklungen hatten und dass wir aus diesen unterschiedlichen Entwicklungen durchaus für die Frauenpolitik und für die Chancengleichheit [...] Profit ziehen können. Deshalb auch [...] das Gleichberechtigungsgesetz, das wir demnächst machen wollen.« (Hessischer Rundfunk, 26. Mai 1991).
535 Gelänge dem Arbeitgeber diese Beweisführung nicht, sollte er einen Schadensersatz in Höhe von bis zu vier Monatsgehältern des fraglichen Postens zahlen. Die zu diesem Zeitpunkt gültige Regelung, dass die betroffene Frau den Nachweis führen musste und lediglich Anspruch auf Ersatz ihrer Bewerbungskosten hatte, sollte wegfallen. Auch eine von Merkel angedachte, vom Staat zu finanzierende Unfallversicherung für Hausfrauen und die Einführung steuerlicher Entlastungen für gesellschaftlich bedeutsame ehrenamtliche Tätigkeiten durch Frauen stießen vermehrt auf Kritik.
536 Bild am Sonntag, 16. Februar 1992.
537 Ebd.
538 »Für mich [bedeutet] Gleichberechtigung, dass Männer und Frauen im Durchschnitt [...] ein ähnliches Maß von Rechten und Pflichten haben in ihrem Leben. Das heißt, ich stelle mir nicht vor, dass Gleichberechtigung Gleichmacherei in jeder Frage heißt, sondern dass Frauen ihr Leben in bestimmtem Maße so gestalten können, wie das für Männer normal ist. Da kann die Frau sagen, ich widme mich vorrangig meiner Familie und der Erziehung der Kinder, oder ich möchte Beruf und Familie verbinden, oder ich möchte nur erwerbstätig sein.« (Neue Westfälische, 25. Juni 1992).

539 »Ein solches Gesetz kann zeigen, dass Frauen besondere Probleme haben bei der Vereinbarkeit von Beruf und Familie. Ein solches Gesetz kann darauf hinwirken, dass Frauen auch in der Karriereleiter auf etwas höheren Posten zahlreicher vertreten sind. [...] Ich glaube, dass es gut und richtig ist, wenn die Bundesbehörden hier zeigen, wie man Frauenförderung auch ohne eine starre fixierte Quote intensiv und langfristig geplant über einen Frauenförderungsplan betreiben kann. [...] Ich glaube, ein solches Gesetz kann zeigen, dass der Staat seine Aufgabe in dem Bereich, den er beeinflussen kann, nämlich im gesetzgeberischen Bereich, wahrnimmt und in seinen Behörden dafür sorgt, dass die Gleichberechtigung von Frauen besser umgesetzt wird.« (Deutschlandfunk, 14. März 1993).

540 Weitere Schwerpunkte des letztlich verabschiedeten Gleichberechtigungsgesetzes bildeten entsprechend der ursprünglichen Zielvorgaben Merkels die Verbesserung der Frauenförderung insgesamt, die Förderung der Vereinbarkeit von Familie und Beruf im Bundesdienst, die rechtliche Verankerung der Gleichbehandlung von Frauen in der Wirtschaft, die verstärkte Mitwirkung von Betriebs- und Personalräten bei der Durchsetzung der Gleichberechtigung, die gleichberechtigte Mitwirkung von Frauen in öffentlichen Gremien und der umfassende Schutz vor sexueller Belästigung am Arbeitsplatz. Gerade die Aufnahme des letzten Punkts in den Gesetzestext war dabei ein Novum, mit dem die Bundesrepublik Deutschland auch auf europäischer Ebene eine Vorreiterrolle einnahm. Die entsprechenden Bestimmungen definierten auf der Grundlage festgelegter Kriterien zum ersten Mal gesetzlich den Begriff der »sexuellen Belästigung am Arbeitsplatz« und regelten die sich hieraus ergebenden Handlungsverpflichtungen des Arbeitgebers und die Rechte des Opfers der Belästigung.

541 Angela Merkel, a. a. O., S. 92.

542 Auch im Rückblick verteidigt Merkel ihren Einsatz für eine Quotenregelung bei den arbeitsmarktpolitischen Hilfen für arbeitslose Frauen: »[...] es gab eine Sache, die wenig beachtet wurde, aber für arbeitslose Frauen gerade im Osten sehr wichtig war: nämlich Frauen entsprechend ihrem Anteil an der Arbeitslosigkeit in den Genuss der arbeitsmarktpolitischen Maßnahmen kommen zu lassen.« Und weiter zur Quotenregelung: »Gerade im Osten waren und sind die Frauen von der Arbeitslosigkeit stärker betroffen als Männer.« (Angela Merkel, a. a. O., S. 91 f.).

543 Gespräch des Verfassers mit Jürgen Rüttgers, 23. Februar 2005.

544 Angela Merkel, a. a. O., S. 94.

545 dpa-Meldung, 9. Januar 1995.

546 Angela Merkel, a. a. O., S. 14.

547 Die Welt, 19. Mai 1995.

548 Angela Merkel, a. a. O., S. 97.

549 Angela Merkel, a. a. O., S. 99.

550 Die Welt, 22. Mai 1998.

551 Angela Merkel a. a. O., S. 99.

552 Die Welt, 5. Oktober 1996.

553 Handelsblatt, 28. August 1996.
554 Frankfurter Allgemeine Zeitung, 17. April 1997.
555 Ausgenommen von dieser Regelung wurden Australien, Norwegen und Island, denen ein Zuwachs beim Gasausstoß von bis zu acht Prozent zugebilligt wurde. Zwar waren die Beschlüsse von Kyoto im Vergleich zu ähnlichen vorherigen Abkommen bindend. Ihre Umsetzung wurde indes von der Zustimmung der jeweiligen nationalen Parlamente abhängig gemacht, weshalb ein durchschlagender, langfristiger Erfolg der Vereinbarung von Beginn an ungewiss war. In der Tat haben sich mittlerweile die Befürchtungen bestätigt, dass nicht alle Unterzeichner des Protokolls die Regelungen auf der nationalen Ebene ratifizieren würden. So beteiligt sich mit den USA beispielsweise bis zum gegenwärtigen Zeitpunkt der weltweit größte Verursacher von Treibhausemissionen nicht an der praktischen Umsetzung des Kyoto-Protokolls. Der Nachteil eines Abkommens, das der innenpolitischen Ratifikation durch die entsprechenden nationalen Parlamente bedarf, wird hier offenbar. Andererseits war wohl nur auf diese Weise ein Kompromiss möglich.
556 Frankfurter Rundschau, Interview, 17. Juni 1997.
557 Hans-Jürgen Leersch, Interview mit Angela Merkel, in: Die Welt, 15. August 2002.
558 Gespräch des Verfassers mit Werner Hoyer, 26. Februar 2005.

Kapitel VII

559 Wolfgang Schäuble, Mitten im Leben, München 2000, S. 60.
560 Siehe ausführlicher: Gerd Langguth: Das Innenleben der Macht, München 2001, S. 194.
561 Der Stern, 9. Januar 1997.
562 Süddeutsche Zeitung, 13. Februar 1997.
563 Zit. nach: Die Welt, 19. September 1998.
564 dpa-Meldung, 26. November 1999.
565 ZDF-Sendung »Was nun, Herr Kohl?«, 16. Dezember 1999.
566 Frankfurter Allgemeine Zeitung, 22. Dezember 2002.
567 Wolfgang Schäuble, Mitten im Leben, a. a. O., S. 212.
568 Helmut Kohl, Mein Tagebuch, a. a. O., S. 141.
569 Ausführlicher zu diesem Vorgang siehe: Gerd Langguth, Das Innenleben der Macht, a. a. O., S. 160 ff.
570 Schäuble, Mitten im Leben, a. a. O., S. 224.
571 Interview mit Wolfgang Schäuble, Phoenix, 7. April 2000.
572 Wolfgang Schäuble, Mitten im Leben, a. a. O.
573 dpa-Meldung, 11. Januar 2000.
574 Bild, 17. August 1993.
575 Angela Merkel, a. a. O., S. 32.
576 Bild, 9. September 1991.
577 Nach: dpa-Meldung, 2. Januar 1999.

578 Martina Fietz, Wer ist eigentlich Herr Merkel?, Bunte, 6. April 2000.
579 Gespräch des Verfassers mit Gerhard Öhlmann, 18. Januar 2005.
580 Humboldt-Universität zu Berlin, Pressemitteilung Nr. 92/1999.
581 Humboldt (Zeitung der Humboldt-Universität), 22. Januar 2004.
582 Angela Merkel, a. a. O., S. 34.
583 Herlinde Koelbl, a. a. O., S. 52.
584 Angela Merkel, a. a. O., S. 34.
585 Herlinde Koelbl, a. a. O., S. 51 f.
586 Interview mit Bunte, Nr. 5, 24. Januar 2002.
587 Deutscher Anglerverband (Hrsg.), Deutscher Anglerverband e. V. – Eine Dokumentation, Berlin 2004, S. 35. (Festrede von Angela Merkel).
588 Interview mit: Bunte, Nr. 5, 24. Januar 2002.
589 Martina Fietz, Wer ist eigentlich Herr Merkel?, in: Bunte, 6. April 2000.
590 dpa-Meldung, Angela Merkel wehrt sich gegen »Theater-Lärm« vor ihrer Tür, 23. August 2001.
591 Bunte, Nr. 5, 24. Januar 2002.
592 Ebd.
593 Stern, 8/2000.
594 Gespräch des Verfassers mit Peter Radunski, 25. November 2005.
595 Süddeutsche Zeitung, 7. März 2000.
596 Karl Feldmeyer, Auffällig unauffällig hat Angela Merkel ein Hindernis nach dem anderen überwunden, in: Frankfurter Allgemeine Zeitung, 21. März 2000.
597 Warnfried Dettling, Merkels politische Ästhetik, in: die tageszeitung, 8. April 2000.
598 Ebd.
599 Zit. nach: Frankfurter Allgemeine Zeitung, 11. April 2000.
600 Die Zeit, 13. Juli 2000.
601 Frankfurter Allgemeine Zeitung, 17. Juli 2000.
602 Zit. nach: Frankfurter Allgemeine Zeitung, 24. Juli 2004.
603 Gespräch des Verfassers mit Ruprecht Polenz, 7. September 2004.
604 Susanne Höll, Der Mann mit dem Missgriff, in: Süddeutsche Zeitung, 20. November 2000.
605 Gespräch des Verfassers mit Ruprecht Polenz, 7. September 2004.
606 Süddeutsche Zeitung, 21. November 2004.
607 Zit. nach: Kurt Kister, Angreifen, egal wie, in: Süddeutsche Zeitung, 21. November 2000.
608 Zit. nach: Frankfurter Allgemeine Zeitung, 21. November 2000.
609 Zit. nach dpa, 22. Dezember 2004.
610 Interview von Martin Lohmann mit Friedrich Merz in: Rhein Zeitung, 26. Januar 2001.
611 Angela Merkel, Die Wir-Gesellschaft. Über die Notwendigkeit einer Neuen Sozialen Marktwirtschaft, in: Frankfurter Allgemeine Zeitung, 18. November 2000.
612 Vgl. zum Inhalt des Schröder-Blair-Papiers ausführlich Gerd Langguth: Das Blair-

Schröder-Papier als historische Wende? Der Kampf um den politischen Begriff der »neuen Mitte«, in: Neue Zürcher Zeitung, 21. September 1999; ders.: Blair-Schröder-Papier – Start zu einem historischen Prozess? Der Kampf um einen politischen Begriff der »Neuen Mitte«, in: Zeitschrift zur politischen Bildung, 1999, Jg. 36, Nr. 3, S. 5–12.

[613] Angela Merkel, Die Wir-Gesellschaft. Über die Notwendigkeit einer Neuen Sozialen Marktwirtschaft, in: Frankfurter Allgemeine Zeitung, 18. November 2000.

[614] Zitiert nach: ebd.

[615] Das Diskussionspapier zählt in seiner Kurzfassung auf einunddreißig Seiten die aus Sicht der CDU wesentlichen Herausforderungen und hieraus abzuleitenden Maßnahmen bezüglich der Reform der marktwirtschaftlichen und sozialen Ordnung Deutschlands auf und knüpft dabei an zentrale Punkte des Merkelschen FAZ-Artikels vom November 2000 an. Genannt werden unter anderem die Notwendigkeit, die Wissensgesellschaft in Deutschland fortzuentwickeln. Da auch die Bundesrepublik im Zuge der Globalisierung immer mehr im internationalen Wettbewerb um die besten Köpfe stehe, gelte es vor allem, die Hochschul- und Forschungseinrichtungen verstärkt an internationalen Qualitätsstandards auszurichten. Zudem müsse mit der Bekämpfung der Arbeitslosigkeit das bedrückendste und größte Problem der bundesdeutschen Gesellschaft endlich zukunftsorientiert und praxisnah angegangen werden. Hierzu sei eine Flexibilisierung des starren deutschen Arbeits- und Tarifrechts mit allen hieraus resultierenden positiven Beschäftigungseffekten effizient voranzutreiben. Außerdem gelte es die Finanzierungsgrundlagen des Staates in Form eines gerechten und solidarischen Steuersystems neu zu ordnen. Nicht zuletzt müssten in diesem Zusammenhang auch die sozialen Sicherungssysteme zukunftsorientiert reformiert werden (CDU-Bundesgeschäftsstelle (Hrsg.), Neue Soziale Marktwirtschaft. Kurzfassung des Diskussionspapiers der CDU Deutschlands, Berlin, 27. August 2001, S. 6 ff.).

[616] So beklagte sich bereits wenige Tage nach dessen Veröffentlichung der damalige Vorsitzende der Christlich-Demokratischen Arbeitnehmerschaft (CDA), Hermann-Josef Arentz, öffentlich über die seiner Meinung nach zu arbeitgeberfreundliche Ausgestaltung des Papiers. Pikanterweise war Arentz indes selbst Mitglied der Präsidiumskommission gewesen, die den Entwurf zur »Neuen Sozialen Marktwirtschaft« ausgearbeitet hatte, was seine Kritik nicht glaubwürdiger machte.

[617] Vgl. hierzu und zur geschilderten unionsinternen Kontroverse über das Diskussionspapier zur »Neuen Sozialen Marktwirtschaft« weiterführend Hans-Jürgen Leersch, Ein Titel, und wie er gelesen werden soll: Aufs Neue soziale Marktwirtschaft, in: Die Welt, 28. August 2001.

[618] Georg Paul Hefty, Kein Comeback für Schäuble, Frankfurter Allgemeine Zeitung, 19. Juni 2001.

[619] dpa-Meldung, 1. Februar 2001.

[620] Günter Bannas, Vorne wird Leichtigkeit vorgeführt, hinter den Kulissen ist die Stimmung angespannt, in: Frankfurter Allgemeine Zeitung, 12. Mai 2001.

621 Angela Merkel, Die Wir-Gesellschaft. Über die Notwendigkeit einer neuen Sozialen Marktwirtschaft (www.neue-soziale-marktwirtschaft.cdu.de/wir.htm (27. August 2001).
622 Hans-Jürgen Leersch, Wer steht noch hinter Merkel? in: Die Welt, 28. August 2001.
623 Friedrich Merz im Interview mit Die Welt, 3. Februar 2001 (»Die Fraktion ist das Kompetenzzentrum«).
624 Presse- und Informationsamt der Bundesregierung, Fernseh/Hörfunkspiegel Inland I, 18. Januar 1999.
625 Interview Stoibers mit dem Nachrichtensender N 24; zit. nach: dpa-Meldung, 18. November 2000.
626 Presse- und Informationsamt der Bundesregierung, Fernseh/Hörfunkspiegel Inland II, 12. Oktober 2001.
627 Zit. nach: Peter Dausend, neue Debatte in der Union über die Zukunft Angela Merkels, in: Die Welt, 10. Oktober 2001.
628 Frankfurter Allgemeine Zeitung, 1. November 2001.
629 Heribert Prantl, Stoibers Ausweg heißt Schäuble, in: Süddeutsche Zeitung, 2. November 2001.
630 Frankfurter Allgemeine Zeitung, 1. November 2001.
631 Frankfurter Allgemeine Zeitung, 2. November 2001.
632 Ebd.
633 Thomas Durchdenwald, Teufel und Merkel: Wie sag ich's der Parteichefin, in: Stuttgarter Zeitung, 5. November 2001.
634 Neue Zürcher Zeitung, Die CDU im Bann der Kandidatenfrage, 4. Dezember 2001.
635 Kurt Kister, Und sie kann es doch, Süddeutsche Zeitung, 4. Dezember 2001.
636 Hans-Jürgen Leersch, Können 2000 Hände lügen? Die Welt, 5. Dezember 2001.
637 Michael Inacker, Offener Machtkampf in der CDU, in: Frankfurter Allgemeine Sonntagszeitung, 9. Dezember 2001.
638 Ebd.
639 Interview von Wolfgang Bosbach mit der tageszeitung, 10. Dezember 2001.
640 Welt am Sonntag, 6. Januar 2002.
641 Union in Deutschland, 17. Januar 2002.
642 Karl Feldmeyer, Eine halsbrecherische Partie, in: Frankfurter Allgemeine Zeitung, 12. Januar 2002.
643 Interview mit Bunte, 24. Januar 2002.
644 Bericht der Vorsitzenden der CDU Dr. Angela Merkel, Manuskript, Bundesparteitag der CDU, 16. bis 18. Juni 2002; S. 29; vgl. Tom Levine, Die Krönungsmesse, in: Berliner Zeitung, 19. Juni 2002.
645 Ulla Thiede, Die CDU sieht sich am Beginn einer neuen Ära, in: General-Anzeiger Bonn, 18. Juni 2002.
646 Stephan Löwenstein, Wieder in der Familie, in: Frankfurter Allgemeine Zeitung, 18. Juni 2002.
647 Infratest-Dimap, September 2002; zit. nach: Viola Neu (Konrad-Adenauer-Stif-

tung), Analyse der Bundestagswahl am 22. September, Politikkompass der Konrad-Adenauer-Stiftung Nr. 91/2002; abgedruckt auch in: Union in Deutschland, Nummer 32, 10. Oktober 2002.

[648] Siehe hierzu: Gerd Langguth, Die Grünen – auf dem Weg zur Volkspartei? Eine Zwischenbilanz, in: Hans Zehetmair (Hrsg.), Das deutsche Parteiensystem. Perspektiven für das 21. Jahrhundert, Wiesbaden 2004.

[649] Forschungsgruppe Wahlen, Umfrage vor der Wahl 09/02.

[650] Viola Neu, a. a. O., S. 5.

[651] Alle Zahlen zu der Repräsentativen Wahlstatistik des Statistischen Bundesamts entnommen aus: Tim C. Werner, Wählerverhalten bei der Bundestagswahl 2002 nach Geschlecht und Alter. Ergebnisse der Repräsentativen Wahlstatistik, in: Statistisches Bundesamt, Wirtschaft und Statistik 3/2003.

[652] Georg Bauer, Chefin Gnadenlos, in: Focus, 30. September 2002.

[653] Frankfurter Allgemeine Zeitung, 16. Dezember 2002 (»Merz wirft Merkel Wortbruch vor«).

[654] Karl Feldmeyer, Etappe auf dem Weg nach oben, in: Frankfurter Allgemeine Zeitung, 12. November 2002.

[655] Bettina Gaus, Merkel braucht Stehvermögen, in: tageszeitung, 12. November 2002.

[656] Matthias Koch, Wohin will Merkel, in: Hannoversche Allgemeine Zeitung, 12. November 2002; Susanne Höll, Union: Schusseligkeit bei Wahl Merkels, in: Süddeutsche Zeitung, 12. November 2002.

[657] Der sogenannte »Brief der Acht«, in dem die damaligen Staats- und Regierungschefs der aufgeführten Länder Ende Januar 2003 öffentlich ihre Solidarität mit den USA im Irak-Konflikt erklärten, brachte diese Haltung explizit zum Ausdruck. Vgl. hierzu: Der Aufruf der Acht. Am Donnerstag veröffentlichten acht Staats- und Regierungschefs einen gemeinsamen Aufruf in verschiedenen europäischen Zeitungen, in: Die Welt, 31. Januar 2003.

[658] Schröder legte sich schon im Wahlkampf 2002 einseitig darauf fest, die USA in keinem Fall im Zusammenhang mit dem Irak-Krieg zu unterstützen (vgl. zur Einstellung Schröders bezüglich des Irak-Konflikts exemplarisch: Schröder schließt erstmals Ja zu Irak-Krieg aus. Kanzler hofft weiter auf Entwaffnung des Hussein-Regimes mit friedlichen Mitteln. Britische Regierung glaubt an gemeinsame Haltung des UN-Gremiums, in: Die Welt, 21. Januar 2003).

[659] Vgl. United Nations Security Council, Resolution 1441 (2002). Adopted by the Security Council at its 4644th Meeting on 8 November 2002. (http://daccessdds.un.org/doc/UNDOC/GEN/N02/682/26/PDF/N0268226.pdf?OpenElement – Stand: 13. Januar 2005).

[660] Vgl. »Folter ist nicht hinnehmbar«. Angela Merkel, CDU-Vorsitzende, über Amerika, Europa und den Irak-Krieg. Ein Zeit-Gespräch, in: Die Zeit, 6. Mai 2004.

[661] Schäuble hatte beispielsweise im Vorfeld des Irak-Kriegs geäußert, man dürfe den deutsch-französischen Plan Schröders und Chiracs für ein umfassendes Inspektionsregime im Irak nicht einfach übergehen und damit indirekt Angela Merkels

Position angegriffen, die den deutsch-französischen Vorschlag als nicht durchsetzbar bezeichnet hatte.

662 Vgl. Ralf Neukirch/Christoph Schult, Diplomatischer Tabubruch. Mit ihrer Haltung zum Irak-Krieg hat sich CDU-Chefin Merkel das Wohlwollen Washingtons gesichert – auch manchen Parteifreunden ist das nicht geheuer, in: Der Spiegel, Nr. 9 (2003), S. 27; Dies., Merkels Schweigen. Die SPD attackiert die Irak-Position der CDU-Chefin, die Parteifreunde gehen auf Distanz. Doch die Oppositionsführerin scheint entschlossen, das Thema auszusitzen, in: Der Spiegel, Nr. 19 (2004), S. 32–34.

663 Vgl. Matthias Rüb, Waffensuche im Irak eingestellt, in: Frankfurter Allgemeine Zeitung, 13. Januar 2005.

664 Im Gegenteil präzisierte sie ihren Standpunkt im Mai 2004 in einem Interview mit der Wochenzeitung »Die Zeit« erneut: »[…] als deutsche Politikerin habe ich mich zunächst mit den deutschen Entscheidungen auseinandergesetzt, die hier durch den deutschen Bundeskanzler auf Marktplätzen verkündet wurden. Dass sich Herr Schröder, unabhängig vom Entscheidungsprozess der UN, festgelegt hat, einem Krieg gegen den Irak unter keinen Umständen zuzustimmen, steht jedenfalls außer Zweifel und hat die Einigung in Europa unmöglich gemacht. […] Wenn es stimmt […] dass der Entschluss zum Krieg schon lange vorher feststand […] hätte man gar nichts machen können, dann hätte Europa einfach keinen Einfluss gehabt. Ich glaube das nicht. Ich bin der festen Überzeugung, dass Europa nicht alles versucht hat, was es hätte versuchen können. Wenn wir gemeinsam gehandelt hätten, hätten wir es den USA sehr viel schwerer gemacht, an den Vereinten Nationen vorbeizukommen. Man hätte auf die Amerikaner durch ein einheitliches europäisches Handeln politisch anders Einfluss nehmen können. Die Dinge hätten sich dann anders entwickelt« (zitiert nach »Folter ist nicht hinnehmbar«. Angela Merkel, CDU-Vorsitzende, über Amerika, Europa und den Irak-Krieg. Ein Zeit-Gespräch, in: Die Zeit, 6. Mai 2004).

665 Zitiert nach »Folter ist nicht hinnehmbar«. Angela Merkel, CDU-Vorsitzende, über Amerika, Europa und den Irak-Krieg. Ein Zeit-Gespräch, in: Die Zeit, 6. Mai 2004.

666 »So etwas darf auf keinen Fall hingenommen werden. Denn hier steht die Glaubwürdigkeit der demokratischen Werte auf dem Spiel. Die Berichte über Misshandlungen und das Quälen von Menschen sind furchtbar. Das muss schonungslos aufgeklärt werden. Hinzu kommt, dass dies die Notwendigkeit, das Vertrauen der Iraker in eine neue politische Ordnung zu stärken, zunichte machen kann« (zitiert nach ebd.).

667 Zit. nach Angela Merkel, Außen- und Sicherheitspolitik im 21. Jahrhundert, in: Civis, Nr. 1 (2003), S. 4–5 (S. 4).

668 Zit. nach »Folter ist nicht hinnehmbar«. Angela Merkel, CDU-Vorsitzende, über Amerika, Europa und den Irak-Krieg. Ein Zeit-Gespräch, in: Die Zeit, 6. Mai 2004.

669 dpa-Meldung, 19. Februar 2003 (»Stoiber: Union benötigt keinen Kanzlerkandidaten«).

670 Die Welt, 14. Juli 2003 (»Koch bricht aus der Steuer-Front aus«).

671 Interview mit dem Politikwissenschaftler Franz Walter, »Für die SPD ist es brandgefährlich«, in: Die Welt, 27. September 2003.
672 Richard Meng, Aufziehende Dämmerung, Frankfurter Rundschau, 27. September 2003.
673 Siehe zur Position von Friedrich Merz: Interview mit Der Tagesspiegel, 28. September 2003.
674 Siehe das Interview von Horst Seehofer »Zur Bürgerversicherung sehe ich keine Alternative« in: Frankfurter Rundschau, 25. September 2003.
675 Vgl. zu den Äußerungen Merkels und Schröders Tilman Gerwien/Andreas Hoidn-Borchers/Lorenz Wolf-Doettinchem, Kanzler von Merkels Gnaden.»Gerhard Schröder hat sich verzockt. Bis zuletzt glaubte er, die Union werde einknicken und doch noch seiner Steuersenkung zustimmen. Jetzt kommt die Entlastung nur als halbe Portion. Keine guten Aussichten für die Konjunktur – und das Superwahljahr 2004, in: Der Stern, 18. Dezember 2003.
676 Vgl. zu den Entscheidungsprozessen und Ergebnissen des im Vermittlungsausschuss ausgehandelten Steuerkompromisses vom Dezember 2003 Matthias Geyer u. a., Politik paradox. Aufbruch oder Absturz? Mit Raffinesse und Machtinstinkt kämpfen die untereinander rivalisierenden CDU-Größen gegen die Reformpläne der Bundesregierung – und die eigenen Grundüberzeugungen. Stoppt die Union die Steuerentlastung?, in: Der Spiegel, Nr. 50 (2003), S. 22–40; Hartmut Palmer, In Grau- und Nebelzonen. Im Vermittlungsausschuss werden jetzt die Weichen für das Gelingen oder Scheitern von Schröders Reform-Agenda gestellt: Der Vorsitzende Henning Scherf gilt als ideale Besetzung, in: ebd., S. 32–33.
677 Hinzu kamen für beide parteipolitische Lager unpopulär zu vermittelnde Festlegungen auf Kürzungen der Pendlerpauschale und der Eigenheimzulage, sowie verschärfte Regelungen beim Kündigungsschutz und den Zumutbarkeitsregelungen für Langzeitarbeitslose, die gerade für eine sozialdemokratisch dominierte Regierung nicht viel Spielraum für positive Außenwirkungseffekte des Steuerkompromisses ließen. Angela Merkel stellte indes ihre Führungsfähigkeit auf einem zentralen reformpolitischen Feld zumindest insoweit unter Beweis, als es ihr gelang, die Unionsreihen diesmal geschlossen zu halten und der rot-grünen Regierung Schröder das Leben in der Frage der Steuerpolitik so schwer wie möglich zu machen. Die Eingangs- und Höchststeuersätze auf Einkommen sinken dem Kompromiss zufolge. Zu Hilfe kam Merkel dabei zweifelsohne die starke Machtposition der Union im Bundesrat.
678 Angela Merkel, Quo vadis Deutschland? Gedanken zum 13. Jahrestag der Deutschen Einheit, 1. Oktober 2003, Manuskript, S. 2.
679 Ralf Neukirch/Alexander Neubacher, Größere Zeiträume, in: Der Spiegel, 8. Dezember 2003.
680 dpa-Meldung, 5. Dezember 2003.
681 Heribert Prantl, Rache für Wolfratshausen, in: Süddeutsche Zeitung, 3. Dezember 2003.
682 Ebd.

683 Rüdiger Scheidges, Angela Merkel, auf Augenhöhe mit dem Kanzler, in: Handelsblatt, 28. November 2003.
684 Hugo Müller-Vogg, Plötzlich steht sie ganz oben, in: Welt am Sonntag, 28. Dezember 2003.
685 Dokumentiert in: Frankfurter Allgemeine Zeitung, 12. November 2003.
686 Die Welt, 1. November 2003.
687 Frankfurter Allgemeine Zeitung, 5. November 2003.
688 Karl Feldmeyer, »Merkels Kredit ist aufgebraucht«, in: Frankfurter Allgemeine Zeitung, 15. November 2003.
689 Frankfurter Allgemeine Zeitung, 11. November 2003.
690 Oskar Lafontaine, Gut Gemeintes bewirkt oft das Gegenteil, in: Bild-Zeitung, 17. November 2003.
691 Inge Kloepfer, Friede Springer. Die Biographie, Hamburg 2005.
692 Manfred Schäfers, Union der Kleinmütigen, Frankfurter Allgemeine Zeitung, 21. Januar 2004.
693 Ebd.
694 Siehe hierzu u. a.: »Wir wagen den Neuanfang«, Interview mit Kurt Faltlhauser, Bayernkurier, 12. Februar 2004.
695 Bei der Einkommensteuer erhält nach den Vorstellungen der Union jedes Familienmitglied einen jährlichen Grundfreibetrag in Höhe von 8000 Euro. Das verbleibende steuerpflichtige Einkommen wird zunächst nach dem erwähnten linear-progressiven Tarif versteuert, in einer späteren Phase dann nach dem oben angesprochenen dreistufigen Tarif. Der Eingangssteuersatz soll dem Unionsmodell zufolge auf 12 Prozent sinken. Der Höchststeuersatz, der ab einem jährlichen Bruttoeinkommen von 45 000 Euro greifen würde, läge bei 36 Prozent. Arbeitnehmer erhalten zusätzlich einen pauschalen Freibetrag von 840 Euro. Das Kindergeld soll entsprechend dem Kindergrundfreibetrag angehoben werden. Auf dem Feld der Unternehmenssteuer möchte die Union die Eigenständigkeit der Einkommensbesteuerung für Einzelfirmen und Personengesellschaften und der Körperschaftsbesteuerung für Kapitalgesellschaften beibehalten. Es kann allerdings geprüft werden, ob kleine Kapitalgesellschaften gegebenenfalls zum Einkommensteuertarif und umgekehrt Personengesellschaften zum Körperschaftssteuertarif optieren dürfen. Die Gegenfinanzierung der Reform soll durch Kürzungen bei der Arbeitnehmer- und Entfernungspauschale und durch die Streichung von zahlreichen Steuerbefreiungsregeln erreicht werden. Innerhalb eines Zeitraums von sechs Jahren soll zudem ein schrittweiser Steuerbefreiungsabbau von Sonn-, Feiertags- und Nachtzuschlägen erreicht werden. (Vgl. zum Inhalt des Steuerkonzepts der Union ausführlich Beschluss B 1 des 17. Parteitages der CDU Deutschlands 2003. Ein modernes Einkommensteuerrecht für Deutschland, Internetadresse: http://www.cdu.de/doc/pdfc/120 203-beschluss-pt-merz.pdf [Stand: 13. Januar 2005]; Gemeinsames steuerpolitisches Programm von CDU und CSU. Ein modernes Steuerrecht für Deutschland – Konzept 21. Beschluss der Präsidien der Christlich-Demokratischen Union und der Christlich-Sozialen Union am

7. März 2004, Internetadresse: http://www.cdu.de/politik-a-z/parteitag/080 304-beschluss-steuerrecht.pdf [Stand: 13. Januar 2005]; BürgerKonvent (Hrsg.), Fakten und Argumente zur Reform der Steuergesetze, Internetadresse: http://www.buergerkonvent.de/druck/20_353.php [Stand: 13. Januar 2005]).
696 Zit. nach: Der Spiegel, Nr. 10, 7. März 2005.
697 Stephan Haselberger, Schäubles Kampagne, in: Die Welt, 4. Oktober 2003.
698 Interview mit: Der Spiegel, 23. September 2003 (»Die Union wird nicht blockieren«).
699 Ebd.
700 Bunte, 24. Februar 2004.
701 Katharina Ugowski, Was verrät das Lächeln von Merkel und Schäuble? in: Bild, 20. Februar 2004.
702 dpa-Meldung, 4. März 2004.
703 Heribert Prantl, Angela Machiavelli, 5. März 2004.
704 Robert Leicht, Jetzt merken es alle, in: Die Zeit, 27. Mai 2004.
705 Ansgar Graw/Hans-Jürgen Leersch, Die Schattenkanzlerin, in: Die Welt, 25. Mai 2004.
706 Susanne Höll, Schäuble lehnt Angebot Merkels ab, in: Süddeutsche Zeitung, 19. Oktober 2004.
707 Frankfurter Allgemeine Zeitung, 18. Oktober 2004.
708 Zit. nach: Frankfurter Allgemeine Zeitung, 18. Oktober 2004.
709 Frankfurter Allgemeine Zeitung, 21. Oktober 2004.
710 Seehofer warf dem Modell Merkels für eine »Gesundheitsprämie«, die monatelang mit dem abschreckenden Begriff der »Kopfpauschale« identifiziert wurde, vor, sie wolle, dass der Chauffeur genau so viel Sozialbeiträge bezahle wie das von ihm chauffierte Vorstandsmitglied eines multinationalen Konzerns.
711 Diese sollte für jeden versicherten Erwachsenen 180 Euro pro Monat betragen. Die beitragsfreie Mitversicherung von Ehepartnern und Kindern sollte ganz entfallen. Stattdessen war auch für Kinder eine Prämie in Höhe von monatlich 90 Euro vorgesehen. Ursprünglich war im CDU-Konzept auch ein »Demographiezuschlag« von 20 Euro eingeplant. Der soziale Ausgleich für diese Maßnahmen sollte nach dem Willen der CDU über Steuereinnahmen finanziert werden. Der bisherige Arbeitgeberbetrag zur gesetzlichen Krankenversicherung sollte auf 6, 5 Prozent gesenkt, auf diesem Niveau eingefroren und dann an die Arbeitnehmer ausgezahlt und von diesen versteuert werden. (Vgl. zum Inhalt des ursprünglichen CDU-Modells Das wollte die CDU erreichen, in: Die Welt, 15. November 2004; Manfred Schäfers, »Kleines Einkommen, kleiner Beitrag«. Die CDU will mit ihrem Gesundheitskonzept von oben nach unten verteilen, in: Frankfurter Allgemeine Zeitung, 12. Oktober 2004). Zu dem Gesamtkomplex siehe u. a.: Ulrike Hinrichs/Dana Nowak (Hrsg.), Auf dem Rücken der Patienten, Berlin 2005, S. 131 ff.
712 Die von Thatcher durchgesetzte Einführung einer einkommensunabhängigen Kopfsteuer (poll tax) in den britischen Kommunen ersetzte in Großbritannien zum Ende der 1980er Jahre die kommunale Besteuerung von Immobilien, belaste-

te die Mehrheit der Bevölkerung dafür aber weitaus stärker als zuvor. Unter Thatchers Nachfolger John Major wurde die Kopfsteuer zwar wieder abgeschafft. Dieser Umstand änderte gleichwohl nichts daran, dass die Einführung der Kopfsteuer wesentlich zum Rücktritt Thatchers als Premierministerin beitrug (Vgl. Roland Sturm, Staatsordnung und politisches System, in: Hans Kastendiek/Karl Rohe/ Angelika Volle (Hrsg.), Länderbericht Großbritannien. Geschichte. Politik. Wirtschaft. Gesellschaft, 2. A., Bonn 1998, S. 194–223 (S. 200)).

[713] Dieser Vorwurf wurde der CDU auch von ihrer Schwesterpartei CSU, und hier vor allem von deren Sozialexperten Horst Seehofer, immer wieder öffentlichkeitswirksam gemacht. Dies ändert allerdings nichts daran, dass die geschilderte Argumentationsführung bei genauerer Betrachtung einer Überprüfung nicht standhält. So wies der Wirtschaftswissenschaftler Bert Rürup anhand von Modellrechnungen im Gegenteil schon Wochen vor der Kompromisseinigung der Union im Gesundheitsstreit nach, dass das ursprüngliche CDU-Modell nicht zu einer unverhältnismäßig hohen Belastung einkommensschwächerer Bevölkerungsteile, sondern umgekehrt tendenziell zu einem Umverteilungseffekt von oberen zu unteren Einkommen geführt hätte. Vgl. Alexander Neubacher/Christoph Schult, Von oben nach unten. Von der CDU-Gesundheitsprämie profitieren – anders, als die CSU behauptet – Millionen Kassenpatienten. Zittern müssen Spitzenverdiener und Privatversicherte: Ihnen würde Angela Merkel gern eine drastische Steuererhöhung zumuten. CSU-Chef Stoiber will kontern – mit einer Prämie light, in: Der Spiegel, Nr. 42 (2004), S. 36–41.

[714] Das im Vergleich zum CDU-Modell komplizierter anmutende CSU-Modell sah dabei zunächst die Einführung von zehn nach Einkommen gestaffelten Tarifen zur Finanzierung der Gesetzlichen Krankenversicherung vor. Die jeweilige Beitragsstufe sollte sich dabei dezidiert am Einkommen der Versicherten orientieren und zwischen 30 und 250 Euro im Monat liegen. Genau wie das CDU-Modell, sah auch der ursprüngliche CSU-Entwurf den Wegfall der gegenwärtig kostenlosen Mitversicherung des Ehepartners vor. Auch der Arbeitgeberanteil für die Kassenbeiträge sollte festgeschrieben und dann an die Arbeitnehmer ausgezahlt werden, die dann allerdings den Beitrag zur Krankenversicherung samt möglicher Beitragserhöhungen alleine hätten tragen müssen. In der heißen Endphase der unionsinternen Verhandlungen über ein gemeinsames Konzept zur Reform der Gesetzlichen Krankenversicherung brachte die CSU dann eine Basisprämie von 100 Euro ins Gespräch. Außerdem sollte dieser Kompromisslinie zufolge der Arbeitgeberbeitrag zur Krankenversicherung nun doch direkt an die Krankenkassen selbst und nicht an die Versicherten ausgezahlt werden.

[715] Vgl. zum ursprünglichen Modell der CSU Rüdiger Scheidges/Peter Thelen, CSU macht Seehofer zum starken Mann im Gesundheitsstreit. CDU lehnt Kompromissmodell einer kleinen Gesundheitsprämie ab, in: Handelsblatt, 20. Oktober 2004; Das wollte die CSU erreichen, in: Die Welt, 15. November 2004.

[716] Vgl. zum Kompromissmodell der Union: Der Kompromiss von CDU und CSU, in: Die Welt, 15. November 2004; Ansgar Graw, Beschädigt. Im Gesundheitskom-

promiss der Union steckt mehr CDU als CSU. Doch Angela Merkel musste Zugeständnisse machen: Ein Pyrrhus-Sieg für die Partei-Chefin?, in: Die Welt, 15. November 2004; Dorothea Siems, So soll das Unions-Modell funktionieren. Wer zahlt wie viel? Die WELT beantwortet die wichtigsten Fragen zum umstrittenen Gesundheitskompromiss, in: Die Welt, 16. November 2004; Andreas Mihm, Grundlegender Umbau. Das Finanzierungsmodell der Union für eine Gesundheitsreform, in: Frankfurter Allgemeine Zeitung, 16. November 2004; Union in Deutschland (Hrsg.), Reform der gesetzlichen Krankenversicherung – Solidarisches Gesundheitsprämien-Modell, Nr. 36, 15. November 2004; Dies. (Hrsg.), Das solidarische Gesundheitsprämienmodell der Union. Fakten. Argumente. Beispiele, Nr. 37, 22. November 2004.

[717] Nach diesem Beschluss sollen die Krankenkassen künftig einen festen Monatsbeitrag von 169 Euro pro Versichertem erhalten. Diese Summe ist fix und unabhängig vom Einkommen der Versicherten. Die 169 Euro ergeben sich dabei zum einen aus 109 Euro, die jeder Arbeitnehmer ab einem monatlichen Bruttoeinkommen von ca. 1550 Euro selbst zahlt. Hinzu kommt pro Versichertem ein Arbeitgeberanteil in Höhe von 60 Euro, der aus dem Topf einer einzurichtenden Clearing-Stelle an die Krankenkassen weitergeleitet wird. Der Anteil der Arbeitgeber an den Krankenkassenbeiträgen der Arbeitnehmer bleibt dabei Lohnbestandteil, wird jedoch auf 6, 5 Prozent des jeweiligen Bruttoeinkommens eingefroren und an die erwähnte Clearing-Stelle überwiesen. Diese sammelt alle Arbeitgeberanteile an der Finanzierung der Gesetzlichen Krankenversicherung und führt sie in Form der 60 Euro pro Versichertem an die jeweilige Krankenkasse ab. Versicherte, deren Prämie von 109 Euro mehr als sieben Prozent ihres Sozialausgleichs beträgt, sollen von der Clearing-Stelle zudem einen noch nicht näher bezifferten Zuschuss erhalten.

[718] So haben die Unionsparteien, einer Umfrage des Forsa-Instituts zufolge, allein seit dem Juli 2004 sieben Prozentpunkte auf die rot-grüne Bundesregierung eingebüßt. Vgl. Rot-Grün gleichauf mit Union und FDP, in: Frankfurter Allgemeine Zeitung, 13. Januar 2005. Vgl. zum Verlauf des Gesundheitsstreits in der Union, der sich monatelang hinzog und vor allem durch gegenseitige Anschuldigungen, parteiinterne Alternativentwürfe und zahlreiche inhaltliche und strategische Wendungen der handelnden Hauptakteure geprägt war, exemplarisch: Der lange Streit der Union über eine Gesundheitsreform, in: Die Welt, 16. November 2004; Philip Grassmann/Hans-Jörg Heims, Gesundheitspolitik: Die Union sucht nach einem gemeinsamen Konzept. Merkel hält an Kopfpauschale fest.»Alles zur Senkung der Arbeitskosten unternehmen.« CDU-Chefin kritisiert Pläne des NRW-Landeschefs Rüttgers, in: Süddeutsche Zeitung, 13. Juli 2004; Andreas Mihm, CDU streitet über die Reform im Gesundheitswesen. Jürgen Rüttgers stellt den Beschluss für eine Kopfprämie mit Steuerausgleich in Frage, in: Frankfurter Allgemeine Zeitung, 13. Juli 2004; Ansgar Graw, Rüttgers rückt von Gesundheitsprämie ab. Düsseldorfer CDU-Chef legt Thesen zur »Bürgerprämie« vor. Beifall von der CSU, Widerstand bei Merkel, in: Die Welt, 13. Juli 2004; Ders., Ringen um die schwarze

Agenda. Was will die Union? Der Streit um das Gesundheitskonzept droht CDU und CSU zu spalten. Dahinter steckt die Grundsatzfrage: Wer gibt die Programmatik vor? Eine Analyse und zwei Ratschläge, in: Die Welt, 7. Oktober 2004; Georg Paul Hefty, Eckpunkte für einen Entwurf. Nicht ein verbindliches Konzept für die Gesundheitsprämie, sondern die Einigkeit ist das Ziel, in: Frankfurter Allgemeine Zeitung, 12. November 2004; Karl Feldmeyer, »Entscheidendes Wochenende«. Merkel und Stoiber verhandeln weiter über Gesundheitsreform, in: Frankfurter Allgemeine Zeitung, 13. November 2004.

719 Der am 15. November 2004 von den beiden Parteiführern vorgestellte Formelkompromiss war so kompliziert, dass er in der Öffentlichkeit nicht verstanden und in der Fachwelt mit Spott übergossen wurde. Merkel und Stoiber hatten sich in der Gesundheitspolitik auf eine Prämie von 169 Euro, die die Krankenkassen für jeden Versicherten bekommen sollen, geeinigt; die Arbeitnehmer sollen daran 109 Euro, aber maximal sieben Prozent ihres Lohns tragen. Die Krankenversicherung für Kinder soll teilweise aus Steuermitteln finanziert werden, weshalb der Spitzensteuersatz weniger deutlich als geplant gesenkt werden soll.

720 Zit. nach: die tageszeitung, 16. November 2004.

721 Martin S. Lambeck/Johannes Marten, Merkel entmachtet ihren General, in: Bild am Sonntag, 19. Dezember 2004.

Kapitel VIII

722 Michael Schindhelm, Halbschwester von Parsifal, in: Die Welt, 16. Juli 2004.

723 Ebd.

724 Siehe hierzu auch: Gerd Langguth, Das Innenleben der Macht, a. a. O., S. 232 ff.

725 Merkel verteidigte Krause, so lange seine Ministertätigkeit nicht ernsthaft gefährdet war (siehe Interview Angela Merkels mit der Ostsee-Zeitung vom 24. September 1991 (»Den Mut haben, ehrlich über die eigene Vergangenheit zu sprechen«); ferner Interview mit dem Hamburger Abendblatt vom 14. Dezember 1991 (»Rühes Kritik war heilsam«): »Ich schätze die Arbeit von Günther Krause ungemein. Er ist ein Vertreter der ostdeutschen Interessen. Über ihn wird sehr viel Ungerechtes geschrieben und gesprochen.«

726 Krauses Überlegungen, für die PKW-Benutzung der Bundesautobahnen flächendeckend Gebühren zu erheben, wurden von Kohl als abwegig empfunden. In einem Land, in dem gerade in den Ballungszentren viele Berufspendler die Autobahn benutzen müssen, hätte die Umsetzung solcher Überlegungen zu einem Aufstand geführt. Kohl nannte als Beispiel die Arbeiter, die auf dem Weg zu ihrer Arbeit bei BASF in Ludwigshafen die Autobahn benutzen mussten.

727 Gerd Langguth, Das Innenleben der Macht, a. a. O., S. 233.

728 Ausführlich wird das belegt bei: Klaus Dreher, Helmut Kohl. Leben mit Macht, Stuttgart 1998, S. 58 ff.

729 Cicero, Dezember 2004, S. 76 f. (Autorin jeweils Martina Fietz).

[730] Angela Merkel, a. a. O., S. 143.
[731] Angela Merkel in ihrem Interview mit der »Bild am Sonntag« vom 27. August 2000 (»Die Zeit des aktiven Politikers Helmut Kohl ist vorbei«).
[732] Siehe u. a.: Karl Feldmeyer, Machtprobe zwischen Kohl und Merkel, in: Frankfurter Allgemeine Zeitung, 10. Juli 2000.
[733] Frankfurter Allgemeine Zeitung, 23. August 2000.
[734] Friedbert Pflüger, Ehrenwort. Das System Kohl und der Neubeginn, Stuttgart-München 2000, S. 10 f.
[735] Günther Nonnenmacher, Die Affäre trägt einen Namen (Einleitung), in: Ders.: Die gespendete Macht. Parteiendemokratie in der Krise, Berlin 2000, S. 14.
[736] Wolfgang Schäuble, Mitten im Leben, a. a. O.
[737] Helmut Kohl, Mein Tagebuch 1998–2000, München 2000, S. 222.
[738] Ebd., S. 223.
[739] Ebd., S. 223
[740] Siehe u. a.: Gerd Langguth, Die zwei Naturen des Helmut Kohl, in: Handelsblatt, 1. April 2005.
[741] Interview von Wolfgang Schäuble in: Die Welt, 4. Dezember 2000 (»Ich bin nicht auf Jobsuche«).
[742] dpa-Meldung, Vogel will nicht Chef der Adenauer-Stiftung werden, 30. September 2000.
[743] Thüringer Allgemeine, 30. März 2001 (»Das Altenteil ist gesichert«).
[744] Wenn Deutschland ruft, in: Der Spiegel, 26/2001, S. 27 ff.
[745] Thomas Kröter, CDU streitet über Sitz im UN-Sicherheitsrat, in: Der Tagesspiegel, 20. Juli 2004.
[746] Wolfgang Schäuble, Die europäische Integration voranbringen, in: Frankfurter Allgemeine Zeitung, 28. Januar 2005.
[747] Neue Zürcher Zeitung, 5./6. Februar 2005.
[748] Wolfgang Schäuble, Debatten gehören ins Parlament, in: Die Welt, 14. Oktober 2004.
[749] Siehe: Ansgar Graw, Auch Schäuble gibt Merkel einen Korb, in: Die Welt, 19. Oktober 2004; ders.: Wege in die Einsamkeit, in: Die Welt, 19. Oktober 2004.
[750] Kurt Kister, Merkels Realitätsverweigerung, in: Süddeutsche Zeitung, 19. Oktober 2004.
[751] Ebd.
[752] Der Spiegel Nr. 50/2004 (Interview »Ein verlorenes Jahr«).
[753] Zit. nach Süddeutsche Zeitung, 13. Oktober 2004.
[754] Bild-Zeitung, 13. Oktober 2004.
[755] Tissy Bruns, Konkurrenz los, Der Tagesspiegel, 13. Oktober 2004.
[756] Süddeutsche Zeitung, 13. Oktober 2004 (»Merz gibt Spitzenämter in der Union auf«).
[757] Siehe zu den Grundüberzeugungen von Merz: Friedrich Merz, Nur wer sich ändert, wird bestehen. Vom Ende der Wohlstandsillusion – Kursbestimmung für unsere Zukunft, Freiburg 2004.

[758] Zit. nach Ansgar Graw, Merz-Abgang macht Merkel »ein wenig traurig«, in: Die Welt, 14. Oktober 2005.
[759] Siehe hierzu u. a.: Hajo Schumacher, Roland Koch. Verehrt und verachtet, Frankfurt am Main, Dezember 2004, S. 275 ff.
[760] Hannoversche Neue Presse, zit. nach Generalanzeiger Bonn, 14. Juli 2004; Timo Pache, Merkels Appell verhallt im Reformgerangel, in: Financial Times Deutschland, 14. Juli 2004.
[761] Interview mit Roland Koch, Focus, 15. November 2004 (»Die klare Nummer eins«).
[762] Siehe sein Interview mit dem »Stern« vom 10. März 2005 (»Es wird ein Kabinett Merkel geben«).
[763] Siehe: Der Spiegel, Der Männerbund, 30. Juni 2003.
[764] Johannes Leithäuser, Merkels Talentschuppen, in: FAZ, 3. Februar 2005.
[765] Ebd.
[766] Hierauf dürfte sich auch das Bekenntnis in der ARD-Sendung Beckmann vom 10. Januar 2005 beziehen. Merkel ließ in dieser Sendung wissen, sie schreie zum Beispiel recht schnell: »Manchmal muss ich meinem Ärger Ausdruck verleihen. Eine Schwäche von mir ist schreien. Das ist die einzige Möglichkeit, dass ich kein Magengeschwür bekomme.« (http://www.daserste.de/print.asp?url=http://www.daserste.de/beckmann/sendung.asp?uid=68ld5ajabbcn9qo5ekirg35f&cm.-asp – 4. April 2005). Siehe ferner: Franziska Reich/Hans Peter Schütz, Gekungel im Girlscamp, in: Stern, 14. August 2003.
[767] Lastovka, a. a. O.
[768] Zit. nach Jochen Bittner/Elisabeth Niejahr, Die Berater-Republik, in: Die Zeit, Nr. 7/2004.

Kapitel IX

[769] Michael Mronz, Geschäftsführer des Aachener Reitturniers CHIO.
[770] Zit. nach: Susanne Höll, Angela Merkel und die Dinosaurier, Süddeutsche Zeitung, 21. Juli 2004.
[771] Ebd.
[772] Bild am Sonntag, 18. Juli 2004 (Interview mit Edmund Stoiber »Kanzlerkandidat wird, wer 2006 die besten Chancen hat«).
[773] Michael Glos, Angela Merkel. Die Jägermeisterin, in: Bild am Sonntag, 4. Juli 2004.
[774] Zit. nach: Stefan Braun, Merkels Hirn, Stuttgarter Zeitung, 21. Juli 2004.
[775] Zit. nach Matthias Geyer, Merkels Hirn, in: der Spiegel Nr. 31/2004.
[776] Siehe Wolf Singer, Ein neues Menschenbild? Gespräche über Hirnforschung, Suhrkamp-Verlag, 2003; s. auch sein Interview »Das Gehirn ist ein wunderbares Organ, in: Frankfurter Allgemeine Zeitung, 25. November 2004; ferner Interview »Die Evolution des Gehirns – immer mehr vom Gleichen« in: Neue Zürcher Zeitung, 27. Januar 2005; siehe ferner: Ulrich Schnabel, Denker des Denkens, in: Die Zeit, 10. März 2005.

777 Zur Auseinandersetzung mit dieser These siehe: Christoph von der Malsburg, Physics and Our Intuitive Outlook on Time, in: S. Albeverio und P. Blanchard, The Direction of Time. The Role of Reversibility/Irreversibility in the Study of Nature, Cambridge (2005); siehe ferner: Christian Geyer (Hrsg.), Hirnforschung und Willensfreiheit. Zur Deutung der neuesten Experimente, Frankfurt 2004; Michael Pauen, Illusion Freiheit? Mögliche und unmögliche Konsequenzen, Frankfurt 2004; John R. Searle, Freiheit und Neurobiologie, Frankfurt 2004.
778 Patrick Bahners, Der Intelligenztest, in: Frankfurter Allgemeine Zeitung, 21. Juli 2004.
779 Bunte, Nr. 30, 15. Juli 2004 (Interview mit Angela Merkel »Mit 50 Jahren fängt das richtige Leben erst an ...«).
780 Ebd.
781 Ebd.
782 Berliner Zeitung, 17. Juli 2004 (Interview »Verworrenes liegt mir nicht«).
783 Interview Angela Merkels mit Bunte, Nr. 30, 15. Juli 2004 (»Mit 50 Jahren fängt das richtige Leben erst an ...«.
785 Dieses Zitat bestätigte Angela Merkel in einem Interview mit dem »Stern« (»Das Leben ist erbarmungslos – es deformiert«), in: Stern, Nr. 30/2000, S. 46 (siehe auch Kapitel IV dieses Buches).
786 Berliner Zeitung, 17. Juli 2004 (Interview »Verworrenes liegt mir nicht«).
787 Interview mit Bunte, Nr. 30, 15. Juli 2004 (Interview mit Angela Merkel »Mit 50 Jahren fängt das richtige Leben erst an ...).
788 Herlinde Koelbl, Spuren der Macht, a. a. O., S. 55.
789 Siehe hierzu: Gerd Langguth, Das Innenleben der Macht, a. a. O., S. 15.
790 Jürgen Leinemann, »Ich muß härter werden«, in: Der Spiegel, 3. Januar 1994.
791 Heiner Geißler, Mut kann sie gebrauchen, in: Spiegel Spezial 4/1999, S. 116.
792 Herlinde Koelbl, Spuren der Macht, a. a. O., S. 54.
793 Herlinde Koelbl, Glückwunsch, in: Die Welt, 17. Juli 2004.
794 Harald Lastovka, Mit dem Kopf zuerst, Rheinischer Merkur, 15. Juli 2004.
795 Deutscher Bundestag, Plenarprotokoll 14/142, 17. Januar 2001.
796 Siehe zur »Fischer-Debatte« u. a.: Gerd Langguth, Mythos '68. Die Gewaltphilosophie von Rudi Dutschke – Ursachen und Folgen der Studentenbewegung, München 2001.
797 Interview mit der Frankfurter Rundschau, 24. Januar 2001 (»Herrn Fischer geht jede Demut ab«).
798 Diese Kritik richtete sich nicht gegen den Inhalt der Hartz IV-Bestimmungen an sich, sondern sie bemängelte vielmehr die öffentliche Vermittlung der hiermit verbundenen arbeitsmarkt- und sozialpolitischen Reformen. In der Generalaussprache über den Kanzleretat 2005 präzisierte Merkel ihre Argumentation im Hinblick auf die angesprochenen arbeitsmarktpolitischen Reformen so am 8. September 2004 im Deutschen Bundestag. Durch handwerkliche Fehler und Führungsschwäche der Bundesregierung, so Merkels Kernvorwurf an Bundeskanzler Schröder, sei weithin der Eindruck entstanden, die notwendigen arbeitsmarktpolitischen Än-

derungen, die das Hartz IV-Paket mit sich brächte, seien sozial unausgewogen und armutsfördernd. Die öffentlichen Proteste gegen Hartz IV seien nicht zuletzt auf eine falsche innenpolitische Kommunikation der Thematik durch die Bundesregierung zurückzuführen, die hierdurch sehenden Auges eine tiefgreifende Verunsicherung breiter Bevölkerungsteile befördert habe.

799 Siehe: Angela Merkel, Die »neue Union« steht für eine Politik aus einem Guss, Generalaussprache über den Kanzleretat 2005 am 8. September 2004, Internetadresse: http://www.angela-merkel.de/doc/pdf/09_08_04_merkel_rede_st_bericht.pdf [Stand: 13. Januar 2005], S. 1 ff.

800 Vgl. zum Inhalt der arbeitsmarktpolitischen Reformvorschläge der CDU Wachstum, Arbeit, Wohlstand. Wachstumsstrategien für die Wissensgesellschaft. Antrag des Bundesvorstandes der CDU Deutschlands an den 18. Parteitag am 6. und 7. Dezember 2004 in Düsseldorf, Berlin, 4. Oktober 2004; »Wachstum, Arbeit, Wohlstand«. Das Reformpaket der CDU. Neuer Leitantrag fordert mehr Flexibilität am Arbeitsmarkt, in: Die Welt, 30. September 2004.

801 Vgl. »Der SPD kein Verhetzungspotential bieten«. Der Chef der Arbeitnehmer in der CDU kritisiert die neuen Arbeitsmarktpläne der Parteispitze, in: Berliner Zeitung, 30. September 2004; ferner: Nikolaus Piper, Das Zitat. »Kündigungsschutz richtet sich gegen die, die geschützt werden sollen«, in: Süddeutsche Zeitung, 27. Juli 2004; Carl Graf Hohenthal, Privatfehde, in: Die Welt, 27. Juli 2004.

802 Vgl. Neoliberale Konzepte bringen keinen Wahlsieg. Hat das christlich-soziale Erbe der Union ausgedient? Umstrittener Leitantrag zum CDU-Bundesparteitag, in: Die Tagespost, 30. September 2004. Vgl. zur unionsinternen Debatte um die Neuregelung des Kündigungsschutzes auch Susanne Höll, Phantomstreit in der Union, in: Süddeutsche Zeitung, 27. Juli 2004; Tissy Bruns, Union und Reformen. Inhalt macht die Beute, in: Der Tagesspiegel, 27. Juli 2004; Damir Fras/Holger Schmale, Arbeitnehmer rebellieren gegen CDU-Leitantrag. Auch Gesundheitsprämie weiter umstritten, in: Berliner Zeitung, 30. September 2004.

803 Thomas Kröter, Eine Amerikanerin in Deutschland, in: Frankfurter Rundschau, 2. April 2003.

804 Im Wahlkampf überließ Merkel in dieser wichtigen politischen Frage dem gemeinsamen Kanzlerkandidaten der Unionsparteien den Vortritt. Stoiber, der nach seiner knappen Wahlniederlage noch in der Wahlnacht verkündete, er wolle alsbald nach Washington reisen, um den politischen Scherbenhaufen zwischen den USA und Deutschland zusammenzukehren, hat bis heute kein Entree in Washington bekommen, zu enttäuscht war man über seine Positionen in der Irak-Frage.

805 Interview mit der Zeit. 30. November 2000 (»Schockiert«).

806 Jörg Schönbohm, Interview mit dem Spiegel, 7. Oktober 2002 (»Zur Nation bekennen«).

807 Ebd.

808 dpa-Meldung, 8. Oktober 2002.

809 Siehe hierzu die Diskussion von Frank A. Meyer mit Joachim Fest und Wolf Jobst Siedler, Verschwindet das Bürgertum?, in: Cicero, April 2005, S. 74 ff.

810 Thomas Schmid, Machtlust, Frankfurter Allgemeine Sonntagszeitung, 12. Dezember 2004.
811 Dieses bedeutet, dass politische Probleme so dezentral und bürgernahe wie möglich gelöst werden sollen.
812 Angela Merkel, Interview mit der Stuttgarter Zeitung, 19. November 2000 (»Ich musste schon immer aufpassen«).
813 Angela Merkel, Interview mit Cicero, 5/2004, S. 62 (»Vom Zauber des Anfangs«).
814 Angela Merkel, Interview mit der Bild-Zeitung, 30. November 2004 (»Toleranz ist keine Einbahnstraße«).
815 Christoph Keese/Romanus Otte/Alan Posener/Christian Reiermann, Die Union muss Kurs halten und um die Mitte kämpfen, in: Welt am Sonntag, 5. Dezember 2004.
816 Alice Schwarzer, Glückwunsch, in: Die Welt, 17. Juli 2004.
817 Frankfurter Allgemeine Zeitung, 15. März 1991 (in der Rubrik »Fundsache«).
818 Brigitte Fehrle, Ende und Anfang der Frauenpolitik, in: Berliner Zeitung, 30. November 2000.
819 Ebd.
820 Monika Maron, Wer ist Angela Merkel, in: Frankfurter Allgemeine Zeitung, 25. Februar 2000.
821 Ebd.
822 Frankfurter Neue Presse, 11. Juli 2003.
823 U. Brüssel/J. Weise, Ja, meine Haare sind getönt, Bild-Zeitung, 3. Mai 2002.
824 Beate Krämer, Wer hat Frau Merkel so schön gemacht?, in: Bild am Sonntag, 6. Juni 2004.
825 Zit. nach Frankfurter Neue Presse, 11. Juli 2003 (»Geißler will Merkel mit neuem Outfit sehen«).
826 Welt am Sonntag, Mehr Eleganz wagen, 6. März 2005.
827 Herlinde Koelbl, Glückwunsch, in: Die Welt, 17. Juli 2004.
828 Ebd.
829 Siehe Ansgar Graw, Warum Merkel nicht Maggie sein will, in: Die Welt, 4. Februar 2005; Matthias Geis, Angie darf nicht Maggie sein, in: Die Zeit, 14. Oktober 2005: Matthias Thibaut, Die Kunst der Zuspitzung, in: Handelsblatt, 1. Dezember 2004.
830 Hans Peter Schütz und Jörg Fokuhl, Die neue Maggie, 30. Oktober 2003.
831 Berliner Zeitung, 17. Juli 2004 (Interview »Verworrenes liegt mir nicht«).
832 Siehe auch: Merkels Welt, in: Der Stern, Nr. 23, 27. Mai 2004.
833 Siehe ausführlicher hierzu: Gerd Langguth, Suche nach Sicherheiten, a. a. O., S. 264 ff.
834 Angela Merkel, a. a. O., Seite 59.

Danksagung

Eine Biographie über eine politische Persönlichkeit zu schreiben, deren Lebenswerk noch nicht abgeschlossen ist und im Mittelpunkt kontroverser, auch stark machtpolitisch gefärbter Auseinandersetzungen steht, ist eine besondere und reizvolle Aufgabe. Der Autor fühlt sich deshalb allen zu Dank verpflichtet, die am Zustandekommen dieses Werks beteiligt waren. Zu nennen sind die fast 140 Interviewpartner, die in häufig mehrstündigen Gesprächen viele Informationen und Hinweise lieferten. Dankbar bin ich den Studentinnen und Studenten meines Hauptseminars an der Bonner Universität im Wintersemester 2004/2005, die sich in intensiven Diskussionen und Vorträgen mit dem »Objekt« dieses Buches befasst haben. Besonderen Dank für zahlreiche Hinweise und Unterstützung in der Sichtung umfänglichen Materials schulde ich meinem studentischen Mitarbeiter Axel Birkenkämper, ferner Benedikt Wintgens M. A. und meinen Doktoranden Sebastian Heindrichs und Daniel Friedrich Sturm, die mich zu manchem Interviewtermin begleiteten und an der Auswertung mitwirkten. Angela Merkel danke ich für ihre Bereitschaft zu einem ausführlichen Interview und ihrer Büroleiterin Beate Baumann für aufmerksame Begleitung des Buches. Mein Dank gilt ferner Joachim Jessen von der Literary Art Agency Thomas Schlück, der die Idee zu diesem Buch aufgriff und hierfür einen besonders leistungsstarken Verlag gewinnen konnte. Meiner Lektorin Dr. Andrea Wörle danke ich für ihre Anteilnahme und Inspiration.

Gerd Langguth
Bonn/Berlin, im Juni 2005

Personenregister

Adenauer, Konrad 7, 91 f., 161, 249, 277, 314, 319, 337
Ahlers, Detlev 136, 152
Ahlrichs, Reinhart 208 f., 340
Albrecht, Ernst 231, 290 f.
Althaus, Dieter 255, 258, 263, 281
Altmaier, Peter 268, 290
Apelt, Andreas 125, 128 f.
Arentz, Hermann Josef 268, 380
Bach, Carl Philipp Emanuel 77
Bahr, Egon 133
Bahro, Rudolf 84, 127, 334
Barbe, Angelika 120
Barzel, Rainer 7
Bauer, Gudrun 326
Baum, Gerhart 124
Baumann, Beate 158, 181, 274, 294 ff.
Baumeister, Brigitte 202, 204
Becher, Johannes R. 81
Beckmann, Reinhold 85, 391
Beckstein, Günther 293
Beeskow, Hans-Ulrich 43, 46, 55 f., 63, 66 f.
Benda, Ernst 159
Benn, Erika 48
Bergmann-Pohl, Sabine 145
Beust, Ole von 258
Biedenkopf, Kurt 124, 149, 212, 277
Biermann, Wolf 81, 83 f., 331
Birnbaum, Helmut 58
Birrenbach, Kurt 320
Bisky, Lothar 77
Blair, Tony 220
Bloch, Ernst 75, 77
Blüm, Norbert 124, 155 f., 175, 213
Bohl, Friedrich 239, 274
Böhme, Hans Joachim 74
Böhr, Christoph 222, 240, 286
Bonhoeffer, Dietrich 24
Börger, I. 110
Bork, Doris 43
Bosbach, Wolfgang 228, 290, 293
Böttinger, Bettina 89
Bouffier, Volker 286
Brandt, Willy 22, 249, 336
Brecht, Bertolt 9
Brentano, Heinrich von 320
Brinkmann, Peter 129
Brüsewitz, Oskar 25
Bush, George sen. 124, 162, 316
Bush, George W. jun. 241 f.
Cartellieri, Ulrich 213
Cheney, Richard B. (»Dick«) 242
Chory, Werner 156, 345
Christiansen, Eva 294, 296
Christiansen, Sabine 326
Chruschtschow, Nikita 21
Däubler-Gmelin, Herta 124
Debye, Peter Josephus Wilhelm 78
Der, Ralf 89, 91 f.
Detjen, Claus 125 f., 131
Detjen, Stephan 131, 344
Dettling, Warnfried 158, 213
Dibelius, Otto 26, 61
Dichgans, Hans 320
Diepgen, Eberhard 215, 222, 371

Diestel, Peter-Michael 132
Donath, Wolf 35, 47, 63
Dregger, Alfred 320
Dubček, Alexander 49, 310, 335
Dzierzynski, Feliks 95
Ebeling, Hans-Wilhelm 133
Ehlers, Hermann 320
Eichel, Hans 198, 214 f.
Engler, Eberhard 371
Eppelmann, Rainer 28, 59, 112, 118, 123, 130, 133 ff., 141, 144, 165, 339, 358
Eppler, Erhard 115
Erhard, Ludwig 7, 314
Faltlhauser, Kurt 253
Feldmeyer, Karl 201, 213, 239
Feyerabend, Wolfgang 84
Fink, Ulf 164 f.
Fischer, Joseph (»Joschka«) 186, 232, 263, 305
Flemming, Klaus 36, 44 f., 47, 52, 361
Forck, Gottfried 359
Frey, Christofer 30
Gablentz, Otto von der 161
Gabriel, Helga 50
Gabriel, Johannes 45, 47, 50 f., 54
Gandhi, Indira 326
Gaus, Günter 73, 108
Gebel, Ralf 296
Gehlen, Arnold 77
Gehler, Matthias 134 f., 137, 145, 372
Geisler, Hans 130, 144, 151
Geißler, Heiner 156, 160, 164, 199, 216, 303, 324
Genscher, Hans-Dietrich 116, 124, 141, 275
Gerhardt, Wolfgang 293
Gerstenmaier, Eugen 320
Gerster, Florian 254
Glos, Michael 183, 226, 239, 282 ff., 290 ff., 298 f.
Goethe, Johann Wolfgang von 77
Göhner, Reinhard 292
Gomolka, Alfred 166

Gönner, Tanja 291 f., 297
Goppel, Thomas 221 f., 225, 227
Gorbatschow, Michail 113 f., 116, 139 f., 336 f.
Grell, Jana 105
Griefahn, Monika 187 f.
Günther, Rolf-Dieter 62
Günzel, Reinhard 251
Haberlandt, Helmut 96
Haberlandt, Reinhold 89 ff., 96
Hahn, Wilhelm 320
Härdtl, Wighard 156
Hassel, Kai-Uwe von 320
Hasselfeldt, Gerda 153
Hausmann, Willi 156 f., 179, 296, 345
Havemann, Robert 84, 105, 334 f.
Havemann, Ulrich (»Utz«) 105, 335 f.
Heilmann, Thomas 297
Heilmann, Ulrich 60
Heinemann, Gustav 42, 336
Heinen, Ursula 292
Heisenberg, Werner 76 ff.
Henkys, Jürgen 359
Hennewig, Stefan 296
Hermann, Klaus 148 f.
Hertz, Gustav 76 f.
Herzog, Roman 168, 249 f., 260, 320
Heuss, Theodor 10
Heym, Stefan 207
Hildebrandt, Regine 132
Hilsberg, Stephan 112
Hintze, Peter 156, 168, 193, 268, 290, 293, 317, 345
Hoentsch, Erika 85 f., 92
Hohensee, Hartmut 54, 57
Hohmann, Martin 250 f., 321
Höll, Susanne 217
Holzmüller, Werner 78
Holzwarth, Fritz 136
Honecker, Erich 25, 82, 84, 100, 113 ff., 160, 336
Honecker, Margot 27, 45
Hoppenrath, Heinz 44

Horn, Charly 44, 51, 54
Hoyer, Werner 192
Huber, Erwin 124
Huck, Bernd 286
Hülsemann, Wolfram 118
Hurrelmann, Klaus 159
Hussein, Saddam 161, 242
Ihrke, Bodo 41, 43, 45 f., 56 ff.
Illies, Florian 297
Jacob, Günter 61
Jauck, Eckhard 179
Johnson, Uwe 77
Jung, Franz Josef 286
Kasner, Herlind 10, 36 f., 39, 63, 66 ff., 306, 310 338, 340, 344
Kasner, Horst 10, 15 ff., 20 ff., 25 f., 28, 31, 33 f., 36, 39, 44, 48 f., 51, 59 ff., 64 f., 73, 104, 106, 127, 306 ff., 330, 335, 338, 340, 344, 355, 358 f., 363 f.
Kasner, Irene 36 ff., 68, 119, 307 f.
Kasner, Marcus 18, 30, 36 ff., 50, 68, 308
Kästner, Erich 77
Katzer, Hans 320
Kauder, Volker 227, 268 f., 290, 293
Kerner, Gottfried 71
Kiep, Walter Leisler 198 f.
Kiesinger, Kurt Georg 7, 320
Kinzel, Siegfried 43, 47
Klaeden, Eckart von 268, 290
Kleist, Heinrich von 210
Klopstock, Friedrich Gottlieb 77
Klotz, H.-D. 110
Kluge, Jürgen 297
Koch, Roland 198, 229, 238, 240 f., 245 f., 252, 257 f., 282, 284, 286 ff.
Koch-Mehrin, Silvana 293
Koelbl, Herlinde 21, 88, 209, 311, 325
Kögler, Brigitta 130
Kohl, Hannelore 163
Kohl, Helmut 7 f., 58, 65, 92, 100, 113, 117, 124, 129, 132, 135 f., 138, 146 f., 151 ff., 161 ff., 166, 172, 176 f., 179, 183, 186, 189, 191, 194 ff., 202 f., 212 f., 222, 230, 232, 234 f., 239, 249, 259, 272 ff., 283, 286 ff., 294, 296, 302 ff., 306, 312, 315, 318 f., 321 ff., 325 f., 336, 342, 345, 347 f.
Köhler, Horst 178, 254, 256 ff., 300
Kosan, Rita 19
Köttker, Verena 88
Kramer, Helmut 358
Krause, Günther 135, 138 ff., 145 ff., 154, 159, 163, 166, 169, 271 f., 345, 373
Krenz, Egon 81, 84, 115 f.
Kriegsmann, Heinrich 101, 110
Krogmann, Martina 292
Krone, Heinrich 320
Krone, Klaus 165
Kuhlo, Karl-Heinz 129
Kunze, Reiner 81 ff., 162, 331
Kurz, Friedrich 251
Lafontaine, Oskar 115, 246, 252, 264, 299, 327
Lagerfeld, Karl 157
Lammert, Norbert 252, 258, 292
Lastovka, Harald 147, 313
Lehmann, Karl 298, 300
Lehr, Ursula Maria 157
Leibniz, Gottfried Wilhelm 77, 97
Leinemann, Jürgen 42, 303
Leisner, Ulf 296
Leithäuser, Johannes 140
Lengsfeld, Vera 112, 263
Lenin, Wladimir Iljitsch 48
Lessing, Gotthold Ephraim 77
Levy, David 162
Leyen, Ursula von der 256, 290 f., 293
Lösche, Artur 77 f.
Löschke, Harald 35, 45, 56
Löwenthal, Gerhard 42
Lueg, Heiner 296
Luxemburg, Rosa 114
Maaß, Hans-Christian 133 f., 136, 344 f.
Machiavelli, Niccolò 259
Maizière, Clemens de 62, 364
Maizière, Lothar de 131 ff., 140, 143, 145,

149, 151 f., 162, 164, 166 f., 271, 309, 344
Maizière, Thomas de 131, 134 f., 293
Maron, Monika 324
Martin, Albrecht 168
Marx, Karl 74 ff.
Matern, Hermann 44, 360
Mathiopoulos, Margarita 257
Mayer, Georg (»Schorsch«) 75
Mayer, Hans 75
McCartney, Paul 41
Meckel, Markus 112, 132, 138
Meir, Golda 325 f.
Meisner, Joachim 205
Meister, Michael 262, 285
Merkel, Ulrich 72, 84 ff., 96, 108
Merz, Friedrich 205, 212, 215, 219, 223 f., 237 ff., 247, 249, 253, 257 f., 262 f., 269, 272, 277, 282 ff., 290
Meyer, Laurenz 217 ff., 268, 290, 295
Mikat, Paul 320
Milbradt, Georg 258, 261
Milosević, Slobodan 244
Modrow, Hans 116, 132 f.
Moebes, Hartwig 160
Mohn, Liz 326
Molkentin, Wolfhard 148
Möllemann, Jürgen W. 214
Momper, Walter 367
Morgenstern, Christian 51 f.
Müller, Hanfried 24, 27, 61 f.
Müller, Hildegard 258, 291, 297
Müller, Ludolf 355
Müller, Michael 179
Müller, Peter 223, 228 f., 286, 293
Müller-Streisand, Rosemarie 27
Müller-Vogg, Hugo 87, 367
Müntefering, Franz 243, 254
Müntzer, Thomas 77
Natonek, Wolfgang 75
Neubert, Ehrhart 24, 27, 121 f.
Neumann, Bernd 240, 279, 292
Nolte, Claudia 179

Nonnenmacher, Günther 278
Nooke, Günter 30, 68, 112
Novotný, Antonin 49
Oettinger, Günther 227, 286, 292 f.
Öhlmann, Gerhard 98, 207 f.
Oppenheimer, Robert 73
Ortleb, Rainer 145
Osang, Alexander 55
Ost, Friedhelm 226
Osten, Hans-Jörg 106
Pahnke, Rudi 25 f., 35, 122, 357
Petras, Ernst-Oskar 60
Pfahls, Holger 198
Pfeifer, Anton 158, 274, 279
Pflüger, Friedbert 243, 277, 280, 286, 289 f.
Pflüger, Tobias 124
Platzeck, Matthias 262
Poek, Klaus 144
Pofalla, Ronald 262, 268, 285, 290, 293
Polenz, Ruprecht 213, 216 f., 277
Poppe, Ulrike 367
Porsch, Peter 77
Prantl, Heribert 227, 250, 259 f.
Proost, Alwin 161
Putin, Wladimir 48
Radeglia, Reiner 336
Radunski, Peter 212
Rathenow, Lutz 367
Reagan, Ronald 162, 336
Reckers, Hans 135 f.
Redanz. Ulf 297
Rehberg, Eckhardt 166, 263
Reiche, Katherina 292, 317
Reichenbach, Klaus 132, 135
Rexrodt, Günter 182, 184
Rice, Condoleezza 242
Richter, Edelbert 124
Riesenhuber, Heinz 161
Ringhandt, Siegfried 25, 27
Romberg, Walter 132, 138
Rönsch, Hannelore 153
Rösgen, Peter 157, 294, 345

Röttgen, Norbert 269, 289, 293
Rühe, Volker 65, 128, 164, 166, 195 f., 212 f.
Rumsfeld, Donald 242
Rürup, Bert 387
Rüttgers, Jürgen 176, 212 f., 216, 230, 240, 245, 268
Sabottka, Stefan 371
Sacharow, Andrei Dimitrijewitsch 32
Sahler, Gertrud 158, 161
Sauer, Joachim 94, 104, 110, 205 ff., 299, 345
Schabowski, Günter 116, 118
Schade, Karl-Heinz 67
Scharf, Kurt 60 f.
Schäuble, Wolfgang 139 f., 146, 171, 192 ff., 200 ff., 212 f., 222, 227, 239, 243, 255 ff., 262, 268 f., 272, 275, 278, 280 ff., 290, 303, 316 f., 345 f., 348, 382 f.
Schavan, Annette 213, 240, 256, 258, 291, 293
Scheller, Kay 296
Scherf, Henning 241
Schindhelm, Michael 95, 101 f., 110, 270
Schirmer, Wolfgang 98
Schlecht, Otto 178
Schmidt, Helmut 48, 82
Schmidt, Ulla 266
Schnur, Wolfgang 112, 126, 128 f., 141, 345
Schoeneich, Ulrich 18, 30, 35, 63, 67, 69
Schöllgen, Katharina 158, 160, 163
Scholz, Olaf 243
Schönbohm, Jörg 215 f., 229, 262, 318
Schönherr, Albrecht 18, 23, 25 f., 359
Schöpp-Schilling-Redmann, Beate 158
Schorlemmer, Friedrich 112, 123 f.
Schoser, Franz 279
Schramm, Hans-Georg 34
Schreiber, Karlheinz 198, 202, 204, 280
Schröder, Gerhard (CDU) 168, 320
Schröder, Gerhard (SPD) 214, 218, 220, 225, 232, 234 f., 241 ff., 246 ff., 254, 263, 282, 288, 302, 304, 322, 325, 327 f., 382, 384
Schröder, Richard 59, 132
Schröter, Sonja 123
Schuhbeck, Alfons 298
Schüler, Klaus 296
Schulz, Hans-Werner 67
Schulz, Horst 130
Schulz, Sylvia 138
Schulz, Werner 34, 112
Schumacher, Hajo 288
Schumann, Robert 77
Schwan, Gesine 254
Schwarz, Stefan 126
Schwarzenegger, Arnold 288
Schwarzer, Alice 322, 326
Seehofer, Horst 247, 249 f., 263 f., 266, 285, 297, 386 f.
Seite, Bernd 166, 169
Seiters, Rudolf 116, 239, 345
Simonis, Heide 195
Singer, Wolf 298 f.
Söder, Markus 250
Solms, Hermann Otto 183
Spranger, Carl-Dieter 239
Springer, Axel 252
Springer, Friede 252, 326
Srocke, Annerose 137
Stafford, Lee 324
Stalin, Jossif Wissarionowitsch 12, 22, 97
Stavenhagen, Lutz 161
Steffel, Frank 222
Steinbach, Thilo 135, 138
Steinbrück, Peer 245
Sternberger, Dolf 319
Stihl, Hans-Peter 173
Stoiber, Edmund 212, 215, 225, 227 ff., 232, 234 f., 238 ff., 246, 249, 256 ff., 266, 269, 272, 285, 290 ff., 295, 298, 316
Stolpe, Manfred 30, 53, 138, 167, 262
Strauß, Franz Josef 230 f., 336
Strauß, Max 199

Stroetmann, Clemens 177 ff.
Struck, Peter 186, 251
Süssmuth, Rita 124, 156 ff., 160, 170, 239, 323
Teltschik, Horst 117
Templin, Wolfgang 367
Teufel, Erwin 227, 229, 291
Thadden, Johannes von 296
Thatcher, Dennis 211
Thatcher, Margaret 265, 325 f., 386 f.
Thielen, Michael 296
Thierse, Wolfgang 112
Thoben, Christa 297
Tiedje, Hans-Hermann 129
Tietmeyer, Hans 138, 159, 178
Töpfer, Klaus 175 ff., 184, 189, 256, 258
Trittin, Jürgen 189
Tschernenko, Konstantin 113
Ulbricht, Klaus 111, 120, 340 ff.
Ulbricht, Walter 17, 82
Ullmann, Armin 77
Vaatz, Arnold 112
Vogel, Bernhard 149, 212, 231, 255, 279, 281
Wagner, Richard 77
Wahl, Stefanie 297
Waigel, Theodor 138, 194, 215, 225, 239, 275

Walther, Hans-Joachim 145
Walz, Udo 324
Warnke, Jürgen 133
Weber, Juliane 135, 274
Weidenfeld, Werner 162
Weinert, Erich 34
Weisskirchen, Gert 124
Weizsäcker, Richard von 63, 210
Westerwelle, Guido 211, 255, 257 f., 293, 298
Widmann-Mauz, Annette 292
Wilbers, Joachim 157
Wissmann, Matthias 182, 184, 286, 289
Wölber, Otto 10
Wolf, Christa 207
Wolfowitz, Paul 242
Wuermeling, Franz-Josef 320
Wulfert, Reinhard 86, 92 f., 99
Wulff, Christian 212 f., 229, 240 f., 258, 286, 288 f., 291 f., 294
Wutzke, Oswald 142
Yzer, Cornelia 157
Zahradnik, Rudolf 207, 333 f.
Zemke, Claus 296
Zemke, Hans-Günther 148 f.
Zöller, Wolfgang 285
Zülicke, Lutz 101, 110